21世纪经济管理新形态教材·公共管理系列

公共政策分析
Public Policy Analysis

刘兰剑 ◎ 编著

清华大学出版社

北京

内 容 简 介

本书以马克思主义理论为指导，以真实事件、经典案例等特定情境为导引，层层深入地引出公共政策分析相关的理论与方法，全面、系统地介绍了公共政策分析领域的概念、范畴、理论和一般方法。主要包括公共政策分析的理论渊源、公共政策问题与议程、政策规划及影响因素、政策模型、政策工具、政策效果预测、政策采纳、政策执行与监测、政策评估、政策周期与政策终结等。本书有以下特点：第一，融入课程思政元素，书中大量的案例来自中国共产党百年来的宝贵经验，学习这些案例可以增强民族自豪感以及爱党爱国情怀。第二，尽可能应用事实和数据分析公共政策，避免理论教学的枯燥性，有效解决趣味案例和生涩理论深度融合统一的问题。第三，本书提供丰富的数字化拓展案例和教辅资源，可实时更新，帮助教师和学生及时应用最新的实例开展教学研究。

本书适合作为普通高校公共管理类本科生和研究生（含 MPA）教材，也可供有志于从事政策分析的管理咨询人员、国家机关工作人员以及培训机构参考使用。

本书封面贴有清华大学出版社防伪标签，无标签者不得销售。
版权所有，侵权必究。举报：010-62782989，beiqinquan@tup.tsinghua.edu.cn。

图书在版编目（CIP）数据

公共政策分析/刘兰剑编著. —北京：清华大学出版社，2023.8
21世纪经济管理新形态教材. 公共管理系列
ISBN 978-7-302-62298-7

Ⅰ. ①公… Ⅱ. ①刘… Ⅲ. ①政策分析－高等学校－教材 Ⅳ. ①D0

中国国家版本馆 CIP 数据核字（2023）第 007080 号

责任编辑：高晓蔚
封面设计：汉风唐韵
责任校对：宋玉莲
责任印制：沈　露

出版发行：清华大学出版社
　　　　　网　　址：http://www.tup.com.cn，http://www.wqbook.com
　　　　　地　　址：北京清华大学学研大厦 A 座　　邮　编：100084
　　　　　社 总 机：010-83470000　　　　　　　　　邮　购：010-62786544
　　　　　投稿与读者服务：010-62776969，c-service@tup.tsinghua.edu.cn
　　　　　质量反馈：010-62772015，zhiliang@tup.tsinghua.edu.cn
印 装 者：三河市少明印务有限公司
经　　销：全国新华书店
开　　本：185mm×260mm　　印　张：21.25　　字　数：448千字
版　　次：2023 年 8 月第 1 版　　　　　　　　　印　次：2023 年 8 月第1次印刷
定　　价：59.80 元

产品编号：089907-01

前言

公共政策包括的范围极其广泛,世界上任何一个国家公共治理的宏微观事务无一不涉及公共政策。2022年,党的二十大报告50次提到"治理"、25次提到"政策"。其中,涉及治理的内容包括推进国家治理体系和治理能力现代化、全球治理体系、国防军事治理、宏观经济治理、社会治理法治化、基层治理、网络综合治理、社会治理、环境治理、公共安全治理等主题;涉及"政策"的内容大到国防和国家安全、财政货币、科技创新、文化经济政策,小到人才、就业、计划生育等具体领域的政策。正是这些范围极其广泛的、几乎无所不包的公共政策的正常运行,使得我们的社会能够有序运转,经济、环境质量不断提升,国家治理能力和治理水平不断提高。

现代政府面临着各种错综复杂的社会矛盾和问题,公众所关心的问题不再是抽象的理念或原则问题,而是那些与自身利益密切相关的公共政策问题,比如经济发展、科技创新、社会安全、环境保护,以及住房保障、公共卫生、公共交通、社会保障等一系列实际问题。因此,如何运用公共政策解决现实的公共问题、不断提高公共政策的实施效果等就成为一些学者、科学家以及政府官员关注的焦点。

政策分析综合运用各种知识和方法来研究政策系统和政策过程,以探索政策规律、解决公共问题。本书内容主要包括政策分析的理论渊源、政策议程、政策规划、政策模型、政策工具、政策效果预测、政策采纳、政策执行与监测、政策评估、政策终结等,较为系统地介绍了公共政策分析的相关理论知识和方法技术,特别是在政策效果预测、政策执行监测等部分,我们整理了当前的一些研究成果,尝试将相关的新理念和新知识介绍给读者,以完善公共政策分析的知识体系。本书注重实用性和实践性,将理论与实践紧密结合,在搜集、整理案例方面倾注了大量的时间和精力。章节前设置了引例,以真实事件引入本章的核心内容,便于读者更好地理解;章节中穿插着一些用来辅助理解内容的生动案例;章节后设置了"案例分析",以时间为线索,反映了公共政策领域的热点问题,让读者身临其境,深入理解相关内容。

本教材编写者试图以数字教材为平台,打造一个学习公共政策分析的资源库,除了本书中撰写的内容之外,我们在数字资源中还提供了拓展阅读、最新案例以及一些与公共政策分析相关的科学研究数据等资源,方便师生使用。

本书是编者多年从事公共政策分析课程教学的结晶,作者深刻理解公共政策分析课程教学过程的难点与重点,一直努力将公共政策分析故事讲得既清楚又有趣,因此,在编

I

写本书的过程当中，组织了大量的人员进行研讨，对其中的内容进行反复打磨和取舍，争取让老师教得省心，学生学得开心。把立德树人根本任务落到实处，让读者身临其境，不但深刻理解公共政策分析的知识体系，而且深入了解我国公共管理取得的成就，增强民族自信心和自豪感。

向参与本书材料收集整理的项丽琳、夏青、牟兰紫薇、王晓琦、张萌、李瑞婷、惠兴娟、史盼、杨璐璐、李洄旭、董永强、张鑫榕、李雅鑫、杨静、吴彰、滕颖、牛嘉嘉、葛贝贝、刘妍良等表示感谢。同时，也非常感谢清华大学出版社高晓蔚老师为本书的策划、编辑出版所做出的重要贡献。在此，向为本书付出宝贵时间和精力的人士一并表示由衷的感谢！

尽管我们想要奉献给读者一本较为完善的教材，但是不当和疏漏也在所难免，恳请学界同仁和广大读者批评指正。

编著者

2023 年 3 月

目 录

第一章 公共政策分析的理论渊源 ········· 1
引例：商务部的成立与学者的超前建议 ········· 1
第一节 公共政策分析的兴起与发展 ········· 2
第二节 公共政策分析概述 ········· 6
第三节 公共政策分析的基本理论 ········· 12
即练即测 ········· 30
思考与练习题 ········· 30
参考文献 ········· 30

第二章 公共政策问题与议程 ········· 32
引例 ········· 32
第一节 公共政策问题概述 ········· 32
第二节 公共政策问题确认 ········· 37
第三节 公共政策议程概述 ········· 41
第四节 公共政策议程设置 ········· 44
即练即测 ········· 55
思考与练习题 ········· 55
参考文献 ········· 55

第三章 政策规划及影响因素 ········· 57
引例：加强建设农业强国（全面推进乡村振兴） ········· 57
第一节 政策规划概述 ········· 58
第二节 政策规划与合法化 ········· 68
第三节 政策规划的影响因素 ········· 89
即练即测 ········· 102
思考与练习题 ········· 102
参考文献 ········· 102

第四章　政策模型 … 104

引例 … 104
第一节　政策模型概述 … 104
第二节　基于理性探讨的政策模型 … 109
第三节　基于政治与权力互动的政策模型 … 122
第四节　基于系统整合的政策模型 … 130
即练即测 … 144
思考与练习题 … 145
参考文献 … 145

第五章　政策工具 … 146

引例：取消生育登记限制是民心所向 … 146
第一节　政策工具概述 … 147
第二节　政策工具的类型与选择 … 151
第三节　政策工具的应用 … 163
即练即测 … 172
思考与练习题 … 172
参考文献 … 172

第六章　政策效果预测 … 173

引例 … 173
第一节　政策预测的概念与属性 … 173
第二节　政策预测的模型与方法 … 176
即练即测 … 202
思考与练习题 … 202
参考文献 … 202

第七章　政策采纳 … 204

引例 … 204
第一节　政策采纳概述 … 204
第二节　政策方案的选择 … 207
第三节　政策决策 … 216
即练即测 … 230
思考与练习题 … 230
参考文献 … 230

第八章 政策执行与监测 ... 232

引例：环保督察三令五申,尽快整改才是关键 ... 232
第一节 政策执行概述 ... 233
第二节 政策执行的过程及模型 ... 239
第三节 政策执行的影响因素 ... 246
第四节 公共政策的监测 ... 253
第五节 我国的公共政策执行与监测 ... 259
即练即测 ... 265
思考与练习题 ... 265
参考文献 ... 265

第九章 政策评估 ... 266

引例：国务院"双减"报告：学科类培训隐形变异难题还需破解 ... 266
第一节 政策评估概述 ... 267
第二节 政策评估的过程与方法 ... 273
第三节 政策评估模式 ... 279
第四节 我国公共政策评估 ... 284
即练即测 ... 291
思考与练习题 ... 291
参考文献 ... 292

第十章 政策周期与政策终结 ... 293

引例：我国合作医疗政策的变迁 ... 293
第一节 政策周期概述 ... 295
第二节 政策终结概述 ... 302
第三节 政策终结的基本内容 ... 307
第四节 政策终结的力场分析与策略 ... 314
即练即测 ... 328
思考与练习题 ... 328
参考文献 ... 328

第一章

公共政策分析的理论渊源

引例

商务部的成立与学者的超前建议

商务部是在原国家经贸委、国家计委、国家外经贸部相关职能的整合下组建的。国务院机构的组成在很长的时期里实行国家经贸委、国家计委和国家外经贸部这种商务三分方案。随着经济体制改革的发展,市场经济体制逐步确立,再加上加入WTO成为日益紧迫的课题,机构设置造成的弊端日益显露。为解决上述问题,上海市几名学者进行政策研究并提出政策方案,推动了商务部的成立。

1999年初,中国商业政策研究会副会长万典武等与另外27名前政府官员、学者、专家联名上书国务院总理,反映机构设置造成的问题。2001年初,上海市流通经济研究所的3名研究人员和上海大学工商管理系的1名副教授组建了以汪亮为组长的国家商贸体制改革研究课题组,开始就万典武等人提出的那些已经显得很突出的问题进行研究。

来自上海的三位学者抓住中国即将加入WTO的大背景,对照商贸经济发达的美国和日本的政府管理体制模式,结合中国商贸体制的历史沿革与实际问题,就我国国家机构设置与商贸事务管理之间的对应关系,展开调查和研讨。他们的基本思路是走大机构、大市场、大流通的路线,直接借鉴美国商务部和日本通产省的模式。

经过研究发现,三分体制的症结是国内贸易与国外贸易分割、国内市场与国外市场分割、进出口配额分割、工贸不结合,因而在一端造成机构臃肿,职能既重叠又分散,在另一端造成流通成本增高,产业链条人为切断,削弱了市场对第二产业的导向、带动、催化等功能。三位学者认识到,随着市场经济体制的确立,就要求产业政策转向,即"以生产型为主的产业政策正在过去,以商贸型为主的产业政策正在走来。"生产型部委办的撤销,只意味着"以市场为导向"的进一步强化,而不等于取消了工业。在新的经济体制下,应当"以市场为导向,通过商贸带动应用技术的推广和高新技术的开发。"

根据研究结论,他们提出了改革我国商贸机构管理体制的对策方案。该方案对"我国政府经贸管理体制功能再造的基本思路"就是"解放和发展流通生产力,确立经贸产业在现代经济发展中的龙头地位";而方案的主要建议就是内外贸合一,将国家经贸委、国家计委、国家外经贸部的相关职能整合组建为国家商务部。

2001年5月三位学者着手写作研究报告，完成稿以《我国政府商贸管理体制与日美模式的比较研究》为题，共有77页，计39354字。汪亮作为代表赶赴北京，将研究报告递交给国务院某部门负责人。该负责人认为："这个方案很具有超前性。"2002年10月课题组获悉，其研究报告提出的改革方案被采用已成定局，下一届政府将"内外贸合一、组建商务部"。2003年3月10日第十届全国人大第一次会议通过的国务院机构改革方案，决定将国家经贸委、国家计委、国家外经贸部的相关职能整合组建为国家商务部。3月25日，国家商务部挂牌成立。

（资料来源：宁骚.公共政策学[M].北京：高等教育出版社，2003：19.原文有改动。）

第一节 公共政策分析的兴起与发展

一、公共政策分析的源起

政策分析作为一种特殊的人类活动，随着社会组织的变化而变化，而社会组织又伴随着生产技术的发展与相对稳定的居住形式的发展而变化。西方学者认为，公共政策分析，不仅与自治程度较高的部落文明有关，也与整个世界的城市文明的扩散与分化有关。

在古代和中世纪，与政策分析相关的知识与城市文明演化密切相关。早在古巴比伦时期，当时的统治者为建立必要、统一、公正的社会公共秩序而制定的《汉谟拉比法典》就集中反映了稳定城市居住区域的经济和社会发展的基本要求。例如，其中有这样的条款："如果地方长官占有了人们的税款或原谅叛逃者，则他们要被处以死刑。""在任何情况下，官员、收税者和警察都不能出卖田地、花园和房屋。"与《汉谟拉比法典》一样，不少早期文明地区所颁布的法典，在维护越来越复杂的城市居住地的稳定以及调节商品和公共事业之间出现的矛盾等方面均起到了相当积极的作用，不仅促进了社会的发展、受教育阶层的发展，也促进了与制定政策相关的知识发展。不过，用现在的标准来看，这些古代所产生的知识，相当多一部分是非科学的。人们重视的是政策的结果，而不关心提出政策的过程。在古希腊，有关政策分析的知识，多为少数个体所掌握，而不像后来欧、亚两洲的许多国家那样，整个受教育阶层都在影响着政府的决策。

随着中世纪城市文明的逐步扩散和分化，各种政策分析的专门人才应运而生。当统治者对做决策无能为力之时，他们会不断地被君主和国王招募去在财政、战争等方面提出建议，或提供技术上的帮助。韦伯曾对公共政策分析人才的历史演化过程这样描述：关键的一步是，位于骑士之上的统治者因知识浅薄，无法对财政管理提供什么。同样，在战争中，军事技术的发展需要有专家或掌握专门技术的军官。而法律程序的分化，又需要有一定的受过专门训练的法官。在财政、战争、法律三大领域，一些发达"城邦国"中的专门的技术官员确实取得了成功。不仅如此,在相当多的地区,他们中的有些人赢得了无偏见、无私利、超脱于现实政治、不被权力与经济利益所诱惑的殊荣。

然而,直到18世纪欧洲工业革命期间,政策研究才有了相对独立的地位。因为在这一时期,越来越多的人相信科学技术会给人类社会带来巨大进步,这一思想在政策制定者与他们的咨询者心目中占据了主导地位。人们不断认识到,自然科学和社会科学是认识和解决社会问题的重要手段,从而使过去的神秘主义、魔法等在预测中逐步让位于科学。这意味着在政策分析中,实证方法与量化的科学方法在政策制定中处于中心地位。当然,这一结果是逐渐形成的,即使到了19世纪,也与现在有着明显差距。比如1850年,有人向英国伦敦统计学会(后改为皇家统计学会)提交了一份研究计划,要求对每日都市街道产生的马粪量的研究进行资助。显然,这个建议被礼貌地驳回了,理由是此项计划不是学会优先赞助的对象,该例说明实证与定量研究方法在当时还未被普遍应用。19世纪以前,也有不少著名的哲学家、国务活动家试图对决策及其在社会中的作用给予系统地解释,但他们依据的论点往往来源于权威、礼仪和哲学原则。

直到19世纪,产生了一个重要的变化,也就是依靠经验与定量研究政策方面的长足进步,人们开始重视系统地搜集资料。比如1801年,英国进行了首次人口普查,随之而来的是统计学与人口统计学逐步发展为独立的学科。在英国的曼彻斯特和伦敦,统计学会相继成立,学会大都由银行家、实业家和学者组成。他们试图寻找对社会问题进行思考的新方式,注重用统计数字来反映城市化以及资本主义工业生产中相互关系的调整。欧洲的其他国家,如法国和德国,也有不少研究者直接深入社会最底层进行调查研究,获得了实际生活中的第一手资料,这对政府的政策,如养老保险等政策的制定与修改产生了较大影响。在19世纪,不仅制定政策的知识结构发生了变化,研究方法也随之变化。判断是非标准不再是依据权威、礼仪与哲学原则,而是更多地看重其是否与经验观察结果一致。

二、公共政策分析的诞生与发展

随着罗斯福新政的出台,大量社会科学家涌入政府,对各种政策的制定产生了深刻影响。比如当时的国家计划局,后改为国家资源计划局,其中大部分成员是专业社会科学家。该局的主要任务是收集和分析事实,研究具有较大影响力政策之间的联系和政策的执行情况,在深入调查和认真思考的基础上,提出国家发展方向与进程的总设计。这一时期,社会科学家的基本任务是研究解决问题的方法,而不是如后来那样,通过建立政策模型或由社会实践来检验政策。第二次世界大战前后,需要解决的实际问题更多,而问题规模大,普通团体的研究能力也十分有限,必须依靠政府的大力支持,这就使得政府在对政策研究的方面又大大向前迈出一步。

1951年,拉斯韦尔与D·勒纳合编了《政策科学》一书,首次对政策科学的基本范畴与方法等内容做出了规定,奠定了政策科学的基础,标志着政策科学的诞生。该书的出版虽在当时引起了极大反响,但因内容论述深奥难懂,没有能够在社会上产生更大影响。拉斯韦尔曾对政策科学概述了六大特征:第一,政策科学是关于民主主义的学问。民主体制必须作为它的基本前提,由于政策与个人选择相关,因此必须先搞清楚个人对政策的反应,然后再进行干预。政策科学必须对政府和政治权力有敏锐的洞察力。第二,政策科学的哲学基础建立在理性实证主义之上。为追求政策的合理性,使用数学"公式"和"实证性"数据,坚持科学方法论进行分析是必要的。第三,政策科学是一门对于时间和空间都非常敏感的科学。当选择某一模型进行政策分析时,需对该模型时间和空间信息后进行明确记录。第四,政策科学具有跨学科的特点。尤其要强调政治学和经济学,政治学和社会学、心理学的合作。这一认识特别受到了第二次世界大战前后美国特殊的社会背景的影响。第五,政策科学是一门必须由学者和政府官员共同研究的学问。学者们非常需要了解政府官员对政策的认识和所掌握的数据。第六,政策科学必须具有"发展概念"。要以社会发展为研究对象,建立动态研究模型。

20世纪50年代初前后,美国兰德公司在政府的政策制定中做了大量工作,创造出不少新的研究方法。比如在分析国防政策中,它提出:怎样才能以最有效的方式保障国家安全?需要多少资金用于国家防务?这些资金如何在不同的军事职能部门分配?如何保证最有效地使用这些资金?作为一门新兴学科,公共政策分析从20世纪60年代开始在美国得到了发展。政府机构广泛运用系统分析技术研究各类公共政策问题,取得了重大进展。

拓展案例

1968年至1971年,Y.德洛尔发表了著名的政策科学三部曲,即《公共政策制定的再审查》《政策科学探索》与《政策科学构想》,推动了政策科学的学科独立,标志着公共政策分析的发展进入到了第二阶段。德洛尔批评了拉斯韦尔过分推崇行为科学方法论的作用,分析了管理科学与行为科学方法的局限性,提倡系统群的研究方法,确立了包含12项内容的总体政策论。同时,德洛尔与政策分析家奎德合作创办了《政策科学》刊物,倡导举办了政策科学国际培训班,为政策科学的传播与发展做出了杰出贡献。以德洛尔为首的一派政策科学家,他们所提出来的理论观点已在这一学科中处于领先地位,成为政策科学的基本范式。该理论的基本内容如下:(1)政策科学的目的在于认识和端正社会发展方向。关于政策制定系统,特别是国家政策制定系统的改善,以及运用有效方法、知识来处理政策过程等内容,是政策科学的主要任务。(2)政策科学所关注的政策制定系统是宏观的公共制定系统。(3)政策科学打破了许多学科之间的传统界限,吸收了多学科的有益知识。(4)政策科学的建立,首先是以抽象的政策制定理论框架为基础的,所以它在理论与应用研究之间架起了桥梁。(5)政策科学不仅运用一般科学研究方法发现知识,而且第一次把个人的经验、社会常识也纳入学科知识系统中。(6)政策科学试图将探讨价值、价值协调、价值代价和信奉价值的行为确定为基本内容,帮助决策者对价值观进行选择。(7)政策科学的一个研究主题与重要方法,是鼓励、激发有组织的创造性,包括价值观的创造。(8)政策科学中的基本模式、概念及其方法论,其赖以发展的源泉是社会改革和在改革环境中政策过程的变化。(9)政策科学强调未来,但又认为今天是过去与未来的纽带,对时间很敏感,坚持历史研究方法。(10)政策科学既要对科学的理性知识在政策过程中的意义进行研究,又承认超理性过程的重要作用。(11)政策科学以实证哲学为基础,其研究主题是自身的规范、假说、潜在理论学术基础及其应用。(12)政策科学认为规范的创新是必需的、严格的,应符合科学的基本标准。

从20世纪70年代至80年代,伴随着许多学科的专业学会的建立与发展,美国许多社会科学研究分支纷纷成立专门研究政策的组织,各种相关的杂志、论文、书籍等数量迅速增加。美国许多主要大学相继建立了研究公共政策的研究生学位点,开设了一大批课程。不少大学的政策研究中心或机构,与社会上庞大的非学院式的政策研究机构保持着十分密切的联系。从林德布洛姆首次提出"政策分析"这个概念后,"政策分析家"成了对政府一种官方公职的描述。在以上背景下,"政策分析"成了美国20世纪建立起来的重要知识行业之一。

三、后工业时代的公共政策分析

作为20世纪兴起的新学科,公共政策分析在后工业社会越来越由受过教育的专业技术阶层所支配的历史转化背景下,基于政策分析的专业化问题,形成专家政治指导派和专家政治协商派两大流派。

专家政治指导派认为,政策分析的专业化,意味着权力从决策者向政策分析者转移。改进公共选择的质量最有效的途径,就是让更多的政策分析家提出广泛有效的分析。该学派提出了五条主张:第一,随着社会政治、经济的不断深入发展,社会中各个决策领域的复杂性和相互依赖性不断增强,从而向旧知识提出了挑战,越来越需要与政策相关的新知识产生。第二,当代社会问题可以由专业政策分析家提出新的专门知识加以解决。第三,政策选择在技术上的复杂性提供了让高水平的专业政策分析家直接介入的广阔途径。第四,地位高的专业政策分析家的直接参与决策,增强了他们对重要政策决策施加影响的权力。第五,政治家对专业政策分析家的依赖性不断增长,削弱了政治家自身的权力,使政策决策权从政治家向政策分析家转移。

与之相抗衡的专家政治协商派的观点认为,政策分析专业化及其相关的活动,意味着提高决策者和其他占支配地位的群体在分权方面寻求到更有效的新途径。基于这种假设,他们认为,政策决策中作为专门知识消费者的决策者在很大程度上决定了与政策相关知识的生产者——政策分析家们的活动。因此,政策分析家的根本作用是使真正掌握权力的人所做的决策合法化,即用科学技术语言加以论证。这一学派提出了六条主张:第一,主要政策的选择反映了社会共同体中不同群体之间相冲突的价值观。第二,相互间的冲突要求在政治体制中主要通过政治权力的权威来解决。第三,谁的政策要求被作为政策确定下来,谁就在利益冲突中取得胜利,相反则失败。第四,专业政策分析家在利益冲突和政策制定过程中所起的作用是为决策提供科学和技术的依据并使其合法化,以缓解冲突和提高决策者及其他占支配地位的群体权力,使之更有权威。第五,专业政策分析家应通过科学和技术为利益集团服务。他们中立、无私,但只是一种工具。第六,如果政策失败,政策分析家很可能被当作替罪羊,分担政治失败的责任。

专家政治指导派和专家政治协商派的相同之处在于,都认为社会的发展要求决策者更多地征求专家意见,专家应该为决策提出更有效的科学、技术依据并使之合法化。两种学派的主要区别在于,指导派把专家看作是权力的分享者,而协商派强调的是专家的从属性,把专家看成是权力的工具。

然而,这两种观点在解释后工业社会的若干现象时并不完全确切,每一种观点都片面地强调了当代社会中的某些特征而忽视其他特征。公共权力机构掌握着社会利益的权威性分配。尤其在"行政国家"出现后,公共权力渗透到社会领域的各个方面。公共政策主要涉及权力、财富、利益、义务、责任的分配,其后果将有利于一些人,同时不利于另外一部分人。因此,公共政策的制定过程,无法摆脱利益冲突的影响。公共决策结果往往是利益妥协和力量暂时均衡的结果。公共政策不可能按照旁观者的超然立场,以最理性化的结果产生。相反,参与公共政策制定的不同角色,包括各种类型的专家本身,也无法摆脱特定利益集团的背景。各角色的先入之见加大了公共政策的不确定性,以至于若干决策从形式上看是理性的,或基本是理性的,但实际上却是非理性的。

第二节 公共政策分析概述

一、公共政策分析的含义与特征

(一)公共政策分析的含义

政策分析的含义,可以从理论和技术这两个角度进行阐发。

一些学者比较倾向于以理论的角度来看待政策分析,认为政策分析的目的是要发展出一套能够适用于所有政策的理论体系,他们认为,政策分析者所希望发展的理论,绝非仅适用于对某一项政策、某个政策领域或一些个案进行具体解释,而是要能够对不同时间不同空间的政策进行比较全面地解释。总之,政策分析是运用科学理论解决政策选择和实施问题的过程,这些政策可能涉及国内、国际等多方面的事务。

另有一些学者更多地从技术角度看待政策分析,认为政策分析的目的是对具体的政策制定和实施提出合理的解释和建议。政策分析只是一种分析的形态,其功用在于产生和提出有价值的信息,用以改良决策者进行判断的基础。政策分析的目的不是产生某种一锤定音的政策建议,而是帮助人们在现实可能性和期望之间建立逐渐一致的认识,产生一种新型的社会相互关系与社会心理模式。这种模式使人们对政府的某项职能产生新的共识,其结果是使各个政治集团之间的活动更为协调,行为更趋一致,矛盾得到缓解,冲突趋于减少。

看重政策分析中理论因素的学者,往往对政策分析做较为宽泛的理解。他们认为,政策分析不仅是对政策制定的分析,还包括对政策执行和政策评估的分析。重视政策分析中技术因素的学者,则常常对政策分析做较为严格的限定,从狭义上进行理解,他们只将政策分析限定在政策制定的环节中。

综合来看,政策分析是依据一定的政策理论、知识,运用各种分析方法和技术,帮助决策者制定和优化具体政策的过程。政策分析必须以一定的政策理论和知识为基础。这里讲的政策理论包括两个层次:一是有关政策的本质、结构、类型、功能、过程等方面的理论;二是用于政策分析的认识理论、因果理论和系统理论。政策分析也必须以一定的知识为前提。主要包括必要的常识与专业知识,有关的自然科学知识与社会科学知识以及各种经验知识。政策分析是运用一定方法和技术的思维与实验过程。

政策分析强调分析人员必须熟练地掌握某些分析方法和技术,并借助模型来对正在制定中的政策或已经制定出来的政策加以思考。多数政策分析是通过个体和集体的思维来进行的,但有时为了对政策方案进行必要的检验和优化,还必须进行局部的实验。

(二) 公共政策分析的特征

作为一门应用学科,政策分析需要学习和借鉴其他学科,它是一个由多种学科背景、多种技术方法和多种理论模型组成的综合研究领域,其特色主要表现在如下四个方面:

第一,理论与实践的结合。进行政策分析主要是出于科学和专业上的双重考虑。从科学角度而言,政策分析无疑有助于公共政策的制定和执行,从而进一步提高政府对社会的管理水平。而科学和专业却是两个完全不同的认知层次,前者的目标是探求理论知识,后者的目标则是运用这些理论知识去解决社会中的实际问题。理论与实践的结合是政策分析最为突出的特征。

第二,复杂的学科背景。政策分析具有跨学科的特点,从而成为各研究领域学者们共同关注的焦点。政策分析所涉及的学科包括政治学、哲学、经济学、心理学和社会学。除此之外,政策分析还要求了解与公共政策有关的历史、法律、人类学和地理学方面的知识。而进行政策分析时使用的量化技术和计算机科学对政策形成、执行和评估所产生的影响也是巨大的。

第三,多架构的研究方法。正如威尔达夫斯基(A. Wildavsky)所指出的那样:"政策分析是一个应用性的边缘学科,其内容不是由学科界限所决定,而是由所处的时代及其环境与问题的特征所决定。"政策分析需要结合各种具体情境运用不同的分析模型,它强调的是针对性和适用性。因此,政策分析不能视野狭隘,而要博采各种研究方法和学科之长。

第四,广阔的研究领域。在现代社会里,公共政策可以说是无所不在,它已经渗透到社会的各个层面和生活的各个领域。人们到医院去看病,会受制于国家的医疗卫生政策;送孩子去学校读书,会受益于国家的义务教育政策;骑车或开车上路,需要遵守交通管理规定;过节燃放鞭炮,需要避开禁放区域。政策分析与公共政策如影相随,好的政策往往源于有效的分析。一般而言,政府和公众所关心的问题都是政策分析所要涉及的研究领域。

二、公共政策分析的原则

公共政策分析活动是个复杂的过程,但无论如何,一些基本原则是必须遵循的。人类社会不是由若干个人简单组成的统一体,而是有组织有秩序的系统。

(一)系统原则

社会上的一切事物都存在着相互依赖的关系,组成了多层次的复杂系统。某项政策不仅本身可看成一个系统,而且它不可能孤立存在,总是与其他政策相联系处于一个政策体系之中。所以,不论制定何项政策,都要把它置于特定的政策体系中考虑,搞清楚它与其他政策的关系,充分估计政策体系的整体效应。如果某项政策从某个角度或局部范围分析是合理的,但在整个体系中产生一定负面效应,那就应该想到要制定什么样的政策与之配套,或者暂时不执行这项政策。坚持正确处理全局与局部关系,坚持统筹兼顾,是系统原则的基本要求。既看到全局要统率局部,局部要依赖全局;又要看到全局也依赖局部,局部好坏直接影响全局结果。要反对只讲局部不顾全局的倾向,也要反对只讲简单服从全局而不讲兼顾局部的倾向。政策系统是动态的,系统的未来状态部分取决于过去状态,观察目前的行为和结果,是为了进行目前与未来的调节。这种动态的循环作用,值得政策分析高度注意,认识不到这种动态中的联系是大量公共政策失效的重要原因。

(二)预测原则

制定政策是对未来行为所做的一种设想,是在事情发生之前的一种预先分析与选择,故具有明显的预测性。因为在制定政策时,基本目的是要按照政策制定者的意愿和设想安排未来,去实现一定的目标。要达到这个目的,首先要估计未来会出现的各种后果,即对各种可能发生的事件加以认真考虑,以适应未来的多种变化。预测是根据过去、现在的相关信息,探索和推测所关心的研究领域在未来可能的发展趋势,并估计和评价各种可能的结果。正是由于这个原因,有人认为预测是制定政策的前提。只有建立于可靠预测基础上的政策才是切实可行的。我国在人口、生态与环境保护方面所出现的一些政策失误,正是因为缺乏真正的科学预测造成的。政策分析中所涉及的预测因素错综复杂,要得到理想的预测结果,必须在预测中全面了解所要研究的政策问题的历史和现状,要注意数据资料的收集和整理,保证其可靠性和完整性。为了使重大问题的预测结果有较高的可信度,需要综合利用预测技术。

(三) 协调原则

公共政策协调的最基本特征是利益的协调。改革开放以来,人们之间的利益关系发生了重大改变与调整,改革中的各项政策与措施,正是为了不断协调社会方方面面的利益关系,提高社会各方面的积极性与凝聚力而制定的。需要指出,人们讲政策协调,往往只看到人与事物的不一致方面,即事物的对立,而看不到事物之间还有相互联系的一面,尤其是互补的一面,服从互补性原理。政策的利益综合性,实际上是不同对象间所表现出相互排斥的利益经过"合理综合"的结果。政策系统整体性功能的大小,往往由所组成要素之间的协同作用的大小而定。一个完整的政策过程,包括政策方案制定、政策执行、政策评价等多个环节,这些环节也可称之为要素。它们相互联系、相互促进,要发挥政策整体功能,它们之间必须相互配合、相互协调,形成一种统一的政策合力。同样的理由,政策主体、政策客体与环境之间的关系也是如此。协调的目的是为保持某种平衡,平衡前的失调反映着事物间的失衡、无序、不稳定。从利益分析看,失调说明了利益分配失衡,利益关系不稳定。政府从社会改革、发展与稳定的全局出发制定政策,坚持从整体上协调,坚持从利益机制上协调,坚持从平衡—不平衡关系上协调,是政策分析过程中应该坚持的原则。

拓展案例

(四) 分解综合原则

这要求政策分析必须在对政策系统整体把握的前提下,实行科学的分解和总体的组织综合。分解是将具有比较密切结合关系的要素分组化。对政策系统来说,就是要归纳出相对独立、层次不同的子系统。综合则是完成新系统的设计过程,即选择具有性能好、适宜标准化的子系统,设计它们之间的关系。从整体到部分,再从部分到整体,形成更广泛的价值系统。在现代社会中,科学技术的进步使得社会信息量骤增。这造成了时空跨度大、不确定因素多等特点,从而为政策分析带来了一定困难。但不管社会多么复杂,人们总可以把它分为几个相关的子系统,并用以往的经验和知识去处理,尤其是将这些子系统的特征与性能做到标准化,以便于计算机操作。分解的规则是既要有利于政策系统设计,保障系统的可靠性,又要便于论证、实施与管理。分解方法是多种多样的,一般可按结构要素、功能要求、时间序列和空间状态等方面分解。该分解的就分解,该综合的就综合,做到"宜统则统,宜分则分,统分结合"。

（五）民主原则

公共政策过程与民主是分不开的。民主的内涵与实质是人民的权利问题，作为政治系统的产出项，公共政策理当要坚持民主原则。公共政策中体现民主原则，首先要回答的问题是那些被选举出来的少数人所制定的政策，是不是真正代表人民的利益，体现广大人民的意志，特别是能否保护和发展人民的整体利益和根本利益。如果广大人民群众只从政府政策那里获得必要的物质利益，而在政治上处于少权或无权状态，这对发展民主政治、保障政策过程中的民主化是难以想象的。坚持民主原则，不仅要求公共政策保障人民在国家政治、经济、文化等各个生活领域中要享有同等的权利与获得公平的利益分配，而且还包括广大人民群众能参政议政，从政策制定的各个环节中充分发挥国家主人翁作用。在一些具体政策上，政府应该不断放权于社会与民众，使更多人参与决策。在那些有关全局性的社会问题的政策制定上，要注意合法的民主程序以及对人民利益的整合和吸纳。

三、公共政策分析的意义

任何科学分析都有一定的目的，具有一定的意义。无目的、无意义的分析是不可能存在的。公共政策分析也具有一定的目的和意义。我国台湾学者林水波、张世贤认为，公共政策分析的目的和理由主要有：(1)政策研究目的；(2)科学的理由；(3)专业的理由；(4)政治的理由。而公共政策分析"其基本功能或价值基点，在于应用人类社会一切可能的知识、理论、方法、技术，以及直觉、判断力、创造力等能力及潜能，正确地制定公共政策和有效地执行公共政策"。因此，从根本上说，政策分析的目的和意义就是为科学制定政策、正确实施政策服务的。具体地说，主要表现在以下几个方面。

1. 公共政策分析有利于将社会科学理论具体应用于实践

公共政策分析是架设在理论与实践之间的桥梁。它对理论进行分析和论证，使理论更切合实际，更符合客观需要，从而将公共政策的理论与实践在立足科学性的基础上融会贯通，以便更好地解决社会实际问题。公共政策分析之所以成为社会科学研究的核心领域，最重要的一点就是社会科学各学科尤其是政治学、经济学和社会学的研究成果（理论知识、理论观点）若要转化为生产力，实现其价值，需在很大程度上依赖于其政策化及较高的政策化程度。换句话说，也就是社会科学的成果必须通过政策这一中介为实践服务，公共政策分析是这些社会科学理论政策化不可缺少的必要前提。

2. 公共政策分析有利于提高公共政策制定的民主化程度

现代科学的政策管理要求政策主体按照一定的程序，运用科学的方法对公共政策环境进行系统分析，客观地考察政策主体和政策客体的相关要素，权衡利弊，合理取舍，使公共政策合理化、科学化和最优化。这种政策活动往往是个人力所不及的,所谓"智出一群,断出一邦",便是对现代社会政策活动尤其是公共政策活动的生动描述。智囊团、思想库、政策幕僚等新名词不断出现,其数量也不断增加,他们和科研机构的学者及人民群众一起积极参与公共政策活动,成为公共政策主体的有力臂膀。在公共政策分析过程中,这种集体分析决策模式不仅有助于实现政策的优化,而且有利于发扬民主,调动各方面的积极性。

3. 公共政策分析有利于实现公共政策的科学化

在公共政策分析过程中,公共政策主体运用科学的理论和科学的决策方法,按照科学的原则和程序,对公共政策主客体、政策环境及政策内容进行科学的分析、综合、推理、论证,最后做出客观的判断。在这一过程中,先进的自然科学分析方法、科研成果以及现代化技术和设备的应用,使公共政策主体能够全面、系统地分析和研究各种纷繁复杂的现象,并且透过现象发现问题的本质,从而做出科学的决策。科学的分析是科学决策的前提,科学的决策需要科学的政策分析,公共政策中科学成分的多少是衡量人类文明进步水平高低的重要标志。

4. 公共政策分析有利于进一步提高公共政策能力

政策能力包括政策问题的确认能力、利益整合能力、政策制定能力和政策执行能力,而政策制定是整个政策过程的基础,政策制定的能力是政策能力的主要方面。在通常情况下,公共政策的制定依赖于公共政策分析的结果,正如我国汉代学者司马迁在《史记·淮阴侯传》中所说的"成败在于决断",而"决断在于析理",因而公共政策分析的质量直接影响到公共政策制定的质量,影响到政策制定能力的发挥,最终影响公共政策的作用与效果。全面、系统、科学地进行公共政策分析,会使公共政策在实施过程中能够对症下药,准确地解决政策问题,实现政策目标,获得药到病除之功效,极大地提高政策能力。相反,如果公共政策分析不到位、不周全,一旦政策出台,就会产生"上有政策,下有对策"的现象,严重时还会出现"把令箭当鸡毛"的后果,致使政策目标无法实现,导致"政策无能"或"政策失效"。

5. 公共政策分析有利于提高工作效率

一方面,在各项管理活动中,工作效率是对管理工作所取得结果的具体度量和评价,也是管理活动所要达到的目的,工作效率的高低是管理机关是否现代化的一个标志,而工作效率的提高来自于研究和运用有效的公共政策,有效的公共政策又源于科学的政策分析。在过去,人们不重视公共政策分析,致使政策出现失误,导致机构臃肿、人浮于事、相互扯皮,民主化和科学化程度较低,办事效率极其低下。另一方面,公共政策的分析过程可以提高政策主体、政策管理人员的素质,提高他们的认识水平和工作能力,使他们具有高度责任感,有利于增强政策活动过程中的相互协调性,进而提高工作效率。因此,只有认真学习、研究和运用科学的方法进行公共政策分析,才能针对实际工作中存在的各种弊端,有的放矢,采取针对性措施解决政策问题,从而实现政策目标。

6. 公共政策分析有利于满足我国政治与经济体制改革的需要

改革开放以来的实践已充分证明,政策是改革的关键,政策对了头,改革将必然成功。我国当前正在进行的政治体制改革,恰属于政策科学中政策制定系统改进的范畴。要想建立更加高效、灵活的政治与行政管理体制,必须依靠科学的政策分析来完成。在经济体制改革方面也是如此,我国的市场经济能否健康发展,能否应对加入世界贸易组织之后的挑战,在相当大的程度上依赖于能否制定出好的、高质量的经济政策和社会政策。而要制定高质量的公共政策,必须依靠公共政策科学和公共政策分析的有关理论和方法。如对教育的重视程度、技术进步、产业结构的调整、对外开放及体制的改革等政策都需要经过慎重的分析和选择,否则,将导致经济结构的畸形发展,并且影响到社会的安定。

当然,公共政策分析并不是万能的,它不能取代政策制定和实施,也不能解决一切问题。政策分析只能在政策目标的确定、政策方案的评估、政策计划的制订、政策资源的分配、政策战略的选择等方面提供帮助。正如我国台湾学者林水波和张世贤认为的:"政策分析非常着重于解释而不在于开处方。"

第三节 公共政策分析的基本理论

理论来自于实践,又指导实践。政策学研究者们通过对政策系统运行实践的分析,提出了一系列政策分析的相关理论。在政策实践中常用的指导性理论有公共选择理论、交易成本理论、福利经济学、团体理论等。

一、公共选择理论

以詹姆斯·布坎南等人为代表的公共选择学派是20世纪60年代初在美国出现的一个新的经济学流派。这一学派创立了公共选择理论,试图通过对"法律-制度-结构"这一社会框架的研究,弥补传统西方经济学侧重个体在经济生活中的供求行为分析的片面性,从而解决政治学与经济学长期隔绝的问题。

(一)公共选择理论兴起的背景及原因

西方传统的经济学在分析经济问题时,都以亚当·斯密的"经济人"假设作为出发点,即个人参与经济活动的动机都是利己心,其经济行为的目的都是实现个人利益的最大化——作为消费者要实现效用最大化;作为生产者要实现利润最大化。但在分析社会的政治行为时,学者们并没有运用这种"经济人"假设,而是把各种政治团体特别是政府看作摆脱了利己心的公共机构,作为一个专门为社会谋福利而没有自身利益的组织,其参与主体更是无私奉献的"圣人"。在自由放任时代,由于国家对经济的干预很少,这种分析方法并没有遇到挑战。但是,当凯恩斯主义的国家干预对经济的影响不断加深,人们对政府行为日益关注之时,经济学家们就要着手探讨:政府所制定的各种经济政策为什么会失败或出现偏差?财政赤字、通货膨胀、效率低下和资源浪费等经济困境的根源在哪里?公共选择理论就是在这个时候应运而生的。

结合这一时代背景,我们可以概括出公共选择理论兴起的原因,主要表现为以下两方面。

(1) 凯恩斯理论的兴起与失败。第二次世界大战后,凯恩斯理论成为西方经济学界的主导理论。受凯恩斯理论的影响,西方各国纷纷加强了国家对经济的干预。随着国家对经济的干预,政府职能进一步扩大,政府的规模也不断扩大,这就造成了政府机构膨胀、资源浪费等后果,国家干预陷入困境。在这种情况下,西方经济学界出现了一股声势浩大的新自由主义经济学复兴的浪潮。新自由主义经济学主张反对国家干预,恢复自由放任。而西方经济对政府干预的逐渐依赖,给经济学家们和政治学家们提出了重大的研究课题。20世纪40年代末50年代初,三个年轻的美国经济学家——詹姆斯·布坎南、肯尼斯·阿罗和保罗·萨缪尔森将经济学的分析方法应用于政治领域,力求解释民主政治和社会选择的过程。他们的思想后来发展成为人所共知的公共选择理论、社会选择理论和公共物品理论。而在这三种理论中,当今影响最广泛且争论最大的要属公共选择理论。

(2) 西方经济学研究重点的转移。进入20世纪后,随着资本主义制度的巩固,西方经济学的研究重点从解释资本主义制度存在的合理性转向对资源配置与效率问题的研究。与此同时,经济学的研究方法也发生了重大变革。以马歇尔为代表的一大批经济学家大量地将数学工具引入经济学,使用数学工具研究经济在给经济研究带来便利的同时,也使经济学家过分注重指标分析和模型建立,使经济学越来越抽象、越来越脱离实际。一些不满经济学现状的经济学者主张恢复古典经济学的以"经济人"假设为前提、以分析"交易过程"为核心的方法论,并将这种方法论延伸到对政治市场的分析。

(二) 公共选择理论的研究方法和主要流派

作为公共政策研究的经济学途径的典型,公共选择是一个应用经济学的理论假定和方法来研究非市场决策或公共决策问题的新研究领域。公共选择涉及政治或公共决策的主题领域,这些主题与政治学的主题是相同的,主要涉及国家理论、投票规则、投票者行为、政党政治和官僚机构等。基于这些主题,公共选择理论学者提出了种种的理论,如非市场决策论、代议民主制经济理论、国家理论、政党理论、利益集团理论、寻租理论、官僚制理论、政府扩张论、政府失灵论、俱乐部理论、以脚投票论、财政联邦制论、立宪经济理论等。这些理论的核心是公共决策或公共物品的生产与提供理论。

1. 公共选择理论的研究方法

公共选择理论主要是运用经济学的分析方法来研究政治问题。它的研究方法归纳起来主要有以下三点。

(1) "经济人"假设。众所周知,经济学分析是建立在"经济人"假设之上的。这一假设认为,人们总是尽可能地利用自己的一切资源去获取自身效用的最大化。公共选择理论坚持经济学对人性的这一概括,把"经济人"假设扩大到人们在面临政治选择时的行为分析。认为人就是人,人并不因为占有一个经理位置或拥有一个部长头衔就会使"人性"有一点点改变。进行市场决策的人和进行政治决策的人是同样的,都受自身效用最大化的引导。公共选择理论将人类在市场领域和政治领域中的行为统一起来,"把人类行为的两个重要方面重新纳入单一的模式"。公共选择对"经济人"运用范围的拓展,使得经济学最基本的分析方法,即成本-收益法,能够在政治领域得到应用,为制度分析提供了前提,并由此产生了一系列富有启发性的结论。

(2) 个人主义的方法论。这种方法论认为人类的一切行为,不论是政治行为还是经济行为,都应从个体的角度去寻找原因,因为个体是组成群体的基本细胞,个体行为的集合构成了集体行为。在公共选择理论将个人主义的分析方法带入政治学之前,传统的政治理论一直主要采用集体主义的分析方法。在考察集团行为时,传统的政治学总是把集团当作一个不可分割的有机体,从整体的角度分析其政治行为与社会行为。分析国家时,又通常把国家看成代表整个社会的唯一决策单位,而且认为国家利益和公共利益独立于个人利益。个人主义方法论与传统政治学的这种集体主义方法论不同,它把个人作为最基本和最后的决策者,强调一切公共行为都源自于个人决策。

(3) 交易政治学。公共选择理论用交易政治的观点看待政治过程,把政治过程看作是市场过程。只不过市场过程的交易对象是私人产品,而政治过程交易的对象是公共产品。进入政治领域的人们也有各自不同的价值观和偏好,这些价值观和偏好都应受到承认和尊重。总之,政治制度就是一个市场,在那里,人们建立起契约关系,一切活动都以起码的个人成本——收益计算为基础。所以,没有理由认为,个体公民在选举人秘密投票中的行为与个体消费者在超级市场中的行为有本质的不同。

2. 公共选择理论的主要流派

根据研究方法和主要理论观点上的差别,可以把公共选择理论分为三个学派,它们是罗切斯特学派、芝加哥学派和弗吉尼亚学派。

罗切斯特学派:威廉·赖客是该学派的领袖人物。该学派有两个特点:一是坚持用数理方法研究政治学,在投票、利益集团和官员研究中使用数学推理;二是坚持把实证的政治理论与伦理学区分开来。其更多地运用理性选择理论和政治行为的博弈理论。赖客认为,政治活动是一个博弈过程,政党竞争是一个零和博弈,一方所得是另一方所失,每个政党的最优策略是让对手规模尽可能大,而自己只需保持略有优势(有时甚至是一票之差)就可以战胜对手。因此,在多数票选举制度下,最终将会形成在规模上略有差异,但仍然是势均力敌的两个政党。因而,冲突和冲突和解是公共选择理论必不可少的组成部分。该学派始终一贯地把实证的政治理论用来研究选举、政党策略、投票程序控制、政党联盟形成、立法机构和政府官员。直到20世纪80年代初,该学派论著的大部分内容都是理论性的和抽象的,基本上不涉及制度内容。这一派的成员大多对西方传统的政治学偏好制度主义持反感态度,注重空间投票模型的研究。同时,该学派的大多数论著不讨论规范问题,他们试图站在中性立场上来研究民主选举中的多数票循环、互投赞成票等现象所造成的缺乏效率、利益集团政治学、官员斟酌权等公共选择。

芝加哥学派:代表人物有贝克尔、佩尔茨曼等。芝加哥学派的自由主义色彩尤其是"反历史"的色彩最为明显。该学派认为,经济学家可以观察解释和描述历史过程,但是不能影响历史过程;改变这个世界的努力总的来说是枉费心机的,是对本来就稀缺的资源的一种浪费。根据这个基本思想,该学派排除了经济学家向政府提供政策建议以及政府干预的必要性。芝加哥政治经济学建立在效用和利润最大化的强假设前提下,它从价格理论和实证经济学的角度来分析政府,主要把政府看作是受追求自身利益的理性的个人所利用的、在社会范围内对财富进行再分配的一种机制。其否认政府是为公众谋利益的,它认为,政治市场只不过是满足起决定性作用的利益集团成员再分配偏好的技术上有效率的机制。它把私人市场分析中所使用的方法扩展应用于政治市场分析。它把政府也看作是一种市场,在这个市场上是货币与权力相交换。另外,芝加哥学派还认为,无论是瞬时均衡还是长期均衡,政治市场总是出清的。在均衡状态下没有一个人可以增加他的预期效用而减少另一个人的预期效用,即政治市场均衡是处于帕累托最优状态。

弗吉尼亚学派:代表人物有布坎南和塔洛克等。该学派的特色是强调方法论上的个人主义和宪法政治经济学。他们认为,个人是社会秩序的基本组成单位,政府只是个人相互作用的制度复合体,个人通过复合体作出集体决策,去实现他们相互期望的集体目标。只有个人才做出选择和行动,集体本身既不选择也不行动。社会选择仅仅是个人做出选择和采取行动的结果。他们认为,如果说外部性、公共物品和信息问题折磨着私人市场,从而造成市场失灵的话,那么,它们也破坏了产生牢固的不可分性并且只限制退出选择的政治市场,从而折磨着老百姓,因此他们提出了政府失灵的观点。而改革方案就是宪法改革。宪法可以看作是能够使个人从相互交易中获得利益的一套规则,政府失灵的原因是约束政府行为的规则过时了或约束乏力。因此要改善政治,就必须改善或改革规则。他们主张对投票规则、立法机构、官员政治和政府决策规则进行一系列改革,通过这些规则起到约束政府甚至是"守夜人"——国家的作用。他们不赞同把未经修改的私人市场理论原封不动地应用于政治市场分析,认为政治市场上的决策者并非总是对现状具有完全的信息;这些决策者不可能总是可以把未来的不确定性转化成确定性的等值,决策者不可能不犯错误。政府失灵是普遍的现象,关键是要进行制度建设和宪法改革。

(三)批判性总结

1986年,在瑞典皇家科学院举办的诺贝尔颁奖典礼上,斯塔尔教授代表评奖委员会评价了布坎南和公共选择理论的贡献。他称布坎南的获奖理由是"发展了经济和政治决策的契约论与宪法基础",他创立的公共选择理论则有如下三方面的理论意义:(1)它将传统经济学的微观理论扩展和应用到对政治制度行政和利益组织的研究中,从而创造出了一种关于政治系统中的不同成员实际中如何运作的内部逻辑一致的实证性理论,而不是一种关于它们应当如何运作的规范性理论。(2)它改变了经济学家们对经济政策诸要件的认识,使许多政治现象很容易得到解释。(3)它为揭示经济和政治决策的基础作出了重要贡献。斯塔尔教授评价道:"这种研究的进一步结果是产生一种不仅整合政治和经济决策,而且将法律制度纳入其中的社会理论。"

公共选择理论虽然是一种颇有争议的学说,在"经济人"假设和个人主义等方法论上有些走极端,它的一些理论还有待检验和证实,但是它用经济学的分析方法来研究公共选择活动和政治行为,把经济学和政治学纳入一个统一的逻辑体系是有积极意义的。公共选择已取得了丰富的理论及方法论成果,它的理论和方法得到广泛的应用,尤其是自20世纪80年代后期以来,公共选择理论的应用范围已经远远超出了主流经济学和正统政治学的研究范围,几乎涉猎了当代所有的社会热点问题。公共选择理论对于公共政策研究具有几个方面可供借鉴之处:第一,公共选择学者从经济学的假设、理论和方法入手来研究政治和公共决策问题,为公共政策和政治学研究提供了一个新的视野、新的研究途径;它用方法论个人主义来取代作为传统政治学主导途径的方法论集体主义,是对公共政策研究政治学途径的有效补充或扩展。第二,公共选择学者丰富了当代政策科学和政治学理论,如它的非市场决策理论、政府失败论、国家与政党理论、投票规则的损益分析、官僚体制与代议制民主的分析,扩展或补充了当代政策科学和政治学的理论研究。第三,公共选择理论有助于增加对当代西方国家公共政策过程的本质及其局限的认识,也加深了对人类公共决策过程及其规律性的认识。

二、交易成本理论

针对为什么政治组织、经济组织和社会组织会出现的问题,人们对现有的演绎理论揭示和解决这些问题的能力产生了怀疑,并直接导致了新制度主义的产生。新制度主义承认制度在政治活动中起着至关重要的作用,并认为社会制度的出现,是为了克服社会组织中信息和交流的障碍。这种分析所采用的基本分析单位与制度范围内个体之间的"交易"有关。在提高或降低交易成本方面,各种制度具有重要的作用。从这个观点看,制度本身是"人类设计的产品,以利益为导向的个体有目的的行为的结果"[①]。以行为者为中心的制度主义理论在对个体行为对社会行为影响的分析上有点类似于公共选择理

---

① 引用自论文 Pavl J. DiMaggio, Walter W. Powell. The New Institutionalism in Organizational Analysis. Chicago: University of Chicago Press, 1991.

论,而且也直接源于个体和集体行动怎样和为什么影响政治、经济和社会制度的演绎理论。这类理论有许多分支,如新组织经济学、制度分析与发展等。所有这些理论,实际上都是以行为者为中心的制度主义的观点来理解社会过程和现象。

(一) 交易成本理论概述

这类以行为者为中心的制度主义理论的一个重要分支就是以诺思(Douglass C. North)、威廉姆森(Olive Williamson)为代表的交易成本分析。这一学派认识到制度在政治生活中的关键作用,认为一个社会中的制度,包括正式制度和非正式制度的存在,是为了克服信息不对称造成的各种困难,完善社会交换所需要的各种条件。该学派的基本分析单位是在制度范围内各个个体间的"交易"。各种制度对交易成本的影响是非常显著的,或降低或增加交易成本。从这个角度来说,制度是"人类设计的产物,使那些目标明确的人们有目的行动的结果"[1]。

1937年,科斯发表《企业的性质》,提出了一个开创性的命题:理解市场经济的关键问题是价格机制本身的交易成本,"企业的显著特征就是作为价格机制的替代物"。在真实世界中,市场上的每一笔交易都必须面对下述三种成本:一是准备合约的成本,二是确定合同的成本,三是监督和执行合同责任的成本。1985年,威廉姆森发表《资本主义经济制度:企业、市场与相关契约》。基于科斯的重要贡献,威廉姆森等创建了完整的交易成本经济学理论框架。该分析框架的逻辑起点是交易和合约,核心的概念是合约人假设和交易特征。处于合约关系中的参与者即"合约人",其特征是有限理性和机会主义倾向。合约人的有限理性导致了合约的不完备性,而机会主义倾向又可能引诱合约人利用不完备的合约实施机会主义行为,这将不可避免地带来资源配置的低效率。并且由于理性的有限性,合约人不可能在事前就在合约设计中规避机会主义行为,而只能通过事后的治理机制对此加以解决。这种治理机制的选择将取决于交易成本的大小。交易成本的大小主要由其特征决定。在威廉姆森看来,交易存在三个重要的特征——交易频率、交易的不确定性和种类、资产专用性程度,这些特征影响了合约的签订,进而也决定了交易成本的大小。

威廉姆森的贡献使得交易成本分析在解释各种经济组织问题时获得了较大的成功。但是,这种分析框架在政治领域的适用却开始于诺思。在诺思之前,政治组织和政治过程的研究方面,学者们的焦点集中在利益集团之间的博弈、设租寻租行为和管制俘获等问题,忽视了政治过程的交易特征。尽管布坎南和图洛克等公共选择学派已经将政治决策视为政治市场上的交易过程,但是他们还是没有考虑到交易成本在其中的影响。以威廉姆森的《资本主义经济制度:企业、市场与相关契约》为基础通过对政治制度和组织的

---

[1] 引用自论文 Pavl J. DiMaggio, Walter W. Powell. The New Institutionalism in Organizational Analysis. Chicago: University of Chicago Press, 1991.

研究,诺思1990年发表《制度、制度变迁与经济绩效》最早将交易成本概念引入政治过程分析中。诺思认为,理想的政治市场可能达到帕累托最优。在现代代议制民主制度的基础上,所有选民能够准确地判断竞争候选人提出的政策主张以及可能产生的福利净效应。其结果只能是,只有那些最大化政治过程参与者的总收益的政策主张才能得到认可和实施,同时因政策而蒙受损失的参与者也会得到适当的补偿。但是这样的模型过于理想。现实中,政治市场是不完备的。例如,获取政治信息的成本通常很高,委托人和代理人之间承诺难以保障,政治消费者无法预测自己选择的最终结果,等等。与威廉姆森分析经济组织的逻辑相同,如果政治市场是不完备的,那么忽视交易成本的存在将是不明智的。诺思便是从政治市场不完备出发,在政治过程中引入了交易成本分析。在诺思看来,政治过程是一个各种利益集团围绕利益再分配所展开的谈判,而谈判中无疑存在交易成本。如果这种交易成本过高,则将导致政治市场的低效率,而低效率的政治市场是不可能支持经济增长的。一旦政治市场陷入低效率,就很可能出现路径依赖现象,即政治制度长期处于不支持经济增长的状态。诺思把交易成本引入到了政治过程分析中,改变了传统的政治制度与组织、政策制定过程的研究范式。

(二) 制度是重要的

像公共选择理论一样,交易成本理论架构也是从简单的人类理性计算行为出发,但不同的是,它强调规则、准则、制度等对政治行为的影响,制度、政府组织影响着国家的行为,而且一个社会的历史发展的独特性决定着其未来的发展选择。那么制度到底是什么?舒尔茨(T. W. Schultz)认为制度是约束人们行为的一系列规则,这些规则涉及社会、政治及经济行为。诺思在《制度、制度变迁与经济绩效》一书中对制度的定义是:"制度是一个社会的游戏规则,更规范地说,它们是决定人们的相互关系的系列约束。制度是由非正式约束(道德的约束、禁忌、习惯、传统和行为准则)和正式的法规组成的。"因此,制度的定义不仅包括正式的组织方式,如官僚体系和市场交易网络,也包括影响个体和集体行为的法律规则和文化准则。这些假设说明该理论对制度、社会结构作用的重视。

制度对行为有非常重要的作用,但对于交易成本学派来说,并不意味着制度决定或产生行为。其逻辑应该是这样的:制度能影响行为,是因为不同的制度对同样的问题有不同的解读,同时,同样的问题由于不同的制度有不同的限制,从而有不同的解决方式,产生不同的结果。个体、团体、阶级直至国家,其利益诉求都不同,都只能在现有组织、法律和规则等一系列正式和非正式制度的背景下,以它们可能的方式去实现它们的利益。制度和行为之间有着互动的关系,正如青木昌彦所言,"制度是关于博弈如何进行的共有信念的一个自我维系系统。制度的本质是对均衡博弈路径显著和固定性的一种浓缩性表征,该表征被相关域几乎所有参与人所感知,认为是与他们策略决策相关的。这样,制度就以一种自我实施的方式制约着参与人的策略互动,并反过来又被他们在连续变化的环境下的实际决策不断再生产出来"。在其他的研究视角中,制度通常被假定为一个既定因素,政策结果是由政治参与人的行为直接导致的,制度对其影响微乎其微。

新制度主义的兴起促使公共政策的研究从"行为"和"政策"的双项变量变成了"行为""制度"和"政策"的三项变量。在政治领域,交易成本理论认为,制度之所以重要,是因为制度"形成并使个体和团体政治人合法化,给政治人提供一套行为准则和依据,给政治人对现实理解的明确概念、评价标准……"。在政策领域,就像公共选择理论,这个理论偏爱以市场为基础和导向的政府行为,但理由与其前者不一样,交易成本理论聪明地避开了公共选择中市场与政府大量寻租的关联的描述和推导,因为这样的必然关联,已经有诸多学者指出了其与现实的不符,但理论上又无法证明其关联性。理解制度之所以重要的另一个关键点在于制度变迁带来的潜在利润。诺思向我们描述了制度变迁过程:如果一种制度安排还存在潜在利润的话,就意味着这种制度安排没有达到帕累托最优,因而处于一种非均衡状态。制度非均衡的出现,意味着出现了制度变迁的客观必然性和基本动力。制度变迁的诱致因素,在于经济主体期望获得最大的潜在利润,即希望通过制度创新来获得在已有制度安排中所无法取得的潜在利润。

但是制度的重要性并不表示经济社会的发展必须以政治制度的高效率为前提。诺思曾在1981年提出"国家的存在是经济增长的关键,然而国家又是人为经济衰退的根源"。他认为,国家具有双重目标,一方面通过向不同的势力集团提供不同的产权,以获取租金的最大化;另一方面,国家还试图降低交易费用以推动社会产出的最大化,从而获取国家税收的增加。而国家的这两个目标经常是冲突的。不少时候,在经济上低效率的制度安排转移到政治上去就可能变得恰当合理了。诺思认为,美国曾经出现这样的例子:"我们故意建立起一个效率低下的政治制度,防止受到一个效率很高但想干坏事的政府的危害。"

(三) 政府与市场的作用:基于交易特征的划分

由于关注交易成本的实质,该学派发展出了一种对产品和服务的分类方法,对区分政府和市场各自的作用范围提供了有益的参考。用这个方法,根据"排他性"和"耗尽性"的交易特征,全社会的产品和服务可分为私人产品、公共池塘产品、俱乐部产品和公共产品四大类。

私人产品占了一个社会生产和提供的全部产品及服务的绝大部分。这些产品,如食物、服装等,一旦出售给一个或部分消费者使用,就无法再售卖给别的消费者,所以私人产品的排他性是最高的,其耗尽性也最高。另一个极端是公共产品(如路灯的光照),无法分割,一个人的享用不会妨碍其他人的享用。在这两个极端之间是俱乐部产品和公共池塘产品。俱乐部产品包括半公共产品,如道路和桥梁,在其可使用边界内,一个人或一部分人的使用不会影响其他人的使用,但一旦超越可使用边界,它就会向私人产品转变,因此这类产品可以向使用者收费。公共池塘产品是指对那些产品的使用无法直接向使用者收费,但其数量会随着使用或消费而减少的产品,如海洋渔业、矿山资源等。

交易成本学派认为,两类社会组织对降低交易成本是最有效的。一是市场,二是科层性组织,或者说官僚体系。在新制度主义的观点中,市场和官僚机构是有效地使交易成本最小化的两种社会组织。在市场形态中,满足信息和其他需求的成本在很大程度上可以这样来描述:众多的生产者和消费者一起分担获取及传播信息以及其他产品和服务的成本。在官僚组织(如现代的大企业)中,这些成本被内部化了。在理想的模型中,政府应该通过市场机制提供公共服务,使公民可以知晓公共服务的真实成本,因而公民将在他们的消费、支出和投资决策上更加理性。

根据交易成本学派的基本原理,政府不应该干预只涉及私人产品的交易和行为,而应该采取措施保护基本的财产权利和防止犯罪行为损害这类产品的交易。但是,政府有责任提供公共产品,因为市场在不受激励的条件下不会主动提供无法产生利润的产品和服务。政府不能像提供公共产品一样提供俱乐部产品,俱乐部产品必须由其使用者付费。从这个视角看,建造和维持公路和桥梁的成本不应该由全体纳税人承担,而让使用者免费使用这些设施,这样会导致使用者将俱乐部产品当成公共产品。对于公共池塘产品,政府的职责在于以许可的方式确立产权制度以防止它们被耗尽,例如公开拍卖捕鱼数的配额。

(四) 批判性总结

这一研究框架强调,国际国内规则、制度和行为影响交易成本,进而影响政策制定。但是,它不能提供一个关于初始制度的前后一致的解释。按照该理论,个人和集体的偏好是由制度塑造的,那么就难以解释制度和规则是如何被制造出来的,以及一旦制度和规则被确立,它们又是如何变迁的。

对交易成本政治学的另一个有力的批评集中在政治市场是否存在这一问题上。林岗曾经激烈地批判过诺斯的观点。诺斯认为,"政治制度的市场,尤其是宪政制度的市场从来就不存在,它只是一种新制度主义的幻觉。政治制度的市场之所以不存在,原因在于政治关系与市场交易是性质不同的两码事:前者规定社会中不同利益集团、阶层和阶级之间统治与从属、主导与依附的关系,其基础是支配经济资源以及政治资源、军事资源和文化资源的权力在不同社会集团、阶层和阶级之间的不平等的分配以及由此而产生的强制;后者规定的是自由和平等的交易主体的相互关系,其基础是交易者之间权利的平等以及权利交换的互利性和自愿性。政治关系,尤其是宪政秩序,规定了哪些社会成员之间的相互作用具有权利平等的交易主体的相互关系的性质以及形式上的平等权利交易的具体社会经济意义"[①]。如果政治市场不存在,那么交易成本政治学便成了一个建立在海市蜃楼之上的理论。这一研究框架集中于关注将个体偏好整合为集体决策的制度和规则的影响,无论这些制度和规则是正式的法规和政治制度,还是非正式约束。然而,

---

① 林岗.诺斯与马克思:关于制度变迁道路理论的阐释[J].中国社会科学,2001(01):55-69+206.

当表达偏好的制度深刻影响表达出来的偏好的时候,了解人们的行为想要什么是很难的。交易成本学派的学者并没有通过个体心理来解决这一问题。

三、福利经济学

福利经济学可能是公共政策研究中应用最广泛的理论。实际上,大部分字面上称为"政策分析"的研究都是福利经济学的应用,尽管没有什么精确的表述,这种理论的基本主张是通过市场机制,个体的决策行为能够影响大多数社会决策。但福利经济学同时又认为,市场并不总是能有效地分配资源,或者说,不能聚集个体的效用最大化行为使社会福利最优化。在这种被称为市场失灵的情况下,福利经济学认为政治组织可以作为市场的补充或者取代市场。福利经济学的原理最初由英国经济学家阿尔弗雷德·庇古提出。尽管他自己仅仅界定了在市场失灵的情况下,一些产业有产生垄断的倾向,消费者和投资者在获取必要的信息以便做出决策方面很是无能为力,但后来的研究者认为,这样的市场失灵会表现出更多的现象。

(一)福利经济学的发展

福利经济学作为一门独立的学科诞生于 1920 年,以庇古《福利经济学》的出版为标志。庇古是公认的"福利经济学之父"。在庇古看来,福利是对享受或满足的心理反应。个人的福利可以用效用来表示,整个社会的福利应该是所有个人效用的简单加总。他还区分了"社会福利"和"经济福利",社会福利不仅包括人们从物质产品消费中获得的满足,还包括所处的社会环境状况;而经济则指社会福利中能够用货币衡量的那一部分。庇古提出,"在很大程度上,影响经济福利的是:第一,国民收入的大小,第二,国民收入在社会成员中的分配情况。"根据边际效用基数理论,庇古提出了他的两条基本福利命题:国民收入总量愈大,社会经济福利就愈大;国民收入分配愈是均等化,社会经济福利就愈大。第一个基本福利命题关涉社会资源的最优化配置,因为国民收入总量的最大化取决于社会生产资源的最优化配置。第二个基本福利命题针对的是收入分配问题。他把边际效用递减规律引入到了货币上,认为高收入者的货币边际效用小于低收入者,把富人的一部分钱转移给穷人的收入均等化政策可以增加社会经济福利。

庇古创立的福利经济学以效用基数理论为基础,然而这个基础一直受到质疑。1932 年罗宾斯(L. Robbins)在《经济科学的性质和意义》一书中对福利经济学提出了深刻的批判。首先,"没有办法能够检查出,在和 B 比较之后 A 的满足的大小。……内心省察不能使 A 衡量 B 的心理活动,也不能使 B 衡量 A 的心理活动。因此,没有办法对不同人的满足加以比较"。其次,个人效用是一种主观评价。福利经济学从事研究"应该是什么"的经济政策问题研究,不属于研究"是什么"的实证经济学。最后,"凡是使我们说明政策好坏的经济学都是不科学的",因此福利经济学不是经济学家所应当研究的固有科学。正是在这样的背景下，20世纪30年代，福利经济学发生了一次大的转折，区别于庇古的福利经济学，这之后的福利经济学被称之为新福利经济学，之前的被称为旧福利经济学。新福利经济学放弃了效用基数理论，采用了序数效用论和无差别曲线等新的分析方法，试图回应这些批判。1939年，卡尔多发表《经济学的福利主张与个人之间的效用比较》一文，提出了福利标准或补偿原则的问题。继而，希克斯、西托夫斯基、李特尔、柏格森、萨缪尔森等利用效用序数论、帕累托最优补偿原理、社会福利函数等概念构建起了新福利经济学。他们主张把价值判断从福利经济学研究中排除出去，代之以实证研究；主张福利经济学的基础应该是边际效用序数论，而不是边际效用基数论；主张把交换和生产的最优条件作为福利经济学研究的中心问题，反对研究收入分配问题。和庇古一样，新福利经济学也提出了几条基本福利命题：个人是他本人的福利的最好判断者；社会福利取决于组成社会的所有个人的福利；如果没有一个人的境况变坏，而至少有一个人的境况得到改进，那么整个社会的境况也就得到改进。前两个命题有效回避了效用的计算问题和效用的人际比较问题，从而撇开了收入分配问题，第三个命题借用了帕累托改进的概念。

但是，福利经济学的危机并未就此结束。1951年，肯尼斯·阿罗（Kenneth J. Arrow）在《社会选择和个人价值》一书中提出了阿罗不可能性定理。所谓形成社会福利函数，就是在已知社会所有成员偏好的情况下，通过一定的程序，把各种不同的个人偏好次序整合为单一的社会偏好次序。但是，阿罗用数学证明的结果恰是，在非独裁的情况下，不可能存在有适用于所有个人偏好的社会福利函数。20世纪70年代，福利经济学在克服阿罗不可能性定理带来的冲击上有了新的突破。1970年，阿马蒂亚·森（Amartya Sen）发表了《帕累托自由的不可能性》一文，提出著名的"帕累托自由悖论"。森认为，以序数效用论为基础的帕累托标准是与帕累托标准所主张的自由主义原则相冲突的；但从现实道德准则出发，帕累托标准和自由主义原则都是正确的，那么唯一可能出问题的地方就是新福利经济学的价值理论基础——效用序数论。阿罗不可能性定理正是揭示出了效用序数论的固有缺陷：在缺乏其他信息的情况下，只使用效用序数提供的信息进行社会排序是不可能的，因为效用序数论无法提供相对充分的人际间效用比较方面的信息。

（二）市场失灵和政府失灵

福利经济学的基本定理蕴涵着政府干预的合理性。福利经济学有以下两个基本定理。福利经济学第一基本定理是，如果所有的生产者和消费者面临完全竞争的市场，那么市场竞争可以导致帕累托最优的结果。这表明，运行良好的竞争经济能实现帕累托效率的资源配置，不需要政府干预。然而，有效资源配置是否就是社会追求的目标是受到质疑的。但是，帕累托效率的要求只考虑了效率，却忽视了公平。福利经济学第二基本定理认为，任何一个帕累托有效配置都能够由竞争性市场机制来实现，这恰恰为政府干预提供了某种理论基础。如果某种社会资源配置状况虽然满足帕累托效率,但这种分配不公平,政府可以适当干预,进行收入转移,然后由竞争性市场机制发挥作用,同样能够达到帕累托最优。

市场失灵是政府干预最强有力的理由。综合福利经济学基本定理本身蕴涵的政府干预合理性,政府干预具备双重目标:一是考虑到分配公平,二是挽救经济效率。在导论部分,我们已经略微提及了市场失灵的各种表现。这里,我们还有必要详细了解下市场失灵。在福利经济学看来,市场失灵至少包括以下几个方面:

(1) **自然垄断**。通常是指这样一种生产技术特征:面对一定规模的市场需求,与两家或更多的企业相比,某单个企业能够以更低的成本供应市场。如果没有政府的规制,像在供电、铁路、邮电和通信等行业,最早建立起必要的基础设施的企业将凭借其成本优势让其他企业无法与之竞争。缺乏竞争的必然结果是社会经济福利的损失。

(2) **不完全信息**。不完全信息意味着消费者和投资者缺乏足够的信息来做理性决策。例如,没有政府规制的医药公司将缺乏激励去披露其产品的副作用,或者消费者没有足够的经验和专业水平去评估这些产品的效果。

(3) **外部性**。外部性指这样一种情况:生产某种产品的成本不是全部由生产者承担的,而被转移到生产过程之外的人身上,即社会成本与个人成本的不一致。这个方面最为典型的例子是企业的污染成本,企业的污染收益是企业获得的,而污染成本却是全社会承担的。

(4) **公共地悲剧**。当公共产权资源(如水域鱼类资源、森林资源等)在没有规制保护的情况下被开发,市场就会出现失灵。在这些情况下,人们为了获益,通常会选择在短期内增大对资源的使用强度和频率,尽管所有的使用者将因此蒙受长期的损失。

(5) **破坏性竞争**。企业之间的恶性竞争会引起对工人和社会的消极影响。过度的竞争将会降低净收益,导致工作条件的不必要的恶化,进而也会影响整体的社会福利。

这些只是市场失灵的核心形式,另一些学者扩大了市场失灵的概念。教育、技术研究和发展、艺术和文化、社会和平和稳定等都被认为可以产生"正外部性",但是市场通常难以有效地提供。

虽然市场失灵为政府干预经济提供了机会,但是市场配置资源的低效率并不意味着政府能够做得更好。例如,在一些情况下,政府解决外部性问题的成本可能超过了外部性本身的成本。另外,理论上证明政府能够矫正市场失灵,但是现实并不一定如此,因为政府和人一样也会犯错误,也就是说政府也存在政府失灵。政府失灵至少包括三个方面:

(1) **组织置换**。当行政机构控制某种特殊产品或服务的生产时,它们很可能用自己的私人目标或者组织目标代替公共目标。这意味着最大化预算或者权力,或者组织的其他任何价值。在这种情况下,政府矫正市场失灵的行为将会使效率更低。

(2) **衍生外部性**。某些政府行为,如健康保险项目,对社会和经济有着广泛的影响,也会对市场生产的产品和服务产生影响,并会对社会福利的总体水平产生一定影响。

(3) 寻租。利益集团通过各种合法或非法的手段，如游说或行贿等，促使政府帮助自己建立垄断地位，以获取高额垄断利润。政府干预经济是寻租的前提，寻租的活动将会导致资源的无效配置，造成大量的社会经济资源浪费。

尽管市场失灵和政府失灵的概念和起源存在很大的争议，但是福利经济学家还是在这些概念上建立了公共政策的分析框架。他们认为，政府有责任矫正市场失灵，因为最优的社会产出不会是无序的个人决策的结果。当市场失灵带来了重大的社会问题时，政府应该挺身而出，2020年由新冠肺炎疫情导致的经济危机便是一个很好的例子。但是，为了避免政府失灵，在尝试矫正市场失灵之前，政策制定者必须十分谨慎地评估自己矫正市场失灵的能力。我国和世界其他国家在此次抗疫中的巨大差异，充分彰显了我国的制度优势和政府治理国家的强大能力。

（三）消费者剩余：福利变化如何衡量

福利经济学的主要分析工具有两个：一是帕累托最优，二是消费者剩余(consumers surplus)。帕累托最优确定了福利变化的应然方向，而消费者剩余则帮助我们衡量福利变化的量值。这里我们主要讨论消费者剩余。消费者剩余是衡量经济环境变化引起的福利变化的一个非常实用的工具。

消费者剩余的概念最早是由法国工程师杜皮特(J. Dupuit)提出来的。1844年杜皮特发表了《论公共工程效用的度量》，注意到消费者对于一种货物的支付意愿通常高于他的实际支出，从而得到一种"超额的满足"，因此只用财务分析方法并不能正确评价公共工程项目对整个社会的经济效益的影响。然而，使这个概念真正得到普及并产生影响力的是英国经济学家马歇尔(Alfred Marsha)。他在《经济学原理》中对消费者剩余下了这样的定义："一个人对一物所付的价格，绝不会超过而且也很少达到他宁愿支付而不愿得不到此物的价格；因此，他从购买此物所得的满足，通常超过他因付出此物的代价而放弃的满足，这样，他就从这种购买中得到一种满足的剩余。他宁愿付出而不愿得不到此物的价格，超过他实际付出的价格的部分，是对这种剩余满足的经济衡量。这个部分可以称为消费者剩余。"

在图1-1中，线 AB 是某一产品的需求曲线，P 表示价格，Q 表示产量。假设消费者能以现行市场价格 P_2 买到他们需要的所有产品。这样产品的供给曲线 P_2D 就是在这个价格上的水平线，此时的需求量为 Q_2。现假设有更多的设备用于产品生产，产品的供给曲线位移到 P_1C。在新的均衡点，价格下跌到 P_1，产品的消费量增加到 Q_1。那么，消费者的境况变好了多少？或者说，消费者愿意花多少钱以单价 P_1 的价格来消费 Q_1 的产品，而非以 P_2 的价

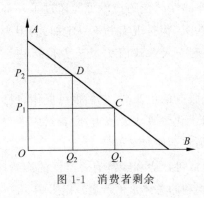

图1-1　消费者剩余

格来消费 Q_2 的产品?

需求曲线表示的是个人消费一单位的产品愿意支付的最大数量。大多数人为第 Q_2 个产品愿意支付 P_2 的价格。但是,当供求均衡点在 C 点时,消费者购买每一单位的该产品只需要支付 $P_1(P_1<P_2)$ 的价格。从这个意义上说,消费者在购买第 Q_2 个产品时,享有 P_2-P_1 的剩余。消费者愿意支付的产品价格超过他实际支付的产品价格的差额便是消费者剩余,这个差额使消费者获得了额外的满足。从消费者剩余可以推导出某些重要的政策结论:政府应该对收益递减的产品征税,得到的税额将大于失去的消费者剩余,用其中部分税额补贴收益递增的产品,得到的消费者剩余将大于所支付的补贴。

(四) 成本—收益分析

成本—收益分析是政府以市场方式制定政策从而达到资源再分配目标的一个基本技术,试图用经济方法取代市场讨价还价的价格确定方式,使政策抉择达到帕累托最优。帕累托最优就是,采取任何一个行动,都必须至少给个人带来好处,但却不损害任何人。如果说帕累托最优在市场上能够做到——尽管这一点争论也很激烈,但在公共政策领域,这几乎是不可能的。任何一项政策都只能为一部分人带来益处,伴随的总是另外一些人利益的受损,问题是利害面的大小。由帕累托最优的困境产生了被称为卡尔多—希克斯标准的福利经济学:政策选择要使净福利最大化。在这个标准下,一项政策即使使某些人受损,但如果总福利大于损失,也应该被采纳。

成本—收益分析提供了一组评价政府政策结果的系统方法,使政策制定者可以确定一个政策就总体而言是否有益。进行成本—收益分析,一般需要以下四个步骤:

(1) 列举一个可供选择的政策所能产生的不利和有利结果;

(2) 评估政策结果发生的可能性;

(3) 如果该政策结果出现,评估其给社会带来的成本或者收益;

(4) 将(2)和(3)相乘,计算出每一个政策结果可能带来的损失或收益。

虽然成本—收益分析的步骤十分清晰,但是现实中成本—收益分析并没有这么容易。要想有效地使用成本—收益分析,我们还必须讨论计量政府项目的收益与成本的两种主要方法。第一种是消费者剩余。原则上,产品的社会收益可以用消费者剩余来衡量,因为消费者剩余反映的正是该产品最终消费者的净收益。但是问题在于,大多时候,消费者剩余难以直接测量。第二种是影子价格。在测量政府政策的成本和收益时,经常会遇到这样的问题,即许多成本和收益是无形的或非市场化的,不存在市场价格,或者这些价格不能完全反映出政策的边际社会成本或收益。而所谓的"影子价格"就是针对无价可循或有价不当的产品或服务的替代价格。

在做成本收益分析时,必须考虑到的另一点是贴现率。不同时期的货币价值是不一样的。大多数的公共项目的建设周期或使用周期都会超过一年,不同时间发生的成本或收益不能直接相加,而应将不同年度所发生的成本或收益按照一定的贴现率(通常按照国债利率),换算成同一时间上的成本与收益,然后进行比较。

有时候,成本收益分析还存在几个隐含的困难。特雷斯克(Tresch)指出了其中常见的错误:连锁反应花招,指成本—收益分析中包括了间接收益而不包括相应的间接成本,使得政策看上去更加有利;劳动力花招,指成本收益分析把工资当作政策的收益而不是成本;重复计算花招,指成本—收益分析错误地将收益计算两遍。

在实际的操作层面,成本—收益分析并没有被政府部门所广泛采用。一方面是因为这个分析方法本身存在较多的问题,特别在政府目标存在分歧的时候往往失效;另一方面,是因为政策制定者并不希望自己的政策项目接受严格的审查。此外,在有些重要的领域,成本收益分析是被禁止使用的。例如,政府在规制环境时,一般很少考虑成本大小。对于质疑,官员一般会回答说"这不是钱的问题,而是国家的百年大计"。

(五) 批判性总结

福利经济学为我们思考不同经济状态的合意性提供了一个标准框架,但是对于福利经济学的批评从来没有停歇过。除了上文提到过的争议,还有两个批评值得我们思考。其一,福利经济学是基于高度个人主义的,把如何最大化个人效用置于中心位置。一个良好的社会意味着社会中的每个成员都处于幸福状态。但是,在实际生活中,社会目标不限于此,还包括个人政治权利最大化、信仰等。福利经济学假设个人最了解什么东西能给他们带来最大的效用,然而如果承认个人的偏好可能是堕落的,那么研究如何使其效用最大化就显得毫无意义了。其二,福利经济学的评价标准是基于结果的,而没有考虑到过程。各种情况用资源配置的结果来评价,而不是用配置是如何决定的来评价。对社会的评价,也许用配置的过程来评价会更加适合:人们能自由地订约吗?公共程序是民主的吗?

四、团体理论

团体理论对公共政策而言也是一个十分重要的理论,它关注的焦点不是个体而是群体。团体理论中最广为人知的是多元主义和法团主义。前者源自美国,而且一直在美国政治学中占据着重要的地位;后者源自欧洲,在欧洲的政治学中的地位也如多元主义在美国的地位。

(一) 多元主义的发展和主要观点

多元主义思想最早可以追溯到美国的国父之一詹姆斯·麦迪逊(Jame Madison)和一位来自法国、却是19世纪早期美国社会政治的最杰出观察者托克维尔。麦迪逊在著名的《联邦党人文集》第十篇中提出:"党争就是一些公民……团结在一起,被某种共同情感或利益所驱使,反对其他公民的权利,或者反对社会的永久的和集体的利益。"党争带来严重的后果,使人们"彼此仇恨",使人们"更有意于触怒和压迫对方,而无意于为公益而合作"。但是,党争"植根于人性之中","造成党争的最普遍而持久的原因,是财产分配的不同和不平等。有产者和无产者在社会上总会形成不同的利益集团"。麦迪逊认为,"党争的原因不能排除,只有用控制其结果的原则来求得解决"。"自由于党争,如同空气于火,是一种离开它就会立刻窒息的养料。但是因为自由会助长党争而废除政治生活不可缺少的自由,这同因为空气给火以破坏力而希望消灭动物生命必不可少的空气是同样的愚蠢。"托克维尔在《论美国的民主》一书中指出,美国人结社的习惯是美国民主的基本养分。"在法国,你所看到的在新事业中居于首位的是政府,在英国看到的是人的等级,而在美国,你会发现是协会。"他提到,"世界上没有哪个国家比美国更加成功地把协会的原则适用于实现众多的目标。"

然而,多元主义作为一种学说被正式确立是阿瑟·本特利(Arthur Bentley)在1908年的贡献。之后,该学说经过不断修正和完善,但本特利的主要观点仍然是多元主义理论的基石。第二次世界大战后,此理论的贡献者包括罗伯特·达尔(Robert dahl)、纳尔逊·波尔斯比(Nelson Polsby)、厄尔·兰萨姆(Earl Lantham),尤为突出的是戴维·杜鲁门(David Truman)。例如,罗伯特·达尔在1961年出版的《谁统治:美国城市中的民主和权力》以纽黑文市为研究对象,选择了城市重建、教育政策和政治任命三个问题进行分析。他发现,不同的团体和个人参与了这三个方面的决策,个人或团体都拥有各种资源,有其在特定专属领域的影响力,但没有任何个人或团体足以垄断城市的整个决策过程。多元主义的其他著名作品包括了阿瑟·本特利的《政府过程》、戴维·杜鲁门的《政府过程》、罗伯特·达尔的《民主理论导言》、纳尔逊·波尔斯比的《社区权力和政治理论》和厄尔·兰萨姆的《政治的集团基础》。

多元主义理论依赖于政治过程中利益集团的主体地位。"团体的经验以及与个人的联系是基本的……通过团体,人们去了解、解释他们存在于其中的社会,并对社会做出反应。"在《政府过程》一书中,阿瑟·本特利认为不同的利益在不同的团体中都会有具体的诉求,而这些团体是由有着相似的利益关切的许多个人组成的,因此才会说"社会本身就是由组成社会的各种集团的复合体"组成的。杜鲁门修正了本特利的概念,认为所谓的利益可以分为两种——隐性利益和显性利益,进而形成了两种团体——潜在团体和组织性团体。在杜鲁门看来,隐性利益构成了潜在团体的基础,当它面临挑战时,可能将会导致组织性团体的产生。

多元主义理论中的群体或团体,不仅数量众多,形态自由,具有交叉重叠的特点,而且缺乏具有代表性的垄断者。这意味着,同一个人可能属于不同的团体,以追求不同的个人目标。交叉性的会员被认为是促进不同团体之间的合作,消除矛盾的关键机制。另外,相同的利益可能由一个以上的团体来代表。例如,多数的工业化国家存在众多以环境保护为目标的团体。在多元主义的视角中,政治就是各种竞争性的利益和团体相互妥协的过程,而公共政策是各种团体为了达到其成员集体利益进行竞争和妥协的结果。多元化的政治过程是动态的,是随着团体对现实状况、对政府行为或其他团体行为的反应而变化的。政府政策也更多地反映着新的社会经济状况,并不断受到不同团体力量的冲击。新的问题产生新的团体,当某新团体形成时,旧的平衡就会被打破。当团体发生调整变更时,其自身利益的诉求也会相应发生变化。当"一个阶级或团体对现实状况不满时,政治过程便发生运转,从而产生一种新的平衡"。然而,不是所有的团体对于政治和政策的影响力都是等同的。事实上,不同的团体在财政和组织资源方面存在很大的差异,正是这些资源决定了它们影响政治过程的能力。

(二)法团主义的发展与主要观点

在欧洲,法团主义可以追溯到中世纪。中世纪时期,国家就和行业协会签订契约,让渡垄断特许和自我监管方面的权力,来换取对其主要活动的检查和控制权力。法团主义的发展与国家干预密切相关,第二次世界大战结束初期,人们一度将法团主义与法西斯主义联系起来。目前学术界对法团主义存在着较大的分歧,也没有产生关于法团主义的统一定义。但是,德国学者菲利普·施密特(Philippe Schmitter)的定义具有一定的代表性,即法团主义是一个利益代表的系统,这一系统中的构成单位组成有限数量的组织,这些组织是一种单一的、强制性的、非竞争性的组织,实现了层级的分化和功能的分化,由国家认可或颁发执照,并获得授权在它们各自的领域的交换过程中垄断性地代表有关社会主体的利益,控制着利益集团领导人的选择以及要求和支持的表达。

依照菲利普·施密特的解释,法团主义和多元主义都是"以法团形式组织起来的民间社会的利益同国家的决策结构联系起来的制度安排"。与多元主义不同,菲利普·施密特认为法团主义具有六大特征:第一,在某一社会类别中法团组织的数量有限;第二,法团组织形成非竞争性的格局;第三,法团一般以等级方式组织起来;第四,法团机构具有功能分化的特征;第五,法团要么由国家直接组建,要么获得国家认可而具有代表地位的垄断性;第六,国家在利益表达、领袖选择、组织支持等方面对这些法团组织行使一定的控制权。也有学者指出法团主义区别于多元主义的地方在于:代表主要企业的利益团体构成了有限数量的组织,政策领域大多集中在经济与工业方面;利益集团内部是科层结构,其领导者能够向成员传达意志;企业之间以及企业与政府之间的连接非常紧密,因而产生政治与经济运作的一致共识;政府在政策过程中扮演更加积极的角色。

(三)利益集团与公共政策

公共利益的定义是不明确的,因为每个人都有不同的利益诉求。当然,我们或许可以通过投票的方式来决定公共利益。当投票人的意见一致时,公共利益是明确的,在多数决定原则下,会产生多数人的利益和少数人利益之间的矛盾。虽然在定义公共利益上存在困难,但我们还是需要一个这样的定义,不然我们没法将公共利益与政治决策者的个人利益或利益团体的特殊利益相比较。我们可以从反向来理解,即,什么不是公共利益？如果政治决策者为社会中的特殊利益集团提供有区别的待遇,而该利益集团没有道德或伦理上的理由通过这些公共政策受益,同时,使利益集团受益的政策给社会大众带来损失,那么我们可以说,这种政策的决定是不符合公共利益的。如果政治决策者的个人利益与公众(或投票人)的公共利益不同,在投票任何政治代表之间就存在一个委托—代理关系。政客的个人利益是赢得选举。为赢得选举,政客不仅需要投票人的支持,也需要筹集金钱,用于竞选开支,政治宣传也需要金钱。因此政客的个人利益是有充足的金钱支付这些费用从而赢得选举。

"租金"一词用于描述狭隘的特殊利益集团从政治决策中得到的利益。通过影响公共政策获得寻租权利或创造寻租权利就是所谓的寻租。"寻租"这一词本义用于形容寻求租金的人。我们这里所说的租金更主要的是通过政治支持来获得的。特殊利益集团从政治支持中寻租,并为了得到租金提供政治人赢得竞选所需要的金钱。接受特殊利益集团金钱的政客就与特殊利益集团达成一份提供利益或租金的隐性契约。

大多数的利益集团的目标是狭隘而自利的,但有的利益集团秉持普惠的社会目标。例如,利益集团可能认为公共财政支持的医学研究所覆盖的人口太少,不能保证研究和治疗的有效发展,或者利益集团可能希望政府对环境问题应该给予更多的关注,这种利益集团的目标是非常有社会价值的,而且也无可非议。

但这种情况并不多见。寻求影响公共政策的行业集团通常都有它们自己的特殊利益考量。例如,工业利益集团可能希望阻止那些要求工业界投资与消除污染有关的立法；货车运输行业集团可能追求扩大公路网络的公共投资；产业界可能寻求反对外国进口,或者寻求从政府那里得到补贴或优惠；农业或森林集团可能反对动植物保护政策；制药公司可能寻求延长药品的专利期限,或不批准与它们的产品形成竞争的新产品上市等。其实即便是残疾人联合会这样的组织也在不断寻求它们的自身利益。这些利益集团的一般原则是以广泛的公共利益为代价寻求狭隘的利益。

由于通常特殊利益集团的利益不同于普惠的公共利益,政客为了接受特殊利益集团的金钱,就会损害公共利益。这种对公共利益的损害正是政治人(决策者和投票人)之间委托—代理关系存在的基础。然而现实中,在这些关系的处理上表现形式并不会那么直接。可能公共政策制定者会用特意地隐藏特殊利益集团的政治利益的方式选择公共政策,这样的做法比较不受公众的注意。例如,立法者可以将特殊利益集团的利益加入法律条款,与特殊利益集团获得利益产生极少,甚至没有关系,用词也比较艺术。或者,可以为某个产业提供特殊的税收减免或补贴,而不是直接将公共资金提供给政治受益人。为了利用税法提供的特殊利益由政府预算通过直接收入转移支付提供,这就会引起公众的注意。选择性的税收减免或补贴可以隐藏在税法繁杂的条文中。

(四) 批判性总结

团体理论存在很多难以解释的问题。例如,众多团体之间讨价还价的成本问题。随着利益集团数量的迅速增加,多元主义强调的讨价还价变得异常复杂和成本高昂,团体之间的协调也变得更加困难,联盟之间冲突的可能性加大。不仅如此,由于某些政策领域,如运输业、银行利率、航空贸易、核能电力、政府土地、农产品的价格保护和军用设备等控制于不同精英手中,普通的消费者、纳税人或大众的利益很难得到反映。然而,更大的冲击是曼库尔·奥尔森(Mancur Olsen)在1965年的《集体行动的逻辑》一书中提出的:自私而理性的团体不会采取行动来实现他们共同的或团体的利益,因为团体利益的公共物品性质会导致团体成员普遍的"搭便车"行为。

即练即测

思考与练习题

1. 试述公共政策分析产生的背景。
2. 公共政策分析的意义有哪些?
3. 试用交易成本理论解释中国改革开放以来的主要政策。

参 考 文 献

[1] 谢明.公共政策分析概论(修订版)[M].北京:中国人民大学出版社,2011.
[2] 李金珊,叶托.公共政策分析:概念、视角与途径[M].北京:科学出版社,2010.
[3] 谭开翠.现代公共政策导论[M].北京:中国书籍出版社,2012.
[4] 张国庆.公共政策分析[M].上海:复旦大学出版社,2004.
[5] 陈振明.公共政策分析导论[M].北京:中国人民大学出版社,2015.
[6] 陈庆云.公共政策分析[M].北京:北京大学出版社,2011.
[7] 朱广忠.我国政策科学研究存在的问题及改进——同贺中国行政管理杂志创刊30周年[J].中国行政管理,2015(8):158-160.
[8] 徐湘林.面向21世纪的中国政策科学[J].北京大学学报(哲学社会科学版),2000(4):183-189.
[9] 何鉴孜,李亚.政策科学的"二次革命"——后实证主义政策分析的兴起与发展[J].中国行政管理,2014(2):97-103,123.
[10] 陈振明.是政策科学,还是政策分析?——政策研究领域的两种基本范式[J].政治学研究,1996(4):80-88.
[11] 陈振明.寻求政策科学发展的新突破——中国公共政策学研究三十年的回顾与展望[J].中国行政管理,2012(4):14-17.
[12] 樊春良.科技政策科学的思想与实践[J].科学学研究,2014,32(11):3-9.
[13] 周柏春,孔凡瑜.美国科技政策发展实践及其对中国的启示[J].科技进步与对策,2011,28(4):101-105.

[14] 徐湘林.中国政策科学的理论困境及其本土化出路[J].公共管理学报,2004(1):20-25,92.
[15] 黄璜.政策科学再思考:学科使命、政策过程与分析方法[J].中国行政管理,2015(1):113-120.
[16] 李文钊.拉斯韦尔的政策科学:设想、争论及对中国的启示[J].中国行政管理,2017(3):139-146.
[17] 黎友焕,廖子灵.日本科技创新的实践模式和政策导向对广东的启示[J].西安电子科技大学学报(社会科学版),2017,27(2):5-11.
[18] 陈振明.政策科学的起源与政策研究的意义[J].厦门大学学报(哲学社会科学版),1992(4):86-91,103.
[19] 丁煌.发展中的中国政策科学——我国公共政策学科发展的回眸与展望[J].管理世界,2003(2):28-38,58.

第二章

公共政策问题与议程

 引例

2019年6月13日上午9时19分,深圳市福田区一名5岁男童与家人一起出行时,被某小区一扇高空坠落的玻璃窗砸伤头部,呼吸骤停,被紧急送医。3日后男童终因伤势过重离世。

2019年6月18日下午5时20分,江西南昌一名7岁女童被高空坠物砸中头部,女童受伤倒地后血流不止,被紧急送往医院抢救。

2019年6月22日中午12时许,深圳市一名女子李某在人行道上被高空坠下的一块哑铃片砸中,瞬间倒地,头部血流不止,被送医治疗,幸无生命危险。

2019年7月2日16时51分,贵阳市一名女子袁某在小区内行走,不幸被楼上一名10岁男童高空抛物砸中头部,经抢救无效不幸死亡。

高空坠物这一城市病的新症状频频发作,已经成为危害公共安全的一大隐患。痛心的同时人们也开始期盼有进一步明确责任界定的相关法律的登场。原有判处与高空坠物相关的案件主要依据《侵权责任法》,少数会涉及《刑法》。能够确定加害人的,还可以协商划定责任;不能确定具体加害人时则很难操作,对高空抛物者的定罪过轻,难以起到强有力的威慑作用。社会民众的强力关注大力推进了相关条例制订的进程,2019年8月23日,中国法学会组织召开高空抛物坠物法治工作座谈会,会议建议从法律上明确规定高空抛物属于违法行为,明确予以禁止。11月14日,最高人民法院印发《关于依法妥善审理高空抛物、坠物案件的意见》,明确规定故意高空抛物根据具体情形予以惩处,最高以故意杀人罪论处。高空抛物问题的快速处理说明社会问题进入政策议程的时机是非常关键的。

在本章中,我们将依次考察:什么是政策问题?政策问题有何特征?政策问题是如何得到确认的?政策议程包括哪几种类型?政策议程的进入途径和触发机制有哪些?

(资料来源:作者根据以下信息编写:中国新闻网,2019-07-04;中国社会科学网,2019-12-30。)

第一节 公共政策问题概述

人类社会总是面临着各种问题:社会的贫困差距问题、城市的人口膨胀问题、生态环境破坏问题、个人择业问题、犯罪问题等,人类社会就是在不断解决问题的过程中进步和发展的。然而,许多人类社会的问题并不需要政府参与解决,那么哪些问题才属于公共政策问题呢?这就需要我们理解辨析公共政策问题的基本内容。

一、政策问题的内涵

(一)社会问题与公共政策问题

问题是指实际状态与社会期望之间的差距,这种差距往往是产生社会紧张状态的原因。问题既可以是私人问题,也可以是社会问题,私人问题只涉及一个人或者两个人,主要是由个人来解决。当问题超出个人范围就呈现出集体性或社会性特征,成为社会问题。

一般而言,社会问题往往会造成社会关系或者环境的失调,致使社会全体成员或部分成员的生产、生活发生障碍,进而引起普遍关注,需要动用社会力量或政府力量加以解决。社会问题是人和社会存在的一种普遍现象,社会问题往往具有公共性,但并不是所有社会问题都会进入政策决策者的考虑范围,当某些社会问题的影响已经不再局限在某个区域或者社会生活的某些领域,对人们利益的影响不再是某个群体或某个层次的社会成员时,社会问题就转化为公共社会问题了,其标志就是出现了公共性的诉求。

也不是所有的公共社会问题都能成为公共政策问题。因为任何一个社会的公共管理机构在一定的社会发展阶段都会有总体目标,公共机构所拥有的解决社会公共问题的资源、手段和能力是有限的。因此,一个社会的公共管理机构在一定的社会发展阶段中,只能将一部分社会公共问题确定为公共政策问题。一般情形是当公共权力主体意识到社会公共问题已经妨碍到整体社会发展,充分了解公众的公意性并认同这种公众的政策要求时,社会公共问题就变成了公共政策问题。

简单来说,社会问题或者公共问题只有当通过个体或集团向政府有关部门提出,而且该问题正处于政府部门管辖权限内,政府又试图采取干预的手段加以解决时,才会把它们列入议程,此时的问题才会成为公共政策问题。所以公共政策问题应该是那些已进入政策程序的被纳入政府解决、应对范围的社会问题。

(二)政策问题的定义

国内外学者从不同的视角和维度围绕着公共政策问题的含义展开了积极的讨论:

美国政治学家詹姆斯·E.安德森(James E. Anderson)指出:"政策问题可以表现为某种社会条件和环境对某一部分人造成影响,他们的需要得不到满足,并为此寻求援助或者补偿。"

威廉·N.邓恩(William N. Dunn)指出:"公共政策问题是指有待实现的需要、价值或机会,不论其是怎样确定的,都可以通过公共行为实现。"

我国台湾学者林水波和张世贤认为,公共政策问题产生于在一个社群中,大多数人察觉或关心到的一种情况与他们所持有的价值、规范或利益相冲突时,产生一种需要以及某种被剥夺或不满足的感觉,于是通过团体活动向权威当局提出,而权威当局认为所提出的属其权力范围内的事务,且有采取行动加以解决的必要性。

学者张金马认为公共政策问题是尚未被实现的社会价值和需求,这些价值或需求能够通过公共活动加以实现,他强调公共问题、社会问题只有当通过个体或集团行为向政府有关部门提出,而且该问题有属于该部门权限,政府又试图采取干预的手段去解决时,才会把它们列入政府议程,此时的问题就成为政策问题。

张国庆教授认为公共政策问题是客观存在的对社会大多数的利益、生存、发展条件和价值规范等产生重大不良影响,并经过一定的渠道和途径反映到政府有关部门,列入政府的政策议程,并为政策制定者所分析、研究和解决的社会公共问题。

综合上述学者的界定,我们可以将公共政策问题总结为:公共政策问题是客观存在的已经被社会上多数人或者政府部门察觉、认同、感觉出来的,与既定价值、规范、利益发生矛盾和冲突,催生被剥夺或不满足的感觉,进而通过个人或者团体向政府有关部门提出属于政府部门管辖范围的希望政府采取行动加以解决,并且能被列入政府议程的社会问题。

二、政策问题的特征

作为政府需要重视的公共问题,一般来说,公共政策问题具有公共性、关联性、主观性、人为性、动态性等特征。

(一) 公共性

政策问题的公共性表现在政策问题发生在社会公共领域,一般会影响到国家或某一地区的大多数人的生活,并且必须通过公共权力机构来加以解决。公共权力机构通常通过法律、法规、行政命令或指示等形式的公共政策来处理政策问题,公共政策对其所针对的所有人员都具有权威性和普遍的效力。

(二) 关联性

各种公共政策问题之间是相互依存的,作为整个政策问题体系中的有机组成部分,一个领域的公共政策问题往往会与其他领域、地区或部门的政策问题有不同程度的相关性,彼此相互作用、相互影响,某一政策问题的处理可能会产生可预测或不可预测的其他相关的政策问题。因此,只有从整体、系统的角度来全面把握政策问题才能真正准确地辨别、界定乃至最终解决问题。

（三）主观性

尽管问题本身是客观存在的，但问题的性质、状况如何取决于人们对客观事物的认识。公共政策问题的形成虽然以一些既定事实或社会现象为前提条件，但能否进入公共政策议程则取决于人们的主观认定。人们对政策问题的分析和判定，是以一定的利益和价值取向为基础的，不同身份的民众具有不同的利益基础，具有相对独立的价值倾向，因此不同的人对同一问题可能会有不同的知觉，形成不同的认识。

（四）人为性

公共政策问题的存在通常是源于人类对自然界和社会的改造以及人的行为，故而具有人为性的特征。首先，政策问题往往与人们违背客观规律，破坏与自然界和谐、协调的关系有关。其次，政策问题可能是先前某些社会成员的错误行为或者政府不恰当的政策所造成的。最后，政策问题还涉及特定人群的利益，需要通过他们的公共活动予以表达，并根据一定的价值观来确认。正因如此，公共政策问题存在明显的人为性。

（五）动态性

公共政策问题反映出的是公众对现状的不满意及希望对其加以改进的意愿，它可能因为社会生活的发展及人们价值观念的更新而逐渐缩小、消失，也可能不断扩散乃至恶化。除此之外，政策问题的解决方案也会随着外部环境因素及人们对问题内容、性质的理解的变化而变化，所以任何政策问题需要选择恰当的时机解决。

三、政策问题的类型

公共政策问题的种类很多，按照不同标准可以对其进行不同的分类。在这里，我们从政策问题的结构、确定程度、功能、发生的领域、作用的范围角度对政策问题进行分类。

（一）按政策问题的结构分类

1. 结构优良的政策问题

结构优良的问题涉及的是一位或几位拥有相同价值偏好序列的决策者对少数备选方案进行政策选择。在做这样的选择时，每种备选方案的效用大小都可以根据前述的价值偏好序列来加以判定，而且决策者也能够确定每一种备选方案所能够产生的结果；若存在风险，也可以通过计算，确定其可能的存在范围。因此，结构优良的问题属于可以完全计算机化的问题,其所有备选方案的结果都可以预先加以规划。最典型的代表就是政府或其他公共机构的基层执行部门中的大量操作性问题。

2. 结构适度的政策问题

与结构优良的问题一样,结构适度的问题也涉及一位或几位决策者对数量有限的备选方案做出选择,而且政策价值取向也基本反映了决策者对政策目标排列顺序的共识。但与前者不同的是,在面对结构适度的问题时,各种备选方案的后果并不是确定的,也可能超越了可接受的范围。方案的效用一致能够反映目标的一致性,但结果不确定,也无法加以计算,从而无法估计误差的概率。此时,决策者可能会陷入决策的困境,正如在所谓的"囚徒困境"中一样,个体看似理性的选择可能会导致小到团体、政府机构,大到社会整体的集体不理性。

3. 结构不良的政策问题

结构不良的政策问题通常涉及不同的群体与个人,方案的效用无法达成一致,目标之间相互冲突,而且无法用一致的方式加以排列。主要特点在于:与政策相关的群体和个人之间存在着相互冲突的目标。政策分析者在面临这种问题时,主要任务不是发现已确定关系,而是界定问题的本质。政府面临的很多政策问题都是结构不良问题。结构不良的政策问题涉及诸多利益相关者,他们之间由于利益相互冲突,难以在价值方面达成一致,决策者难以提出所有人都赞同和接受的方案。

表 2-1 列示了以上几种政策问题。

表 2-1 政策问题的类型

要素	问题的结构		
	结构优良	结构适度	结构不良
决策者	一位或数位	一位或数位	许多
备选方案	有限	有限	无限
效用	一致	一致	冲突
结果	确定选择风险	不确定	未知
概率	可计算	不可计算	不可计算

(资料来源:威廉·N.邓恩.公共政策分析导论[M].北京:中国人民大学出版社,2011)

(二) 按政策问题的功能分类

公共政策问题可分为指导性问题、分配性问题和限制性问题。指导性问题是指对国家的整体发展产生影响的问题,某些工作或事物的进展缺乏一定的方向从而需要政策性指导;分配性问题是指涉及各个行业、产业、部门、企事业单位以及社会成员之间有关资源调整、转移和利益分配的问题;限制性问题是指涉及对某一行业、产业、部门、单位及部分社会成员间资源、利益、行为进行控制,需要对社会某些成员的利益或行为做出政策性限制的问题。

（三）按政策问题发生的领域分类

公共政策问题可划分为政治问题、经济问题、文化问题、人口问题、科技问题、教育问题、外交问题、民族问题等。不同领域的公共政策问题往往具有不同的表现形式涉及不同方面。针对不同领域的问题，解决方案所遵循的原则、所采取的手段等也会各有侧重。如政治政策问题主要涉及国家权力分配、权力组织和运行、公民权利的维护等，在解决政治问题时，首先遵循合法性原则；经济问题涉及经济制度和结构、经济运行与发展等，与其他问题相比，它注重效益原则；人口问题是指人口增长速度、数量、构成比例、人口素质社会经济发展产生不良影响等问题；教育问题是指教育发展过程中教育资源的配置、教育质量等问题。

（四）按政策问题作用的范围分类

公共政策问题可分为全国性问题、区域性问题和地方性问题。在领土广袤的国家，各区域自然、文化、历史等各方面条件存在显著差异，如我国东部沿海和西部存在显著不同，南方与北方也存在差异，这些差异导致了不同层级和区域的公共政策问题也有所差别。一般而言，一个地方的自治程度越高，公共政策的自主性越强，政策解决能力越迅速，因而国家既存在统一性的全国政策，又存在差异性的区域性和地方性政策，这些共同构成了整个国家的政策体系。

第二节 公共政策问题确认

在初步学习了公共政策问题的内涵、特征以及类型等内容后，那么接下来我们将进一步深入分析公共政策问题的确认。所谓的公共政策问题确认是指对于政策问题的察觉到描述的过程，对于政策问题的解决至关重要。本节重点关注公共政策问题如何确认准则、确认程序以及过程中存在的障碍等问题。

一、公共政策问题确认准则

一个社会问题能否上升为公共政策问题一般有一定的判断标准，需要达成一定的条件，社会问题才能被确认为政策问题。这主要包括以下几个方面。

（一）问题的社会属性确定

公共政策问题必须是有一定代表性的社会问题，如前所述，个人问题就不是政策问题,只有当问题超出个人范围,私人无力解决时就才能成为社会问题。当一个社会问题造成社会关系或者环境的失调,致使社会全体成员或部分成员的生产、生活发生障碍,并引起普遍关注,需要动用社会力量或政府力量加以解决时,它才有可能成为公共政策问题。

(二)客观情势存在

客观情势是指出现和形成了某种客观事实,并且这一客观事实是可以直接观察的,是可以通过自然语言描述的,是可以通过广泛的符号系统表述的。任何一种社会问题首先是客观存在的,且这种客观存在的情势需要经过主观的判定,才能确认为政策问题。

拓展案例

(三)公众要求强烈

当某种客观事实持续存在甚至出现扩大或趋于严重的时候,社会公众的政策要求也更加强烈。这种情形反映出公众的利益由于某种客观事实的存在而遭受到较为严厉的冲击和损害,或者反映出公众的价值观由于某种客观事实的存在而受到了冲突和挫折。公众由于强烈地感觉到不安或威胁,因而强烈地要求政府承担责任、采取行动以有效地解决问题,消除众人的不安。

(四)影响程度深远

公共政策问题是影响程度较大的问题。虽然某些问题影响面较广,但如果其影响还没有达到足够大的程度,就无法称为政策问题;公共政策问题也是影响面广的问题,对社会生活有广泛的影响。公共政策问题具有相当程度的示范效应,如果处理不当会造成社会竞相效仿,会引发一系列其他社会问题。

(五)政策需要明显

当现实公共问题被认为到了非解决不可的程度,从政府的角度来说就已经形成了明显的政策需求。现代政府的绝大部分公共政策都是对现实公共问题的某种反应,并且这些问题事实上已经严重到了非解决不可的地步。政府对潜在的公共问题做出评估,对认为达到了严重性的问题进行确认。反过来说,这些问题对政府履行政治责任、行政责任的能力已经构成了直接的挑战,对政府的政治道德、行政道德水平已经构成了直接的考验。

(六)属于政府职权范围内的问题

政策问题必须在政府的职权范围之内,公共政策问题需要得到相应部门的确认,也只有政府干预才能成为有效的问题。如果问题的解决超出了政府的职权范围,政府的干预则是无效的行为。

案例 2-1

2018年11月,国家卫健委就我国艾滋病防治工作进展举行发布会。据中国疾控中心、联合国艾滋病规划署、世界卫生组织联合评估,截至2018年底,我国存活艾滋病感染者约125万人。艾滋病患者中,70%左右是由于吸毒感染的,10%左右是由于卖血感染的,剩下的多数是由于不检点的性行为,比如提供和接受性服务感染的。我国多数艾滋病患者的生存状况十分恶劣,他们中的许多人一贫如洗,看不起病,吃不起药,几乎处在没有治疗的状况。同时由于艾滋病患者受到社会的歧视,许多艾滋病患者隐瞒病情且到处流动,是传播艾滋病毒和扩大感染范围的根源,同时也是影响国力,造成社会不稳定的重要因素。

中国政府对艾滋病的疫情十分重视,并采取了十分积极的态度,除了向世界公开中国艾滋病现状以争得世界有关部门的帮助和支持,以及对中国公民进行正确认识艾滋病的教育之外,还投入大量资金,进行艾滋病的研究和有关产品的开发,力求使治疗艾滋病的特效药国产化,降低药价,使多数患者能吃得起,能够延长生命并能够保持基本的劳动能力。国家还考虑重金购买国外有关药品配方的知识产权,增强我国在这个领域的研究和生产实力。

对此,艾滋病患者和他们的家属非常感谢政府,许多人也认为政府非常有必要这样做。但是也有人认为,除极少数外,多数患者感染上艾滋病,完全是由于他们的生活行为不检点造成的。尽管他们目前的生存状态很值得人同情,但那是他们生活行为不检点所带来的成本,这些成本理应由当事人自己承担。国家给予他们的关注,肯定是花纳税人的钱。这等于让勤勤恳恳、辛劳工作的纳税人来为这些生活行为不检点的人承担他们放纵的成本和后果,就这一点而言,是对纳税人的不公平。有人问:我们应该承担艾滋病人生活行为不检点的成本吗?

(资料来源:赵艳霞.公共政策分析[M].哈尔滨工程大学出版社,2017.)

二、公共政策问题确认程序

政策问题确认的程序通常由三个相互依存的阶段构成,即问题察觉、问题界定和问题描述。

(一)问题察觉

问题察觉是指某一社会现象被人们发现并扩散,逐渐引起社会公众和政府有关部门关注的过程。问题察觉的途径通常有以下几种：(1)执政党和政府领导人在公务活动中，由于处在一种高瞻远瞩、胸怀全局的地位，加上自身所具有的知识、才能、经验等优势，能够全面、快速了解情况，从而在众多的社会问题中发现和抓住主要的问题，作为政策问题来对待和处理。(2)各级政府的公务员在执行公务、管理行政事务的过程中，也会从大量的社会问题中发现一些共同而重要的政策问题。(3)计划、统计、调查研究和预测分析机构的研究人员、专家学者，在各自的研究领域和课题中也会觉察和确认某些重要的政策问题。(4)其他党派、社会团体、利益集团、新闻媒介和普通群众，也常根据自己的观察、观点和利益，提出认为应制定政策来解决的若干重要问题。(5)某些突发事变、天灾人祸及国际上发生的能直接影响到本国利益的重大事件，也会成为政府立即加以解决的政策问题。问题察觉能否实现，不仅取决于客观条件，而且取决于相关人员的主观条件，如政治立场、思想意识、个人利益和价值观念等。

(二) 问题界定

问题界定是指对问题进行特定分析和解释的过程。首先，需要通过一定的方法对问题进行必要的归类。其次，需要对问题进行必要的诊断。诊断问题应主要解决两个问题：一是问差距何在，实际隐含着现实状态与理想状态之间的距离，任何解决办法无非都是为了缩短或消除这种距离，因而，准确表达这种差距，就成为寻找解决办法的必要前提。二是原因何在，需要弄清产生这些差距的原因。最后，需要把问题情境转变为实质问题。问题情境实际上包含了问题牵涉的众多因素及其相互间错综复杂的关系，问题界定的主要目标就是要把复杂、混沌的问题情境总结概括为清楚明了的实质性问题，从而厘清主要矛盾，把握重要因素。需要指出的是，在选择界定问题的概念体系时，界定者会受其自身的价值观念、意识形态的制约。

(三) 问题描述

问题描述是指运用可操作性语言对问题进行明确表述的过程。具体就是运用一些可操作性语言(如运用数字、文字、符号、图表等表达方式)把上一阶段已经界定的问题转化为一个详细和特殊的形式问题的过程。为了进行有效的政策制定，问题确认过程中应注意以下两方面问题：第一，问题描述应做到真实详尽，切忌人为夸大或缩小；第二，尽量缩短报告链条，减少报告层次。总而言之，对于政策问题的描述，要坚持实事求是的原则，尽量突出问题的本质规律和特征、关键的资料和参数，努力做到以客观代替主观，以直接代替间接，以准确的事实代替加工过的材料。

三、公共政策问题确认障碍

在公共政策制定过程中，需要在众多的问题中确认出公共政策问题，但是现实情况是,公共部门很少能及时发现、确定或认清所有的重要问题。公共政策问题确认障碍主要体现在以下几个方面。

(一) 政策问题的复杂性

在现代社会中,各种问题都很复杂,有的问题不易认清。例如犯罪问题,罪犯的行为受国家的政治、经济、社会环境、风俗习惯、社会道德以及罪犯的个人素质等因素的影响,所以,在不同的国家,主要的犯罪种类不同。在有的国家,贩毒是社会主要的犯罪问题,而在某些国家偷盗是社会主要的犯罪问题,等等。要真正了解某一社会问题,必须对该国的实际情况加以分析和研究,而不是单凭理论分析。

(二) 政策问题的隐蔽性

许多问题是隐含而不明显的。因为社会上存在的问题很多,政治领袖对不明显问题通常是不加以注意的。在许多国家政府公务员也很忙,对许多不明显的问题也没有精力全部加以注意。在这种情况下,学者和研究人员有责任发现社会上各种隐含而不明显的问题,未雨绸缪,防患于未然。

(三) 政策问题的不完全预测性

政治人员通常为目前迫切的问题所困,没有时间注意将来的问题。例如,世界石油供需问题在20世纪初就已表现出来,但是直到20世纪60年代,各石油国家的决策者还未意识到这个问题。到70年代初期,这个问题突然爆发,从而引起了整个世界的石油危机。这种情况与各个国家的政治制度有关。当今国家,在大多数的政治制度下,大选每隔数年举行一次。在一个政府成立的初期,需要花费大量的时间和精力来完成政府的组阁,应付当前的问题;到了安定下来,又要计划下一次的选举,因此能够关注将来问题的时间非常有限。

第三节 公共政策议程概述

公共政策问题被提出和分析后,只是具备了需要采取政策性措施的可能性,而政策制定机构是否针对其制定政策,取决于该问题是否被列入政策议程,通常只有社会问题转化为公共政策问题,并进一步合法地进入公共政策议程才能最终成为政策决定。本节需要重点研究什么是公共政策议程、公共政策问题是如何进入公共政策议程的、公共政策议程可分为哪些类型等问题。

一、公共政策议程界定

对公共政策议程的界定,国内外不同的学者有各自的理解,其中具有代表性的观点如下。

美国学者詹姆斯·E.安德森认为:"在人们向政府提出的成千上万的要求中,只有其中的小部分得到了公共决策者的密切关注。那些被决策者选中或决策者感到必须采取行动的要求构成了政策议程。"

国内学者宁骚则指出,政策议程强调公共问题得到决策主体的深切关注,感觉有必要通过公共权力机构对其进行解决,并将其纳入政策的讨论过程等几方面因素。

国内学者张金马将政策议程定义为:"所谓政策议程,就是将政府问题纳入政治或政策机构进行的行动计划的过程,它提供了一条政策问题进入政策过程的渠道和一些需要给予考虑的事项。"

国内学者张国庆对政策议程理解为:"政策议程是指将政策问题提上公共部门的议事日程,公共部门正式决定进行讨论和研究,并准备如何制定有效政策加以解决的过程。广义的公共部门包括立法、行政、司法和其他有关的政策部门。将一个政策问题提上政府部门的议事日程,是解决该问题的关键一步,也只有把政策问题纳入政策议程,才能研究、分析并为之制定公共政策加以解决。"

综上所述,我们认为公共政策议程通常指已引起深切关注并被确认为必须解决的公共政策问题,被纳入正式商讨、规划、研究的议事程序中,公共部门正式决定加以讨论,纳入决策领域的过程,在这一过程中,价值判断标准、政策目标、政策方式、政策界定等是讨论的重点问题。其本质是政策问题提上政策议事日程、纳入决策领域的过程。

二、公共政策议程类型

在政治系统中存在多种不同的议程,按照特定标准可以对其进行不同的分类。

(一)从政策议程的推动主体角度分类

根据社会问题在政策议程中的主要推动主体,将政策议程分为公众议程和政府议程两种类型。

1. 公众议程

公众议程也称系统议程,是指某个社会问题在社会公众和社会团体的范围内已经引起广泛关注和热烈讨论,并向政府部门提出政策诉求,要求政策制定者采取措施加以解决的政策议程。因此,公众议程与公共利益的表达相关,是社会各方面向政府所做的利益表达的过程。这种利益表达方式包括个人方式的利益表达和群体方式的利益表达。个人方式的利益表达代表个人或家庭利益向某个官员或政治系统提出要求,或者代表某社会团体的利益或群体的呼声向政府有关部门提出要求。而群体方式的利益表达,则通常由具有某种共同利益的团体联合起来向政府有关部门反映,如集会、示威、联合上访等,其本质是众人参与讨论的过程。某个问题要想成为公众议程,必须具备三个条件:一是该问题在社会上被广泛注意或感知;二是多数人认为有采取行动的必要;三是公众普遍认为这个问题是政府部门职能之内的事务,应当给予关注。需要注意的是,由于公众是分层次和地域的,因此,公众议程可能是某一层次上或某一地域中的公众对社会公共问题的讨论,从而使政策问题也具有相应的层次性或地域性。不过,当影响范围逐步扩大时,局部的焦点问题也可能提升为全国范围的问题。

2. 政府议程

政府议程也称制度议程,政府部门从自身的立场、观点出发,根据公众需要、国家需要及政治运作过程的需要,认识到公众广泛讨论并提出的社会问题确实有解决的必要,并把它列入政府的议事日程进而准备采取行动来研究和处理的过程。政府公共部门根据公众各种各样的利益表达和提出的要求,综合权衡各个团体、阶层和普通公众的利益关系,最后确认是否将此问题列入政策议程。相比较而言,公众议程中的政策问题大多以未成形抽象、模糊的形态存在,而进入政府议程的问题往往是在对客观事实进行系统认定的基础上形成的明确的、具体的、影响范围广且意义重大的问题。政府议程一般分为常规议程和非常规议程。常规议程是指政府职能范围内经常出现的、政府必须定期加以解决的政策问题。非常规议程是指因特殊情况或突发情况导致的公共问题,政府或政策制定者必须通过政策予以解决的政策议程。

(二) 从议程中政府对政策问题的重要程度分类

根据政府对政策问题的重要程度将公共政策议程分为实质性议程和象征性议程两种类型。

1. 实质性议程

实质性议程是指那些影响深远和潜在意义重大的政策问题的议程。很多实质性政策议程中涉及的问题具有高度的复杂性和分歧性,如果处理不当可能会引发重大冲突。实质性议程通常具有三个重要特征:一是涉及大量的公共资源分配,对许多群体和团体来说都是利害攸关的;二是议题会引起而且已经引起公民和公共政策制定者的密切而严肃的关注;三是议题包含着潜在爆炸性变化的可能性。

2. 象征性议程

象征性议程指的是一些政策问题虽然引起社会公众和政府决策者的关注,但其影响有限,政府只是表态重视某些问题,并不想立即采取行动解决问题。象征性议程多数是那些不涉及资源分配与利益调整,仅在价值和观念层面予以关注的议程就是象征性议程。在象征性议程中人们注重的是价值而不是资源,牵动的是社会共同体的共同意识,而不是个别群体的经济利益。象征性议程具有积极暗示,使社会成员在其中获得安全感、认同感和归属感,对危机情境起到减压作用。

(三)从政策议程的透明程度分类

根据政策议程过程中的透明度,将公共政策议程分为公开性议程和隐蔽性议程两种类型。

1. 公开性议程

公开性议程是那些公开进入公众视野,在公众范围内广泛讨论,或受到政府关注并被纳入政治聚光灯之下的社会公共问题。公众性议程具有公开、透明、开放、流动等特征。

2. 隐蔽性议程

隐蔽议程是指在公共政策过程中,当问题聚集到可以形成政策议程时,却因为强势政策相关者如政治精英和利益集团的干预和影响,他们运用各种"看不见的手"屏蔽相关问题,从而使问题到议程发生断流的现象,其目的是为了避免问题公开化,限制议题公开讨论,从而控制利益再分配,保护其利益最大化。相对于公开性议程,隐蔽性议程的透明度则会弱很多,这既是由行政工作的庞杂性、专业性等客观因素决定的,也是行政系统自身主观设定上的封闭使然。根据决策者对议程的隐蔽初衷,将隐蔽议程分为客观隐蔽议程和主观隐蔽议程。

第四节 公共政策议程设置

公共政策议程设置是社会问题转化为政策问题的关键环节,政府所面临的社会问题非常多,有些社会问题能够顺利进入政策议程,而另一些则难以进入,甚至完全被排除在政策议程之外。所有制定出的公共政策必须经过政策议程这一环节,但也并不意味着只要进入政策议程的公共问题就一定能形成政策。本节重点研究社会问题通过什么方式或途径进入政策议程、政策进入政策议程的触发机制、政策议程构建模型、哪些因素会对议程起阻碍作用等问题。

一、社会问题进入政策议程的途径

政策议程是问题认定的重要阶段,只有通过政策议程才能达到解决问题的目的。另外,政府所面对的公共问题众多,现实政策议程的建立是一个复杂的政治过程,只有少数公共问题才能进入政策议程。那么,社会问题究竟如何才能进入政策议程呢?是通过什么方式或途径进入政策议程的呢?综合各种方式,社会问题进入政策议程建立的途径主要有以下几个:

(一)政治领袖

政治领袖是政治生活中最常见的一种政治主体,他们是一定阶级、集团最高利益的代表者和政治上的代言人,他们因为所处的地位以及自身的学识、智慧以及经验等能够将发现和关注的问题直接进入政策议程,开展决策、制定决策。政治领袖认为某一问题应该解决时,可以在公共部门中对问题加以研究和分析,或者组织专门的机构或人员加以研究,以寻求建议。

(二)政治组织

政治组织是形成政策议程的基本条件。政策问题是涉及国家和社会全局的大事情,关系到人们的切身利益,因而政策议程的形成往往是一个复杂的过程。通常情况下,单靠个人的力量是难以实现的,必须借助一定的组织形式,如政党、政治团体和社会组织等。这些政治组织能很好地集中和反映其所代表的利益、要求和呼声,具有一定的代表性和典型性,所以这些利益、要求和呼声一旦被某个政治组织提出来,就能比较容易地引起大家的呼应,产生共鸣,并能在一段时间内引起政府的极大关注,从而顺利进入政策议程。

(三)行政人员

行政人员在执行政策及处理公务的过程中,因为其接触范围较广,掌握信息较多,所以比较了解群众在生产和生活中遇到的实际问题。他们承担着使大量公共问题向政策问题转化的任务,是政策议程建立的重要途径和渠道。他们常常能在无意中发现与原有政策相关的新问题,认识到如果不解决这些新问题,就将妨碍原有政策的执行,或者对整个国家和社会的公共利益产生不良影响,于是在他们的推动下将相关问题推入政策议程中。

(四)利益集团

利益集团是由具有共同利益需求或相同观点的社会成员组成的、企图通过参与政治过程而影响国家公共政策以实现其利益的、不同于政党和政府的民众性组织。利益集团在现代社会中普遍存在,必须具备三个要素:首先必须是一个有组织的集团;其次集团成员具有共同的利益或目标;其三,他们为了共同利益向政府机构提出要求或施加压力,使政策符合他们的需要。利益集团对政策制定的影响是不可低估的,为了达到他们的目的和要求,利益集团寻求接近这些政府机构中重要的决策环节,从而使代表他们利益的社会问题转向政策问题,使社会问题真正进入政策议程。

(五) 专家学者

专家学者是在各自的研究领域中具有一定专长的社会群体,他们通过在自己的专业研究能够发现某些重要问题,并能凭其专业优势和特长,运用科学理论和分析技术,对社会发展的趋势和进程进行科学预测,为具体问题的解决提供可行性,当他们的成果对经济建设和社会发展产生巨大和深远影响时,也能通过各种渠道进入政策议程。

(六) 公民

公民在政治生活中的活动之一就是不断诉求权利,即通过一定的途径和手段,对损害自己利益的问题寻求解决之道。在某些情况下,如果问题得不到解决,或者问题不能进入政策议程,公民还会采取一些措施向政府施加压力,迫使政府采取行动解决问题。在许多重大政策问题上,公民大众可以越来越广泛地直陈意愿,参与国事和政策制定,从而更容易将社会问题推上政策议程。

(七) 大众传媒

大众传媒在推动政策议程的设置过程中扮演着重要角色。由于大众传媒具有涉及面广、信息容量大和传播速度快的特点,它能把少数人发现的问题进行广泛传播。一个社会问题一旦经过大众传媒的放大和强调,很快就能在社会上产生很大的影响并形成强大的舆论力量,引起人民大众特别是政策制定者的注意,以争取多数人的理解和支持,促使政府决策系统接受来自公众的愿望和要求,并将其纳入政策议程。这一点在我国表现得较为突出,我国的大众传媒是受党和政府领导的,因而其政治性很强,往往能对政策议程的建立起到特殊作用。

案例 2-2

立法防"医闹"!首部基本医疗卫生与健康促进法出台

在 2019 年 12 月 28 日召开的十三届全国人大常委会十五次会议上,《基本医疗卫生与健康促进法》获得表决通过。该法分为总则、基本医疗卫生服务、医疗卫生机构、医疗卫生人员、药品供应保障、健康促进、资金保障、监督管理、法律责任、附则,共十章110条。从 2020 年 6 月 1 日起施行。

《基本医疗卫生与健康促进法》是我国卫生健康领域内的第一部基础性、综合性的法律。立法目的是发展医疗卫生与健康事业,保障公民享有基本医疗卫生服务,提高公民健康水平,推进健康中国建设。作为基本医疗卫生与健康促进法的立法参与者,十三届全国人大宪法和法律委员会副主任委员丛斌认为,这部法律解决的主要就是病有所医、健康中国建设的基本问题,体现了人民性、公益性等原则。

国家卫生健康委员会法规司司长赵宁指出,基层医疗卫生机构承担着基本医疗服务的重要任务,是我们国家医疗卫生服务体系的重要组成部分。加强基层、支持偏远贫困地区的卫生健康事业,是这部法律在起草过程中各位委员、起草者和广大医务人员特别关注的问题。加强基层医疗卫生服务能力建设是这部法律一个很核心的内容。

据悉,人民群众关心的一些医疗卫生领域社会热点和焦点问题,比方说看病贵、看病难、乱收费、治疗不规范等等,还有一些医院本身在运行过程当中,所出现的一些非法的事情,在本法当中都有所禁止。

针对"医闹"事件屡禁不止,《基本医疗卫生与健康促进法》法作出明确规定:医疗卫生人员的人身安全、人格尊严不受侵犯,其合法权益受法律保护。禁止任何组织和个人威胁、危害医疗卫生人员人身安全,侵犯医疗卫生人员人格尊严。

违反规定,扰乱医疗卫生机构执业场所秩序,威胁、危害医疗卫生人员人身安全,侵犯医疗卫生人员人格尊严,构成违反治安管理行为的,依法给予治安管理处罚。违反本法规定,构成犯罪的,依法追究刑事责任;造成人身、财产损害的,依法承担民事责任。

中国人民大学法学院教授刘俊海认为,这部法律通过向全社会释放了一个非常重要的法治信号:我们要保护患者,我们要保护医生,从制度设计上阻塞这种"医闹",填补了立法的空白。

(资料来源:陶凤,常蕾.立法防"医闹"!基本医疗卫生与健康促进法出台[EB/OL].(2019-12-28)[2022-11-04].https://baijiahao.baidu.com/s?id=1654149020274715424&wfr=spider&for=pc.)

(八) 突发事件

突发事件具有危害性大、影响广、突然性等特点。在通常情况下,某些人可能对某些问题有所察觉,并提出政策主张希望采取行动,但其他人根本意识不到这类问题的存在及其危害性。突发事件的爆发会让相关问题的解决变得迫切,往往会立刻成为社会各界和政府高度关注的焦点,使政府不得不采取行动,将这些问题提上政策议程。

拓展案例

二、公共政策议程触发机制

社会问题要成为政府决策者着手解决的政策问题需要相应的催化剂,而这些诱发社会公共问题进入政策议程的因素和条件构成了政策议程设置的触发机制。拉雷·N.格斯顿(Larry N. Gaston)对议程设置的触发机制进行了具体的界定：当一个事件把例行的日常问题转化成一种普遍共有的、消极的公众反应，公众反应反过来成为政策问题的基础，而政策问题随之引起触发事件，引起公共问题的偶发事件就是政策议程的触发枢纽。

（一）触发议程的核心因素

触发机制与公共议程联系紧密，一旦触发机制在公众中爆发，这些问题就会与公共议程中正在考虑的议题牵扯在一起，成为推进该问题进入决策集团视野并形成政策议程创建的强劲动力。作为公共政策的催化剂，触发机制的重要价值体现在范围、强度和触发时间三个因素的相互作用上，三者构成引发政策变化的核心因素。

范围，是指受到触发机制影响的人的数量或规模，如果一个事件对大多数社会公众具有普遍意义，则对于采取行动的需求就具备广泛的社会基础，因而比较容易迅速引起政策决策者的关注，并顺利进入正式的政策议程。反之，如果触发机制只是改变了少数人的生活或少数地区的常态，那么要顺利进入议程是非常困难的，同时也很难从决策者那里获得处理的优先权。

强度，是指公众感知一个事件的强度，如果事件引发了公众强烈的担忧或愤怒，公共政策的制定者就可能对社会舆论予以及时而充分的重视。反之，一旦事件得到了公众的宽容与接受，那么随着公众态度的平息，政策制定者将会把视线转移到公众感知强烈的事件上，就不会引发后续的相关政策议程。

触发时间，是指一个触发机制发生的时间，可以把触发机制划分为瞬间机制和持续机制。前者是指很快就能够广为人知的事件，如2015年的巴黎恐怖袭击事件、2008年的汶川地震等；后者是指需要经历一段酝酿过程的持续性事件，如全球气候变暖问题。无论是迅速扩散的事件还是经历了长期潜伏酝酿的事件，都会对政策议程产生影响。

因此，一个问题或事件越是能从范围、强度和触发时间上体现出其重要性和紧迫性，就越是可能得到政策制定者的重视和回应。如果范围和强度中有一个不能引起人们的注意或反应，且这些条件未随时间的推移而加强，那么就难以触发政策议程。

（二）议程触发机制类型

从议程触发机制的类型来看，触发机制产生于国内和国外两种不同环境，可以区分为内部触发机制和外在触发机制两种类型。

1. 政策议程的内部触发机制

政策议程的内部触发机制是指国家内部启动问题的因素，具有五个重要的来源：自然灾祸、经济灾难、技术突破、生态迁移和社会演变，对触发机制和因其产生的公共政策起着源头作用。

自然灾祸，如飓风、洪水、地震等突发事件，其紧急性和破坏性都可能对人口、社会结构和经济产生重大的破坏作用,从而会改变政治价值和政治的优先顺序。经济灾难的发生如通货膨胀、金融危机等,不仅对个人生产生活具有重要影响,更能够撼动整个社会和国家的根基,使政府采取措施慎重处理。技术的改进为社会提供了源源不断的变化源泉,技术的发展可以切实改变个人间、组织间甚至国家间的关系,技术突破很可能触发全社会的调整。生态的变迁和社会改变,包括资源的利用和消耗、人口的激增、环境的污染等,生态平衡的转移作为触发机制具有潜在而广泛的影响。同时,随着社会的大多数部门对价值、行为和政府责任的态度的改变,社会也随之演变,将社会推往新的方向,因而使社会结构得到重组,与这种改变相适应的公共政策也呈现出了新的转变方向。

2. 政策议程的外在触发机制

政策议程的外在触发机制是指国际间启动问题的因素,包括战争、间接冲突、经济对抗、军备增长等类型。此类外部事件一般影响范围很广,强度较高,时间范围也较短且变化多端。

受到另一国家的武力侵犯而引发的战争行为,是外部触发机制最为明显的例子,国家会很快卷入冲突之中,引发舆论和民众的强烈关注。除了国家之间公开的战争之外,间接冲突也可能影响各方的公共政策,如宗教冲突或局部地区紧张局势等。同时,当一国以损害他国的方式制定其经济政策时,就会导致经济对抗,从而激发起经济上或政治上的反击,如贸易争端等。军备增长同样显著影响着国家间做出反应的方式,同时作用于整个国际政治体系的稳定。

三、公共政策议程设置模型

在政策制定过程中,社会问题能否进入政策议程已成为至关重要的一个环节。许多学者对政策议程设置的模型进行探讨,对复杂

拓展案例

的公共政策议程设置的过程进行高度概括和抽象,通过提炼出最核心的要素形成分析维度和分析框架,实现对议程设置过程现实情境的阐释和说明。

(一)科布的议程设置模型

美国学者罗杰·W.科布(Cobb W. Roger)在《比较政治过程的议程制定》中指出,在社会问题进入正式的政府议程的过程中,根据政策问题的提出者在议程中的不同作用以及扩散其影响力的范围、方向和程序,建立政策议程有三种模型。

1. **外在创始模型**

在外在创始模型中,议题由政府系统以外的个人或社会团体提出,经阐释和扩散进入公众议程,然后通过对政府施压的手段使之进入政府议程。该模式中发挥关键作用的是社会团体,当某个团体明确表达不满并向政府提出解决问题的要求时,议案就首先确

立了。有共同愿望的团体会努力寻求更广泛的支持,在这个过程中,这些不满可能在更大的团体内或不同的团体之间扩散。各种利益团体通过利用自身政治资源和技巧,使他们的议案进入政府议程,但是这也并不意味着政府一定会作出决策或采取切实的行动,它只意味着议案将会得到政府进一步的关注。

2. 动员模型

动员模型中,通常是由具有权威作用的政治领袖主动提出其政策意向,并使其进入政府议程。一般情况下,政府可以直接将议案置于公共议程之中,这些议案往往能够成为政府的最终决策,所以看似没有必要建立相应的政府议程,可不必获得公众的普遍认同和关注,但由于政策的成功实施有赖于社会公众的积极配合,因此为了使一项新的政策赢得广泛支持,提出议案的政府决策者通常会通过主持召开会议、公开活动等来向社会公众发布政策议案,动员公众支持新政策。

3. 内在创始模型

内在创始模型中,议题通常源于政府机构内部的人员或部门,并且不需要在公众中寻求支持及与其他议案竞争,其扩散的对象仅限于特定的了解相关信息或相关利益的团体和个人,客观上不涉及社会一般公众,扩散的目的是形成足够的压力以使决策者将问题列入政府议程。体制内运作是内在创始模型的主要特征,政策诉求的主体并不希望建立相应的公众议程。

这三种类型并不是各自完全独立的,在公共政策议程的实践中往往是交叠使用,而且实践中的运用要远比模型中的具体、复杂得多。

(二) 多源流分析框架

多源流理论是由美国著名政策学家约翰·W.金登(John W. Kingdon)提出的,他在广泛深入的实证调研和案例研究的基础上对公共政策过程的核心环节——议程的建立和公共政策的形成进行了科学的探讨。这个理论主要回答在公共政策领域的问题是如何引起政府官员关注的,政府官员的决策据以选择的备选方案是怎样产生的,政府议程是如何建立的,以及为什么一种思想会适时出现这样一些被人们长期忽视的问题。在这种问题导向下,金登把整个政策过程系统看作以下三种源流的汇合:由各种问题界定内容所形成的问题源流;涉及政策问题解决方案的政策源流;由各种选举活动和被选举官员组成的政治源流。

1. 问题源流

问题源流主要是对社会问题进行识别,即何类问题能引起决策者关注,这主要取决于政策制定者了解实际情况的方法,包括问题是如何被认知以及客观条件是如何定义为问题的。而他们了解实际情况的方法主要包括:系统指标的变化、焦点事件、现行政策的评估与反馈、预算限制和问题界定。

2. 政策源流

政策源流主要聚焦于备选方案和政策建议的产生，它是一种自然选择的过程，在其中只有那些符合某些标准的思想才会保留下来并获得重视。在这个过程中，官僚、国会委员会成员、学者和思想库中的研究人员等组成了一个"政策共同体"，他们会在众多备选方案中进行筛选。在这个共同体中，备选方案和政策建议的产生过程类似于一种生物自然选择的过程。官员、专家们会通过提出议案、演讲、证言、论文以及会谈等方式不断阐述自己的思想并与不同思想交互碰撞，说服他人接受某一主张的过程后，那些符合技术可行性、主导价值观和国民情绪、预算可操作性等标准的思想就会被留存下来。

3. 政治源流

政治源流主要涉及政治体系及内部各参与者对问题解决方案的影响，它包括国民情绪的摇摆不定、行政机构或立法机构的人员调整以及利益集团的压力活动等。政治源流对于议程具有明显的促进或抑制作用，它既可以促使一些问题在议程中上升到很高的位置，也可以使政府实质上不去关注某些问题。

三个源流虽彼此独立，按照自己的动态特性和规则发展，但都会穿过决策系统在关键处汇合，而最大的政策变化就是产生于问题、政策建议和政治结合，进而"政策之窗"被打开。"政策之窗"是政策建议的倡导者提出其最得意的解决办法的机会，或者是他们促使其特殊问题受到关注的机会。能够促使"政策之窗"开启的既可能是社会事件，也可能是政治事件，但"政策之窗"并不经常打开，而且开启的时间并不长。政策建议的倡导者需要抓住并利用"政策之窗"开启的机会促使问题、政治与他们所倡导的政策这三股源流相结合，确保他们的政策建议能够上升到政策议程并形成特定的政策结果。

四、公共政策议程的障碍

公共政策议程就是将社会问题提上公共部门的议事日程来进行讨论和研究，并准备制定有效政策加以解决的过程。但并非所有的社会问题都能进入政府议程，对于有些问题，决策者可能觉得没有制定政策的必要。其中，阻碍社会问题进入政策议程而不能转化为真正公共政策的原因有以下几个方面。

（一）政治原则的偏离

任何国家都有被其视为立国之本的基本政治原则，坚持这些原则是政府义不容辞的职责。因此，政策诉求一旦偏离了这些原则，政府就会通过各种方法将其排斥在政策制定系统或制度化程序之外，有时甚至在其提出之前或接近相关的政策领域之前就会被改变或扼杀。

（二）价值体系的排斥

价值体系涉及社会的基本观念及其信仰倾向，是政策制定者们思考的依据和行为的准则，是隐藏在行为背后的风向标，是政策背后的指引力量。任何社会都有其占主导地位的价值体系，它排斥特定的社会问题和政策选择方案进入政策议程。换言之，当某一问题与现行政策价值相背离时，就难以形成公众议程，更不可能进入正式的议程。当然，公共行政价值也会进行调整。当新的价值取代旧的价值时，原有被排斥的政策可能由于符合了新的价值规范而又重新进入政策议程中。

（三）政府体系的封闭

如果政府体系保守，决策过程封闭，民选代表不能代表选举人的利益，那么公众与政府联系的渠道就会出现障碍，公众的呼声和愿望就很难为决策者所知，人们不仅无法与决策者进行必要的沟通，而且不能通过问题讨论等形式参与政策的制定过程。在这种情况下，公众认定的社会问题很难进入政策议程。当然，我们并不否认政府的"暗箱操作"有时是切实可行的甚至是唯一可行的办法，但这并不意味着其"暗箱操作"可以没有限度。公共政策事关公众的利益，必须接受公众的检验，一个保守的政府、一种封闭的体制难以产生有效的政策。

（四）承受能力的超重

任何一种政策问题的提出，如果超出了决策者的承受能力，就会受到他们的排斥或回避。即使这种问题的提出对社会有利，符合时代潮流，往往也难以进入政策议程。

（五）表达方式的失当

有些问题本可以通过法定的正常渠道提出，却偏偏要选择非正常渠道；明明可以在正式场合上讲，却偏偏要进行地下活动；明明可以采用和平形式提出政策诉求，却偏偏要采取过激的形式。表达方式的失当，很多时候使本该列入政策议程的问题没有被列入其中。

案例分析

高考照顾加分政策

高考照顾加分政策是国家为照顾某些特殊人群而制定的一项政策措施，符合条件的高考考生在考试成绩之外给予一定的加分或优先录取，获得高考加分资格的考生可以享受增加 20 分、10 分或者优先录取等不同档次的投档照顾(参见表 2-2)。

表 2-2 部分高考照顾加分政策

年份	高考照顾加分政策
1978 年	主要实行"优先录取"政策,是对特殊考生的优先录取。
1983 年	国家出台高考政策规定对获得地区以上表彰的应届高三毕业生中的三好学生和优秀学生干部以及高中阶段参加地区级以上体育竞赛获单项前 5 名的队员,或集体前 3 名的主力队员,考分达到规定分数线的,可提上一个分数段投档。获得国家二级运动员称号的考生可以降低 20 分投档。
1987 年	省级优秀学生称号者、思想政治品德突出事迹者、全国青少年科技创新类大赛较好名次者、国际科学与工程大奖赛或国际环境科研项目奥林匹克竞赛中获奖者、重大国际体育比赛或全国性体育比赛取得前 6 名者及国家二级运动员(含)以上称号且被认定的考生;边疆、山区、牧区、少数民族聚居地区的少数民族考生,华侨、华侨子女、归侨子女和台湾省籍考生,烈士子女;散居在汉族地区的少数民族考生,在与汉族考生同等条件下,优先录取。
2010 年	教育部会同其他部门,联合发布了《关于调整部分高考加分项目和进一步加强管理工作的通知》,其中明确要求各地调整学科竞赛和体育特长生两类加分项目。
2014 年	发布《国务院关于深化考试招生制度改革的实施意见》和《教育部 国家民委 公安部 国家体育总局 中国科学技术协会关于进一步减少和规范高考加分项目和分值的意见》,明确取消 6 项全国性加分项目,即省级优秀学生、思想政治品德突出事迹者、奥赛获奖者、科技类竞赛获奖者、重大体育比赛获奖者、二级运动员统测合格者加分项目。
2015 年	出台了《关于进一步减少和规范高考加分项目和分值的意见》,取消体育特长生、省级优秀学生等五类全国性高考加分项目全部调减到位。
2018 年	国家明确提出和规定:全面取消体育特长生、中学生学科奥林匹克竞赛、科技类竞赛、省级优秀学生、思想政治品德有突出事迹等全国性高考加分项目。
2019 年	教育部发布《关于严格规范大中小学招生秩序的紧急通知》,明确要严格高考加分资格审核,按照"谁主管、谁审核、谁负责"的原则,明晰各有关部门在加分考生资格审核中的主体责任、工作流程、审核规则。严格执行加分政策使用范围,全国性加分项目可面向所有高校投档时使用,地方性加分项目只面向本省(区、市)所属高校投档时使用。符合多项加分项目的考生,分值不得累加。
2020 年	教育部发布《关于做好 2020 年普通高等学校录取新生入学资格复查和学籍电子注册工作的通知》,要求要严格入学资格复核,对通过享受高考加分政策录取新生的有关资格证明材料进行复核。要加强录取资格复查,对于通过弄虚作假、徇私舞弊方式骗取高考加分资格、录取资格或冒名顶替入学的新生、未按规定公示有关资格身份的新生、未经省级招办办理录取手续的新生以及违规录取的新生,一律取消入学资格并不予学籍电子注册。

2009 年 2 月浙江省公布高考体育加分新政策规定,参加全国性比赛中获得"三模三电"等项目团体或个人全国前六名的在校学生及应届考生可获得 20 分的高考加分。随后出现一则报道指出,绍兴一中 2009 年提出航模高考加分申请的 19 名考生中,13 名是

当地各级领导干部的子女，其余6名是教师子弟。浙江高考"三模三电"加分问题引起社会的广泛关注。

2009年高考结束后，媒体曝出"重庆市某中学部分高考考生的少数民族成分造假"，随后重庆市联合调查组展开调查，共发现31名为获得高考加分而变更民族身份的学生，其中重庆市文科状元何川洋(659分)原被北京大学录取，也因其民族身份造假遭到北京大学弃录。

这两大社会热点事件的受到了社会各界各种不同身份人士的热议：

浙江工业大学教授钱国莲说，加分制度的设计本身不够严密，再加上运作过程的不透明不公开，致使高考照顾加分政策在一些地方成为少部分人以权谋私的工具。

绍兴市委书记张金如坦言，虽然高考加分是一项执行多年的政策，但"在具体执行过程中，确实存在一些问题"。

《南方都市报》记者魏文彪提出全部取消高考加分并不合理也不现实，重要的是要从严限制设立高考加分项目，将那些没有加分必要而又容易诱发舞弊的项目剔除出加分项目之外。要改变少数人决定高考加分项目设立的决策现状，实行拟设立高考加分项目公示与听证制度，在广泛征求民众意见基础上最终确立高考加分项目。

市民殷国安说，目前全国的高考加分类型过多，使得整个高考加分呈现出一片混乱。结果是弄虚作假、暗箱操作，而普通老百姓的孩子则未考先输。所以，取消高考加分不能一个个零打碎敲，应该进行集中清理。

网名为"妙龄美猪"的网友说道："在取消考生加分的同时，这些考生的父母、背后的操纵者以及当地的民族事务主管部门和公安机关等帮凶同时不应逃避相应的处罚，这样才更有震慑力和警示作用。否则来年及以后的高考中，同样的作弊、造假等事件仍会重演，也许会愈演愈烈。"

网友"马九器"说："状元作假暴露是个小概率事件，这个小概率事件的背后其实是'制度的不牢靠'。很多造假事件，不是因为没有相关的条例规范，而是关系比条例硬、潜规则比明规则厉害……当要手腕比赤手空拳能捞，光明正大反而一无所获时，只能使越来越多的人去认同这样的潜规则，条例法规就成了摆设。"

浙江航模高考加分和重庆高考民族身份造假事件的曝光，引起大众媒体和民众的积极讨论，让高考照顾加分政策是否公平问题的解决变得迫切，成为社会各界和政府高度关注的焦点，使政府加快采取行动，将这些问题提上政策议程，随后高考照顾加分政策进入了加速调整阶段。

基于此，2010年，教育部、公安部、中国科协、国家民委、国家体育总局五部门联合发文《关于调整部分高考加分项目和进一步加强管理工作的通知》(以下简称《通知》)，对中学生奥林匹克竞赛、部分科技类竞赛及体育特长生加分政策进行规范与调整，并指出调整政策"从2011年秋季进入高中阶段一年级的学生开始适用"，即从2014年高考开始实施和执行。

同时,《通知》还要求各省(区、市)系统清理规范地方性加分项目,报教育部及相关部门重新备案,经同意后方可实施。所有拟享受高考加分的考生,均须经过本人申报、有关部门审核、省地校三级公示后方能予以认可。各省市加分政策呈现出节制的状态,以往名目繁多的加分项被大幅砍掉。这必定是高考加分政策瘦身的结果。

2014年以来高考加分政策"大瘦身",多项加分项被取消,享受高考加分政策的学生大大减少,并且享受政策的少数民族学生所占比例大,且地方性加分项目减幅较大。2018年国家明确提出和规定:全面取消体育特长生、中学生学科奥林匹克竞赛、科技类竞赛、省级优秀学生、思想政治品德有突出事迹等全国性高考加分项目。2019年,教育部会同中央统战部等部门积极研究推动各地深化高考加分改革,重点对社会反应强烈的加分政策进行调整完善,进一步促进教育公平。

在2019年和2020年间,国家多次发文明确要求严格执行加分政策使用范围,严格高考加分资格审核和入学资格复核,以及要加强录取资格复查。高考照顾加分政策的在公众和媒体的监督之中不断变革,更加趋于公平。

(资料整理自:中华人民共和国教育部官网;中国教育报,2018-03-22;法制晚报,2014-05-25;中国新闻网,2013-10-27;新华网,2019-12-18;网易教育,2009-12-20;南方都市报,2009-12-18;网易新闻,2009-06-07;中国青年报,2009-05-15)

案例思考题

根据科布的议程模型,试述案例中2010年高考照顾加分政策的调整属于哪种议程类型。利用多源流分析框架分析高考照顾加分政策调整是如何进入政府议程的。

即练即测

思考与练习题

1. 试述私人问题、社会问题和公共政策问题的联系和区别。
2. 公共问题确认的准则主要有哪些?
3. 在公共政策议程设置过程中,哪些社会政治力量能够影响政策议程?

参 考 文 献

[1] [美]约翰·W.金登.议程、备案与公共政策[M].丁煌,方兴译.北京:中国人民大学出版社,2004.
[2] [美]威廉·N.邓恩.公共政策分析导论[M].谢明等译.北京:中国人民大学出版社,2002.
[3] 谢明.公共政策分析概论(修订版)[M].北京:中国人民大学出版社,2011.
[4] 张国庆.公共政策分析[M].上海:复旦大学出版社,2004.
[5] 陈振明.公共政策分析导论[M].北京:中国人民大学出版社,2015.

[6] 陈庆云.公共政策分析[M].北京：北京大学出版社,2006.
[7] [美]威廉·E.安德森.公共决策[M].唐亮译.北京：华夏出版社,1990.
[8] 黄顺康.公共政策学[M].北京：北京大学出版社,2013.
[9] 韦宗友.国际议程设置：一种初步分析框架[J].世界经济与政治,2011(10)：38-52,156.
[10] 刘伟,黄健荣.当代中国政策议程创建模式嬗变分析[J].公共管理学报,2008(3)：30-40,122.
[11] 王绍光.中国公共政策议程设置的模式[J].开放时代,2008(2)：42-56.
[12] 张劲松,唐贵伍.论政策议程中政策主体的影响力互动及其表现[J].理论导刊,2007(8)：45-48.
[13] 曾令发.政策溪流：议程设立的多源流分析——约翰·W.金登的政策理论述评[J].理论探讨,2007(3)：136-139.
[14] 王绍光.中国公共政策议程设置的模式[J].中国社会科学,2006(5)：86-99,207.
[15] 陈敬德."多源流"分析：解读政策制订的新途径[J].湖北经济学院学报,2005(3)：81-84.
[16] 胡平仁.政策问题与政策议程[J].湘潭大学社会科学学报,2001(1)：109-111.

第三章

政策规划及影响因素

 引例

加快建设农业强国(全面推进乡村振兴)

全面建设社会主义现代化国家,最艰巨最繁重的任务仍然在农村。

党的二十大报告提出,全面推进乡村振兴。2022年10月26日至28日,习近平总书记在陕西省延安市、河南省安阳市考察时强调:"要全面学习贯彻党的二十大精神,坚持农业农村优先发展,发扬延安精神和红旗渠精神,巩固拓展脱贫攻坚成果,全面推进乡村振兴,为实现农业农村现代化而不懈奋斗。"

新时代十年,我们全面打赢脱贫攻坚战,历史性地解决了绝对贫困问题,启动实施乡村振兴战略,推动农业农村取得历史性成就、发生历史性变革。迈上新征程,各地区各部门坚持农业农村优先发展,以更大的决心、更明确的目标、更有力的举措全面推进乡村振兴,促进农业高质高效、乡村宜居宜业、农民富裕富足。

中国要强,农业必须强。

习近平总书记在党的二十大报告中强调:"加快建设农业强国,扎实推动乡村产业、人才、文化、生态、组织振兴。"

一个传统农业大国阔步迈向农业强国,这是全面建设社会主义现代化国家的重大决策部署,是新时代新征程农业农村现代化的主攻方向,也是全面推进乡村振兴的重大任务。

"建设农业强国,我们充满干劲!"北大荒集团八五七农场有限公司种粮大户咸洪亮兴奋地说。广袤的三江平原,农机纵横驰骋,丰收的喜悦挂在咸洪亮脸上:"好政策接连不断,今年玉米平均亩产达到1800多斤。往后更要撸起袖子加油干,为端稳'中国饭碗'多出力。"

"让农业越来越强,咱农民举双手赞成!"河北省成安县大郭庄村村民魏宪旗言语间透着喜悦。玉米套大豆,一亩双收,看着圆滚滚的豆子、黄澄澄的玉米入了仓,老魏又有了新盘算:"种下800多亩冬小麦,科技上再加把劲,争取来年再夺一个好收成。"

宏伟蓝图鼓舞人心,声声号角催人奋进。从东北粮仓到岭南大地,从鱼米之乡到塞上江南,广大干部群众表示,迈上新征程,加快建设农业强国,要季季压茬、环环紧扣,奋楫前行加油干,把党的二十大提出的各项目标任务落到实处,为早日实现农业农村现代化而不懈奋斗。

农业现代化建设取得长足发展,已具备向农业强国迈进的基本条件

习近平总书记强调:"没有农业现代化,没有农村繁荣富强,没有农民安居乐业,国家现代化是不完整、不全面、不牢固的。"

"又是一个丰收年!现在种地可大不一样了。"山东省诸城市百尺河镇种粮大户王志海感慨,"履带式玉米联合收割机跑上个来回,顶10多个人干几天。1200多亩地,两三天就收完。"

一季季丰收,一程程奋斗。今年我国夏粮、早稻丰收到手,秋粮面积稳中有增,结构持续优化,效益稳步提升,全年粮食生产有望再夺好收成。

"党的十八大以来,以习近平同志为核心的党中央坚持把解决好'三农'问题作为全党工作重中之重,推动我国农业农村取得历史性成就、发生历史性变革,农业现代化建设取得了长足发展,具备了由农业大国向农业强国迈进的基本条件。"农业农村部有关负责人表示。

——夯根基,供给保障能力更稳。

党的十八大以来,各地区各部门始终绷紧粮食安全这根弦,稳面积、提产能、强责任、保供应,确保中国人的饭碗牢牢端在自己手中。粮食综合生产能力稳步提升,产量连续多年稳定在1.3万亿斤以上,"米袋子"保障有力,"菜篮子"供给充裕,"果盘子"品种多样,为稳定经济社会发展大局筑牢坚实基础,为有效应对国内外各种风险挑战增添充足底气,为加快建设农业强国夯实了根基。

"加快建设农业强国对农业供给保障能力提出更高要求,未来要加快由追求规模速度向注重质量效益竞争力转变。"中国人民大学农业与农村发展学院教授程国强表示,接下来,各地区各部门要把提高农业综合生产能力放在更加突出的位置,全方位夯实粮食安全根基,构建多元化食物供给体系,更好满足人民群众丰富多样的食物消费需求。

——强优势,农业发展动力更足。

"通过高通量分子检测方法,我们能在最短时间内从成千上万个植株玉米群体中挑选出优势品种,让性状转育时间从三年多缩短到一两年。"

(资料来源:朱隽,王浩,常钦.加快建设农业强国(全面推进乡村振兴)[N/OL].人民日报,(2022-11-02)[2022-11-04]. http://paper.people.com.cn/rmrb/html/2022-11/02/nw.D110000renmrb_20221102_1-01.htm.)

第一节 政策规划概述

政策规划是整个政策过程的核心环节,是政策制定走向理性化和科学化的必经阶段。从某种意义上看,没有细致而审慎的规划就不会有正确的政策。通过政策规划,政府既可以梳理、明确价值倾向和重要的价值准则,并以此为据排列出解决诸多公共政策问题的先后顺序,又可以预先检验社会和公众对政府政策的理解度、信任度与支持度,同时对社会和公众形成价值导向、利益导向与行为导向具有重要影响。

一、政策规划的含义

一旦社会问题被列为政策议程,立即需要回答的是如何解决这些问题,或者更具体地讲,是如何提出一系列解决问题的政策方案,这一过程即是公共政策规划(public policy formulation)。公共政策规划是政策制定过程中一个最重要的环节,要实现公共政策规划的科学化、规范化和民主化,首先必须要明确公共政策规划的含义。政策规划是在公共政策制定过程中广泛应用的概念和现象,对于它的定义,国内外学者从不同的角度出发,给出了不同的定义。国外学者叶海卡·德罗尔(Yehezkel Dror)认为,政策规划是"为达到目标所采取的手段,及对未来所将采取的行动做最后决定的准备过程";查尔斯·琼斯(Charles Jones)认为,"政策规划指发展一个计划、方法和对策,以满足某种需求,解决某项问题";安德森(James E. Anderson)认为,"政策规划是发展中肯且接受的行动过程,以处理公共问题"。国内学者张国庆认为,"政策规划是政府针对某些政策问题在未来可能演变或生成的情形,系统地制定一套解决预案的过程";陈振明教授认为,所谓政策方案规划"指的是对政策问题的分析研究并提出相应的解决办法或方案的活动过程,它包括问题界定、目标确立、方案设计、后果预测、方案抉择五个环节";张成福则认为,政策规划与设计是"政府为了解决公共问题,采取科学方法,广泛收集各种信息,设定一套未来行动选择方案的动态过程"。由此可见,上述学者在不同的理论框架下,给"政策规划"所下的定义各不相同,所蕴含的政策行为也有差异,但都从不同角度反映出了政策规划所具备的特征:

首先,政策规划针对的是政策问题的解决。政策问题的客观存在是政策规划的前提和基础,政策规划都是以消除特定的问题或以防止其扩散为目的而展开的,问题的性质、领域和程度等决定了政策规划的主要内容。当然,政策问题也是主观认识的结果,有能力的规划者不仅会为既有问题设计出解决方案,同样会帮助政府确定国家需要解决的问题有哪些。

其次,政策规划着眼于未来的变革与发展。政策规划是一种前瞻性或前置性的政策行为,需要运用经验判断和科学分析来推导政策问题未来可能的发展趋势及可能的状态,然后结合这些可能性来进行方案的构想和设计。只有这样,才能确保最终出台的政策不会滞后于环境的变化,而是在较长的一段时间里都适用,减少因频繁的政策调整所带来的不便。

再次,政策规划以可操作的政府行动为指引。政策规划不是空洞的政策理想,也不是意识形态的宣传,而是围绕政策问题制订的具体行动计划。从根本上说,政策规划并不是为了"纸上画画"和"墙上挂挂",而主要是为了付诸实施,它是一个从设计到审议,再到择优、实施和反馈的连续过程。政策规划只有靠实施才能体现其价值,不具可操作性的规划不能算是合格的规划。

最后,政策规划总是技术性与政治性的统一。政策规划一方面是一种研究活动,要借助专家、学者和有经验的行政人员的力量并按照科学的原则、手段和方法来进行;另一方面它又是围绕决策权、政策内容进行斗争的一系列复杂的政治活动,在其中的参与者会因其信仰、价值观、利益的不同而相互影响、相互制约。未达技术要求,政策规划不可能成功;缺乏政治支持,政策规划不可能被采纳。

基于上述分析,我们认为政策规划是介于公共政策议程形成之后、政策方案抉择之前的政策行为,即公共政策规划是针对公共政策问题,采取科学方法,广泛收集各种信息,充分运用思维而设计的各种行动方案,是关于未来的一种具有一定权威性的政策构想。

二、政策规划的类型

公共政策规划有很多种类,从不同的角度可以分出不同的公共政策规划种类。依据公共政策在未来所发挥作用的时间要求,一般可以将公共政策规划分为短期、中期和长期。依据公共政策在不同社会领域的种类,一般可以将公共政策划分为经济发展规划、教育发展规划、城乡建设规划、人口发展规划、环境治理规划等。依据公共政策在社会发展当中所要解决问题的单一性与多样性,一般可以将公共政策规划分为单一性规划和综合性规划。不同的公共政策规划种类,将用于不同的社会发展领域,发挥着不同的作用,解决着不同的公共政策问题,扮演着不同的社会角色。因此,公共政策规划不但是一门技术,也是一门艺术,基本上涵盖了分析、管理和行销等不同的层面与活动领域。特别是公共政策规划的开放性,使得其政治方面的重要性超过了技术方面。在这里,重点介绍如下两种分类方法。

(一)中央和地方政策规划

政策规划可以依据主体性质及所规划政策的适用范围分为中央政策规划和地方政策规划,前者的规划主体是中央政府,后者的规划主体是地方各级政府。

1. 中央政策规划

在我国,中央政府是最具权威的政策规划主体,特别对那些长远的、根本的、宏观的战略性政策方案来说更是如此。中央政府所规划的政策有一些是综合性的,像《中华人民共和国国民经济和社会发展第十四个五年规划和2035年远景目标纲要》就要对全国重大建设项目、生产力分布和国民经济重要比例关系等作出系统规划,为国民经济发展愿景规定目标和方向。另一些只涉及具体政策问题或某个社会领域的发展,像《生态环境监测规划纲要(2020—2035年)》就只围绕生态环境保护,是为深入贯彻习近平生态文明思想,科学谋划生态环境监测事业发展,切实提高生态环境监测现代化能力水平,有力支撑生态文明和美丽中国建设而制定的纲要。中央政府的政策规划主要有两种途径:一是由党和国家领导人提出大致的政策目标、基本原则和指导思想,然后由中央政策研究室及相关研究机构进行调查研究,并在此基础上形成规划方案;二是由中央政策研究机构或综合部门在实际调研中发现问题,提出政策建议,为领导人所采纳后再进行详细的论证和反复修改,已形成备选的政策方案。

2. 地方政策规划

地方政府是政策规划的另一重要主体,它在政策规划体系中处于特殊地位,即一方面要贯彻执行中央或上级机关的政策并对其加以细化,另一方面又要在自己权限范围内对本辖区的经济社会发展做出规划。与此相对应,地方政府的规划途径也主要有两种:一种是根据中央或上级政府的政策,由地方政府的综合部门或职能部门结合本地区实际情况设计具体的实施方案,在此过程中既要确保地方政策和中央政策的精神协调一致,又要把握灵活性做出相应的调整以增强其适用性。另一种是地方政策研究机构和各职能部门根据本地区实际工作,在调查研究过程中发现问题和政策目标,然后单独设计出只适用于本地区的政策方案,报请本级政府决策者批准。地方政府所规划的对象通常是地方性的、局部性的政策方案,其受益者是本地居民,比如《武汉市城市总体规划(2010—2020年)》就是统筹做好武汉市城乡规划、建设和管理的各项工作的这样一个地方政策规划。

(二)常规式、类比式和首创式规划

依据政策规划的方式及所规划政策与之前既有政策的关系,政策规划还可以分为常规式规划、类比式规划和首创式规划。

1. 常规式规划

常规式规划是对已列入政府工作议程的事项重复进行的一种例行公事的政策规划。此种方式常用以处理那些影响广泛且以前为之制定过政策的问题,比如国务院办公厅每年关于节假日的安排就属此类。由于常规式规划的规划方式是既定的,因此所制定出的政策方案一般都为公众所熟知,也容易被接受。历史和经验的有效性是常规式规划最大的优点,但历史总是有其情境的,所以它也存在缺乏突破性的缺点。

2. 类比式规划

类比式规划是指在解决新的政策问题时参照从前解决类似问题的方法来进行规划的方式。由于新政策所提出的解决方法在以往的政策中已有先例,因而其所产生的政策后果往往是可以预见的。在进行类比式规划时,既要注意系统总结以往政策的经验和教

训，以作为规划的基础，又要着力于发现新旧问题的异同点，以针对新问题做出必要的调整。较之首创式规划，类比式规划更为安全且风险较小，但它同样是较为保守的一种规划方式。

案例 3-1

共享经济模式下的共享农庄

一、共享农庄概念梳理

共享农庄是以共享经济为理论支撑，互联网为技术职称，中高收入家庭及"候鸟"群体需求为市场支撑，以私人订制服务为核心，联合政府、企业、农户等多元力量，培育的农旅融合发展型业态。

二、共享农庄规划要点

1. 理念普及。让农户手中的生产资料、生活资料、生态环境等通过共享农庄平台转化为产品，通过产品培育逐渐培养农庄独特的共享文化，让共享文化逐渐内化农庄的文化，成为其独特的旅游吸引物。

2. 以农为本。突出农业特色，发展现代农业，促进一二三产融合，挖掘农业多元属性，拓宽非农功能。坚持"农旅文"融合，以农促旅、以旅强农、以文创促产品销售，树立"共享农庄"品牌。

3. 整合资源。将产业资源、文化资源、特色建筑等个体资源进行有效整合，针对主要客群需求确定产品打造的方向，对其进行综合开发。

4. 顶层设计。顶层设计包括从资源开发到农庄运营的一体化过程，需要整合政府、村集体、农民、消费者各方利益与诉求，以期实现社会效益、经济效益、文化效益的最大化，顶层设计决定旅游者进入农庄的直观感受。

5. 平台打造。利用云端互联网技术打造共享交易共享平台，为全国乃至全球的需求者配对。可以采取联盟的方式，将全国共享农庄信息进行整合，建立共享农庄网站。向全国，乃至全球进行共享资源的宣传推广。

6. 基础设施完善。"共享农庄"要建设商业购物、医疗教育、通信网络、旅游厕所、生态农田等基础设施，在休闲旅游功能建设方面，农庄要完善农庄及周边的道路、餐厅、客房、景观、生态停车场、污水处理、标识标牌、休闲娱乐等设施，实现农庄美化亮化。

三、共享模式在农庄中的应用

(一) 农庄的共享结构

农庄的共享主要在农户与旅游者之间得以实现，体现在游客共享民宿、共享农村的餐饮及生活方式、共享农户的生产资料（包括农田、农具、果蔬种植等）以及共享农产品等主要结构上。消费者共享农庄资源，形成农庄的共享结构模式，农庄共享主要体现在：股权共享、资产共享、生产资料共享和生活资料共享。

共享房屋：旅游者通过购买房屋一定比例的使用权,从而实现一定期限内一段时间的使用权,同时还享有转让、馈赠、继承等系列权益。通过时权交换公司这个平台还可以实现分地域实权的交换。

共享田园：这种共享可以是时权共享、产品共享、生活共享、股权共享(农民、合作社、投资人、消费者的股权三结合)、资产共享和生产生活资料共享等。通过这种共享模式可以实现土地的流转、土地品种选择权、土地种植权、农产品采摘权及处置权。

（二）农庄发展结构

共享交易平台作为一种媒介,主要对接的是乡村闲置资源与消费者需求,从而实现闲置资源的社会共享,具体说就是乡村提供土地、房屋、食品等,消费者通过这个平台实现这些资源、产品的共享。而共享农庄提供的就是这样一个平台,通过协调农户、企业、政府的不同角色,整合资源,构建交易平台,实现乡村与消费者之间的共享。共享农庄是在农户、企业和政府共同支持下建立的,其中农户提供资源支持,企业对共享农庄进行顶级的规划设计和开发运营,政府支持引导共享农庄建立并提供保障。

（三）共享农庄交易平台服务

农庄共享交易平台是利用"互联网＋"与VR等新技术,以企业和政府为支撑,实现农庄闲置资源的转化,对接消费者,实现资源需求最大化的配对,最终转变为消费者共享的消费产品的有效交易平台。特色美食、闲置房屋、闲置交通工具、闲置农田、特色物产、特色休闲娱乐方式和民俗活动等所有乡村闲置的资源都都可以成为农庄闲置的可以共享的资源,而农庄共享交易平台服务的作用就是将这些闲置资源产品化,成为诸如农庄私厨、时权民宿、农事体验、农产品异地购等消费者可以直接共享的产品,实现资源需求最大化配对。

四、共享农庄案例

海口：冯塘绿园共享农庄

冯塘绿园,琼北最美的美丽乡村园区,位于海口秀英区永兴镇冯塘村,距海口市区26公里(海榆中线26公里处),约35分钟车程,交通十分便利。

冯塘绿园由海口天堡嘉圆实业有限公司投资开发建设,项目总投资约40000万元,总面积约为1万亩,主要种植橄榄种植、莲花、蔬果、果树、生态湿地(养鱼);住宿房99间、床位200张,餐饮接待能力餐桌80张,农产品展示区使用面积200平方米。

农庄秉承"返璞归真"的建设理念,注重环保,以保护生态和保护古村文化为己任,坚持走可持续发展的绿色生态之路,获得社会各界的广泛赞誉。

海口：云龙浴养共享农庄

云龙御养共享农庄,地处海南省海口市中北部的云龙镇临江地块,处南渡江下游东安,距省会海口市区约20分钟车程(海口美兰机场至该项目车程约15分钟)。

农庄紧密结合当地与南渡江近邻的区位优势与海南海口优越的空气质量优势,采用立体绿化手段,按照因地制宜原则,结合中泰两国文化特色,响应国家"一带一路"战略,把该农庄打造成"养老、生态养生旅游、特种经济作物培育、社区农庄、树木种植、特色养殖、绿色餐饮"的独秀于海南国际旅游岛和海口市的生态御养旅游景观名点,具区域领先优势和强大带动作用,总规划约5500亩,总投资约16亿元。

文昌:好圣航天共享农庄

好圣航天农庄,位于文昌市龙楼镇红海行政村好圣自然村,系由海天一舍(海南)实业有限公司投资开发建设。

农庄采取"企业＋合作社＋农户"的经营模式,通过收购村民农副产品、打造特色农庄餐厅,建设专门供村民饲养文昌鸡的鸡舍等多项措施,丰富村里的产业业态。此外,农庄为游客提供"土地租赁、托管代种、产品认养、自行耕种"等形式多样的私人定制服务,并针对中高收入家庭、"候鸟"群体提供个性化服务,为各地游客展现出独特的农庄新生活,增强了好圣村的旅游吸引力。

(资料来源:绿维文旅.共享经济模式下的共享农庄[EB/OL].(2017-08-02)[2022-11-04]. https://mp.weixin.qq.com/s/8A5moefa2Pq9FR9BArCf8g.)

3. 首创式规划

首创式规划是政策学家琼斯在其著作《公共政策研究导论》中提出来的,用以指代规划者首创一种解决公共问题的新方法或新途径,亦即采用非传统的、以前从未尝试过的方法来设计和起草公共政策建议。首创式规划可以不拘泥于过往,有利于规划者充分发挥创造力,运用最新知识和技术手段,但它的风险较大,怀疑者、反对者会更多,而且对政策构想能力有很高的要求。正因为如此,如果拟议的政策在以前已有先例,那么规划过程中最有可能做的仍然是尽力寻找过去明显取得成功的类似或相同建议。

三、政策规划的原则和步骤

(一)政策规划的原则

公共政策规划作为公共政策制定的首要环节与价值体现,不仅要符合社会发展的基本要求,还要满足公众的根本意愿,因而公共政策的规划人员在设计政策方案与政策目标的时候,还应该确立一些必须严格遵守的公共政策规划原则。一般来说,公共政策规划原则主要是指政策方案的制定者在政策规划活动过程中应该主动遵循的政策规划行为规范,这一行为规范主要体现在政策目标的制定过程中。

由于公共政策规划是一个权威性社会价值的分配过程,所以这一过程不可避免地会对公众的价值取向和行为选择产生直接的、明显的影响。因此,公共政策规划必须慎之又慎。也就是说,只有自始至终地坚持某些基本的社会价值目标,公共政策规划才可能被社会公众所认同、所接受,并因此影响到他们的行为。关于公共政策规划原则的内涵,中外学者都曾经进行过一些有益的探索,提出了许多仁者见仁、智者见智的独特见解,为公共政策规划活动应该遵循的行为规范提供了有益的参照。依据中外学者对公共政策规划原则的独特见解,概括起来,在公共政策规划的过程中,人们应该遵循以下几点基本的原则,以便获得正确可行的政策方案。

1. 信息完备原则

信息是政策规划的基础材料,从某种意义上讲,政策规划的过程就是信息的收集、整理、加工和处理的过程,政策规划的成效很大程度上依赖于信息的全面、具体、准确、及时。如果没有充分的信息保障,政策规划也只能是"巧妇难为无米之炊"。一段时间,秦岭北麓不断出现违规、违法建设的别墅。2014 年 5 月,习近平总书记就秦岭北麓西安段圈地建别墅问题作出重要批示,要求高度关注此事。西安市在接到重要批示件的 20 多天后成立了"秦岭北麓违建整治调查小组",用一个月的时间对违建别墅进行了清查。2014 年 11 月,西安市委报告称 202 栋违建已全部处置到位。然而,2018 年中央专项整治工作组清查出 1194 栋违建别墅,并发现在 2014 年号称整治完毕的 202 栋违建别墅中,实际上只进行了部分处置:号称全部拆除的别墅中有 17 栋拆除不彻底;号称没收的 47 栋一直未履行任何实质性收回国有手续,只是在门上贴了封条。2014 年整治之后,秦岭北麓仍然不断出现违规新建别墅达六百余栋之多,一些别墅项目甚至成为西安房地产的高端代表。这种虚假信息会对决策构成极大的负面影响。

2. 系统协调原则

从系统论的角度看,任何政策问题都不是孤立地存在的,都是社会大系统的有机组成部分。在这个大系统内,不同范围、领域、层次的社会问题存在着相互联系、相互制约的辩证统一关系。因此,政策制定者在进行政策方案设计时应该根据事物的系统特征,从联系的观点看问题,正确处理整体与部分、当前利益与长远利益、主要目标与次要目标的关系,从事物的整体出发,去处理和解决局部的问题。中华人民共和国成立初期,从优先发展重工业,相应地发展轻工业和农业,到 1958 年强调钢铁生产的"大跃进",就是只强调国民经济这个大系统中的重工业,忽视了这个大系统中的轻工业、农业及其他子系统,造成国民经济比例严重失调,这次决策失误从系统论的角度看就是忽视决策的系统原则所造成的结果。

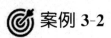
案例 3-2

全面创新改革试验区的设置

2015 年 5 月 5 日,中央全面深化改革领导小组召开第十二次会议,会议审议通过了

《关于在部分区域系统推进全面创新改革试验的总体方案》。该方案是结合东部、中部、西部和东北等区域发展重点,围绕推动京津冀协同发展、加快长三角核心区域率先创新转型、深化粤港澳创新合作、促进产业承东启西转移和调整、加速军民深度融合发展、推进新型工业化进程,选择1个跨省级行政区域(京津冀)、4个省级行政区域(上海、广东、安徽、四川)和3个省级行政区域的核心区(武汉、西安、沈阳)进行系统部署,重点促进经济社会和科技等领域改革的相互衔接和协调,探索系统改革的有效机制、模式和经验。试点区域将紧扣创新驱动发展目标,以推动科技创新为核心,以破除体制机制障碍为主攻方向,开展系统性、整体性、协同性改革的先行先试,统筹推进科技、管理、品牌、组织、商业模式创新,统筹推进军民融合创新,统筹推进"引进来"和"走出去"合作创断,提升劳动、信息、知识、技术、管理、资本的效率和效益,加快形成我国经济社会发展的新引擎,为建设创新型国家提供强有力支撑。

(资料来源:中共中央办公厅、国务院办公厅《关于在部分区域系统推进全面创新改革试验的总体方案》)

3. 科学预测原则

预测是方案规划的前提,也是方案规划过程中一个必不可少的环节。方案规划是面向未来的,是在事情发生之前的一种预告分析和选择,具有明显的预测性。简而言之,预测就是由过去和现在推知未来,由已知推知未知。对事物未来的发展趋势及其结果的正确与否做出判断,在很大程度上决定着政策的成败。没有预测或预测不科学,必将导致盲目或错误的决策。所谓科学预测,就是在正确的理论指导下,按照科学的原则、程序和方法对未来情况进行估计的活动。随着现代科技进步和经济的调整发展,社会生活日益纷繁复杂、变幻莫测,方案规划中只有运用科学预测,对于未来条件变化、方案执行结果及其影响等方面进行预测分析,才有可能制定出正确的政策,避免决策失误。我国历次"五年规划"的实施之所以取得重大成就,就是因为它是建立在对未来经济和社会发展趋势的科学预测的基础上。

4. 可行性原则

可行性原则是政策制定者必须遵守的基本原则。它是指政策制定者对某项要制定的政策方案在社会中是否切实可行和是否行之有效所做的各种分析论证,以确认政策方案是否符合客观实际,具备实施的现实可行性。这种现实可行性是多方面的,包括政治、经济、技术、法律与伦理的可行性。政治可行性是指方案在政治上与国家的性质、政治制度和目前的方针政策相符合,以求得政权的支持;如果不一致,则不具备可行性。经济可行性是指该政策方案在经济上合理,即效益与成本的差额最大。技术可行性是指政策实施有技术上的保证,如果没有,则不具备实施的可能性。法律的可行性是指政策方案的内容与现行国家法律没有冲突和矛盾。伦理的可行性是指政策方案与现行社会人们的伦理道德观念相一致,否则则没有可行性。社会可行性是指政策方案能得到社会公众的理解、认同、接受、拥护和支持。可行性分析实际上是政策制定过程中一个综合性的分析，是实践层面的分析。有些政策的实施在进行上述内容的分析外，可能重点是国家安全层面、环境层面的分析，三峡工程就是一例。当然，进行哪种可行性分析要结合实际来确定，一般来说，工程项目问题首先必须进行环境评价，我国的环境评价法规定要先评价，后实行。

5. 民主参与原则

民主的内涵与实质是权利的分享。我国是社会主义国家，让人民是国家的主人，让人民充分参与管理国家事务和社会公共生活是社会主义民主的本质要求。方案规划中的民主原则首先就体现在政策是否能真正反映人民的要求和愿望，是否能最终使群众获得利益和实惠。坚持民主原则，还要求政策能保证人民在国家政治、经济、文化生活等各个领域中享有同等的权利和利益分配；保证方方面面群众直接参政议政，在参与政策制定的各个活动环节中，充分发挥主人翁的作用，特别是重视发挥专家智囊团的作用。现代政策制定的一个重要特点就是"谋"与"断"的相对分离，科学的知识与方法已成为方案规划时不可或缺的要素。学有专长者，在方案规划中担任主动积极的角色，以其客观的立场、学术的眼光、科学的手段与方法，对政策问题详细探讨，并提出合理建议。他们不仅为领导决策提供了充分的理论基础，也使得政策的精确度大大提高，对于促进决策的科学化、民主化具有十分重要的意义。

（二）政策规划的步骤

对于政策规划的具体步骤，不同的学者看法不一。结合已有的观点，政策规划可分为以下几个步骤。

1. **确立政策目标**

政策目标的确立是政策规划的首要任务，这个目标是引导现实事物迈向未来事实状况的指针。譬如，我国编制的"中长期科技发展规划"提出的总体目标是：在2020年科技创新能力从目前的世界第28位提高到前15位，进入创新型国家行列。显然，我国科技发展的中长期目标是未来指向的，它表明了在2020年我国科技发展应该达及的状态。在研究和确立政策目标时，应注意以下几点：

第一，政策目标必须处于该政策规划部门权限范围内，否则将受到法律或行政可行性的制约。例如，企业制定的政策就不能涉及公共事务的内容，否则既会被视为越权，同时也是无效的。

第二，政策目标必须清晰明了，并具有一定的层次隶属关系，切不可含混不清、上下颠倒，否则将导致政策规划的混乱。

第三，次级政策目标之间必须界限清晰，它们之间应具有排他性，从而使次级目标可在不同主管职能部门间分解，否则将导致方案设计内容重叠甚至产生不协调和冲突。

第四,政策目标必须是问题导向的,即必须根据问题之症结设定政策目标,否则,"差之毫厘"将导致政策方案"失之千里"。

第五,政策目标必须是可行的。目标远大固然重要,但更重要的是需要在现有条件下经过努力可达到的政策目标。

2. 确立评估标准

政策方案的评估标准主要是一种根据政策目标的要求,对将拟定的政策方案进行事前分析评价的依据。目前公共政策学者提出的政策方案的评估标准比较多,由于确立评估标准在后面的章节中会详细谈到,所以在这里就不作赘述。

3. 政策备选方案的拟定

政策备选方案拟定的要求主要有四点:一是政策备选方案必须和政策目标相一致;二是不同政策备选方案之间必须是排斥的;三是政策备选方案必须是可以操作的;四是政策备选方案必须是有层次的。比如,实施异地高考,设计的备选方案最好形成从维持现状、部分改良到彻底变革等有层级区分的几种行动方案。再比如,在设计和确定某个税种税率的降低时,可以分成从降低1%,到降低2%,再到降低3%等几个不同的层级。

政策备选方案设计的要求包括:针对解决某个具体的政策问题,设计出来的备选方案应当尽可能完备;设计出来的备选方案之间应当是相互独立的,即不能相互包含。

政策备选方案设计程序可以分成两个阶段。首先是备选方案设计的务虚阶段。这一阶段的任务是确定解决问题的政策价值取向、基本方向。这一阶段参与政策咨询和规划工作的主要是相关领域的专家和公共政策学者。其次是备选方案的细化阶段,这一阶段的任务是设计解决政策问题的具体行动项目和操作手段。这一阶段参与政策备选方案规划工作的应当以实际从事公共管理工作的人员为主。

合适有效的政策学习和政策移植。在政策备选方案规划过程中,合适有效的政策学习和政策移植是十分必要的,这部分将在下一节详细阐释。

第二节 政策规划与合法化

公共政策的制定者根据政策规划建议和需要考量的相关事项,从设定政策目标到政策合法化这一过程是公共政策制定具有实质性意义的阶段。也正是因为这一阶段十分重要,任何一个国家都会对自己的公共政策过程做出一定的程序化和法制化的规定。尽管不同的国家会在程序化和法制化的程度上有所不同,但这并不会影响我们的这一总判断。为此,本节将政策规划的过程与政策的合法化两个问题合在一起进行讨论。

一、公共政策目标的确定

（一）政策目标的基本含义

所谓政策目标,是指政策制定者所期望的通过政策实施所达到解决问题的社会效果或所要避免的消极社会影响。它是政策选择的灵魂,也是实施、评估政策方案的出发点。

政策目标是政策的出发点和归宿,它制约着政策的整个过程。政策目标不仅是政策方案必不可少的内容,而且还规定政策方案的方向,为判断方案的优劣提供评判标准,是政策方案的设计和择优的基础。政策目标不仅在政策制定过程中具有重要的作用,而且还是政策执行标准的一个重要来源,是政策评估和政策调整的依据。因此,政策目标在整个政策过程具有重要的地位和作用。政策目标是决策者凭借政策所要达到的目的。

案例 3-3

第二次世界大战期间有这样一个例子。在诺曼底登陆后,盟军开辟了欧洲战场。美国为盟军生产的军火需要大量运往欧洲。由于运输任务很重,政府动员了许多商船。开始时由于德国飞机攻击频繁,商船的损失极为惨重。美国海军部因此决定在船上安装高射炮和高射机枪。但过了一段时间后发现,这些高射武器的战绩实在糟糕,几乎没有击落或击伤一架敌人的飞机。所以有许多人产生了这样的疑问:有没有必要继续在其他商船上安装高射武器？这样做是不是多此一举？盟军海军的运筹小组经讨论研究后认为,在商船上安装高射武器并不是为了击落多少架敌机,而是为了减少被击沉击伤的运输船数量。虽然高射炮没有击毁一架敌机,但通过对统计数据的分析发现,它在保护商船、防止敌机轰炸方面起到了很显著的作用,商船受损失的数量明显下降。看来,安装高射炮并不是徒劳之举,关键是要看为了达到什么样的目的。目标与手段的混淆其实是政策执行中很容易犯的错误,在政策评估中对此要引起特别的重视,不要只忙于统计"打下来多少架敌机",而要搞清楚"保护了多少条商船"。

理论上,政策目标包括方向性目标、调适性目标、量化指标和实现目标的保障条件这四个要素,这些要素构成了政策目标体系。如图 3-1 所示。

1. **方向性目标**

方向性目标是要解决政策问题方向和阶段。换言之,将要从哪些方面、分几个阶段解决政策问题,达到理想状态。

2. **调适性目标**

调适性目标是指政策调适对象的调适范围和幅度。换言之,是指政策将适用于哪些

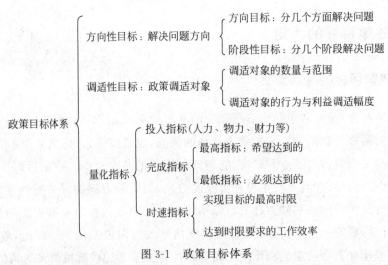

图 3-1　政策目标体系

(资料来源：王骚.公共政策学[M].天津：天津大学出版社，2018：165)

目标群体，对他们的行为、利益做何种程度的调适。

3．量化指标

量化指标是指达到政策目标的具体数量规定，包括完成指标、资源投入指标和时速指标。完成指标又可以再分为理想指标(希望达到)和最低指标(必须达到)。资源投入指标包括人力、物力、财力投入的控制指标。时速指标达到政策目标的时间限制和工作速率要求，是政策目标如何实现的时间保障和工作效率保障。

4．保障条件

保障条件是指为了达到政策目标，在自然与物资社会和执行等方面必须具备的各种条件。

一般说来，政策层次越高，目标越抽象，方向性指标的内容越多；政策层次越低，目标越具体，可操作性越强。自上而下的政策过程实际上就是政策目标不断具体化的过程。在这一过程中，政策目标确立要注意如下四个方面：(1)针对性。政策目标要针对实际问题，针对问题产生的主要原因，并且在时机上要有针对性。(2)可行性。所确立目标的实现在技术上、资源上、政治上、执行上要具有可行性。(3)协调性。目标的各个方面，总目标和子目标之间在权重和相互关系上要协调。(4)规范性。政策目标要符合社会基本道德规范和行为准则，要符合宪法、法律以及上级目标，要符合公共利益。

(二) 政策目标设定的价值因素

在政策目标设定中遇到的第一个核心问题是如何将政策目标与基本价值相联系，围绕这些基本价值认同形成了不同的意识形态或政治派别。围绕基本价值体系的核心价值优先顺序的选择与核心价值内涵的认同与分歧构成意识形态的第一个层次，即支持整个社会基本结构与制度的意识形态层次。当一个共同体需要不断地调整基本价值因素以关照其社会基本结构与制度的合法性,这就很可能意味着这种价值因素自身并没有完全融入社会理性与智慧,或者说干脆是因其社会理性和智慧受到压制或束缚而未被开发。而当一个共同体在社会基本结构与制度层面的基本价值因素与人们普遍认同的价值理念存在高认同度,那么无论是政策制定者、参与者还是政策对象对基本价值观的关注就会集中到政策层面。然而,即使是政策层面,人们也可能会形成一些基本分歧,这种分歧在支持力量上往往不会存在过分的悬殊。这种基本价值体现在政策表述中的基本类别或组合的认同与分歧构成意识形态的第二个层次。最后,在具体政策问题的目标表述上或者需要与基本价值表述直接相联系,或者需要将对基本价值的价值表述隐含在目标之中。

1. 公平

公平是指每人或每个群体得到同样的利益。就分配而言,它总会涉及三大内容:第一,从分配对象方面看,它涉及谁有权得到分配、不同层级如何分配、不同群体如何分配等问题;第二,从分配物来看,它涉及可分配物的范围多大、可分配物的价值如何等问题;第三,从分配过程来看,它涉及竞争机会是否平等、统计学意义上的平等分配过程、投票等政治参与机会平等问题。

对于这些问题,我们还可以把它们归纳为三种公平:第一是机会公平。每人都有同等地获取分配物的机会,但不保证每位最终都能得到,例如抓阄决定、投票决定、平等竞争等都属于机会公平。第二是分配公平。这又有两种情况:一是分配物对于一定范围的人群是一样的,但对于该范围以外的人可能就不同,如学校发放奖学金,通过申请的人都有享受奖学金的资格,没有资格的人就没有权利参与分配;二是在不同的个体或集体之间是平等的,但对这些个体的背后或群体内部的每个人来说则可能并不平等。例如,每个职工的工资即便都一样,但这些职工每个家庭成员数目有多有少,这样他们的家庭人均收入也就会不一样。第三是最终状态公平,它会充分满足每个人不同的偏好、实际需求和价值追求。例如按需分配要实现的就是最终状态公平。

2. 效率

效率的最简单的定义,是指从给定的投入得出最大的产出,或用最小的成本来达到目标。但是,这种简单的效率定义并不告诉你方向,只是告诉你用最小的努力来达到的目的。因此,效率本身不是目的。效率不是我们所要追求的东西本身,也就是说,效率帮助我们得到更多我们认为有价值的东西。效率也是一个比较的理念,它是判断不同做事途径优点的方式。效率表达的是在投入和产出之间的关系,在努力和成果之间的关系,在开支和收入之间的关系,或者在成本和获利之间的关系。

按照经济学的理论,稀缺资源的有效配置就是效率。在经济学中,一般把帕累托最优原则作为经济效率的标准。如果实现帕累托最优就达到最高的效率。所谓帕累托最优,是指经济中的资源分配已经达到这样一种状态,即在这种状态下,资源配置的改变不会在任何一个人效用至少不下降的情况下使其他人的效用水平有所提高。帕累托原则涉及效用或福利取决于人的主观感受,从而也就取决于价值判断。因此,帕累托原则并没有摆脱价值判断。但一般认为,与其他效率标准相比,帕累托原则所包含的价值判断是最少的,而且也是最能被普遍接受的。

传统的经济学认为,市场机制是实现帕累托最优的最佳途径。也就是说,传统经济学认为,在完全竞争的市场竞争中,帕累托最优是在价格这只"看不见的手"的指引下自发达到的。然而,经济学家们逐渐从实践中认识到,这种市场机制的分析仅仅是理论上的。在实际中,由于种种原因,市场机制并不能自发地引导经济达到帕累托最优。正因如此,所以需要通过政策干预来实现效率。

3. 自由

学者关于自由的争论有很多。孟德斯鸠(Charles de Secondat, Baron de Montesquieu)认为"在一个有法律的社会里,自由仅仅是:一个人能够做他应该做的事情,而不被强迫去做他不应该做的事情。""自由是做法律所许可的一切事情的权利;如果一个公民能够做法律所禁止的事情,他就不再有自由了,因为其他的人也同样会有这个权利。"约翰·密尔(John Stuart Mill)主张,自由的边界——不伤害他人,政府应该越少干涉自由越好。简言之,自由就是人们能做他们想做的事情,除非会伤害其他人和群体的利益。从政治方面来看,自由是人们有权选择自己赞同的执政者,也有权不选择自己不赞同的执政者。

以赛亚·伯林(Isaiah Berlin)区分出两种自由的概念,即消极自由和积极自由。所谓消极自由(外在自由)就是"不受干预",即个人不受外部因素的限制,可以按其意志来行动。其假设是:人是有理性的智慧动物,在涉及自己利益的问题上,能作出明智的决定。让每个人都充分发挥自己能力的社会是最好的社会。所谓积极自由(内在自由)是指不受限制的情况下,个人能够实现其意志的能力,自己做自己的主人。其基本假设是:个人能力的不足阻碍着个人自由的实现,而提高个人能力并非个人所能。广义的自由是不受限制地去做自己想做的事情。那么,一个人想做的事情可能很多,有现实的,也有不现实的。这时,限制其自由活动的障碍可能来自两个方面:(1)外在的,包括自然的障碍和人为的障碍(如制度的不合理和他人的意志和行为与自己相冲突);(2)内在的,即自身能力的不足。

从消极自由的角度看,自由的政策边界是:人应该具有去做他想做的事情的自由,除非其活动会伤害他人。因此,对于自由的政策分析的关键词就是"伤害"。它包括两类核心问题:其一,对个体造成什么伤害应该引起政府采取对自由的限制?这类伤害包括:(1)物质伤害(身体、财产),使他人失去能力;(2)对愉悦的伤害(审美、环境);(3)情感和心理的伤害(担心、失去尊严);(4)精神和道德方面的伤害。其二,对共同体、组织和群体造成什么样的伤害会引发对自由的限制?这类伤害包括:(1)结构的伤害(降低组织或共同体履行其职能的能力);(2)积累的伤害(只有当许多人都这样做的时候才会带来伤害的行为);(3)因对某群体的成员造成伤害而带来的对于群体的伤害;(4)因个体没能采取帮助行动而带来的对社会或共同体的伤害。

4. 安全

简单地理解安全,就是生理生存上的最低保底,但在政治共同体中它则是非常复杂的概念。按通常的分类,安全的种类主要有人身安全、财产安全、社会安全、国家安全、信息安全、心理安全等。前四种安全是我们所熟知的,后两种安全则是如今十分突出的新安全类型。随着信息时代的到来,信息的获取变得越来越容易,但人们的信息安全利益也越来越容易受到损害,并且因为受到外部信息冲击的可能性越来越强烈,心理安全的问题也越来越突出,人们极易受到一些恐怖信息的影响。

(三)确定目标的途径与方法

1. 价值分析

第一,价值判断构成确定政策目标的基本前提。拉斯韦尔认为,政策科学的研究方法不仅强调基本问题和复杂模型,而且在相当大的程度上需要澄清政策中的价值目标。[①] 价值分析在于确认某种目标或目的是否值得去争取,采取的手段能否被接受以及取得的结果是否"良好"。

第二,价值观是由复杂的历史、地理、心理、文化和社会经济因素所决定的超理性或非理性的东西,而不是合乎理性的思考结果。生活环境、家庭、学校生活小圈子、文化、职业范围和社会联系等都是价值观形成的土壤。从价值分析的角度来讲,价值的原表征是这些土壤所产生的基本信念,加上系统选择、资源分配优先顺序、目标、系统意向、领导和管理风格、以往的政策、广告宣传、观察到的一定的领导偏差等。

第三,价值分析中主要涉及的是:政策及其目标的价值含义、价值的一致性、绝对价值和相对价值,对明确价值观的可行性的限制,价值组合、价值冲突以及价值观的加强和改变。

第四,为明断目标而做价值分析,通过这一途径主要解决的是目标反映谁的价值观、目标受众的利益等问题。安德森认为,"决策者的价值观可能是决定做什么时最直接和最普遍运用的准则"。(詹姆斯·E. 安德森,《公共决策》,北京:华夏出版社,1990:91)因此,要着重考虑决策者及其他政策参与者的价值判断。

第五,价值观是非理性的,威廉·邓恩(William N. Dunn)提出了使价值明确的建议,"把它们作为理性伦理论证或讨论的一部分"。[②] 当前可以利用的最好方法是:对上述提到的各种价值表征进行行为研究,对作为规范性的价值系统即社会政治意识形态进行分

[①] 卡尔·帕顿(Carl V. Patton),大卫·沙维奇(David S. Sawicki).公共政策分析和规划的初步方法[M].第2版.北京:华夏出版社,2002:24.

[②] 威廉·N.邓恩.公共政策分析导论[M].北京:中国人民大学出版社,2001:138.

析、决策分析、预测分析、面谈,利用德尔菲法进行详细调查,辨别目标群体及个人价值观的基本含义及范围等。

2. 政治分析

影响政策目标的政治因素包括决策者的政治立场和政治需要以及各种利益团体的政治诉求。必须弄清政治家和决策者们的政治立场、政治需要和政治观点,并查明这些因素对政策目标的最终确定起了什么作用。

此外,利益集团对政策目标的影响力也不容忽视。在西方社会中,许多决策者是利益集团的代言人,因此经利益集团相互妥协后确定的政策目标未必能实现社会福利的最大化或真正反映公共利益。

3. 处理多重及冲突的目标

这是确定目标过程中一个不可避免却又困难重重的环节。爱德华·S.奎德(Edward S. Quaid)认为,如果在政策目标这个问题上存在着争论,即人们不能在目标问题上达成一致或无法确定目标,那么就应努力寻找一个能取得共识的更高一级或更一般性的目标,可以采取两种另外的程序或途径(最优化途径和"满意"途径)来确定一个偏好的目标。

寻求最优化途径是一个由如下三步组成的分析程序:首先,在目标之间确立一个相对价值和交易的系统。其次,确定目标的偏好顺序和优化序列。最后,除最重要的目标外,在最低限度的目标达成共识的基础上将其他目标转变为约束或限制。

"满意"途径是西蒙(H. A. Simon)于1964年提出的。如果不能调和目标之间的冲突的话,那么放弃寻找最佳解决方案的想法,转而确定各种目标的最低界限。若在这些目标上能达成共识,那就接着寻找一种至少能超过这些界限的解决方案。

4. 目标最优化的方法及技术

多目标的最优化问题实质上是在各种目标和各种限制条件之间寻求一个合理的妥协。在一般决策分析以及公共决策分析中,人们提出种种方法以及技术来解决多目标决策问题。早在1896年,帕累托(Vil-fredo Pareto)就提出这个问题,他把许多本质上不可比较的目标化成一个单一的目标;1951年库珀(Terry L. Cooper)提出目标规划,不仅使一些目标最优,而且尽量与原目标价值靠近;1963年托德(L. A. Zadch)从控制论的角度提出多目标问题;20世纪70年代以后,人们又提出了许多新的方法。

二、政策方案规划

依据确定的政策目标规划政策方案是解决好政策问题的关键性步骤,是为了实现政策目标而进行的设计、谋划、拟定解决问题的计划、方法、路线、步骤、手段、措施等的活动过程。从实质上讲,政策方案的规划是在寻求解决政策问题的途径和方法。

(一) 规划政策方案的要求

考虑到政策方案规划的复杂性及其具有的关键作用,要规划出高质量的政策方案,至少必须按下列要求去做。

1. 从实际出发,实事求是

政策方案是为了解决现实问题,所以在规划时必须从现实的人力、物力、财力、时间、技术设备等自然和社会条件出发,而且只能运用现实存在的资源,在现有可行的范围内去寻求解决问题的路径。

2. 解放思想,大胆创新

在现实的基础上还应该不局限于现实,勇于打破各种思想的枷锁,大胆设想,勇敢尝试,运用各种创造性思维去构思政策方案。

3. 独立思考,集思广益

规划政策方案不能人云亦云、随波逐流,决策主体应有自己的独立见解。这样各种想法相互对撞、集思广益,才能制定出高质量的政策方案。

4. 准备尽可能多的政策方案

这是科学、合理决策,提高公共政策质量的一个重要条件。只有找到足够多的解决问题的可能办法,才可做到充分的比较和择优。

(二) 政策规划的标准

规划标准是指在实施目标设计方案的同时,必须满足或最低不能破坏的社会指标。如果说规划原则体现在政策规划的过程中,那么规划标准则体现在政策规划的结果上。政策规划的结果必须达到社会要求的标准。规划标准的确定将使政策规划从物质和精神双方面符合社会总体发展的要求。如果说规划原则主要体现在政策目标的确定过程中,那么规划标准则主要体现在决策建议的提出和最终决策过程中。

一般说来,政策规划的标准可以包括两大类:一是经济标准,即政策规划必须满足一定的经济效益指标;二是非经济标准,即政策规划必须满足一定的社会精神要求和人民生活、生存的需要,最低不能破坏这种要求和需要。从这两项标准的关系来说,第一,经济是基础,达到经济标准可以带动其他方面,为达到非经济指标提供物质基础;第二,经济标准是可以量化的标准,也可称为"硬件指标",而非经济标准则一般都是不可量化的"软件指标",往往因为价值观念的冲突而不易被确定。因此,经济标准是政策规划中普遍遵循的首要标准。但是,在单纯达到经济标准的同时,往往会对其他社会要求造成冲击。这一点体现出经济发展同时带有强大生命力和极大盲目性这一客观规律。因此,在强调经济标准的同时,必须也强调非经济标准。

1. 政策规划的经济标准

这一标准可概括为以下几个方面。

（1）成本费用最小标准，即花费最小。将政策资源的消耗量，包括人、财、物时间等都转换为货币形式，便可计算出其成本费用。这种标准的一个明显缺陷是忽视了成本与效益之间的关系。小的成本费用有可能只达到低水平的政策效益，而高水平的效益又往往需要大的成本投入。在政策效益无法用货币形式衡量的情况下，一般采用这一标准来计算政策成本。

（2）政策效果最好标准，即不论在经济上或非经济上都能达到最好的效果。单纯达到这种标准也存在一定局限，因为没有成本费用对比下的政策效果，不能全面衡量好与坏。一般情况下，政府不可能不惜一切代价地达到某种政策效果。在这种情况下，即使达到了某种政策效果，巨额代价的付出也可能引发新的问题。一些带有政治调节性的政策规划，往往采用这一标准计算政策效果。

（3）效益最大标准，即政策规划要满足政策结果减去资源消耗能达到最大值的要求。政策效益是在一定资源消费（成本费用）下的政策效果，也可以理解为政策活动的净值。这种标准适合于一切种类的政策规划活动，可以用以下公式表示：

$$政策效益 = 政策结果 - 资源消耗$$

（4）效率最高标准，即政策规划要满足政策结果与资源消耗之比能达到最大值的要求，或是满足单位资源消耗要产生最大政策结果的要求。政策效率要求一是指资源周转快，二是指资源浪费小。这种标准也适合于一切种类的政策规划活动，可以用以下公式表示：

$$政策效率 = 政策结果 / 资源消耗$$

（5）效益率最高标准，即效益与资源消耗之比能达到最大值的要求，也是单位资源消耗能产生最大效益的要求。这种标准是效益最大标准与效率最高标准的组合，可以从经济上全面反映政策效果，并且适合于一切种类的政策规划活动。这个标准可以用以下公式表示：

$$政策效益率 = 政策效益 / 资源消耗$$
$$= (政策结果 - 资源消耗) / 资源消耗$$

效益、效率和效益率标准都可以明确地说明一点，即在目标要求的政策结果给定的情况下，包括人、财、物、时间等因素在内的资源消耗越小越符合标准。或者说，在人、财、物、时间等因素在内的资源消耗给定的情况下，政策结果越容易越符合标准。

2. 政策规划的非经济标准

这一标准可以概括为以下几个方面。

（1）土地与自然资源保护标准

土地与自然资源是一个国家赖以生存的最基本因素。土地可以利用和共同开发，但绝不能丧失。土地的丧失将直接减少国民的生存空间。自然资源是发展经济生产的原材料,既不宜浪费和破坏,也不宜作为初级产品出口。制定土地政策、资源开发及使用政策、对外经济合作政策、国内生产发展政策等,都应该重点考虑这一标准。

(2) 科技教育发展标准

科技是第一生产力,教育是国民素质和社会生产力提高的基础。尽管科技和教育的发展带有一定的"软件"性和长期效益性,但是其他政策的制定如果忽视和冲击科技和教育,就会在未来出现严重后果。制定教育政策、科技政策、经济发展政策等,应该重点考虑这一标准。

(3) 控制污染与生态保护标准

就当前情况说来,环境污染与生态恶化问题已经被全世界所关注。人类生存环境和生存规律的破坏,不但影响现在,最重要的是影响未来。因此,政策制定,尤其是工农业生产发展政策的制定,应该重点考虑这一标准。

(4) 社会保障标准

社会保障是社会稳定和生产发展的重要条件之一。托幼养老、健康保健、扶助病残、救济失业等社会保障内容直接关系到社会的稳定,而正常工作者的居住、娱乐、休息、医疗、体育健身、环境卫生等又关系社会生产的效率和产品的质量。高节奏、高水平、高质量的生产要求必须使生产者在解除后顾之忧且能得到舒适的休息条件下才能达到。因此,没有社会保障将影响社会稳定和生产发展。制定社会保障政策、医疗保健政策、福利政策、住房政策等,应该重点考虑这一标准。

(5) 精神文明提高,民族文化繁荣标准

精神文明是人类文明的重要组成部分,民族文化是一个民族和国家成熟的标志,也是社会精神文明的一种体现。精神文明可以保障一个国家和民族精神的健康发展,尤其对青少年的身心发展和素质提高产生的影响更大,而民族文化的繁荣才能使一个国家或民族立足根本,在与外来文化交流、冲击、融合中保持发展。制定文化交流政策、文化娱乐政策、艺术发展政策、广告业管理政策、经济发展政策等,应该重点考虑这一标准。

(6) 国内外政治环境稳定标准

一个国家要发展,必须有稳定的国内政治环境和有利于自己的国际政治环境。稳定的国内政治环境也是一个国家经济、政治、文化和生活各领域发展的基本保障,破坏这种环境将直接影响国家各方面发展的优越条件。有利的国际关系格局将是提高国际地位、发展对外贸易和国内经济、提高国民收入的保障。制定外交政策、国防政策、国家安全政策、公共安全政策等,应该重点考虑这一标准。

(三) 政策规划的模式与参考框架

规划(planning)与政策规划(public policy formulation)具有密切联系,也存在一定的差别,约翰·弗里德曼(John Friedman)认为,规划是"社会体系内部变迁的指导方针,具体来说,它是指一种自我指引的过程,能够促进社会体系组成部分的不同发展,激活系统的结构变迁并在变迁的过程中保持系统的边界"。规划通过决策及其过程对社会各种活动的理性干涉而实现社会发展的目标。从这个意义上来看,规划是公共决策的一种类型;而同时规划理论强调的也是决策过程中为解决问题而进行的决策方案的拟定和选择。从后一种意义上看,规划理论和政策规划两者具有相似内涵。

政策规划是针对政策问题提出各种可能解决方案的过程。在这个过程中,政策制定者需要有理论上的参考框架(referential framework),以促进对政策问题的分析、政策方案的拟制和评估。公共政策学者的政策分析框架为实际决策者的规划活动提供了理论基础,在一定程度上可视为政策规划所应遵循的步骤和方法。通过采用科学合理的政策分析,决策者方能从容应对各种问题并做出更好的决策。下面简单介绍阔德(Quade)、韦默和维宁(Weimer and Vining)、帕顿和沙维奇(Patton and Sawichi)、邓恩等学者的政策分析框架。

1. 阔德的政策分析框架

阔德认为政策分析能够帮助决策者增强判断的基础。其政策分析框架包括十个步骤,阔德注重其中五个最重要的因素,即规划问题、寻找备选方案、预测未来环境、对备选方案的影响制作模型、评估备选方案。这个过程可以循环进行,直到政策问题变得明确、备选方案得以成功入选。阔德的政策分析框架步骤较为详细,具有较强的可操作性。

2. 韦默和维宁的政策分析框架

韦默和维宁认为在政策分析中,如何定义、解释和模拟问题在很大程度上决定了政策目标和分析方法的选择,最终影响备选政策方案的抉择。因此,他们主要将政策分析过程分为两个阶段:问题分析和解决方案分析。

(1) 问题分析:这个阶段由三个重要步骤构成:第一,理解问题。理解问题首先要对问题进行症状评估,提供问题症状产生的原因解释或者模型;框定问题之后,需要在此基础上模拟可能出现的各种变量。第二,选择和解释目标与约束。政策目标往往是多元的、冲突的和模糊的。建立目标需要一方面承认目标的含糊性,同时也需要澄清目标和政策之间的差别。第三,选择解决办法。根据政策目标的数量,选择恰当的解决方法。多目标分析通常是合适的解决办法。

(2) 解决方案分析:这个阶段可以分为四个步骤:第一步是说明相关标准,也就是确定备选政策方案的评估标准,并依据这些标准评价备选方案对于目标的影响。第二步是详细说明能够潜在推进政策目标的备选方案。第三步是用每一种衡量标准来评价每一种备选方案政策,预测其可能产生的影响。第四步是推荐一种备选政策方案,并提供选择的依据。下面的矩阵基本能够将解决问题的各个环节概括出来,是一种有效的分析工具。如表3-1所示。

表3-1 目标与备选方案矩阵的简单结构

目标	标准	政策备选方案		
		政策方案Ⅰ	政策方案Ⅱ	政策方案Ⅲ
目标 A	标准 A1	预测影响及其评价	预测影响及其评价	预测影响及其评价
	标准 A2	预测影响及其评价	预测影响及其评价	预测影响及其评价
	标准 A3	预测影响及其评价	预测影响及其评价	预测影响及其评价
目标 B	标准 B1	预测影响及其评价	预测影响及其评价	预测影响及其评价
	标准 B2	预测影响及其评价	预测影响及其评价	预测影响及其评价
目标 C	标准 C1	预测影响及其评价	预测影响及其评价	预测影响及其评价

（资料来源：韦默，维宁.政策分析——理论和实践[M].上海：上海译文出版社,2003：248）

韦默和维宁分析框架中两个阶段的七个步骤是连续构成的，形成了一个理性主义的分析模式，然而他们也认为政策分析并不能简化为一个统一的公式。

3. 帕顿和沙维奇的政策分析框架

帕顿和沙维奇提出了可快速地用于政策规划的初步分析方法，并且在其他学者研究的基础上提出了政策分析的框架。他们的初步政策分析包括六个步骤，即：界定问题，确定评估标准，确认备选方案，评估备选方案，比较备选方案，评估结果。在这六个主要的步骤之下，还分为很多较为具体的组成部分。这些分析步骤构成了一个分析模型，如图 3-2 所示。

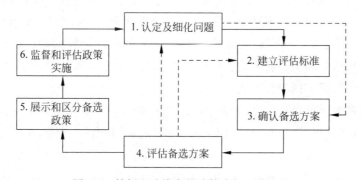

图 3-2 帕顿和沙维奇的政策分析基本过程

（资料来源：帕顿、沙维奇.公共政策分析和规划的初步方法[M].北京：华夏出版社,2002：44.）

（1）认定和细化问题：认定和不断地重新界定问题是非常重要的工作。政策分析者通过这个过程要达到有意义地陈述政策问题、集中于中心问题和关键要素的目的。

（2）建立评估标准：为了在备选方案之间进行比较、衡量和选择，必须建立评估标准。基本的评估标准包括成本、效益、效用、效率、平等以及政治可行性等。

（3）确认备选政策：备选方案可以通过思索、研究分析、经验、集体讨论以及其他各种方式产生。受到政策影响的各个团体都可能提出自己的意见，甚至是备选方案，这些方案也不应该受到忽视。

（4）评估备选政策：分析者或决策者可以通过定性或者定量的方法对备选方案进行

评估,选择最满足主要标准的方案。有时候,在对政策进行确认和评估的过程中会发现政策问题的新内容,这就需要重新进行问题的界定并且修改评估标准。

(5) 展示和区分备选政策:经过对备选政策的评估,决策者或者政策分析人员能够提出关于一系列备选方案、具体标准和每种备选方案符合标准程度的报告。备选政策的展示可通过各种技术手段进行,表现出各备选方案的优缺点、技术可行性以及政治可行性等。

(6) 监督和评估政策实施:在一个政策实施之后,决策者需要对实施的政策进行监督和检查,确保政策方案正确实施,衡量政策的影响及其是否实现政策预期的效果,并决定政策应当继续、修改还是终止。

帕顿和沙维奇的政策分析框架非常重视各种分析方法及其运用,在每个政策分析步骤中都提供了可以利用的各种实用分析方法。该模型的第六个步骤是在政策规划过程之外的,但这个分析框架还是可以为政策规划提供重要的参考。

4. 邓恩的政策分析框架

威廉·邓恩建构了一个以政策问题为中心的分析框架。它包括两个大的构成部分,即政策相关信息和政策分析程序,各分析程序应用于相应的政策信息。政策信息主要包括政策问题、政策前景、政策行动、政策结果和政策绩效。政策问题是需要通过公共部门的行动去解决的问题,而界定问题是政策分析中必不可少的重要任务,问题如何界定很大程度上将会影响到政策如何选择;政策前景(政策未来)是通过预测未来政策变化及其结果来提供有关信息;政策行动是为了实现政策目标而设计的一系列活动,包括不同政策方案执行积极后果和消极后果的各种信息;政策结果是政策行动而产生的可见后果;政策绩效是政策结果有助于价值实现的程度。

政策分析的方法论包括定义、预测、规定、描述和评估。这些方法应用于政策分析框架,即转变为问题认定(界定)、预报(预测)、建议(规定)和监控(评估):问题认定通过对问题的不断界定而发现隐含的假设,判断问题的成因,勾画可能的目标等,为设计新的政策方案提供相关的知识;预测可以提供一些有关时间未来状态的政策知识,例如预测备选方案可能发生的结果;建议是对政策的成本和收益进行分析,对特定的政策行动提出设想;监控是对采纳的政策的执行结果进行监督和监测,从而能够产出关于政策执行的相关知识;评估是设法评价政策预期目标和实际执行情况之间的差异。以上五种分析方法对应政策制定过程的五个阶段,即议程确立、政策形成、政策采纳、政策执行和政策评估。邓恩认为这些阶段之间并不是线性的,而是相互联系,呈现出非线性的或者循环的关系。

邓恩整合了政策信息和政策分析程序两个因素,构建了一个完整的政策制定分析框架。这个框架以政策问题为中心,通过不同的政策分析程序和方法对各种政策信息进行分析,产生了与政策相关的知识。这些知识能够应用于政策制定的某个阶段,并影响该阶段的假设、判断和行动。邓恩的分析方法将政策信息、政策方法和政策制定阶段等都整合到一个综合性的分析框架中,对政策分析者和政策制定者都具有重要的指导意义。如图 3-3 所示。

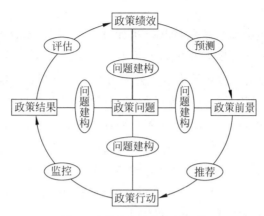

图 3-3　邓恩的政策规划架构

(资料来源:威廉. 邓恩.公共政策分析导论[M].2 版.北京:中国人民大学出版社,2002:81)

(四) 政策学习和政策移植

1. 政策学习

政策规划需要通过政策学习来加以调整与创新。在政策规划中,尤其是对于某一复杂、不确定的政策问题,政策制定者至少需要从历史经验和地区比较两方面来考虑可供采纳的政策方案,从传统政策、现行政策或者其他地方政策中学习获得可供参考和借鉴的各种知识,包括问题建构、政策理念、政策目标、政策内容、政策工具等各方面内容,这一过程即政策学习。

根据罗斯(Rose,1991)的研究,政策学习或经验汲取具有以下四个特点:第一,政策学习是跨时空的,即从过去、国内不同地方政府和不同国家的政策实践中汲取经验教训;第二,政策学习是有条件的,即学习者务必充分考虑影响政策成败的特殊背景和条件,避免盲目照搬或全盘移植;第三,政策学习的动力来自学习者对现行政策的实施结果与期望景况之间差距的不满意;第四,政策学习的过程是模仿而不是创新,但是将彼时、彼处的做法引进到此时、此处的过程中所做的调整、调适和改变,也蕴含着一定程度的创新。

政策学习研究发端于 20 世纪 70 年代。柯罗(Heclo,1974)认为,政策学习经常是政府在以往经验的基础上对某些类型的社会或环境刺激所做出的回应,很少是一种有意识的行为。霍尔(Bronwyn H. Hall,1993)则对其进行了修正,认为政策学习在于更好地实现政府的政策目标,因此,学习是基于过去政策与新信息,对政策目标或技术的一种有意识的慎重调整,进而更好地实现治理的终极目标。这种政策图景具有以下三个特点:第一,影响时段 1 的政策的主要因素之一是时段 0 的政策。政策对社会和经济环境的反应没有对过去政策结果的反应那么直接;第二,推动学习进程的关键人物是某一政策领域的专家,比如国家工作人员或政府顾问。政客在社会学习中的影响力并没有行政官员或政策专家大;第三,强调政府的自主行动能力。政府在制定政策目标时,面对社会压力会显示出强大的自主性。

政策学习存在不同类型。豪利特和拉米什(Howlett & Ramesh,1995)认为霍尔和赫柯罗所定义的政策学习与政策变化的关系不是非此即彼的关系,而是一种并存关系。他们从学习机制和效果的角度将政策学习分为内生学习和外生学习两种类型:与内生学习对应的是经验吸取,源于正式的政策过程,影响政策制定者对政策方法和政策工具的选择,主要是技术层面的改进;与外生学习相对应的则是社会学习,源于政策过程外部,影响政策制定者适应或改变社会的阻力或能力,是一种最为根本性的学习。

梅(May,1992)从学习内容的角度将政策学习分为工具性政策学习和社会性政策学习两种类型:前者指关于政策工具或执行设计的有效性学习,后者指关于政策问题的社会建构、政策范围或政策目标的学习。事实上二者并非互斥的,常常是相互关联或伴随着发生。

在梅的基础上,萨巴蒂尔和詹金斯-史密斯(Sabatier & Jenkins-Smith,1993)增加了"政策信念学习"的概念。他们强调信念和政策学习的动态变化是理解和预测政策变动的关键所在,政策取向的学习包括相对持久的思想或行为动机的转变,这种转变来自经验并且关系到个人或集体信念体系规则的达成或修改。政策学习可以在倡议联盟内部与不同倡议联盟之间发生,学习内容既包括政策背景,又包括问题感知和政策目标。

坎普和威仁(Kemp & Weehuizen,2005)从学习的内容与程度的视角,将政策学习归纳为工具学习、概念学习或问题学习和社会学习三种类型。其中,工具学习主要是对具体技术、政策过程和政策工具等的学习,仅关注提高政策效果和效率的技术手段,而不质疑政策的根本设计、目标、价值等;概念学习或问题学习是指对问题视角的学习,通过打破既有思维来看待政策问题,从而产生全新的解决办法;社会学习是指对政策价值以及规范、目标、责任等其他深层次信念的学习。社会学习很难发生,但是一旦发生将导致政策的重大变迁。

2. 政策移植

在全球化程度日益加深的今天,在公共政策领域,政策移植或政策转移(policy transfer)已经成为非常重要的政策来源的方式。简单地说,政策移植就是一个政策借用国(borrowing country)采纳其他国家的公共政策、行政体制、制度及思想等来解决本国所面临的政策问题。政策移植可以发生在议程建立阶段,也可以发生在政策规划和政策执行阶段,而在政策规划阶段,政策移植的作用尤为重要。

政策移植的增加存在很多原因。首先,在全球化的时代,没有哪个国家能够脱离全球的经济体系及摆脱全球的经济压力。随着经济全球化的发展,各个国家在经济方面越来越具有同质性,它们接受同样的经济规则,加入到统一的经济生产和贸易体系中。同时,由于全球化的发展,使得各国面临许多类似的政策问题,有些问题甚至是共同的,如环境污染、能源、人口膨胀等问题。相似的问题可以由相似的政策来加以解决,这是政策移植能够产生的一个基础。另外,通信技术的发展,也使得各国间在知识、观念等方面的交流变得更通畅快捷。政策移植对于政策制定的明显优势在于政策方案规划的快速、便捷,同时又节约成本,使得政策移植得到了政策制定者的青睐。

一个国家向另外一个国家的学习和借鉴包括很多方面。在公共政策方面,政策目标、政策内容以及政策工具等都能够成为移植的对象。在政策规划阶段,政策移植对于政策内容方面的政策转移、对于政策方案的规划起到了重要的作用。一个国家对其他政治体系的政策借鉴,不可能完全照搬或者是完全拒绝这两种形式,而是存在的程度不同。一是复制(copying),即指政策文本直接的、完全的转移;二是效法(emulation),即借鉴他国公共政策背后的思想观念;三是混合(combinations),即针对同样的政策问题混合各有关国家的公共政策;四是启发(inspiration),即其他国家的政策可能引发本国的政策变化。在政策规划阶段,更多出现政策的复制和混合。国家层次的政策可以借鉴他国国家层次或者地方层次的政策,同样,本国地方政府的政策可以借鉴他国国家层次或地方层次的政策。

从政策制定者的意愿角度,可以简单地将政策移植分为自愿的政策移植(voluntary transfer)和被迫的政策移植(coercive transfer)。但这种分类过于简化,更好的办法是将政策转移视为处于从自愿的学习到被迫接受他国政策的一个政策转移连续体(a policy transfer continuum)。虽然政策移植在政策规划和执行中具有重要的作用,但很明显,并不是所有的政策移植都能够获得成功。这就涉及政策移植过程中出现的政策失败(policy failure)。

有研究显示,至少三方面的因素导致了政策失败:(1)信息不全的政策移植(uniformed transfer),指政策借用国对于该政策的信息了解不充分,不清楚它在原国家是如何运行的。(2)不完全的政策移植(incomplete transfer),指虽然发生政策移植,但是使得该政策在原国家获得成功的某些重要因素却没有被采纳。(3)不当的政策移植(inapropriate transfer),指没有充分注意到政策借用国与政策输出国之间在经济、社会、政治和意识形态背景方面的不同。

这三方面因素都可能导致政策移植的失败。因此,在政策规划阶段,一定要谨慎地对待政策移植。毫无疑问,政策移植在政策规划方面提供了更广阔的选择空间。需要注意的是,在美国、俄罗斯、中国等这些地域辽阔的国家,政策规划中的政策移植现象在这些国家内部的不同地区之间也同样存在。因此,政策移植不仅是全球化时代国家之间的政策学习现象,同样是信息化和区域一体化时代一个国家内部的现象。也就是说,在政策规划过程中,不仅要注意向国外学习,还要注意向国内其他地区学习。

三、公共政策合法化

一项政策方案被确定为最终采纳的方案之后,为了使其能在现实中具有权威性与合法性,还要经过行政程序或法律程序使之合法化。我们知道,经过评估论证最后抉择出的公共政策方案,并不能立即付诸实施,一般需要经过一定的途径变成正式生效的政策才能实施。这一过程就是公共政策的合法化过程。只有经过合法化过程,公共政策被赋予了合法性,才能在实施过程中以国家强制力做后盾。

(一)政策合法化的概念

我们认为,所谓的政策合法化是指法定主体为使政策方案获得合法地位而依照法定权限和程序所实施的一系列审查、通过、批准、签署和颁布政策的行为过程。这个概念的外延和内涵可以从如下四个方面来把握:

第一,所有的政策,包括中央政策和地方政策法律和其他形式的政策,都有其合法化过程。这是当前我国政策合法化研究中值得注意的一个问题。政策合法化并不仅限于中央政策或全国性政策的合法化,也不等同于政策法律化。地方政策也要合法化,政策法律化只不过是政策合法化的一种重要而又特殊的形式。研究政策合法化,既要研究法律,更要研究其他形式的公共政策的合法化。

第二,政策合法化是有目的的活动。其目的就是使政策方案获得合法地位,转化为合法有效的政策,具有合法性、权威性和约束性,获得人们的认可、接受和遵照执行的效力,从而使政策有效地发挥规范和指导人们行为的作用,最终实现政策目标,解决政策问题。

第三,政策合法化是法定主体依照法定权限所实施的活动。宪法和组织法对国家机关的权限做了划分,国家机关必须依照法律规定,在各自的权限范围内使相应的政策方案合法化。公共政策体现的是统治阶级的意志,它与个人、企业等所做出的决策不同,其具有法定的权威性,对社会具有普遍约束力,只能由法定的国家机关依照法定的权限制定。不具有法定的公共政策制定权力或超越法定权限,都不能使政策合法化。

第四,政策合法化是主体依照法定程序所实施的一系列行为过程。政策的内容、形式和效力范围等不同,政策合法化的主体和程序也就不完全相同,如限制公民人身自由的政策,必须由全国人大依照立法程序使之合法化,而立法机关强调公平、民主,其政策合法化的程序就表现得烦琐、复杂。相对而言,行政机关更强调效率,其政策合法化程序就比较简单。同一国家机关,不同的政策也可能有不同的合法化程序,如国务院制定重大政策,应由国务院常务会议或全体会议讨论决定后由国务院总理签署发布。而一般性政策,国务院总理有权直接签署发布,政策合法化的程序虽然不尽一致,但都有共同的标准,即要符合法律规定;都有基本的步骤,即包括审查、通过批准、签署和颁布政策等一系列行为过程。

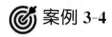
案例 3-4

共享住宿，规范才有生命力！

近年来，在年轻群体中，共享住宿的消费潮流逐渐风行：一套房，一间屋，都可以成为旅行在异域他乡时的安身之所。通过盘活闲置的住房资源，这种新兴的共享经济，很快用低廉的价格与便捷的体验不断开拓出新的市场。

不过记者在调查中发现，这种以在线短租为代表的共享经济却处在法律与监管的"灰色地带"，存在诸如治安、消防、卫生等安全隐患。鼓励创新与规范发展并行不悖，如今一些地方已经开始行动起来，探索适应其规律的监管方式，专家学者也建议对待新业态、新模式既要包容审慎，又要守住底线。

共享住宿蓬勃发展，受年轻群体欢迎

国家信息中心分享经济研究中心发布的《中国共享住宿发展报告2018》显示，参与共享住宿的房东具有年轻化、高学历等特点。房客主要是学生、上班族、自由职业者，18～30岁的房客占比超过70%。与传统酒店相比，共享住宿的供给主体更加多元化、服务内容更加多样化、用户体验更加社交化，通过共享平台可以降低房东、房客之间的信息不对称和交易风险，为房客提供更好的体验。

不仅如此，共享住宿的蓬勃发展，也为经济发展带来了新的可能性。《中国共享住宿发展报告2020》的报告显示，2019年，我国共享住宿行业的交易规模约为225亿元，同比增长36.4%。共享住宿行业的参与者人数约为2亿人，同比增长53.8%。其中，服务提供者人数约为618万人，同比增长54.5%，房客人数达到1.9亿人，较上年增长53.8%。

用户"吐槽"不少，繁荣背后也有隐忧

将用户"吐槽"归纳起来，主要有三个方面：一是一些平台上的房源图片与实际不符，而房客又只能通过网络获取信息，导致了信息鸿沟的存在。二是共享民宿的卫生问题令人担心，有人反映许多民宿的床上用品没有经过消毒、房间没经过清理；有人入住才发现是新装修房间，推门就闻到家具气味刺鼻，担心有害身体健康。三是共享民宿居住安全也是一个重要问题。有人质疑一些普通民房的消防设施不健全，有人担心住在这类民宿里可能泄露个人隐私，还有人觉得不少共享民宿分布在居民区中，容易存在扰民的现象。

对于共享民宿可能存在的问题，记者暗访了几家从事共享住宿业务的互联网平台，以及几位正在这些平台上挂出房源的房东。在对多家平台的调查中发现，对于房源图实不符的问题，均可以向平台投诉，由客服出面处理。不过，在核实房源的真实性上，目前平台对于房东尚没有上传房产证等强制要求。此外,对于卫生安全问题,多数平台认为其应由房东负责,平台本身目前也没有详细的统一标准。至于房客入住时是否需要验证真实身份的问题,平台的说法也并不一致。

法律与监管既应统一,也需包容审慎

尽管近年来在线短租等共享经济发展迅猛,但目前从全国范围来看,尚没有统一的法律规范为其提供指引。业内专家也认为,法律滞后的现状也导致了政府主管部门不明确,多部门之间存在权责不清、"九龙治水"等问题,诸如该不该管、谁来管、如何管、管什么等一系列难题都有待解决,这在一定程度上给行业发展带来了不确定性。

2018年底,中国国家信息中心分享经济研究中心牵头组织的我国共享住宿领域首个行业自律性标准《共享住宿服务规范》正式对外发布。该规范针对目前行业发展过程中的热点问题,如城市民宿社区关系、入住身份核实登记、房源信息审核机制、卫生服务标准、用户信息保护体系、黑名单共享机制、智能安全设备的使用等提出了规范。

对于共享住宿这种模式,不少专家都认为平台在其中应扮演更重要的角色,要履行相应的保障义务。《中国共享住宿发展报告2020》指出,目前共享平台主要是在线上撮合房东与房客的交易,线下的住宿服务主要由分散的房东个人承担,房东很少经过专业的服务培训,导致服务水平参差不齐、服务质量缺乏保障,因此加快行业服务标准化刻不容缓,需要平台企业共同努力。

(资料来源:张璁.共享住宿,规范才有生命力![EB/OL].(2020-07-23)[2022-11-04]. https://mp.weixin.qq.com/s/HgVALanAdn93ysGMHuM8DA. 199IT互联网数据中心.中国共享住宿发展报告2020[EB/OL].(2019-04-18)[2022-11-04]. https://mp.weixin.qq.com/s/NPkiq-TLKHyxg4WdnK-akg.)

(二)政策合法化的主体及其权限

严格地讲,公共政策合法化的主体是各级国家机构,只有它们才能行使法律赋予的权限进行政策合法化行动。

在这个意义上,一方面政策合法化的主体相当广泛,因为从整个国家范围看,有权使政策方案获得合法地位的国家机关都可成为政策合法化的主体。它既包括国家立法机关,中央、国家各机关部委,又可包括地方各级行政部门。所以在我国,政策合法化主体的范围相当广泛,不能只局限于立法机构。政策合法化并不等同于政策法律化,不仅内容不同,而且主体也不相同:前者比后者的外延更宽泛,主体更多,后者只是政策合法化的一种特殊形式——政策向法律的转化,其合法化主体只能是拥有立法权的国家机构。区分政策合法化与政策法律化的意义在于,政策必须服从于法律,同时政策在一定条件下又可以转化为法律,特别是在法治不健全的社会,它们可以互为补充的特性就更具有现实意义。

另一方面,政策合法化主体又具有相当的特殊性。从每一个具体的政策方案的合法化而言,这个合法化主体又是特定的、具体的。譬如,作为基本国家政策的"计划生育政策",其合法化主体只能是国务院,而不能由其他地方政府来完成。也应该看到,政策合法化主体所具有的特定性和具体性并不意味着它完全是单一的,没有交叉重叠。事实上,由于一些政策方案带有较大的综合性,涉及两个以上不同的政策制定机关,它不仅在方案规划时需要多个政府职能部门相互配合与支持,在政策方案的合法化阶段仍需要多个政府职能部门来共同完成。如我们经常见到的联合签署、发布的政策文件,社会治安的综合治理方案以及打击制假贩假的行动方案等,都牵涉许多政府职能部门的政策合法化问题。

政策合法化主体的差异是与政策主体的权限联系在一起的。按照国家法律的规定,不同的国家机关具有不同的权限,因此它们必须在各自的权限范围内进行政策合法化的活动。超越了法定的权限范围,其所制定的政策是非法和无效的,所直接颁布的政策更是如此。一般政策主体在合法化行动中受到以下三个条件的限制:

第一,主体地位的确立必须有法律依据。坦率地说,这应该是一个不成问题的问题。但是,在我国仍处于社会主义初级阶段的现实条件下,法律对于政策合法化主体的权限界定存在较大的模糊性,从而导致了一些争议。如,对国务院下属机构发布规章制度的权限就存在不同的看法。

第二,必须注意处理不同主体权限之间的关系。这就是要防止越权颁布政策。例如,人事部门制定和颁布人事方面的政策,就必须注意不能够越权涉及属于劳动社会保障部门权限范围内的事;地方政府政策不但要注意行政地域管辖权,更需处理好地方与中央的关系。但是,防止越权行使政策合法化权利不能与综合合法化相混淆。在某些条件下,实施多部门的联合制定和颁布政策确实很有必要。例如,"鬼秤"现象之所以屡禁不绝,原因之一恰恰就在于,在政策制定时没有从相关政策综合合法化入手,其结果是工商部门的政策只管买卖中的"克斤扣两"行为,而质量监督部门的政策却又只管"制假造假"行为,从而难以实现综合治理。

第三,必须注意法律本身的滞后性问题。法律的相对稳定性往往导致它对政策合法化主体的规定赶不上现实发展的要求,这往往容易产生超越法律规定来行使政策制定和颁布的违法行为。

(三)政策合法化的程序

政策合法化的程序是指政策方案获得合法地位的步骤、次序和方式。从理论上说,政策规划阶段结束后才进入合法化过程。实际上,合法化过程往往又包含有政策规划的行为性质。不同的政策方案,不同的合法化主体,往往导致不同的合法化程序。在描述行政机关和立法机关的政策合法化过程之前,我们先讨论政策合法化程序的相对性问题。

1. 政策合法化程序的相对性

程序表现为次序和步骤,也就有它的起点。政策合法化的程序,应该说是从政策规划的终点——方案选优或者说是政策方案的最终决定后开始的。彼特琴(Hanna Pitkin)曾说:"事实上,无人有最后决定之权,因为根本就没有'最后决定之权'这回事。"明确这一点,对于我们理解政策合法化的过程是必要的。政策合法化过程并不简单地表现为通过与颁布政策。通过政策,就意味着先要讨论、审查政策方案,而这又往往导致对政策方案的某些内容进行修改以取得较多的赞同意见或决策者的满意。这么一来,政策规划阶段所说的对政策方案的"最终决定"也就大打折扣了。似乎一切又从政策规划阶段开始。

我们以实例来进一步说明这个问题。国家发展和改革委员会作为国务院统一领导下的综合管理国民经济计划工作,对国民经济进行宏观调控的经济职能部门具体负责编制国民经济和社会发展计划。当国家发改委经过一系列复杂程序"最终确定"国民经济和社会发展的计划方案后,对它来说,政策规划阶段也就结束,这一方案开始进入合法化过程——报请国务院常务会议审定。国务院审定通过后,根据法律规定,还要报请全国人大审查和批准。因此,相对于国务院来讲,此前的工作都属于政策规划阶段,合法化过程要从报请全国人大审查开始。然而,进入人大后,似乎一切又是从政策规划阶段开始。首先要国务院提出议案,然后人大经一系列法定程序将其列入议程,才能交付代表审议。经审议修改取得比较一致的意见后,政策方案才"最后确定",才能交付表决。因此,审议阶段似乎又属于政策规划阶段,似乎只有表决、通过、批准、发布才真正属于政策合法化过程。可见,政策合法化与政策规划有时的确难以截然分开,政策合法化的程序是相对的。正如林德布洛姆(Charles E. Lindblom)所说的,政策过程的各个阶段(stages)常是重叠的(overlapping)。

2. 行政系统的决策程序

行政系统的决策特点往往要求快捷、高效,与此相适应的行政决策体制,无论是委员会制还是首长制,实际上决策的集中化程度都会较立法机关要高,这突出地表现在决策者的数量往往较少,通常流行行政首长集权现象。即便在委员会制下,决策委员的数量也不会太多,连内阁制下的阁员一般也都不会超过20人,在战争或其他紧急时刻实际参与决策的阁员数量还会更少。在当代中国,行政决策一般实行的是行政首长负责制,这项制度把决策权主要赋予行政首长,但同时又要求行政首长应在行政领导会议集体讨论决定的基础上行使决策权,具体的行政决策程序如下。

(1)法制部门的审查。中国县级以上各级行政机关及其职能部门都设有专门的法制机构,它们的主要职责之一就是审查各项政策方案的合法性。有的行政机关还专门规定"规范性文件非经法制工作机构的法律审核把关,领导不予签发"的制度。

(2)领导会议的讨论决定。据有关法律规定,县级以上各级人民政府工作中的重大问题,需要经政府常务会议或全体会议讨论决定,行政首长召集和主持这两种会议,对会议所讨论的结果和应做出的决定拥有最终的决定权。这两种会议都不实行委员会制下的一人一票和少数服从多数的原则,而是以集体讨论的方法来收集信息,最终由行政首长拍板定案。行政领导会议的形式除了上述两种以外,还有行政首长办公会议。该会议是行政首长处理日常决策事务的一种会议形式,可以由行政首长根据工作需要随时召集,有些政策特别是政府职能部门制定的许多政策就是由首长办公会议讨论决定的。

（3）行政首长的签署发布。行政首长在整个行政决策中处于核心地位,拥有最高决策权和领导权,其最主要的表现就是行政首长对有关决策有最后的决定权、签署权和发布权。当然,在中国行政实践中还存在着"分管决策制度",即在行政首长之下的各副职领导人对自己分管的日常事务有决策权,这是对行政首长决策制度的一种有效的补充。

需要说明的是,有些政策,如政府工作报告、行政性立法等,经过行政首长的决策后还并不能完成整个决策程序,还要进入人大或其他权力机关的决策程序。

3. 立法系统的决策程序

立法系统的决策涉及的事务对于国家来说有重大意义,再加上合议制的特点,其决策程序往往较行政决策程序复杂得多。虽然各国在立法机关抉择程序的复杂性程度方面存在很大的差异,但是,它们都会包括提出议案、审议议案、通过议案和公布政策这四个阶段。

（1）提出议案。政策议案的提出主体既可以是立法机关的民意代表、有关委员会及领导机构等,也可以是其他国家机关,如行政机关、司法机关、军事机关等。在现代立法机关的决策实践中,提出政策议案的主要主体总是政府,各国概莫能外。这一方面说明行政权的扩张程度;另一方面说明许多涉及社会公共管理的决策一般也只有直接负责这些事务的行政机关能及时感知和提出。

（2）审议议案。立法机关对有关政策议案的审议程序总是立法机关决策程序中最复杂的一种程序。在西方国家奉行的审议程序有一读、二读和三读程序。其中,英国等国的三读审议程序最复杂,一项政策议案要在民意代表、专门委员会之间接受多次反复的审议、辩论和修改。

（3）通过议案。规则一般是过半数通过,一些特别重要的议案,如宪法修正案等则要求更高比例的通过率,甚至有些议案还会要求最终进行全民公决。

（4）公布政策。政策通过后还必须经过法定的公布程序才能生效。立法系统通过的法律、政策通常都要经过国家元首的签署和发布。在我国,国家主席根据全国人大和人大常委会的决定签署主席令,公布法律和政策。

第三节 政策规划的影响因素

美国著名的公共政策学家邓恩认为,一个政策系统或制定政策的整个机构模式包括三个相互联系的要素：公共政策、政策利益相关者和政策环境。公共政策是一系列政府机关和官员制定的多少相关联的行动选择；政策利益相关者是指影响公共决定也被决定影响而与政策有利害关系的个人或群体；政策环境是围绕一个政策议题的事件发生的具体背景，它影响政策利益相关者和公共政策，也被他们所影响。从这样的角度出发，将政策规划的影响因素划归为三个方面：政策参与者的多元性、政策目标设定的复杂性、政策环境的不稳定性。

一、政策参与者的多元性

公共政策方案规划是一个多元社会主体之间在特定政策体制下进行博弈和互动的过程。下面主要论述不同社会主体以及政策体制对政策规划的影响。

（一）公共政策制定者的影响

政策制定者对公共政策方案规划有着重大影响，有时甚至是决定性的影响。他们所形成的公共政策制定集体对政策规划的影响是由这几方面决定的：知识结构，政策制定集体的科学合理的知识结构影响着政策的质量；能力结构，政策制定集体应该由具有不同能力的人员组成，这样才能八仙过海，各显神通，处理好政策制定过程中的各种事务；年龄结构，使处于不同年龄段的人员按适度的比例集合在一起有利于科学的决策，因为不同年龄段的人在知识、经验和能力等方面具备各自的优势；心理结构，不同性格和气质的人在政策制定集体中协调配合才能取长补短，规划出高质量的政策方案。

（二）政党及政党制度的影响

政党本质上是阶级利益的代表者，在夺取和巩固政权中处于组织者的地位。特别是执政党是政策规划的核心力量，成为主要的影响主体。在出现社会问题或社会危机时，各个政党为了自己的生存，寻求各种措施力图来解决问题以提高自身在社会中的地位和影响力。不同的政党制度对政策规划过程有不同的影响。西方国家的政党在政党政治的制度框架内通过一定的途径影响政治或政府过程，以将其意志变为公共意志。政党之间通过政治性竞争对政府进行攻击或向政府施加压力，从而影响公共政策。

（三）利益集团的影响

利益集团包括工商业团体、专业团体、劳动者团体和游说团体等，是影响公共政策规划过程的基本力量，有时特定的利益集团在不同的政策过程中起到主要作用，影响到利益的调整和分配。"利益集团对决策的影响取决于他们的经济实力、规模、团结程度、目标的单一性、组织和领导等因素，然而，集体总是在一定的政治和政府环境中运作的。上述这些因素通过与这一环境的联系和相互作用而使利益集团获得实际的权利"。

(四) 社会公众的影响

公众的诉求已经成为影响公共政策方案规划的基本社会因素。不得民心的政策,无论多么符合政党、利益集团、政策制定者的愿望和利益,从长远看来,也都是不成功的。尤其是那些与公众切身利益相关的公共政策,在方案规划过程中受到公众影响的程度更大。所以必须充分考虑社会公众的普遍要求、心理、态度等方面,处理好各种矛盾和冲突,避免社会震荡。另外,要发挥民众参与在政策形成过程中的重要作用。公众参与政策过程的方式包括:建立民意调查制度;信息公开,透明决策;引入听证会机制。保证在比较客观、公正的立场上,遵循调研、专家论证、预告、沟通、公众听证的程序来进行政策规划。比如汽车消费政策的方案规划应该较多顾及公共利益。因为汽车消费政策的目标是引导各地政府采取积极措施,努力培育汽车市场,取消对汽车消费的各种不合理限制和不合法收费,促进私人消费增长,同时创造良好的汽车使用环境,使汽车工业、交通设施和相关服务产业协调发展。这就要求必须从民众利益出发,考虑公众的政策诉求以及广泛参与。

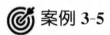

案例 3-5

教育部新设司级机构加强校外教培监管

校外培训是学校教育的有益补充,但近些年,校外培训乱象问题却成为牵动全社会最敏感的神经之一。教育部曾表示,校外培训机构违背教育教学规律和素质教育要求,开展了以"应试"为目的的培训,裹挟家长被动参与,并成为普遍趋势,干扰了学校正常教育教学和招生入学秩序,加重了学生的课外负担和家庭的经济负担,社会反响十分强烈。

教育部等多部门对校外培训机构也多次进行整顿。2018年,教育部在全国范围内调研了40.1万所校外培训机构,其中有27.3万所机构存在违规,占比高达68%。公开资料显示,目前我国有校外教育培训机构40余万家。实际上,近年来,尤其是自2018年以来,中央、各部委在规范校外教育培训机构发展方面的动作频频,从建机制、构建总体制度框架,到全国范围内治理整顿力度逐渐加码,再到新设司一级的新机构,彻底解决校外培训乱象的决心可见一斑。

早在2017年底,中央经济工作会议明确指出,要针对人民群众关心的问题精准施策,着力解决中小学生课外负担重等突出问题。随后的2018年7月,中央全面深化改革委员会第三次会议审议通过《关于规范校外培训机构发展的意见》(国办发〔2018〕80号)(以下简称《意见》)。这个文件是我国第一个从国家层面规范校外培训机构发展的重要文件,构建了规范校外培训机构发展的总体制度框架。该次会议强调,以建立健全校外培训机构监管机制为着力点,构建校外培训机构规范有序发展的长效机制,切实解决人民群众反映强烈的中小学生课外负担过重问题。

2021年以来,从中央到地方,校外培训机构的整顿力度持续加大,治理的内容也在不断拓展。6月,市场监管总局集中公布一批校外培训机构虚假宣传、价格欺诈典型案例,对新东方、学而思、精锐教育、掌门1对1、华尔街英语等13家校外培训机构予以顶格罚款。加上此前5月市场监管总局对作业帮、猿辅导的查处,此次重点检查中,已有15家校外培训机构获顶格罚款3650万元。

地方治理也在密集展开。北京市在5月17日和18日连续两天深夜通报北京市校外培训机构存在的违规问题,共涉及27家培训机构(校区),查处的问题包含变相收费、擅自恢复线下课程、开展低价营销、贩卖焦虑等不当广告宣传、教学内容超标等。江苏省也开展了"全省校外培训机构收费专项整治行动",查处了明码标价不规范、价格欺诈等问题。重庆市对61家校外培训机构同时开展突击检查,发现32家校外培训机构存在56项违法违规行为。另外,西宁10所校外培训机构被取缔。

2021年2月,教育部党组书记、部长陈宝生在全国教育工作会议上讲话时表示,要大力度治理整顿校外培训机构,减轻学生和家庭负担,把学生从校外学科类补习中解放出来,把家长从送学陪学中解放出来。而中央对该项工作的最新定调,也提示教育培训机构会逐渐回归教育本身的定位。

5月,中央全面深化改革委员会第十九次会议审议通过《关于进一步减轻义务教育阶段学生作业负担和校外培训负担的意见》,会议强调,校外培训机构无序发展,"校内减负、校外增负"现象突出,要全面规范管理校外培训机构,坚持从严治理,对存在不符合资质、管理混乱、借机敛财、虚假宣传、与学校勾连牟利等问题的机构,要严肃查处。会议还指出,要明确培训机构收费标准,加强预收费监管,严禁随意资本化运作,不能让良心的行业变成逐利的产业。

(资料来源:郝成.教育部新设司级机构加强校外教培监管 中央深改委:严禁随意资本化运作[N/OL].中国经营报,(2021-06-18)[2022-11-04].http://www.cb.com.cn/index/show/zj/cv/cv135126151265.)

(五)新闻媒体对政策规划的影响

新闻媒体通过制造和传播社会舆论对政策方案规划的影响表现为:提高政策问题的认知程度;扩大政策诉求群体;形成强烈的政策舆论;扩大公众参与,可以改变行政系统内部信息传递渠道自上而下的单向性特点,从而实现信息在政府和民众之间的双向互动。

(六)专家学者和权威人士的影响

政策规划过程当中专家学者的作用也是不可忽视的,需要处理好政策方案规划过程中政治权力和科学分析的关系。两者不是相互对立,而是相互补充,科学分析成为政治权力运用的基础,利于科学的政策规划。科学家和政策规划者的新型伙伴关系,如开辟公共论坛、定期开展对话和交流,会对政策制定产生积极的影响。"在一个复杂的世界里,科学的建议是信息完备的政策制定过程中一种越来越必要的因素。因此科学家和科学研究机构应该把尽其所能提供独立的建议当作一项重要责任。"公共政策涉及的领域比较广泛,各门科学以及相关领域的权威人士都对政策规划起到相应的作用。

二、政策目标设定的复杂性

公共政策具有强烈的目标取向,它是政府借助政策所要达到的目的,是对未来某种理想状态的一种设计。政策如果没有目标,就是无的放矢。在《收容遣送办法》中对政策目标是这样描述的:"为了救济、教育和安置城市流浪乞讨人员,以维护城市社会秩序和安定团结,特制定本办法"。而《救助管理办法》中对政策目标是这样描述的:"为了对在城市生活无着的流浪、乞讨人员实行救助,保障其基本生活权益,完善社会救助制度,制定本办法"。

一般来说,具体的公共政策的目标是千差万别的,政策所要解决的公共问题的不同决定了公共政策不可能有完全一样的政策目标。但是,统观公共政策,却有一些最基本的或最一般的政策目标,这就是效率、公平与稳定发展。

效率是指资源的配置有效性,如果达到了帕累托最优,就达到了最高的效率。

公平一般有三种含义,既是指起点或机会的公平,也是指过程或规则的公平,同时又是指结果的公平。

稳定发展是一种可持续的发展,公共政策在追求效率与公平的同时,要考虑社会的可持续发展。那么如何兼顾效率、公平与稳定发展,就成为公共政策制定和规划过程中所面临的挑战。

此外,一个效果明显而非正义的政策往往会比一个无效的政策带来的后果更加惨重,因此,包含了特定价值取向的政策目标便显得尤为重要,它必须以维护、发展和实现公共利益为最终目的。公共政策目标的受益对象,即公共政策客体,包括政策问题和目标群体,由于他们自身的特征属性和利益倾向存在差异,同样会对政策过程产生影响。

(一) 从"事"的观点出发

公共政策的对象是公共政策问题,在任何一个社会,社会的实际状况和理想的目标状态之间的差距都会存在,这种差距是需要解决的各种社会问题。社会问题不一定有一个公共的性质。如果某个社会问题涉及个人或少数人的利益,往往不能形成社会关注的焦点,难以吸引广泛关注,也不会构成公众的问题。因此,公共政策问题是指导致更广泛的社会紧张局势的社会问题。然而,并非所有公共事务都必须通过公共政策解决。只有那些涉及相当数量社会成员的利益并且列入政府议程的社会问题才成为公共政策问题，成为公共政策的客体。换句话说，公共问题成为公共政策客体，必须具备两个条件：其一是社会问题必须得到大多数人的共识；其二是要在政府的职能范围内。总的来说，通过政策手段解决某一问题的公共政策问题，并由公共政策主体意识到时，该问题便成为一个公共政策问题。

随着人类活动范围的扩大，公共政策问题的范围也在不断扩大，从原始社会的氏族领土扩展到一个区域、国家，乃至整个世界和外部的空间。它们涉及许多全球性问题和跨边界问题，如核扩散、军备竞赛、人口增长、贫困问题、能源问题、环境污染、南北问题、难民问题、人权问题、民族和宗教冲突问题等。

（二）从"人"的观点出发

公共政策的对象是目标群体。所谓目标群体，就是那些受公共政策规范、管制、调节和制约的社会成员。

作为公共政策的客体的目标群体与公共政策主体之间是相互作用，并且在一定条件下会相互转化的。公共政策主体对公共政策问题的界定和解决问题的目标直接规定了目标群体的范围和性质，而目标群体并不是消极被动的，而是具有能动性，对公共政策主体起着反作用。另一方面，公共政策主体和客体在地位上具有相对性。公共政策主体在某些情况下可以作为客体而存在，公共政策客体也可以作为主体而存在。比如，国家公职人员在制定和执行某项具体政策时，是作为公共政策主体而存在的；而当他们在日常私人生活中受到该项政策的调控和制约时，他们是作为公共政策客体而存在的。公民作为国家主权的拥有者，当他（她）通过各种途径参与公共政策制定时，公民扮演着非官方参与者角色，而公民作为社会成员显然又是公共政策的客体。

人们在社会生产和生活中存在着各式各样的、错综复杂的关系，其中最基本的是利益关系。由于社会地位和社会分工的不同，人们对利益的诉求在性质和层次上存在着很大的差别。这些不同的利益诉求相互影响、碰撞和摩擦，从而产生了各种利益冲突和矛盾，它们可能发生在个人之间、个人与群体之间、群体与群体之间。公共政策所要调整和规范的对象就是具有不同性质的利益诉求的社会成员之间的关系。公共政策制定的根本目标是如何处理好具有全社会分享性的公共利益、具有组织（集团）分享性的共同利益和具有私人独享性的个人利益三者间的关系，实现这三种利益的和谐。

在公共政策的制定与执行中，目标群体的态度对于公共政策能否达到其预期目标有着重要的影响。公共政策问题能否解决，政策目标能否实现，并不仅仅取决于政策制定者和政策执行者的一厢情愿，目标群体理解、接受、遵从公共政策的程度是决定政策有效性的关键性因素之一。一般而言，目标群体对于某项公共政策的态度选择有两种形式，一是接受，二是不接受。进一步来说，接受又可划分为：完全接受和部分接受，积极接受和消极接受；不接受也可划分为：完全不接受和部分不接受，积极不接受（强烈反对）和消极不接受(不予合作)。从利益和成本的分担来看,一项政策如果能够使目标群体获得一定的利益,那么它就容易被目标群体所接受;反之,一项政策如果被目标群体视为对其利益的侵害和剥夺,那么它就很难得到目标群体的认可。当然,这仅是目标群体接受或不接受某项政策的一种分析。影响目标群体态度的因素有很多。有学者把目标群体顺服的原因归纳为政治社会化、政策合法化、成本利益衡量、顾全大局观念、基于私利、避免惩罚和情势变迁等,认为目标群体不接受政策的原因有价值观念冲突、同辈团体的社会化、传媒影响、追求目前利益、选择性认知不同和政策本身不妥等。

三、政策环境的不稳定性

公共政策环境是指影响公共政策发展的所有因素的总和,具有动态发展的显著特征。从系统论的角度来看,任何作用和影响公共政策的因素皆为公共政策环境。政策系统与政策环境相互作用,相互影响。从其关系来看,政策环境决定并制约政策体系,起着主导作用;政策体系反过来将改善和塑造政策环境。结合已有观点,可将政策环境划分为地理自然环境、经济环境、政治环境、社会文化环境、国际环境。

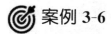 **案例 3-6**

杭州加强规划编制统筹,提升空间治理能力

国土空间规划是重要公共政策,是国土空间保护、开发、利用、修复和指导建设的重要依据。为贯彻落实国家、浙江省关于建立国土空间规划体系并监督实施有关要求,2019 年 9 月,杭州市委、市政府出台了《关于加强全市国土空间规划统筹管理的实施意见》(以下简称《实施意见》),紧扣"统筹管理"关键词,积极推进国土空间规划管理各项改革。在《实施意见》的指导下,杭州建立了面向全市的国土空间规划编制计划管理机制,依托杭州市"一地一码"业务协同平台实现规划编制全过程在线管理,不断提升空间治理能力和治理水平。

建立健全规划编制计划管理机制

2020 年 3 月,杭州市政府办公厅印发《关于对国土空间规划编制实行计划管理的通知》(以下简称《通知》),创新性地建立了面向全市的国土空间规划编制计划管理制度,明确了编制计划管理的目的和意义、管理范畴、计划制定程序、规划编制经费安排、计划执行管理等内容。按照《通知》有关要求,为规范专项规划编制管理,杭州市规划委员会办公室发布了《关于明确全市国土空间专项规划编制管理要求的通知》等文件,对专项规划编制主体、职责分工、编制和审查要求等作了细化规定,为进一步规范专项规划编制、报审等工作提供了良好的制度保障。

实现规划项目全过程平台化管理

"一地一码"平台下设的杭州市"多规合一"业务协同系统开发了"编制统筹"应用模块,为规划编制全过程管理提供技术支撑。立足杭州实际,提出了规划编制建议、确定编制计划、提出技术要求、提供基础数据、开展规划编制、开展技术审核、提交规划成果、审核规划成果、成果入库归档等"九个步骤",实现了规划编制"标准化"管理,出台了相关数据、规划成果标准等文件,系统全面地规范了编制过程和平台操作管理。同时,为强化分级分类统筹管理,开发了县(市、区)频道场景,为下辖各县(市、区)规划编制统筹管理工作提供支撑,力争实现"平台之外无规划"。

注重发挥市规委办职能,加大编制统筹协调

积极发挥杭州市规划委员会办公室在全市规划编制、重大项目协调论证中的作用,统筹做好全市规划编制、计划制订各项工作,及时发布规划编制计划项目清单,做好编制进度通报,督促编制主体按计划做好管理。编制主体组织规划设计单位基于统一的数据底板、规范的技术要求推进规划编制,保障编制计划管理制度落地见效。组建面向市级部门、县(市、区)的全市规划编制统筹管理联络员队伍,印发《规划编制统筹管理操作手册》,并通过"线上线下"相结合的方式加大编制管理业务培训,保障规划编制统筹工作的开展。

(资料来源:潇湘晨报.改革创新优秀案例①杭州:加强规划编制统筹,提升空间治理能力[EB/OL].(2021-01-23)[2022-11-04].https://baijiahao.baidu.com/s?id=16896057952820193638&wfr=spider&for=pc.)

(一)地理自然环境的影响

政策系统所处的地理位置和自然条件,包括土地面积、地形地貌、气候、自然资源等地理自然环境。地理自然环境是一个国家生产和发展的物质基础,是国家经济建设的立足点和出发点,为一个国家的发展在客观上起到基础性作用,地理自然环境和公共政策紧密相连,并且这个联系早已为人们所关注,例如,让·博丹和孟德斯鸠认为,气候条件影响着民族特性,以确定一个国家的法律和政策。美国前总统西奥多·罗斯福(Theodore Roosevelt)的对外政策深受阿尔弗雷德·塞耶·马汉(Alfred Thayer Mahan)的"海权论"的影响;哈尔福德·麦金德(Halford John Mackinder)的"大陆心脏说"则间接地为美国的战后政府实施"遏制战略"提供了理论基础;罗马俱乐部报告——《增长的极限》引起了各国政府的关注,如环境污染、人口增长等全球政策挑战。此外,由于自然条件在国家之间的客观差异,不同国家制定能源政策的情况会大有不同。如石油资源丰富的中东和水力资源丰富的美国,相对于两者均缺乏的国家或地区来说,考虑到国家利益和未来国际竞争,在制定本国能源政策之时,将有机地结合各自国内的实际情况。如上所述,地理自然环境作为政策环境的一个重要方面,直接或间接地影响着政策系统的存在。然而,我们不能过分夸大了政策系统中自然环境的限制,而忽略了政策系统本身的能动作用,否则会导致"地理环境决定论"的机械唯物主义。

(二)经济环境的影响

经济环境是多种经济因素的总和,对公共政策系统具有重要影响。它包括生产力的性质及结构、生产资料所有制形式、经济制度、经济结构、经济总量、经济体制等。社会经济基础决定上层建筑,上层建筑对经济基础具有反作用。这个马克思主义的基本原理说明了经济基础对公共政策的决定性影响。无论政策主体的性质如何,其决策目标、决策行为、决策体制、决策原则和决策方法都将受到经济环境的制约。主要表现在以下几个方面:

1. 经济环境影响公共政策主体的经济目标的方向。现代公共政策中,经济政策占主导地位。公共政策主体不能仅凭自己的主观意见对某些政策进行制定和实施,而必须是将特定时期的经济条件、经济资源分配、经济利益冲突等因素作为制定和实施经济政策的主要内容和基本依据,后者决定公共政策的经济目标取向。

2. 在运行时,经济环境为公共政策提供必要的资源。公共政策的制定、实施、评估和监测活动等都需要消耗一定的人力、财力、物力、权威、信息和其他资源。公共政策运行的实际资源不可能是无限的,其总的经济规模和经济实力存在限制。

3. 经济环境是公共政策的制定和实施的基本出发点。经济环境是人类社会生活最基础的环境,政策系统不能超越经济环境所提供的物质条件和要求。对经济资源存量进行科学合理的分配政策永远不能过度配置。与此同时,政策系统对存量资源的配置也不能脱离经济体制和经济制度的框架,否则势必引起经济制度和体制的反弹,延缓生产力和科学技术的发展以及生产关系的改善。

4. 从历史的发展来看,经济环境大致包括自然经济、计划经济、市场经济三种不同的经济形式。不同的经济形式对政策系统有不同的要求,而且间接地影响着政策导向、政策调整的范围、政策的运作以及政策质量。

(三)政治环境的影响

政治环境是指对政策系统的生存、发展与运行产生重要影响的所有实际和潜在的政治状态,包括一个国家或一个地区的政治体制、政治结构、政治文化和政治关系等。政治环境对公共政策具有重要影响,这种影响主要表现在以下几个方面:

1. 政治环境决定了公共政策的性质。政治系统的行为者是某个特定的阶层、阶级、政党、利益团体、非政府组织和公民等等。他们与公民之间的权利关系确定了政策系统的性质。

2. 政治环境决定了公共政策的民主化程度。政治生活的民主化是核心问题。体制以外的政策主体如果缺乏一个制度化的方式参与公共政策过程中,体制内主体与体制以外的良性互动缺乏,政策系统就会成为封闭的、独裁性质的系统。只有建立开放的、制度化的参与方式,使个人和团体参与公共政策,形成多元主体之间的良性互动,决策的民主化才可以实现。

3. 政治环境决定了公共政策合法化的程度。只有在一个具备健全的法律制度和司法独立、真正依法治国、依法行政的社会中,公共政策才可能在内容和形式上都取得合法化。在一个健全的法律环境内,合法化的公共政策才能得到有效实施。

(四) 社会文化环境的影响

社会文化环境是公共政策系统具有重要影响的社会条件和文化状况,包括区域和民族分布、人口规模、人口素质、性别和年龄比例、社会伦理道德、社会团体的职业结构等。社会文化环境对公共政策系统有以下重要影响:

1. 社会文化环境影响着公共政策系统的有效运行。教育、科技和文化比较发达的社会,公共政策系统运行的各环节都配备有高素质人才,其提供了所有现代科学技术和资讯条件,因而可以大大提高政策系统的运行效率。

2. 社会文化环境影响着公共政策系统运行的道德和心理状况。如果一个社会拥有优良传统道德,政策制定者和实施者具备正义感和责任意识,政策目标群体有良好的心理素质,那么政策系统便会运行相对平稳,摩擦较少。

(五) 国际环境的影响

国际环境,不仅包括全球政治、经济和文化演变的一般趋势、全球秩序和相应的规则,而且包括由国家、国际组织之间的竞争、合作和冲突而形成的具有相对稳定性的经济、政治、文化关系,并影响一个国家或地区的发展。国际环境在以下几个方面对政策系统产生影响。

1. 国际环境影响公共政策系统的价值选择。和平与发展已成为当今世界的主题,这个主题所要求的政治系统将集中注意力放在经济建设上。尤其是发展中国家,"发展才是硬道理",应利用稳定的国际环境优势,加快本国的经济发展,推进现代化建设。

2. 国际环境影响公共政策系统的参照系选择和目标选择。在全球化趋势的推动下,要求一个国家或地区的公共政策不能故步自封,要保持足够的开放性,与其他国家或地区的政策系统保持竞争与合作。政策系统之间的沟通和互动为评价政策系统的运行效能提供了一个新的参考框架,提供了相应的参考依据以确定公共政策的目标定位和手段选择。

3. 国际环境影响公共政策系统的性质。随着全球化、市场化、信息技术的发展加快,政策系统的范围和功能越来越多地发生改变,而且逐渐受到超国家系统、跨国家间系统的制约,政策的主体系统失去了决策部分政策问题的权利。

案例分析

房地产限购令

房地产作为国家的支柱性和先导产业,对国民经济的持续高速增长起着重要作用。近年来,我国房地产市场持续高速发展,但由于我国房地产市场发展相对不成熟,房地产投资过热、房价收入比过高、房价涨幅过快等问题逐渐暴露出来,不少城市出现了房价增长幅度与城市经济发展水平不相符合、与城市居民收入水平不相协调的现象。为此,我国政府出台了一系列的宏观调控政策,试图抑制房地产过快上涨,而"限购令"无疑是其中调控力度最强的政策,足以体现出中国政府打压房价,抑制房地产泡沫的决心。

(一)"限购令"的出台

我国于2010年出台"限购令",通过加大对购房者购房条件的限制来打击房地产行业的投机行为,控制房价过快增长。2010年4月17日,"新国十条"出台,其中第三条明确指出要实行更为严格的差别化住房信贷政策,要严格限制各种名目的炒房和投机性购房。条例指出,商品住房价格过高、上涨过快、供应紧张的地区,商业银行可根据风险状况,暂停发放购买第三套及以上住房贷款;对不能提供一年以上当地纳税证明或社会保险缴纳证明的非本地居民暂停发放购买住房贷款。地方人民政府可根据实际情况,采取临时性措施,在一定时期内限定购房套数。

"新国十条"出台后,各地根据其房地产现状陆续颁布"限购令"。2010年4月30日,北京出台"国十条"实施细则,率先规定"每户家庭只能新购一套商品房"。2010年9月29日国家多部门再次出台调控新措施,其后深圳、广州等多个城市陆续公布"限购令"。随后有上海、广州、天津、南京、杭州等16个一线城市推出限购政策。

2011年1月26日,国务院办公厅发布《关于进一步做好房地产市场调控工作有关问题的通知》。通知指出,各直辖市、计划单列市省会城市和房价过高、上涨过快的城市在一定时期内,要从严制定和执行住房限购措施。通知明确规定,原则上对已拥有一套住房的当地户籍居民家庭、能够提供当地一定年限纳税证明或社会保险缴纳证明的非当地户籍居民家庭,限购一套住房(含新建商品住房和二手住房);对已拥有两套及以上住房的当地户籍居民家庭、拥有一套及以上住房的非当地户籍居民家庭、无法提供一定年限当地纳税证明或社会保险缴纳证明的非当地户籍居民家庭,要暂停在本行政区域内向其售房。通知还指出,已采取住房限购措施的城市,凡与本通知要求不符的,要立即调整完善相关实施细则,并加强对购房人资格的审核工作,确保政策落实到位。尚未采取住房限购措施的直辖市、计划单列市、省会城市和房价过高、上涨过快的城市,要在2月中旬之前出台住房限购实施细则。其他城市也要根据本地房地产市场出现的新情况,适时出台住房限购措施。

2011年8月17日,住建部下发二三线城市限购标准。12月,住建部知会地方政府,对于限购政策将于2011年年底到期的城市,地方政府需在到期之后对限购政策进行延续。12月12日国务院总理温家宝主持召开国务院常务议,分析当前房地产市场形势,研究部署继续加强调控工作。会议在住房限购措施方面还提出新的要求:已实施住房限购措施的城市要继续严格执行相关政策,房价上涨过快的二三线城市也要采取必要的限购措施。这意味着"限购令"政策将在中国继续实施,并且实施的范围将继续扩大。

据《法制晚报》记者统计,截至2011年12月20日,全国共有48个城市实行了限购政策。对于各地出台的"限购令",一些专家及业内人士对其效果也存在着广泛争议。

(二)"限购令"出台后的效果

一方面,"限购令"出台后对各城市的成交量和成交价格均有明显的影响,房价同比和环比涨幅均得到不同程度的遏制,限购政策取得了阶段性成效。据2011年11月份的统计数据显示,作为行业温度计的全国房地产开发景气指数为99.87,首次跌破100。同时,国家统计局公布的数据显示,2011年11月份70个大中城市新建商品住宅方面,环比价格下降的城市有49个,持平的城市有16个,仅有5个城市新建商品住宅价格环比上涨,且涨幅均未超过0.2%。从房地产行业的房价、销量等先行指标来看,中国房地产行业增速开始减缓,房价已经开始显现波动回落。经济学家张智威表示,目前国内的房地产行业已经到达一个拐点,未来几个月商品房投资将会迅速放缓。

从新房开工和土地购买量来看,2011年10月份以来,开工量出现骤降的趋势,2012年第一季度保障房开工量很可能不是很高,虽然保障房建设能够抵消部分商品房投资的疲软,但是也无法逆转房地产投资的下行趋势。而据中国社会科学院发布的《中国住房发展报告(2011—2012)》称,"全国房地产价格上涨的势头已经得到遏制,部分地区的房价开始下滑,限购起到了很重要的作用。"同时"限购对购房需求产生了较大的影响,尤其是投资性异地购房,房地产去投资化的政策导向十分明确"。另一方面"限购令"的实施也使得各地方政房地产税贡献率有所下降,导致了财政收入的直接缩水。以浙江省和河南省为例,2010年上半年浙江房地产行业的税收收入增长82%,对地方财政的贡献率达到63.7%。而根据浙江省人大常委会二十六次会议公布的信息,2011年上半年4月、5月、6月,浙江房地产营业税环比分别下降17%、16%、8.1%。浙江省房地产对地方财政的收入增长贡献已经下滑至27.9%。与此类似,2011年9月14日,河南省国税局发布8月份税收数据:全省国税部门共组织税收100.25亿元,同比增长13.8%,增收12.14亿元,受"限购令"的影响,房地产行业的税收下降了27%。

当然,"限购令"对房地产税的影响不单单局限于浙江、河南两省,几乎所有出台并实施"限购"的省份都受到了影响。如图3-4所示,以2010年为时间节点,2005—2010年北京、天津、上海、重庆、深圳五座城市的房价涨幅均较大,其中北京与深圳涨幅更为明显,但在2010年之后的五年时间里,明显可以看到城市房价受到"限购令"的影响,逐渐趋于平稳。

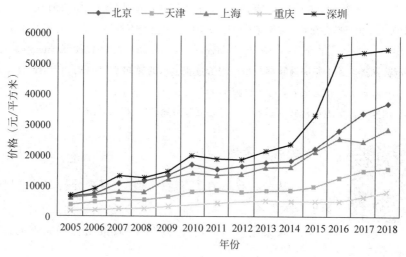

图 3-4 2005—2018 年热门城市住宅类商品房价格变动趋势图

(三)"限购令"出台后社会各界的评价

1. 政府权威人士:"限购令"应该延续

据中国之声《全国新闻联播》报道,目前的购房比例,刚性自住型的占到 90%,调控还处在一个关键的时期,基数还不是很稳固,限购应是不放松不动摇的。同时为了避免未来房地产泡沫的突然破裂构成对中国经济的较大冲击,"限购令"必将继续在中国实施。尽管当前房地产调控的行政干预色彩较浓,但这样做也是一个合理选择,因为这将有助于有效遏制房价过快上涨,逐步消化历年来已经积累的较大房地产泡沫。

易居房地产研究院综合研究部部长杨红旭在接受媒体采访时说,从调控手段分析,限购属于行政命令,在投资投机者大量购房的现实条件下,暂停购房能起到立竿见影的效果。他预言,未来半年出台"限购令"的城市的房价将会趋于稳定,部分城市楼市甚至"急剧降温"。

2. 业内人士:"限购令"效果有限

而业内人士则多选择质疑"限购令"效果。他们认为,限购不可能作为一项长期的基本住房制度,仅仅是临时性的行政手段干预楼市的政策。同时他们指出有些人担心取消限购令会导致房价出现报复性反弹的想法是多余的,只要房贷和限价及货币政策等政策继续收紧,即使不再执行限购政策,房价也不可能暴涨。

中国工商联住宅业商会会长聂梅生认为,限购是调控政策的一柄"双刃剑",只能作为暂时性的过渡政策。"需求并没有消失,限购就像闸门一样暂时拦住了洪水,但水位会越来越高,特别是在流动性充裕、CPI 上涨的局面下。"她表示,"限购令"实施必须辅以必要的配套举措,比如切实加大供应,进行长期制度变革,才能真正取得成效,否则只能成为市场的巨大隐患。

同时房地产商潘石屹认为房价上涨的关键原因是供求关系。限购政策的出台并不能真正解决这一问题,应该选择长期政策来解决"房控问题"这一长期问题。

资料来源:1. 国务院办公厅.国务院办公厅关于促进房地产市场平稳健康发展的通知.[EB/OL].(2010-01-12)[2022-11-04]. http://www.gov.cn/zhengce/content/2010/01/12/content_4647.htm.

2. 国务院.国务院关于坚决遏制部分城市房价过快上涨的通知.[EB/OL].(2010-04-17)[2022-11-04]. http://www.gov.cn/zhengce/content/2010/04/17/content_4639.htm.

3. 刘旦.限购令对房地产价格的影响分析[J].上海房地,2011(01):13-15.

即练即测

案例思考题

1. 从公共政策的动态运行过程角度来分析房地产"限购令"政策出台的原因。

2. 政策主体在房地产"限购令"政策出台和完善的过程中如何发挥作用?

 思考与练习题

1. 政策规划的含义包含哪些内容?政策规划过程中应遵循哪些原则?
2. 什么是公共政策目标?在确定公共政策目标时应考虑哪些价值因素?
3. 简述确定政策目标的途径与方法。
4. 政策方案规划的经济标准和非经济标准分别指的是什么?
5. 政策合法化的内涵包括哪些内容?政策合法化有哪些程序?
6. 论述政策规划的影响因素。

参 考 文 献

[1] 陈刚.公共政策学[M].武汉:武汉大学出版社,2014.
[2] 谭开翠.现代公共政策导论[M].北京:中国书籍出版社,2015.
[3] 黄维民,慕怀琴.公共政策学——理论与实践[M].西安:西安电子科技大学出版社,2013.
[4] 王春城,赵小兰.公共政策规划中的伦理失范与治理[J].国家行政学院学报,2015(06):51-55.
[5] 胡宁生.公共政策学:研究、分析和管理[M].南京:南京大学出版社,2016.
[6] 赵艳霞.公共政策分析[M].哈尔滨:哈尔滨工程大学出版社,2017.
[7] 李勇军,周慧萍.公共政策[M].杭州:浙江大学出版社,2013.
[8] 张国庆.公共政策分析[M].上海:复旦大学出版社,2014.
[9] 王骚.公共政策学[M].天津:天津大学出版社,2018.
[10] 宁骚.公共政策学(第二版)[M].北京:高等教育出版社,2015.
[11] 钱洁,张勤.低碳经济转型与我国低碳政策规划的系统分析[J].中国软科学,2011(4):22-28+21.
[12] 卡尔·帕顿,大卫·沙维奇.公共政策分析和规划的初步方法(第二版)[M].北京:华夏出版社,2002.

[13] 詹姆斯·E.安德森.公共决策[M].北京：华夏出版社,1990.
[14] 威廉·N.邓恩.公共政策分析导论[M].北京：中国人民大学出版社,2001.
[15] 黄健荣,向玉琼.论政策移植与政策创新[J].浙江大学学报(人文社会科学版),2009,39(2)：35-42.
[16] 陈潭.浅论政策合法化与政策法律化[J].行政与法,2001(1)：53-55.
[17] 陈庆云.公共政策分析[M].第二版.北京：北京大学出版社,2016.
[18] 朱春奎.公共政策学[M].北京：清华大学出版社,2016.
[19] 朱旭峰.中国社会政策变迁中的专家参与模式研究[J].社会学研究,2011,25(2)：1-27,243.
[20] 王洛忠.我国转型期公共政策过程中的公民参与研究——一种利益分析的视角[J].中国行政管理,2005(8)：86-88.
[21] 张会平,吴帅磊,汤志伟.政策制定过程中不同层次网络参与行为的影响因素研究[J].电子政务,2017(1)：50-58.
[22] 吴江,魏东,汪艳霞.公共政策学[M].北京：科学出版社,2017.

第四章 政策模型

 引例

能源短缺、环境污染、气候变化是世界关注的焦点问题。低碳经济正是国际社会为应对气候变化,促进可持续发展所提出的新的发展思路。作为发展中的大国,我国不仅中央政府高度重视,将低碳减排纳入国民经济和社会发展中长期规划,而且各级地方政府也积极进行政策和制度创新,在温室气体减排和促进低碳经济发展方面取得了显著成果。

在城市低碳发展激励政策制定的过程中,专家、地方政治领导人、行政官僚是起决定作用的三类主体。专家了解低碳经济发展的前沿,了解低碳技术及收益成本,凭借其专业的话语权,成为政策的倡导者和发起者。以地方领导人为代表的政治精英,出于政治人物所特有的敏感和远见,认识到低碳经济对于城市未来发展的重要性,成为城市低碳政策的有力推动者。正是通过他们的提议,温室效应和低碳减排问题才有可能直接进入政策议程,低碳经济才能纳入城市发展战略。进入政策议程后,制定政策成为行政官僚的权力范畴,参与低碳政策制定的各个部门负责人是低碳激励政策的直接制定者。在城市发展激励政策的决策中也会体现决策的民主。在方案形成的过程中,参与政策制定的多方主体要通过多种方式,包括调研、访谈和座谈会等,了解低碳经济的相关信息,考察西方国家发展低碳经济的政策实践,总结和吸取国内其他城市的经验和教训,经过反复论证和协商,最后形成政策方案报告提交审查通过。

(资料来源:操小娟,李和中.我国城市低碳发展激励政策的决策模型及案例分析[J].科技进步与对策,2011,(11).)

在政策系统中,政策运行是否通畅,政策效果的好坏,取决于政策系统内各要素的联系是否得当。政策模型的构建是一个复杂的过程,还需考虑其他因素,影响方式又是什么?这些都是我们在政策模型学习中的重要方面。

第一节 政策模型概述

由于对政策本质的理解不同,各个学者从不同的角度对公共政策的过程提出不同的见解,由此形成了各种各样的政策模型。在对各类公共政策模型进行细致介绍之前,我们首先需要对政策模型有个大致了解。

一、政策模型的应用

(一) 模型及其认识论意义

简单来讲,模型就是现实世界部分化、序列化、简单化或抽象化的代表。它是认识主体为一定的认识目的,依据相似性原则而构造出来的抽象系统,以代表作为研究对象的真实系统即实际存在的实物。如现实生活中大家所熟知的建筑模型、飞机模型、汽车模型等。但这仅是模型中的一部分,是对实物的抽象,即实物模型。此外,还有模型是用来表示现实实物的想象化特征的意识形式,如符号、数字、概念、图表等。模型包含着人的经验、直觉以及创造力,可以帮助人们解释和预测复杂多变的现实世界。

具体来看,模型的认识论意义表现在:第一,由于模型与原型具有相似性,也就是说,模型的性能必须尽可能准确的表示原型,且原则上必须对应原型的某些特征,所以就有可能通过解释模型而认识原型的某些本质规定性,对被构模的实物的运行结果和发展趋势做出有效预测。简而言之,模型能启发思考并具有预测性。第二,模型是进行科学抽象的科学工具。由于模型的特征是只反映客观现实世界中某一局部问题,由与该问题有关主要因素构成,表示各种因素之间的逻辑关系和定量关系,因此模型能够使人们从某一特定的视角发现万象纷繁的现实实物的奥秘并发现其运动规律,从而使研究对象的本质特征得以凸显,形成抽象认识。第三,模型是研究过程中资料搜集和经验观察的指南。模型具有指引人们进行经验观察、资料检索和搜集以及组合分散的资料、进行资料筛选的作用。第四,模型的选择决定对被观察对象进行解释的路线和方向。模型是一种分析工具。为了对复杂的现象进行最好地解释,就需要使用模型。引入模型就是为了找到适当以至最适当的解释。总而言之,模型是一种研究指南,模型提供的系统的思维方式是研究者不可或缺的工具。

(二) 政策分析中的模型应用

自从哈罗德·拉斯韦尔(Harold Dwight Lasswell)提出政策取向的研究、倡导政策科学以来,如何对政策进行科学研究,一直是公共政策学者面临的重大挑战(Laswell,1951)。对于何谓社会科学中的"科学",加里·金、罗伯特·基欧汉和悉尼·维巴提出了科学研究的四个标准:目标是推理,程序公开,结论不确定,内容是方法。(King, Keohane & Verba,1994)在这四个标准中,推理和方法又显得尤其重要,前者强调寻找因果关系,实现因果推理;后者则是重视推理规则和方法,它们是科学性的保证。而在进行因果推理中,模型发挥着重要作用,模型是有关因果推理和因果关系一种构想。复杂的政策世界,更需要模型化的思考与探索。

我们在政策的研究中运用的模型是概念性的模型,也被称为理论模型,是描述性的模型与语句模型的综合形式。概念模型是公共政策研究者为了帮助人们理解和描述公共政策产生的原因,认识和分析其社会的效果,思考和预测未来的社会发展的过程中更好的公共政策而不断总结出来的一个重要方法。一般来说,概念模型的基本任务不在于具体应用于实际的公共政策分析中,而在于描述社会政治现象,分析政府的政策行为,查明政策问题的主要方面,建立公共政策的基本理念和公共政策的分析框架,以便确立按重要性排列的政策问题顺序来指导人们更好地理解公共政策,从而增进入与人之间的相互沟通。托马斯·R.戴伊(Thomas R. Dye)认为模型可用于政策研究中的以下方面:第一,简化并澄清我们对政治和公共政策的思考。第二,识别政策问题的重要方面。第三,通过关注政治生活的主要特征,促进我们相互之间的沟通。第四,指导我们更好地理解公共政策,鉴别重要与不重要的方面。第五,解释公共政策并预测其结果。美国学者盖斯(Saul I. Gass)认为"政策模型是对问题情势的选定方面的简化表达,这一问题情势是为特定的目的而构建的"。由此可知,政策模型是政治学家和政策科学研究者为了更好地帮助人们理解和解释政治生活,思考公共政策产生的原因和社会效果以及预测社会未来发展和改进政策系统的结构与功能而不断总结出来的。

但在政策研究的过程中,对模型的应用应当有正确的认识。它是一种分析工具,有优点也有缺点,而且并不是所有的政策分析都适合使用模型。在政策分析中,政策模型具有多方面的性质或特征:第一,政策分析所使用的模型是带有主观性的客观映像。它不是客观的公共政策本身,它只是利用符号和概念的集合从实际繁杂的公共政策关系中挑出某些最为重要的因素、关系,并按照其内在逻辑关系做出的抽象、简化与模拟。因此,在政策模型的构建中,决策者的经验、非理性的直觉起着很大的作用。但这一过程并不是随心所欲的,而是以某种客观的公共政策作为反映客体。政策模型与客观真实的公共政策之间具有对应关系。但政策模型总要比实际运行的公共政策简单得多。第二,政策模型包含理论与方法的变量关系。任何公共政策模型都是以一定的理论作为基础的。其中主要包括了哲学理论、系统理论、因果理论等。任何政策也包含了一定的方法,既有理性的方法,也有非理性的方法。非理性的方法就包括经验的因素与直觉的因素。比如很多成功的政策模型就是直接运用了决策者丰富的经验做出的评判。因此,成功的公共政策模型,或者是由实践经验的决策者构建的,或者是由专家学者在总结他人的经验的基础上建立起来的。在模型建立过程中,既要使用定量的方法,也需要定性的方法。在辅助工具上,历史上有些成功的政策模型是使用弹簧、硬纸板建立起来的,也不一定必须使用计算机。第三,政策模型是指导决策的简化工具。政策模型通常是与决策无关的一组专业人员制作的,目的是帮助政策制定者与分析者从繁杂的现象与各种利益冲突中选择更好的行动建议。公共政策模型提供的不是单纯的数学公式或者方程,而是借助数字、符号表示政策过程各种客观因素的关系。只有理解了数字、符号等背后的真实关系,人们才能够去行动。一项成功决策从来不只归结于简单而完善的模型。因为决策的事实依靠的是从对这个模型的理解中转换出来的实际、有效的行动方案。政策模型能够让决策者在使用时思考和分析问题的能力得到延伸。所以既不能将公共政策模型看成从许多方案清单中有意点选出来的"最优化"的解,将构建模型视为最科学的方法,也不能将模型看得一文不值,似乎构建模型是一种浪费与摆设。政策模型只是最终达到决策过程中许多投入中的一种投入。第四,构建模型的过程实际上就是一个相互沟通的过程。在政策分析中,存在着决策者、模型建构者与政策模型本身三方面的沟通问题。同时模型的建构者与决策者之间存在相互理解和相互不理解两种情况。一旦二者之间产生了不理解,就应当采取必要的方法,进行说服、交流,以达到相互间的理解、配合。如果说服、交流失败,双方只能是各做各的,从而会影响政策模型的效应。

二、政策模型的构建

(一)政策模型有效性的评判标准

现实中,并不是任何情况都适合使用模型的,也存在不宜使用模型的场合。主要有:有些决策本身很简单,因素较少,不值得使用模型;有些决策很急,没有充裕的时间供政策分析人员构建模型,因而也不适宜使用模型;政策过程中的因素大部分无法量化,决策中定性的因素占主导地位,从而无法构建模型;政策制定与政策执行的组织缺少使用政策模型的思想基础,因此无法在政策分析中构建模型。除上述之外,为实现模型构建的有效性,还需遵循以下评判标准。

1. 排列简化现实。政策模型的有效性首先依赖于它对现实政治生活进行序化和简化的能力。序化即厘清关系,能够使真实世界中错综复杂的关系建立逻辑上的联系;简化即变复杂为简单,能够帮助人们清楚地理解那些难以琢磨的复杂现象。当然,如果一种模型过于复杂或者空泛地覆盖了过多的内容,会给我们的理解带来很大的困难,甚至无法得到有效利用;但如果一种模型过于简单或狭隘,仅仅对表象进行了概括,忽略了那些关键的因素,那么我们就不可能用其解释真实的世界。

2. 认定重要层面。政策模型的有效性还与其概括政治生活中重要内容的能力有关。好的模型应该能够抓住主要矛盾,把人们的注意力从哪些不重要的因素引到真正重要的因素上来。使人们更多地关注公共政策的真实起因和重要结果。当然,什么是真实的?什么是虚假的?什么是相关的?什么是不相关的?什么是重要的?什么是表象的?什么是深层的?要回答这些问题不可避免地会涉及人的知识水平和价值判断。因而,出现多种不同的回答也是非常正常的现象。

3. 符合社会现实。一般而言,政策模型应该与客观现实具有一定联系性。即从经验的角度来看,它应该具有真正意义上的指涉对象,以现实生活为重要参考依据。对于完全脱离实际的、没有经验依据的主观模型，人们在使用时会感到茫然或不知所措。但任何事情不是绝对的。当出现"不真实"的理念时，我们也不能草率地放弃。因为它们往往发挥重要的启示作用，使我们思考为什么它们是"不真实"的。如没有人认为政府决策是完全理性的，公共政策能够使社会的成本最小化、社会收益最大化。但这种理性决策的思路还是具有价值的，会使我们探讨政策决策的非理性程度及原因。

4. 提供有意义的沟通。政策模型往往借助概念进行抽象，而这些概念在沟通中应该具有实质性并形成较为一致的看法，否则政策模型的有效性将大打折扣。没有共识就难以沟通。如"精英"这个概念，一部分人降至定义为民选产生的政府官员，他们能够代表大多数公众的利益；而另一部分人则认为"精英"指少数社会上层人物，他们根本不是公众的代表，相反，他们只是根据自己的个人偏好为社会制定政策。

5. 指导调查与研究。一个政策模型应该具有一定的可操作性，应该有助于对公共政策进行实证的分析。从某种意义上来讲，它应该指向和涉及现实生活中那些能够被观察到的、可以进行测量的、能够被加以证实的客观印象。一个概念或一系列概念（我们称之为概念模型）所揭示的内容应该能够在现实的世界中得到检验和证实。如果我们没有办法在政策实践中对此进行证实或证伪，那么它的有效性就很值得怀疑。

6. 提出合理的解释。一个政策模型就应该对公共政策提出一定的解释，而不是只对公共政策及其过程进行简单的描述；它应该对公共政策的原因和结果提出一定的解释，而不是仅仅盯住客观存在的经验数据。它源于现实又超出现实。毫无疑问，一个解释性模型总是比描述性模型更具有研究和应用价值。

（二）政策模型构建的方法

模型的构建不是一个枯燥乏味的过程，而是一个相当富有创造力的科学互动，是一个不断重复的、有适应性的合理程序。通过这个程序，人们可以从知之甚少的状态过渡到知之较多的状态，这个程序在公共政策中起着非常重要的作用，因而这个程序可能是一种艺术，但绝不是一种技巧。政策模型构建的方法要从理论开发和可操作性方法谈起。

理论开发就是理论构建，指的是一组逻辑相关性的命题的产生。理论开发一般采取两个基本路径：归纳与演绎。归纳路径以归纳方法来拓展理论的内涵，即从观察具体的现象开始，从个别到一般，衍生出最终能够形成理论的规律性认识。换言之，遵循这一路径，理论产生于大量的经验研究所证明的各种事实的积累，这些事实被综合成为一套连环的和更为抽象的命题。演绎路径以演绎的方式来拓展理论的内涵，即从某一基本原理或假设开始，衍生出一组更为复杂、更贴切解释对象的命题（其中的一些命题是可证伪的），然后用这些命题去分析具体的事物，分析的结论最终有可能形成新的理论。

对于可操作的方法，阔德认为政策模型的构建可以采取两种方法：一种是优先考虑模型的有效性，这就要求在建模时必须对政策环境的各个主要变量有足够的认识与把握;另外一种是将模型的相关性和贴切性放在首位,这就要求在建模时要尽量抓住原型的特征,省略次要因素。有些学者提出了政策模型构建的步骤,如格林伯格认为建模的过程包括:①理论。首先要建立观察显示的政策过程的参照系统(reference system),经过分析,建立假设。②资料。通过资料可以检验第一步建立起来的参照系统和假设是否成立或是否需要改进。③方法。主要是指模型应用中要使用的操作性方法和检测方法。

(三) 政策模型的分类

政策模型的种类繁多,按照其使用方法可分为描述模型、规范模型、语句模型、符号模型和程序模型;按照变量标准可分为确定模型、概率模型;按分析对象分为过程模型、状态变量模型和时间模型等。在政策科学研究中,模型与方法没有严格区分的必要,许多分析方法本身也就是不同的分析模型。国内学者按照不同的学科取向,将模型分为揭示认识论本质的理论模型和揭示社会本质的理论模型两种:揭示认识论本质的政策模型主要是在管理学的二级学科决策科学中建构起来的,注重于反映和解释政策过程的认识论本质,这类模型包括理性主义模型、渐进决策模型、规范最佳模型、混合扫描模型、政治系统模型等;揭示社会本质的政策过程模型与政治科学有若干密切的联系,注重反映和解释政策过程的社会本质,这类模型包括制度模型、集团模型、精英模型等,侧重从公共政策与各种社会因素的联系上去建构政策模型。不同的分类以公共政策的制定与实施对象为对象,其实有许多重合之处。不同分类标准仅仅是反映了研究者的着眼点、分析方法的差异。我们认为,可将政策模型分为三类:理性型政策模型、政治型政策模型和系统型政策模型。本章中,将对这三类政策模型的各个重要的政策理论模型逐一进行介绍。

第二节 基于理性探讨的政策模型

在西方哲学的认识论和方法论发展的历史上,20世纪20年代以后,发生了两次大的转变:第一次是理性主义的主导地位被逻辑实证主义所取代,第二次是包括后实证主义在内的后现代主义的崛起及其对逻辑实证主义的主导地位的强烈冲击。西方哲学的认识论和方法论的发展轨迹,给政策过程理论模型的构建打上了深深的烙印:从理性主义占主导地位的完全理性模型,到逻辑实证主义占主导地位的有限理性模型、渐进主义(渐进调适)模型、规范最佳模型、混合扫描模型,再到随着后实证主义的崛起而形成的垃圾桶模型。

一、理性主义模型:决策者目标追求

理性主义模型是从经济角度出发,决策者遵循政策资源投入和政策目标最佳化及政

策效益达到最大化的原则,依据完整而综合的信息,使用最优最适当的手段选择最优方案。由这样的一组假设构成的一个分析路径,就是理性决策模型或者决策的理性主义模型。理性主义模型经历了从传统的完全理性模型到有限理性模型或满意决策模型的过程。

(一)完全理性模型:追求决策最优解

1. 理性基本含义

理性通常解释为合理、有理,它与感性相对,是指人从理智上控制行为的能力,并以共识性标准为前提。对于人类理性的界定,可以追溯到14世纪欧洲文艺复兴时期。欧洲文艺复兴在彻底批判中世纪宗教蒙昧主义的同时,提出了人道主义思想,主张科学、理性。与宗教统治下"神"与"上帝"所带来的蒙昧相比,正像莎士比亚(William Shakespeare)赞美的那样,人是"宇宙的精华、万物的灵长",是科学理性的化身。这种意识形态领域的革命,引起了西方社会各个领域的变化,为理性研究奠定了思想基础,学者们也开始系统地分析人类理性的作用和体现。

西方理性分析理论最早产生于经济领域,其创始人是古典经济学家亚当·斯密(Adam Smith)。亚当·斯密在其经典著作《国富论》中,从科学、理性的角度分析了社会经济问题,认为国家经济政策的主要目的就是追求国民收入的最大化和追求社会产业的最大化。以杰里米·边沁(Jeremy Bentham)、约翰·史都华·密尔(John Stuart Mill)为代表的"功利主义"者们在亚当·斯密理论的基础上,提出了"经济人"的分析理论。这种理论认为,人从事经济活动的目的是追求利润的最大化。为了获取最大化的利益,人可以搜集所有必要的信息资料,并且在边际效益与边际成本相等的点上决定生产量和生产价格。因此,理性是人类从事经济活动的主要因素。人是具有"全知理性"的"经济人"。

第二次世界大战以后,随着科学技术与生产力的发展,尤其是系统科学与管理科学的出现,经济领域的理性分析也就进一步扩展到非经济领域。许多政治学家开始运用这一方法研究社会政治,分析公共政策,从而产生了公共政策的理性分析角度。美国学者卡尔逊在《公共开支的分析和评估》中曾经明确指出,由于政府可以运用的资源十分有限,而现代社会中人们对政府施政的要求又是无穷无尽的,法律、道德、义务与过去的决策者所做的承诺只有少部分能够通过政府的预算拨款来实现,因此预算过程必须确保公共资金的有效配置,确保高效率的实现国民优先提出的发展目标。所有这一切,都要求政府的决策必须理性化。只有实现公共决策的理性化,才能确保政府以最高效率达到最佳分配。政府的财政收支和公共经济的效率要求公共政策必须以最小的资源投入获取最大的政策收益,而达到这一目标的手段之一就是公共政策的理性分析。

2. 完全理性模型内容

完全理性模型假设人类是完全理性的,即认为人的理性不受时空限制,只要发挥主观能动性,就可以设计最佳的设计方案并实现所期望的政策目标。这一模型所说的"最佳"实际上指的是经济角度的最佳,即相同效益下政策成本最小或是相同成本之下政策效益达到最大。如假定 A、B、C、D 政策方案穷尽了备选方案的可能性,图 4-1 中的折线给出了四种方案的政策成本和政策收益。从政策方案 A、B、C、D 的不同收益比较看来,D>C=B>A,方案 D 应该中选。但是,由于高收益需要付出高成本,所以还需要进行方案各自的成本效益比较。从方案各自的成本收益比较来看,方案 D 成本>收益,方案 C 成本=收益,方案 A 成本<收益,方案 B 成本<收益,因此方案 A、B 应该再进行比较选优。在收益大于成本的前提下,方案 A 收益<方案 B 收益,因此可以确定方案 B 为理性最佳政策方案。方案 B 的收益值虽然小于方案 C 和方案 D 的收益值,但是从各自成本效益来看,方案 B 在既定成本水平上达到了最大收益,实现了最高效率。

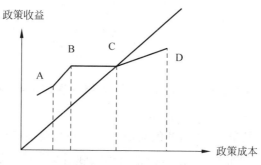

图 4-1 理性最佳方案的选取

(资料来源:王骚.公共政策学[M].天津:天津大学出版社,2010:272)

从图 4-1 可以看出,该模型将理性人赋予以下特征:①对社会各种价值偏好及其所具有的重要性了如指掌,能在各种可能的选择中排出优先次序;②掌握所有可能的政策方案;③洞悉每一政策方案的可能后果,并对每一方案的成本与效益都有清楚的计算;④能依据各个政策方案的价值、优缺点、重要性排列出它们的优先次序;⑤最后,能选择出最能解决问题且花费最少的政策方案。而模型分析的问题需具有以下特点:①决策者面临的是一个既定的问题,这一问题可以同其他问题相区别,或至少与其他问题相比显得更加重要;②解决的问题的目标应是单一和清晰的。如果不是单一的,那么各目标或价值应是明确的,而且可以按照其重要性程度排列;③解决问题的决策行为是个体或整体行为,而非群体行为,因为群体行为易产生价值和最优方案方面的分歧;④与问题相关的信息是可能被把握的。或者,在决策过程中相关的信息是稳定的。

一般说来,完全理性的决策过程包括 6 个阶段,如图 4-2 所示。

3. 完全理性模型的评价

没有理性化就谈不上科学决策。完全理性模型的突出优点就在于从完全理性的视角,规定了从资料收集、目标的确定、方案的研拟与择优、决策的形成这一具有逻辑一致性的决策流程,从而有利于选择达到政策的最有效的方法。然而,社会现实不等同理论

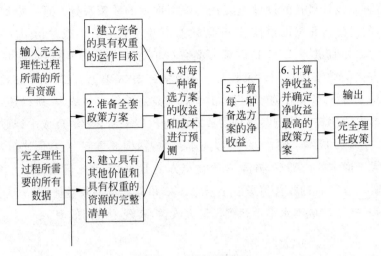

图 4-2　完全理性模型

(资料来源：托马斯·戴伊.理解公共政策[M].北京：中国人民大学出版社,2005：18)

假设,完全理性模型由于其前提假设存在问题,人们发现政策实践中的诸多现象都难以用它来做解释。

第一,决策目标不是单一、明确和绝对的,而是多元、模糊和相对的。传统经济学理论把企业的目标视同于企业家的目标,但企业的实际目标反映了其成员错综复杂的、相互矛盾的利益追求,是一种多元化的表现。而在公共部门和政府机构里,目标多元化的特征就表现得更明显。如物价飞涨,公众要求政府予以解决时,政府部门就要对原因进行分析,是公众要求过分还是物质生产和供应服务不足,是垄断公司的幕后操作还是通胀心理引起的连锁反应,还是上述原因兼而有之。因此,找出通胀的诱因可能是很困难的,这无疑会影响到决策的确定,所以大多数情况下目标并不是绝对的而是相对的。

第二,人们存在理性缺陷,其行为往往受制于个人偏好和性格,进而影响到决策目标的确定。假定你是个篮球迷,有人送给你一张免费球票,而那晚恰巧来了场暴风雪,驾车去看比赛十分危险,去还是不去？再假如,同样的球票和暴风雪,但是自己花 500 元买的球票,去还是不去呢？行为学的研究结论是：自己花钱买球票的人通常会冒险前去观看比赛。因为人们多具有"成本陷入倾向"和"损失厌恶倾向",通常会把损失看得比收益更重要——花钱了最好不要浪费,而不会过多考虑结果,这完全就是非理性因素在起作用。

第三,人处理信息的能力具有有限性。即人对信息的感知能力和记忆能力具有有限性,人的感知能力对大脑处理信息的容量具有限定作用,其感知是有选择的。心理学的试验结论是：人的视野中存在的东西能被同时接收并形成印象大约为 1/70。记忆分为机械式记忆和联想式记忆,电脑主要依赖前者,而人脑主要依赖后者。

第四,决策所面临的情况往往是价值冲突而非价值一致。西蒙等人曾对 23 名参加专业培训的企业管理人员进行了测试,让他们阅读某公司经营材料并分析其主要问题,结果发现他们的判断差异很大。现代系统论的创始人贝塔朗菲认为:同一张桌子,化学家看是物质有机成分的组合;在生物学家看来是细胞的复合体;在艺术家看来是某种艺术风格的体现;等等。因为人们认识事物的出发点和角度不同,对问题的判断就会有很大的差别。

第五,决策是受到时间、人力、物力、财力等资源条件的限制的。决策要讲究时效性和经济性,"机不可失,时不再来"就是这个道理。经济性指政策制定要力求以最小的代价获取最大的效益。如制定某项政策需要实际调查,其调查规模越大、程度越深、获取信息越充分,对决策就越有帮助。但也绝不能不计成本实施调查,要权衡得失。

(二) 有限理性模型:追求决策满意解

1. 有限理性的内容

在批评理性分析模式的基础上,赫伯特·西蒙(HerbertASimon)在《现代决策理论的基石》《行政行为》等代表作提出了有限理性主义。他认为,决策者事实上不可能具备全部有关的信息资料,而往往是在掌握一定资料的情况下便开始规划政策。另外,排列所有可能方案一是成本太高,二是不可能做到。因此,现实中的决策者一般会选择有限几个比较满意的方案进行比较,确定相对最佳的方案。

一般说来,有限理性的决策过程包括:决策者得到决策资源和信息,然后进行方案搜索,比较方案的优劣,找到满意的方案就停止搜索,输出满意的方案。如果找不到满意的方案就降低满意的标准,重新进行方案搜索,直到形成满意的方案为止(如图4-3所示)。

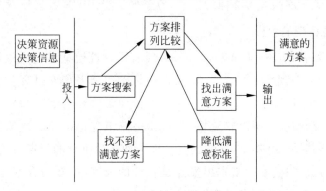

图4-3 有限理性模型

(资料来源:沈亚平.公共行政研究[M].天津:天津人民出版社,1999:132)

2. 有限理性的决策方法

(1) 组合排列法

组合排列法就是从工作任务的不同组合排列中进行选择,以达到满意结果的一般性决策方法。如按照上级的要求,一个行政机构必须在一个工作日(8小时)之内完成4项任务,第一项任务6小时,第二项任务3小时,第三项任务3小时,第四项任务2小时。如何在限定时间里完成这些任务显然需要动一番脑筋。要完成工作任务有以下多种排列方案。

第一种组合排列方案：按工作任务顺序排列,即完成第一项任务后,再去执行第二项任务,以此类推直至完成最后一项任务。该方案需要 14 个小时,大大超过了限定时间。

第二种组合排列方案：第一项任务和第二项任务同时开始执行,都完成后再顺序执行其他几项任务。这种方案需要 11 个小时,依然不能满足工作任务的时间要求。

第三种组合排列方案：第一项任务与第二项任务同时开始执行,第二项任务一完成,马上接着进行第三项任务,最后进行第四项任务,共需要 8 个小时。该方案已能满足需要,所以行动方案的选择可以到此终结。尽管可能还有其他排列方案,而且第三种方案也非最优的选择,但已没有必要继续研究下去。

(2) 属性排除法

这是一种适用于对决策方案进行同时选择的有效方法。该方法要求在选择过程的每一阶段,应按重要程度的差别从多种属性中挑选出某一属性并以此为标准对方案做出评价。对不符合这一属性要求的予以排除,即在以后阶段的比较选择中不会继续考虑这些方案。假如你计划买一辆汽车,最主要是售价,最大承受力是 15 万元。按属性排除法,首先,所有售价超过 15 万元的汽车均应排除(尽管许多车型非常中意,但无实力购买)。其次,座位数成为标准,如果挑选 5 个座位的,那么仅有 2~4 个座位的汽车也被排除。再次,选择如排气量、最高时速、颜色等,直到做出最后的决策。显然,这种方法更直观、更具体、更简单、更快捷,因为它不涉及复杂的逻辑推理和数学运算,对决策者的认知能力要求不高,相对易于掌握。尽管从规范决策方法的角度来看,该方法并不能保证被选的方案能真正优于那些被排除掉的方案,但至少是能让决策者感到满意的方案。

3. 有限理性模型的评价

斯蒂芬·P. 罗宾斯(Stephen P Robbins)对有限理性模型和完全理性模型进行了比较(表 4-1)。尽管完全理性存在局限,但人们还是希望遵循理性过程。有限理性模型是对完全理性模型的一种修正。由于它是在正视种种条件和约束对理性限制的客观基础上来解决理性决策问题的,所以它更切合现实,为政策理论以及实践的发展开辟了一个新的方向。但在随后的 30 年中,西蒙的这一理论如同他批评的早期理论一样,遭受到广泛的批评。主要是这一模型的基本出发点是管理的角度,虽然切合管理决策的实际,但没有充分注意到社会、政治因素对政策过程的影响。

表 4-1 完全理性模型与有限理性模型的比较

决策制定步骤	完全理性	有限理性
1. 提出问题	确定一个重要的、相关的组织问题	确定一个反映管理者利益和背景、可见的问题
2. 确定决策标准	确定所有标准	确定有限的一套标准
3. 给标准分配权重	评价所有标准并依据它们对组织目标的重要性排序	建立一个简单的评价模型并对标准排序;决策者自身的利益强烈影响排序

续表

决策制定步骤	完全理性	有限理性
4. 制定方案	创造性地制定广泛的方案	制定有限的一系列相似方案
5. 分析方案	依据决策标准和重要性评价所有方案；每个方案的结果是已知的	从希望的解决方法出发，依据决策标准一次一个地评价
6. 选择方案	最大化决策：获得最高经济成果的方案（依据组织目标）	满意决策：寻找方案直到发现一个满意的、充分的解决方法为止

（资料来源：李勇军，周惠萍.公共政策[M].杭州：浙江大学出版社，2013：34）

二、渐进主义模型：新政策的补充修正

（一）渐进主义的理论与现实依据

在批判传统理性模型的基础上，美国学者查尔斯·林德布洛姆（Charles E Lindblom）提出了渐进主义理论和公共政策的渐进主义模式。查尔斯·林德布洛姆认为，人类解决政策问题有两种模式：一是假设人类具有全知理性，在对人类智慧能力持乐观态度的前提下，由人类理性来引导问题的解决；二是在承认人类智慧能力有限的前提下，通过社会政治互动来解决问题。这两种模式的特点如表4-2所示。

表4-2 人类解决问题的两种模式特点比较

特点要素	全面理性模型	连续有限比较模式
人类知识能力的假设	充实乐观	有限而不乐观
问题解决的基础	客观真理	主观意愿
问题解决的标准	先验的正确性	经验的同意
决策产生的方式	发现	选择
人际关系条件	不平等	平等
决策单元	一元	多元
社会需求假设	和谐一致	分歧冲突
问题解决途径	理性思考	社会互动
问题解决过程	同心协力	相互制约
思考的范围	真题	各自局部
对失误的态度	规避	修正
是否接受方案的依据	结果	程序

（资料来源：Charles E Lindblom. Politics and Markets: The world's political-Economic System[M]. New York Basic Books, 1977）

显然，理性主义模型在实践中不具有可行性。连续有限比较模式更为实际、科学、妥当。从现实政治的角度看，决策的渐进性是由政治的一致性所决策的。西方国家推行的是多党制，政府决策必然受到多个党派的影响，是各个党派折中调和的产物，或者说，决策主体是多元的。然而，在稳定有序的政治系统中，轮流执政的政党和政治领袖对国家

基本政策的看法存在很小的差异。在和平时期，一个政党能否上台执政，主要取决于其解决政策问题的能力。而在一定的历史时期内，解决同一个政策问题的政策方案往往具有一定的相似性，不同的执政者很难用截然相反的政策方案解决同一个问题。一项政策一旦成功地解决了一个公共问题，便会深入人心，得到普遍的社会认可，从而具有坚强的合法性。因此，各政党在竞选时仅仅是对每项政策提出渐进修改，政府决策也是一个渐进的过程。从社会成本看来，实施一项政策必然形成一定的社会利益结构。而剧烈的政策变动在打破利益格局的同时，必然会遭到既得利益者的反对及抵触，同时也会激发一系列相互冲突的社会利益新需求。当新政策不能满足社会利益需求时，社会矛盾便会加剧。新旧政策之间严重断裂所导致的利益失衡及其进一步产生的政治失控将加剧政府的负重程度，并在政府难以承受负重时成为政治危机的根源，这将使激烈变革的政策付出极高的社会成本。如果政策变化仅限于对现实政策的修正，则容易被社会各方所接受。因此，为了维护社会稳定，政府往往希望保持或适当修正现行政策而防止激烈的政策变革。因为激烈的政策变革虽然有可能达到某一特殊的政策目标，但往往要付出极高的社会成本。因此，从社会成本的角度看，政策应体现出一种渐进性。从技术上看，任何一项政策制定必然需要对时间、信息、经费、备选方案等因素加以全面把握。然而，现实中的决策者没有足够的时间、经费，也不具备无限的智慧和能力把握所有的信息、排列所有的备选方案和计算成本效益。也就是说，在技术上不可能达到纯粹的理性分析结果。因此，林德布洛姆认为，政策制定者只是在决策者有限技术能力基础上进行，在执行中根据技术能力再不断修正。这也必然体现一种政策渐进性。

（二）渐进主义模型的政策内容

渐进主义模型把政策制定过程看成是对以往政策行为不断修正的过程，其中心思想是：政策制定是根据过去的经验，在现行政策的基础上实现渐进变迁，依据现有政策方案，经过小范围的调试、修订与完善，从而获得新政策。通俗来讲，就是"积小变为积大"的过程。如图4-4所示，具体内容包括如下。

第一，决策者必须保留对政策的承诺。政策制定要以现行政策为基础，不能另起灶炉，政策要有继承性。

第二，对决策目的或目标的选择，对决策目标所采取行动进行经验分析，两者相互交织，密不可分；且决策者只能着重于减少现行政策的缺陷，而不必注重目标的重新改进、手段与方案的重新选择。

第三，决策者只考虑解决种种可供选择方案的一部分，而不必过多分析和评估新的备选方案。可供选择的政策方案与现行政策只有量或程序上的差异，决策者只需着眼于对现存政策进行修改和补充即可。

第四，在面对同一社会问题的不同解决方案时，决策者只能对每一可供选择方案可能产生的某些"重要"后果进行评价。

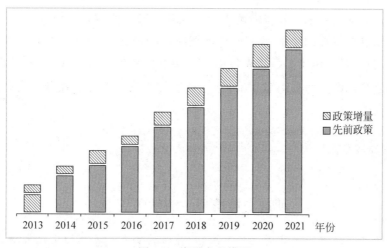

图 4-4　渐进主义模型

(资料来源：宁骚.公共政策学[M].2版.北京：高等教育出版社,2011：201.)

第五，决策者面临的问题经常被重新鉴定，决策者应着意于对目的—手段、目标—方案进行无限的调适，从而使问题更易处理，而不必关心基础的变革。

第六，处理问题的决定和解决问题的"正确方法"并不是唯一的，考察一个决策的优劣并不是看决策者寻求到了达到既定目标的最有效的手段，而是看决策者是否一致同意这一决策方案。

第七，渐进决策的形成，从本质上说是补救性的，更多的是为了改革当今的具体的社会弊病，而不是为了未来的社会目标。

(三) 对渐进主义模型的评价

渐进主义模型具有以下特点：第一，渐进主义模型要求决策者必须保留对以往政策的承诺。政策制定者要以现行政策为基础，不能重新打鼓另开张；第二，渐进主义模型注重研究现行政策的缺陷，并不强调有所创新，也不是无所作为，只是注重对现行政策的修改和补充以弥补现行政策的缺陷；第三，渐进主义模型强调目标与方案之间的相互调适。不是禁锢思路，一劳永逸，要注重反馈调节，在试探和摸索中前行。

渐进主义模型以有限理性主义为基础，一方面概括出政策分析研究的一个新角度与方法，丰富了政策科学的理论研究，另一方面更加贴近于社会现实，有利于避免因决策失误所产生的持久性结果。但是，这一分析模式多适用于稳定发展的社会形势，也体现出一定的局限性。第一，现实社会不能完全满足公共政策渐进变化的条件。政策的渐进性首先需要先前政策基本满足社会需要，这样政策的边际变化才能被普遍接受。而这一条件只能出现在高度稳定、发展变化缓慢的社会中。但是，在发展迅速、复杂多变的现代社会中，新问题不断出现和先前政策极度滞后时，不能基本满足社会需求。在这种情况下，渐进分析便软弱无力。第二，极容易导致保守观念的产生，使政策制定者安于现状，阻碍发展与变革。因为渐进主义模型强调部分的变化和渐进修改,这样,这一决策模型忽略或不顾重要的和根本性的变化,面对全新问题时,易导致公共管理的软弱无能,陷入决策困境。第三,这一模型由于不是从积极引导和规制的角度上理解政策,而是根据社会各势力之间相互作用的产物来理解政策,这一模型的决策只能反映强者的利益,而不能反映弱者的利益需求。

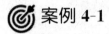

案例 4-1

渐进决策模型中的越南战争

倡导渐进式决策并不意味着反对变革,而是通过要求一点点的变化来确保决策过程的稳定性,并为其赢得更多的支持。在实践中,政府所做的多次细小的调整也常促成重大的政策转向,尽管这种转向有时未必是起初意欲推动的。

1959 年,越共决定武装统一越南,并派遣大量军事人员前往南越组织武装颠覆。当时的国际形势使肯尼迪政府很快决定,要在越南问题上显示出美国的力量和对抗共产主义的决心。他们同时认为冲突最好遵循朝鲜模式,只局限在通过代理方使用常规武器,作为减轻两超级强权间直接核战争威胁的一种方式。

然而,北越很快控制了南方的大部分乡村,虽然有美国的军事援助,但政治威权与腐败导致吴庭艳政府民心丧尽,无力阻止民族解放战线扩大势力。1961 年 5 月,为了进一步帮助吴庭艳政府,肯尼迪派遣一支特种部队进驻南越,开启了战斗部队进入越南的先河。

特种部队并未实现 18 个月内"平定南越"的承诺。1964 年夏,美国驱逐舰遭到北越鱼雷艇袭击,遂以轰炸北越海军基地作为报复。这就是著名的"东京湾事件"。美国国会很快通过了"东京湾决议案",授权总统以他的判断动用包含武力在内的一切行为来应对此事件,此后越战不断升级。

1965 年 3 月,3500 名美国海军陆战队员成为第一批进入战区的美军战斗人员;7 月 24 日约翰逊总统将在越美军提升至 125000 人,并于翌日派出第 101 空降师的 4000 人进入越南;11 月底五角大楼要求提升美军数目至 40 万人以便执行计划中的大规模扫荡行动;到了 1966 年 8 月,已有多达 429000 名美军士兵驻守在越南。

美军所拥有的优良装备和空中支援使北越转而实行游击战,避免与美军的正面冲突。尽管伤亡非常惨重,但北越人依然保持着巨大的军事力量,他们坚信无限制的消耗战最终会迫使美国人撤出越南。

与此同时,战争的残酷也通过媒体刺激了美国人民,到 1968 年反战示威游行已遍及各地。数年之后美国终于被迫签署《关于在越南战争结束、恢复和平的协定》,开始逐步从南越撤出军队。

(资料来源:陈刚.公共政策学[M].武汉:武汉大学出版社,2011:44-45.)

三、规范最佳模型与混合扫描模型

(一)规范最佳模型

在克服理性主义模型和渐进主义模型缺陷的基础上,叶海卡·德洛尔(Yehezkel Dror)提出了规范最佳模型,也叫作规范最适模型。德洛尔认为,由于搜集完整的社会价值认识资料并提出全部的可能方案及进行每一方案的成本效益分析预测是人的智慧能力所不及,所以理性分析的理想化要求在现实中不能实现。而渐进分析对于复杂多变的现代社会又会出现极大的不适应,所以应该探索一种新的分析模式。鉴于公共政策制定中"理性与最佳"标准的重要性,所以尽管人的主观认识能力有限,也应该在政策分析中努力增加理性因素,争取达到最佳决策。这种努力增加理性因素,争取达到最佳决策的分析方法,称为规范最佳分析模式。

所谓追求政策方案的最佳,实际上是一种决策者在方案制定中增加理性因素的努力。这种努力可以表现为更详细地说明政策目标、广泛地寻求新方案、精心设计政策的效益期望值、进一步明确决策标准和政策范围等多个方面。由于人类欠缺完整理性分析的资源和能力,所以增加理性因素的努力对于寻求最佳决策具有重要意义。例如,直觉判断、深入思考、专题讨论、自由讨论、增大投入、提高直接决策者的知识水平、改进决策思维的分析手段、创新设计等,都是决策过程中增加理性因素的有效环节。基于此,叶海卡·德洛尔系统提出该模型的四项基本假设,即:最佳决策是一个认同理性、增加理性的过程;这种过程对于在复杂的问题上形成最佳决策所起的作用是至关重要的;可通过多种途径和方法使认同理性增加理性的过程得以实现;现代政府同时面对要求稳定的政策诉求与要求变革的政策诉求,而在一定时期内则以其中的一种诉求为主。按照规范最佳模型,政策过程划分为三大阶段和17个小阶段:

第一阶段:决策前。①处理价值问题:确认重要的政策目的、决策标准和基本的价值判断标准;②认识现实环境;③认识问题;④调查、处理与开发资源;⑤设计、评估与重新设计决策系统:切实改进政策制定系统,包括提高政策人员的个人素质与整体素质,优化组织结构,加强实践感受力等;⑥分配问题、价值与资源;⑦确定决策战略:决策者可首先应用渐进主义模型检验现行政策,再应用多种相关的知识、理论和分析技术检验现行政策的可能后果,并确定主要的政策期望,然后决定是否有必要制定新的政策。

第二阶段:决策中。①细分资源;②建立配合优先顺序的行动目标;③建立一套配合优先顺序的其他重大价值;④准备一套主要的政策方案(包括好的与坏的);积极探讨解决问题的政策方案,尤其要探讨具有创新意义的新方案;⑤对于各种不同方案利益与成本进行可靠的预测:预先审视各种政策选择方案的政策期望与代价,在充分比较的基础上再选择风险最小、效果最佳的政策方案;⑥在比较预测的成果后,建立各种不同方案所可能得到的利益需要的成本,并择定最佳方案;⑦估定最佳方案的成本与收益。

第三阶段:决策后。①激励政策的执行:其手段有对政策的正式承认、为执行所必要的资源分配、强有力的推动等;②执行政策:内容不仅包括现场作业,还包括很多次一级的政策决定;③政策评估:评估贯穿于政策执行的开始到终结,评估涉及执行实际结果及其与"所期待的结果"之间的差异。

叶海卡·德洛尔的规范最佳模型如图4-5所示。

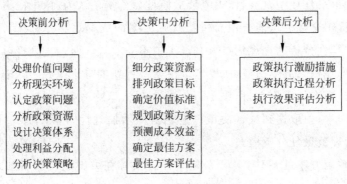

图4-5　规范最佳模型

(资料来源:王骚.公共政策学[M].天津:天津大学出版社,2010:280)

(二) 混合扫描模型

在合并基础性决策和渐进性决策的基础上,美国学者阿米泰·埃齐奥尼(Amite Ezioni)提出了混合扫描的决策方法。在概念上,该模型希冀截取完全理性模型的政策视野,以充分考虑政策选择、激发政策创意并深入政策核心问题;同时截取渐进主义模型的政策落点,把政策关注力集中在经过选择的政策方案及其评估上,形成政策焦点,以有效地解决政策问题。即从宏观上把握政策方案的总体特征,不拘泥于次要的细节,并避免对无关方案的考察;同时又借助理性主义模型广阔的视野,牢牢抓住政策目标而不忽略有创新的政策选择,并注重对重点方案的深入考察和检验。

如建立一个全球气象卫星观测系统,若遵循理性主义的方法,我们将运用一部广角摄像机来尽可能地经常观测整个天空,以便全面了解气象情况,这样做会产生过多的数据,分析代价很高,而且有可能为我们的活动能力所不及;若遵循渐进主义的方法,我们将运用一部能够作细微观测的摄像机来集中注意过去对其气候状况比较熟悉的地方以及一些邻近的区域,这样做会使我们忽略发生在未曾想到的地区的、本应引起我们注意的气候现象;而若遵循混合扫描的方法,如图4-6所示,我们将交替运用两部摄像机,一部是广角摄像机,它能大面积地扫描和覆盖整个天空,但观测不了细节;另一部摄像机则聚集于特别有意义的地方,并对其做小面积的扫描和更深入的观测。混合扫描或许注意不到某些只有用观测细微的摄像机才能发现问题的地方,但与渐进主义方法相比,它能使我们注意到陌生区域中明显出现问题的地方。

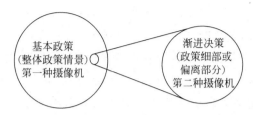

图 4-6　混合扫描模型

(资料来源：丘昌泰.公共政策：基础篇[M].台北：巨流图书公司,2003：263)

从理论上讲,混合扫描模型非常有吸引力,而且综合运用不同方法来优化政策制定的努力也应予以肯定。埃齐奥尼提出了应当如何对待信息和方案的原则：既要有全局观念又要有侧重点,他还认为决策者必须有一定程度的理性考虑"大体正确强似完全不对",而不能局限于对以往决策的修修补补。上述观点都有其合理性,使得决策者在面对不同的决策情景时可以随时调整决策的视角和思路。然而,混合扫描模型试图调和完全理性和渐进主义在思维方式和操作方法上的矛盾,在价值取向上有模棱两可的迹象。而且在实践中,理性主义模型和渐进主义模型往往难以完美地结合在一起,例如最先被排除在外并被认为无足轻重的方案可能事后被证明是最有效的解决办法。此外,在什么条件下适用理性主义模型,在什么条件下适用渐进主义模型,这往往需要决策者根据实际情况来进行细致的分析和思考。事实上埃齐奥尼自己也承认,"当前仍然非常缺乏有关决策战略从理性主义或渐进主义转向混合扫描的这类情况的案例研究和定量研究",而且对那些因素阻碍或促进混合扫描方法的运用我们也知之不多。

案例 4-2

"限塑令"是否应该升级为"禁塑令"

"限塑令"实施以来,效果并不明显。各地的集贸市场上超薄塑料袋随处可见,超市的蔬菜摊位和散货区,免费塑料袋也任人使用。国内某环保组织负责人表示,"限塑令"出台后没能很好地贯彻执行,塑料袋泛滥的情况没有根本改观。"限塑令"甚至沦为"卖塑令",一些超市每年仅出售塑料袋就能赚上千万元。

如果不是媒体报道提醒,每天各种塑料袋不离手的公众,恐怕已经彻底忘记了"限塑令"的存在。2008年6月1日,国务院办公厅下发"限塑令",限制生产销售使用塑料购物袋。根据该规定,在全国范围内,厚度小于0.025毫米的超薄塑料袋,禁止生产,销售,使用。在所有超市、商场、集贸市场等商品零售场所,一律不得免费提供塑料购物袋。

"限塑令"执行以来,让其身陷尴尬的"东西"主要有两个,非法的超薄塑料袋和超市合法出售的塑料袋。超薄塑料袋禁而不绝的原因是,各地工商部门对非法销售超薄塑料袋查处不严，即便查到也以教育整改为主。同时，部门之间相互推诿造成的执法缺位，各地区之间缺少联动产生的执法割据，这些都是超薄塑料袋违法生产，流通难以禁止的重要原因。

而合法销售的塑料袋带给"限塑令"的尴尬则是，"限塑"变成了"卖塑"。"限塑令"正式实施后，超市、商场从免费提供塑料袋到有偿使用，在初期，超市商场等塑料袋使用量确实出现锐减，限塑效果似乎不错。但过了一段时间，在消费者对二三毛钱的经济杠杆微刺激渐渐麻木之后，塑料袋的使用量又回到原来的水平。于是，理想中的"限塑令"也就沦为了现实的"卖塑令"。

全球每年塑料总消费量4亿吨，中国消费6000万吨以上，"白色污染"这一世界难题由此形成。包括超薄塑料袋在内的各种不可降解塑料袋，是由聚氯乙烯，聚苯乙烯制成的，这类污染物如果焚烧，很可能产生二噁英等持久性有机污染物，如果填埋则会加速土壤板结，而且会让其他垃圾的降解速度变慢。在我国白色污染问题日益严重的形势下，首先应该"严打"超薄塑料袋，严格管控生产环节，坚决取缔黑作坊。同时，对超市商场销售的塑料袋也要管起来。"限塑"变成"卖塑"，这说明有关法令自身存在着局限性，从我国赋予生态文明建设的新高度上来看，已经是时候将"限塑令"升级为"禁塑令"了。

所谓"禁塑"，就是禁止生产销售和提供一次性不可降解塑料购物袋、塑料餐具，而代之以可降解塑料制品。可降解的环保塑料袋之所以难以普遍使用，主要原因就是价格问题。环保塑料袋价格比较高，小号购物袋价格约0.6元，大号的约0.8元，比传统塑料袋要贵3倍左右。环保塑料袋价格高，但也没挡住部分地区的试点脚步，吉林省自2015年1月起施行"禁塑令"，成为首个全面"禁塑"的省份。目前长春市的大超市、大商场基本完成了环保塑料袋对传统塑料袋的替换。据媒体报道，"禁塑"后一些超市的老年消费者几乎全都不再购买塑料袋，而是自带"装备"。

价格问题是阻碍"禁塑令"启动的主要难关，其实面对难题也不一定非要"硬碰硬"。传统塑料袋造成的污染损失巨大，政府部门与其花费巨资治理环境，不如转变思路，给予环保塑料袋生产企业一定补贴，把环保袋子的价格降下来，让"禁塑令"可以顺利成行。另外，政府部门还可以要求超市商场等"卖塑"大户，以原价收回传统塑料袋，禁止商家靠"白色污染"赚钱。有关部门不能让失效的"限塑令"继续尴尬下去，必须拿出办法并严格执法，以满足人民群众日益增长的生态文明需要。

（资料来源：许建兵，宋喜存，李慧芳.改革政策分析[M].长春：吉林大学出版社，2016：167-169.）

第三节 基于政治与权力互动的政策模型

政策形成过程是一个认识世界、改造世界的过程，同时也是一个配置社会资源和分配社会价值的过程，也就是说，是一个权力运作的过程或政治过程。基于政治与权力互动的政策模型，主要包括了多元主义民主模型、集团理论模型、精英主义模型和制度模型。无论是社会精英还是社会制度，都是社会政治的重要因素，对公共政策的形成有着重大影响。

一、多元主义民主模型：多头政体

（一）多元主义民主的含义

根据罗伯特·达尔（Robert A. Dahl）的解释，"多元主义民主"主要存在于权力分散且存在大量自治组织的民主国家。后来，他也将其称之为"多头政体"或"多重少数人的统治"。它具有三重方面的含义：①多重少数人的统治，既不同于"多数人的统治"，也不同于"少数人的统治"。"多数人的统治"忽视公民的政策偏好和积极分子的作用，在政策过程中实行简单的多数原则，可能会导致"多数人的暴政"。而"少数人的统治"则相反，会导致"少数人的暴政"或"寡头政治"。而"多重少数人的统治"的政策形成过程，由于在影响决策方面存在社团、统治者和公共权力的结构，而不是单一的，因此可以避免上述两种后果。②达尔所说的"多元主义"主要是指组织多元主义。"组织"在这里是指派系、社团、协会、集团等，包括政治的、经济的、文化的、宗教的等，如家族、教会、司法部门、管理机构、政党、利益集团、工会、协会等。③在多元主义民主政体中，社会权利的安排是通过竞争产生的。

（二）多元主义民主模型的政策分析

多元主义民主的实现往往是通过官员选举、自由和公正的选举、包容性的选举权、竞选官员的权利、公民的言论自由、可供选择的信息和结社权利7项制度来保证的。其政策分析的理论要点包括：①政治权力是高度分化的，分布于不同的行为者、不同的政策领域、不同的时同点；②政治舞台对全体开放，公共决策由分散在社会各领域的利益集团共同决定，任何集团都有力量去影响决策，但没有任何一个集团能支配决策；③政府机构只是众多利益集团中的一个成员，包括行政首长在内，政府是政策过程的直接参与者，但不具有支配的地位；④虽然权力普遍地分散在社会各领域的个人和集团中间，但权力并不是平等分配的，不是所有的个人和集团拥有相同程度的影响力。尽管如此，由于不同的集团对不同的议题有兴趣，所以权力不会出现固定不变的成功或失败模式；在一项议题上利益对立的集团有可能在另一项议题上进行利益合作，可见权力的来源（如知识、信息、金钱等）在分配上不是累积的；没有任何一个集团是完全不具影响力的，即使权力最少、影响力最小者也能够让自己的声音在政策过程的某个阶段被听到；⑤社会上存在各种不同的利益，利益相同的个体组成不同的集团，其中许多集团为了取得政府的支持而相互竞争，各集团能在政策过程中获取多少利益完全取决于它们各自资源的多寡和声音的高低。但是，由于集团的成员是流动的，而且同一个人可能同时参加几个集团而使集团具有交叉性,所以权力是零碎而分散的,同一个利益可能会由数个集团所代表,各个竞争集团能够和谐合作;⑥精英是政治舞台上较大集团的代表,他们本身是流动的和不断变化的,而且相互竞争,所以精英不是权力的垄断者。

尽管多元主义民主模型对西方国家的政策过程有很强的解释性,但是它也受到精英主义的批判。在多元主义民主模型中,强调政策横向维度的组织化及其在政策过程组织自治与垂直维度对横向维度的组织控制,始终是这一模型的一个根本难题。在多元民主体制中,独立的自治组织也可能固化政治不平等、扭曲公民意识、歪曲政策议程等。另外,在多元主义民主体制中,每个成员都有表达其偏好的权利和机会。可是如果每个成员都坚持自己的意见,则可能产生无尽的纷争。据此,一部分批判者认为,它会因导致无效决策而使政策流产。当然,对于精英主义来说,多元主义最大的问题是它并不符合现代政治的实质。在精英主义看来,现代政治仍然是由少数精英所操控的。

二、集团理论模型：团体利益的平衡

(一) 集团理论

集团理论以多元主义为基础,较早可追溯到詹姆斯·麦迪逊(James Madison)、阿瑟·本特利(Arthur Bentley)在1908年出版的《政府过程》以及戴维·杜鲁门(David Truman)在1951年出版的《政府过程：政治利益与公共舆论》,这些使集团理论更加系统和严谨。1952年,厄尔·莱瑟姆(Earl Latham)在《政治的集团基础》中从集团的视角分析政策过程,形成了政策分析的集团理论模型。莱瑟姆将公共政策定义为某一特定时间内集团间争斗所达到的平衡,它体现了那些一直试图获取优势并相互竞争着的派系或团体之间出现的均势。这个定义实际上就是集团理论模型的核心命题。集团理论认为所有的政治现象都可以归结为集团现象。政治生活中的个人是无能的,他们只有在集团中才能发挥作用。未组织起来的个人既缺乏有效表达自身的手段,也无法真正影响到公共政策的制定。为更好地增进自身的利益,他们需要结成集团来参加政治,并借助集团的活动来实现其利益的表达。因此,利益集团之间的相互作用和争斗是政治生活中的基本事实,而公共政策则是利益集团之间力量相对大小的结果。

(二) 集团理论模型的政策分析

集团理论模型认为,公共政策实际上是集团斗争中相互妥协的结果,是不同利益集团之间的一种平衡产物。制约这种平衡的力量来自不同利益集团的相互影响。毫无疑问,公共政策往往更偏向影响力较大的利益集团,公共政策的相对稳定依赖于集团斗争均衡状态的持续。一旦这种状态被破坏,公共政策就会起变化,待到新的平衡形成,新的政策随之出现,见图4-7。任何利益集团政治影响力的减弱或增强都会延伸到政策的制定领域,从而导致公共政策不同程度的变化。其变化的方向无疑更靠近力量增强的集团的要求,远离力量减弱的集团的要求,从而在新的基础上达到平衡。

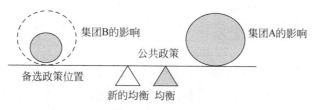

图 4-7　集团理论模型

(资料来源:托马斯·戴伊.理解公共政策(英文版)[M].北京:中国人民大学出版社,2004:22.)

集团对公共政策的影响力由其成员数量、财力状况、集团实力、领导者的能力、集团的凝聚力以及与政府决策层的关系等因素来决定。集团理论模型试图以集团斗争的分析框架解释所有重要的政治活动。公共政策只是利益集团斗争结果的合法化表现形式,政策制定者的任务就是对团体的压力不断地做出反应,通过讨价还价、相互妥协、折中调解等形式寻求利益群体间冲突性要求的平衡。政治家作用实际上主要体现在团体联盟的建立方面,他们总是在试图联系更多的团体以形成多数的力量。

集团理论模型认为政治体系实质上是所有社会集团的互动体系,这种体系的平衡依赖于几种重要力量的支撑。①社会上存在一个非常庞大的、极为普遍的、潜在的社会集团,它是拥护和支持国家的宪法体系和维护社会稳定的运行机制。这种集团并不总是显现的,而一旦有任何集团破坏"游戏规则"、威胁集团间的平衡,这种潜在的力量就会被激活。它会奋起反击,从而对破坏势力形成巨大的压力。②集团间成员资格的相互重叠会使任何孤立的集团难以偏离社会的基础价值观,从而对平衡的维系发挥至关重要的作用。正因为社会中许多人既是这个集团的成员,又是那个集团的成员,所以一个集团在提出自己的利益要求时就必须考虑避免对这些人的利益造成伤害。这样,集团的矛盾和冲突在一定程度上就会得到缓解。③集团之间的竞争能够使任何单个集团的势力得到有效的控制,并使所有集团能够在此基础上做到势均力敌,形成相互制约,以维护社会的稳定和体系的平衡。集团理论模型认为,在一个社会中应避免任何单个集团在人数上形成压倒优势,这主要是出于利益平衡的考虑。每个集团的力量都会受到其他集团的制约,其结果不仅有利于保护集团的利益,且有利于保护个人的权利。

集团理论模型也有其缺陷,它在把注意力集中于政策制定过程中那些重要的能动因素的同时,似乎过分夸大了集团在社会政治生活中所发挥的作用,而低估了政策制定者(政府官员)在政治活动中所具有的独立的且富有创造性的作用。事实上,政府部门及其成员并非公共政策的产物,没有公共政策的出台,他们就不可能存在。尽管集团理论对公共政策分析有着重要的启发性意义,但是我们在解释公共政策问题时绝不能忽略政治生活中其他重要因素的影响。

三、精英主义模型：政治精英的偏好

（一）精英主义的政策含义

公共政策的精英主义模型近似于英雄史观，它将公共政策视为统治精英价值偏好的表现结果。其主要观点是：公众在政策过程中完全是被动的，他们的要求及其行动对公共政策不会产生决定作用，相反，公共政策完全由占统治地位的精英来决定，然后由行政官员及其机构加以执行。精英主义模型是政府权力理论中的一项重要内容，它对公共政策分析领域具有很大的影响。

精英主义主张精英是由社会少数占据政治经济结构优势的重要人士所构成，如政府高级官员、民意代表、企业家、著名学者等。他们拥有优越的社会经济地位，有着共同的利益，对大众具有影响力并追求自身地位与利益的稳固。托马斯·戴伊在《理解公共政策》一书中把精英主义模型概括为：一是社会分化成掌权的少数人和无权的多数人，少数人掌握社会价值的分配权，多数人不能参与公共政策决定；二是作为统治者的少数人并非多数人的代表，精英人物主要来自经济地位较高的社会阶层；三是从被统治的非精英阶层进入统治人的精英阶层，这个变化过程是缓慢且持续的，从而才能保持社会的稳定并避免革命的发生，在非精英阶层中，只有那些能够接受精英阶层共同观念的人才可能被允许进入统治精英的行列；四是在社会制度的基本价值观和维护这一社会制度的发展方面，精英阶层表现出看法的一致性，如美国精英集团在私有财产、有限政府、个人自由等所谓的大是大非问题上观点完全一致；五是公共政策反映政治精英的主要价值观而非大众的要求，公共政策的变化是渐进性的，而非革命性的；六是精英是活跃的，公众是麻木的，二者信息严重不对称，前者对后者的影响远远大于后者对前者的影响。

（二）精英主义模型的政策分析

1. 精英主义模型认为，公共政策反映的不是公众的要求，而是精英的兴趣和偏好。公共政策的变革和创新只是精英们对其价值观重新定义的结果。出于维护社会制度的需要，精英阶层怀有浓重的保守主义情结，所以公共政策的变化必然是渐进性的，而不是革命性的。尽管公共政策经常被修改和补充，但极少会被替换和取代。渐进的变革将以现行社会制度最小牺牲和最小混乱的方式，对威胁社会系统的重大事件做出必要的反应。

2. 精英主义模型认为，公众是被动、麻木和信息闭塞的，公众的情感往往被操纵在精英们的股掌之中，公众对精英价值观的影响微乎其微。精英与公众的沟通在极大程度上是自上而下的（如图4-8所示），因此普选与政党竞争并不会使公众参与统治，政策问题的决定极少会通过民众选举或政党提出政策方案的形式进行。选举制和政党制等民主制度,在很大程度上只具有象征性意义,它们作为民主的符号有助于把民众牢牢地束缚在政治制度的罗网中。公民们在选举日可以行使自己的权利,在平时也有权加入他们认同的政党,他们会以为自己能够而且已经在国家政治生活中发挥着作用,而实际上这只是一种错觉。精英主义模型认为,公众对精英们的决策行为充其量只会有间接的、微小的影响。

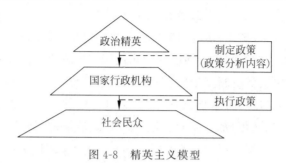

图 4-8 精英主义模型

(资料来源:托马斯·戴伊.理解公共政策[M].北京:中国人民大学出版社,2004:4)

3. 精英主义模型认为,精英集团对支撑社会制度的基础准则有着一致的认识。社会的稳定和秩序的存在就依赖于精英集团的这种共识,它们反映了社会的基本价值观。政策方案只有与此相符才可能进入政策议程,得到决策层的认真考虑。当然精英集团的成员之间也存在意见分歧,他们彼此也会为一些问题争得面红耳赤。但这类争论往往是围绕具体和枝节的问题,范围也比较狭小,也不涉及一些根本性的同题。而且,精英之间观点一致的方面远远多于不一致的方面。如美国精英集团的一致性表现在立宪政府、民主程序、言论和出版自由以及私人财产不可侵犯等等。公民对这些民主制度的象征可能会给予一定的支持与拥护,但往往是非常形式化和表面性的,难以像精英们那样给予这种价值观以一贯性的、令人信赖的支持和信任。

托马斯·戴伊认为,20世纪60年代美国一些人权政策的形成过程,可以解释精英主义模型的实际应用。精英主义模型最关心公共政策形成过程中领导人物所发挥的作用。但"少数精英操纵一切"这一断言也受到多元主义论、综合主义理论等的质疑,它否定了"所有人生而平等"的信条,排斥"每个人都是自己利益的最好判定者"的观念,最终摒弃了"人民的统治"的理想。

四、制度模型:政府制度的输出

(一)制度理论

制度主义学者主要从以下几个方面对制度进行解释:第一,英语中的 institution 一词,既有"制度""规定"一层含义,也有"机关""公共机构"一层含义。许多制度主义认为制度就是国家或公共机构,因此制度对政策过程的重要性,首先就在于国家机构是公共决策者。詹姆斯·马奇(James March)和约翰·奥尔森(John Olson)指出,"把制度作为决策者来对待",必然强调国家机构或政治制度的自主性,"国家不仅受着社会的影响而且反过来影响社会……政治民主不仅依赖经济和社会的各种条件,而且也依赖政治制度本身的设计。官僚机构、立法委员会和上诉法庭是社会力量斗争的场所,同时也是一组对利益进行界定和保护的运作程序和重要机构。它们是享有其自身权利的政治行为者。"正因为这样,制度主义者认为制度在政策过程中具有结构性影响,并且把这一结构性要素作为分析的中心。第二,制度因素在公共决策过程中起两种基本作用:一方面,决策组织在政策产出上所施加的权力强度会影响任何一组政策行为者的行为取向;另一方面,决策组织的地位也会借由制度上的责任,以及建立与其他行为者的关系来影响政策行为者对自身利益的界定。希尔指出,公共决策过程中的三个要素即政党制度的形态、政府体制与结构和政治文化,都会受到宪法、规则、政治结构、标准操作程序等制度因素的影响,从而导致形成不同类型的政策风格。另外,隐含于制度之中的价值观,也会对公共决策的走向产生影响。第三,制度与政策结果之间存在着关联性。换言之,特定的制度会对相对应的政策结果产生相关性上的作用。第四,制度对政策选择能够起限定范围或排他性的作用。马奇和奥尔森指出,宪法、法律、政治生活中的契约和管理等制度,"使得许多潜在行动或考虑事项变为非法或被漠视;有一些替代方案在政策过程开始前,便被排除在议程之外"。

在制度的重要地位日益凸显的背景之下,制度理论借鉴传统政治学,对政治制度予以极大关注。而20世纪50年之前的制度理论主要是国家机构——政治制度对公共政策做出解释,也被称之为"旧制度主义"。其核心观点认为,公共政策与政府制度之间的关系是十分紧密的,它是一定的政治制度的产物。不同政府制度是会导致不同的政策输出,一项政策只有被政府制度体系内的机构采纳、执行和实施后才能成为公共政策。

政府制度赋予公共政策三个明显的特征:首先是公共政策的合法性,只有公共政策才表现为法律的规定,要求公众与团体予以忠诚与服从。尽管人们也可以把其他一些社会组织的政策视为非常重要或具有约束力,但从法律角度来看,它们与公共政策绝不可同日而语。其次是公共政策的普遍性,其触角深入社会的各个层面和社会中的每一个人,而其他一些社会组织的政策与公共政策相比较,其目标群体是非常有限的。最后是公共政策的强制性,只有政府才有权关押其政策的反对者,它以武力为后盾,独享社会的强制权,而其他一些社会组织所能实施的惩罚是难以与政府这方面的力量相比较的。

(二)制度模型的政策分析

美国政治学家尼古拉斯·亨利(Nicholas Henry)以美国为例描述了传统制度模型的概貌(图4-9),认为模型中选民通过选举国会议员和总统的权利对政府施加影响,然后政府、国会、最高法院在选民的影响下制定出公共政策并由政府下设的各种部门和地方政府实施这些政策。但这一理论的研究焦点通常只是一些特定的政府机构,对它们的结构、职能、权利、责任、方法、程序等进行的静态描述,并没有对政府制度的政策结果进行动态的系统考察,忽视了政府制度与公共政策之间的内在联系。尽管如此,传统制度理论仍为政策分析与实践奠定了基础。

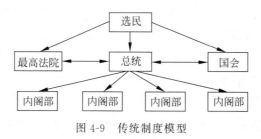

图 4-9 传统制度模型

(资料来源:尼古拉斯·亨利.公共行政与公共事物[M].北京:中国人民大学出版社,2002:518)

制度研究侧重于政府机构中那些涉及政策过程的组织和政治行为人的行为,认为其行为方式就像一部机器,这部机器由不同的齿轮和杠杆组成,它有固化的结构(如科层制)、约定俗成的工作习惯、规律性的运行方式、程序化的工作过程等。毫无疑问,具有不同制度特征的政府所输出的政策一定会有显著的差别。制度模型视公共政策为政府制度运行的结果。制度模型认为重大事件总有重大起因,它视政府为一个整体,犹如单独耸立的一块巨石,其所实施的行动都是出于某些方面的原因,政策分析就是要探究这些原因。

(1) 政策过程涉及政府中的许多部门,它们的行为规律存在明显的差异,这些差异集中表现在日常的工作惯例和俗套。

(2) 政策过程中大的行动是无数次和经常性小的行动的汇集或结果,政府机构中处于不同层级的部门和个人扮演了这些小的行动的主要角色,尤其是在政策体制内运作中,这些小的行动对政策形成有重要的影响。

(3) 政府中的不同部门和个人为一项政策提供多样化服务,他们只是在国家目标、政治目标、组织目标这些富有概念特征的领域部分地一致。

与传统制度模型相比,新制度模型更多关注制度在政治生活中的作用,并且采用动态、过程、定量化的方法,研究包括制度的各个方面,如含义、构成、起源、变迁等。新制度模型具有如下特点:

首先,新制度模型试图在决策的次系统基础上对公共政策进行分类,这种分类一般是通过两个维度的考察实现的,见表 4-3。

表 4-3 新制度模型一

		政府强制的目标	
		针对个体的行为	针对整体的行为
政府强制的可能性	预期	分配性政策领域(如农业补贴)	构成性政策领域(如重新划分选区)
	既时	监督性政策领域(如消除虚假广告)	再分配性政策领域(如累进所得税)

(资料来源:尼古拉斯·亨利.公共行政与公共事物[M].北京:中国人民大学出版社,2002:295)

新制度模型划分公共政策的两个维度是：政府强制的可能性和政府强制的目标。强制的可能性是指强制可以是即时的、立即生效的，也可以是预期的、未来发生的。对于强制的目标，它可以针对个体，也可以针对整体。依据这两个维度，形成了四种不同类型的公共政策，即分配性政策、监督性政策、构成性政策和再分配政策。

其次，不同的权利领域，表明了对政策行为者权利和责任的不同影响，不同政策类型的特点见表 4-4。在分配性政策中，个人直接受益，但基本上不用付出明显代价；构成性政策不是对个人进行惩罚，而是通过社会结构自身来重新分配政治和经济价值；监督性政策有可能使特殊群体付出代价；在再分配性政策领域，权利基本上是通过整体来分配的。

最后，某些类型的政治行为会产生某些固定的政策类型。这种结果是政府强制行为的目标和可能性造成的。

表 4-4　新制度模型

政策类型	政治行为的特点
分配性政策	分权、单一、地方、党派/选举、互相依赖、以立法为中心
构成性政策	集权、整体、全国性、意识形态、党派/选举、互相依赖、以立法为中心
监督性政策	分权、单一、地方、特殊利益、集团间讨价还价、以官僚机构为中心
再分配性政策	集权、整体、全国性、意识形态、特殊利益、集团间讨价还价、以官僚机构为中心

（资料来源：张国庆.公共政策分析[M].北京：人民出版社，2004：289-299）

第四节　基于系统整合的政策模型

公共政策的系统整合型模型是从整体角度出发，将公共政策看作各个环节组成的整体运作系统，从动态角度进行分析研究的模型。这类分析模型包括了系统模型、公共选择模型、博弈模型、垃圾桶模型和多源流模型。

一、系统模型：政治系统的输出

在系统理论看来，任何系统都具有三个特性。首先，系统是有边界的，边界内包含着一套发挥特殊功能的结构体系。其次，系统是有层次的，开放的，可以吸纳系统外的输入，并把这种输入在内部结构体系相应功能的作用下转换成输出。具有这些特征的系统被称作一般系统。系统模型就是一般系统模型在政策决策研究的具体运用。

（一）一般系统模型

戴维·伊斯顿（David Easton）是最早将一般系统论原理引入政治学研究的政治科学

家。伊斯对传统政策科学和行为科学进行尖锐的批评,认为传统政治学把政治制度当作分析的起点,行为科学把政治行为当作分析的起点没有抓到问题的本质。在系统分析家看来,制度、行为固然重要,但单单的制度和行为并不能准确地反映政治现实,政治分析的正确起点应该"互动行为",只有互动的行为才能反映政治的真实状况。一般系统模型的输入—输出模型恰恰是这种互动关系的反映。

伊斯顿的系统模型认为,系统的功能在于为某一特定社会提供权威性的价值分配,这种分配的结果表现为公共政策。伊斯顿认为政治系统的输入有两种:需求和支持。需求为政治系统提供原料和动力机制,即对系统形成某种压力。需求经由外界环境,穿过政治系统的边界进入政治系统,形成对政治系统的外在刺激,促进政治系统做出反应。支持包括积极支持和消极支持两种。积极支持是指那些能够减轻系统压力,促进系统自我维持的因素,例如守法、纳税等行为;消极支持是指那些导致系统压力增加,破坏系统自我维持因素,例如罢工、示威等行为。需求和支持共同构成了系统的压力源泉,向政治系统施加压力,促使政治系统作出反应释放压力,维系系统的自我平衡。政治系统要维持正常运作就必须消除这些压力,这就是政治系统的输出功能。在伊斯顿看来,政治系统的输出表现为政府的公共政策。图4-10给出了该模型图示。

图 4-10　系统模型

(资料来源:戴维·伊斯顿.政治生活的系统分析[M].北京:华夏出版社,1999:37)

伊斯顿的系统模型强调外部环境的作用,将公共政策看作环境对政治系统发生反复循环作用下的产出,其突出特点是要满足环境的需要。

系统模型将政策看作政治系统对外界环境压力的反应,有助于我们理解政策与政治系统、环境之间的相互关系,可以反映政治系统对社会问题的关注和对公众要求的满足。但是系统模型并没有给我们展示政治系统通过怎样的运作来实现这种从输入到输出的转换。可以清楚看到的是政策过程之外的输入和输出,而对政治系统而言,它依然是一个"黑箱"。系统模型不能给我们提供清晰的解释以便了解政策决策的具体过程。而且,系统模型仅建立起输入产生输出的逻辑关系,但是不能向我们具体地展示,到底是哪种输入产生了哪种输出,即没有明确不同输入与不同输出之间的因果对应关系,因此其实践指导意义便大打折扣。

(二)结构功能系统模型

伊斯顿的系统模型区分出需求与支持的不同形式,有助于了解政策系统的压力机构,增进对政治系统的理解。但伊斯顿的系统模型没有明确阐述政治系统的内部结构系统的互动过程,而将政治系统的反应当作"黑箱"来处理,难以展现政策制定的具体过程。

加布里埃尔·阿尔蒙德(Gabriel A Almond)是机构功能主义政治分析的代表人物。结构功能主义认为社会是具有某种特定结构并发挥特殊功能的组织组成的系统,各个组成部分以有序的方式相互关联,并以整体形式发挥必要功能。结构功能分析方法最早源于生物有机体论,奥古斯都·孔德(Auguste Comte)和赫伯特·斯宾塞(Herbert Spencer)将生物有机体论引入社会学,认为社会与生物有机体在许多方面是相似的,可以将社会看作一个有机的系统来进行研究。后经塔尔科特·帕森斯(TalcottParsons)和罗伯特·金·默顿(Robert King Merton)等学者的努力,将结构功能主义发展为社会学中一个系统而全面的理论。阿尔蒙德吸收社会学的结构功能主义思想,提出政治结构功能主义。更多强调系统内部的具体结构和过程,考察不同政治结构发挥的功能,向我们打开"黑箱"。

阿尔蒙用结构功能分析将伊斯顿的系统模型向前推进了一大步,改变了传统结构功能分析只重视功能而忽视结构的特点,更加注重系统内部结构的功能分析。阿尔蒙德认为政治系统的结构—功能具有四个特征:①每个系统都有其特殊的结构,每种结构都具有一定的功能。②不论政治系统之间的结构有怎样的差别,所有政治系统都履行着维护系统运行的相同功能。③每种政治结构都拥有多种功能。④从文化的意义上看,所有的政治系统都是混合型的,包含多种文化因素。

建立在政治系统内部结构功能分析的基础上,阿尔蒙德在政治系统的输入—输出功能之间着重分析了系统的转换功能。阿尔蒙德认为政治系统的转换功能由几种功能组成:①利益或需求的表达;②利益整合;③政治社会化和政治录用;④政治沟通或信息发送;⑤法规制定;⑥法规执行;⑦法规调整。其中,前四项属于系统的输入功能,后三项属于系统的输出功能。这七项功能丰富了对政治系统转换功能的理解,增强了系统模型对现实世界的解释力。

(三) 对系统模型的评价

政治系统分析将政治互动行为当作政治分析的起点,避免传统政治学将政治制度当作政治分析的起点以及行为科学将单纯的政治行为作为分析的基点,更有利于把握政治性系统的动态行为特征。政治系统分析方法把政治系统的维持当作分析的核心内容,将外界环境的输入和政治系统的输出连接起来,为政策的形成提供了动力机制。政治系统分析是一种整体性的宏观分析,有利于从整体上把握政策制定的特征,明确政策作为社会输入反映的是政治系统致力于解决社会问题的输出机制。政治系统是一种动态的分析,这种动态分析有利于把握政治系统的变化,进而有助于把握政策的动态变化,也更有助于解释政策变迁。

但政治系统分析也得到了一些批评。首先,相对而言政治系统分析是一种脱离实际且比较空洞的分析。政治系统分析的主要代表们在政治行为主义运动的影响下,反对把政治制度作为分析起点,而主张把人的政治互动行为作为分析起点。但是,他们并没有对人的政治互动行为做出深入的分析,而只把政治制度和政治过程抽象为简单的模式。

其次,政治系统分析带有很大的模糊性,对于政治系统内部不同结构关系之间互动过程缺乏清晰的描述。最后,当代西方的政治系统分析是一种带有一定保守倾向的方法,政治系统分析的基本问题就是政治系统如何维持生存,政治系统分析的核心主题就是政治系统怎样解决其持续、适应、调整和稳定的问题。因此,这种旨在维系系统存在的政治结构难以应对急剧的社会变化,也难以解释巨大的政策变革。

拓展案例

二、公共选择模型:自利个人的集体选择

(一)公共选择模型的基本思路

诺贝尔经济学获奖者詹姆斯·布坎南(James Buchanan)是公共选择理论的代表人物,该理论是对非市场性决策的经济学研究,或者可简单解释为经济学分析方法在政治学领域的具体运用。公共选择模型回答的中心问题就是:如何通过多数决策的机制,将个人的理性选择转换成集体的选择?公共选择模型的基本思路包括以下几点。

① 模型以个人为分析单位,而个人被假定为自利的和追求效用最大化的理性行动者,个人为了各自的利益通过达成契约而走到一起,并通过集体决策而实现各自的利益。

② 模型认为政府起源于个人为了各自的利益而达成的社会契约。换而言之,正确引导下的自利使个人走向宪政性的契约,从而组成政府来保护个人的生命、自由和财产。

③ 模型假定政府作为公共决策者也是"经济人",即追求利益最大化的自利的行动者,以服务和某种政策取向换取选民个人的选票和支持。

④ 模型将人类社会区分为经济市场和政治市场,两者都是个人相互交易的市场,都同样存在供求双方的互动,在两个市场上活动的都是同一个人,即受利己心支配、追求自我利益最大化的经济人。在经济市场上,个人(消费者)通过货币选择能给他带来最大满足的私人物品;在政治市场上,个人(选民)通过选票选择能给他带来最大利益的领导人和公共政策。前一类行为是经济决策,后一类行为是政治决策。

⑤ 模型把政治市场划分为初始市场、政策供给市场、政策执行市场。在初始市场上,政治家把政策卖给选民,选民则为政治家支付选票;在政策供给市场上,政府官员选取不同的政策工具来实现当选政府的政策目标;在政策执行市场上,政策执行对政策对象和利益相关者产生影响,这些人或多或少地调整自己的行为以适应政策的要求。

⑥ 个人作为自利的和追求效用最大化的理性行动者,实现自我利益的行为会导致"市场缺陷",如无法提供公共物品、导致外部性问题的发生等等。政府必须履行市场无法完成的功能,克服市场缺陷。为此,政府作为公共决策者必须诉诸多数机制,抑制公民

个人的理性效用最大化行为,以实现公共政策的制定和执行。

⑦ 公共选择作为一种集体行动所耗费的成本可以分为外在决策成本(即在集体选择中,由于集体中其他人的行动而使单个决策者预期所要承担的成本)和决策时间成本(即个人为了使集体决策得到所需的赞同者人数规模而花费的时间和努力)。如何确定使这两类成本之和最小的最优投票规则呢?该模型为这个问题提供的答案是:从决策成本最小化的角度来选择,最优规则既不是一致同意规则,也不是个人独裁规则,而是介于这两者之间的大多数规则。

(二)对公共选择模型的评价

公共选择理论有助于解释政党及其候选人为何在竞选活动中,一般都未能提出非常明确的政策替代方案。该理论认为,政党及其候选人对原则性问题的讨论并无实质兴趣,而是只对在竞选中获胜情有独钟。他们表述自己的政策立场有时完全是一场政治表演,不是为了形成某项政策,而是为了赢得这场选举。因此,任何政党及其候选人总是力图寻找那些最能吸引多数选民的政策立场。在围绕任何一个政策问题所形成的单峰态度倾向性图形中,政党及其候选人都将努力向中间部分靠拢,以最大限度地获取选民的支持。当然,对那些"意识形态倡导者"而言,理性并非决定性因素,他们可能会对选票极大化的中间路线策略不屑一顾。

但是,公共选择理论对过于简单的中间选民模型也有批评。它认为,政治家和政府官僚的利益需要与选民的利益需要有很大不同,前者是要赢得选举胜利、获得尽可能多的竞选资金、扩大机关预算、获取更多职权与社会声望,扩大政府部门的权力,国家宪法对于政府决算的制约,并不一定能够保证政治家与政府官僚的利益会与中间选民的利益保持一致。即使真有毫不利己、专门利人的政府官员想尝试执行中间选民(多数选民)所偏好的事项,那他也会感到要实现自己的愿望非常困难,因为会面临许许多多的障碍。政府官员不可能得到源源不断的信息来评价不断变动的消费者——纳税人的偏好。政治领域不同于消费市场,选民不会从事不间断的投票。当政治家发现选民真正的利益需要时,可能为时已晚,而此时选举胜负已判。即使选举过后,当选官员也只能是臆测自己所为到底正确与否。投票的结果往往并不能够提供与政策相关的有效信息。

公共选择理论还有助于人们理解利益团体及其对公共政策的影响。大部分的政府计划都与提供公共物品有关,而纯粹的公共物品毕竟是少数,更多的则是"准公共物品",即那些有利于社会中某些团体的物品或服务。一个理性的人若设法寻求特定利益,如补贴、特权或某种保障,就会联合那些有共同需要的人自行组织起来,通过各种活动向政府部门施压。这些特定利益的成本可分散至所有纳税人的身上,而这些人中并没有谁愿意承担时间、金钱或精力的损耗且通过组织形式来反对上述花费。这种利益集中于少数人而成本分散于多数人的项目,导致社会上少数一些具有同质性利益的、高度组织化的利益集团的形成。他们寻求政府活动的进一步扩大,但却以牺牲多数非组织化的民众纳税人的利益为代价。若干时间以后,那些寻求利益集中于自身、成本分散给他人的特殊利益集团,其频繁的活动将导致政府干预范围的进一步扩大,从而形成过度的控制、计划与活动。实际上,利益团体对社会所产生的累积效应是"组织硬化症",即社会充满着为组织化利益团体而设的补助、津贴、保护与其他特权,却不鼓励工作、生产、投资、回报的市场经济模式。

为了吸引成员的参与和社会的赞助,利益团体经常编造并宣扬它们的目标,其领导者可能会危言耸听,强调如若忽略其团体的需求将会给社会带来很大的危害。即使政府满足了它们的原始需求,利益集团仍要持续运作,那么自然会制造出新的需求,或提出新的警示。总之,利益团体像它的政治行为人一样,在政治市场中无时不在设法追逐自我利益的最大化。

三、博弈模型:竞争中的理性选择

博弈模型是基于博弈论,对处于冲突情境中两方或多方相互制约决策过程进行的模型。该模型认为,在公共决策中,人们无法自行做出最佳选择,最佳选择不仅取决于己方的选择,还取决于他方的选择。

(一) 博弈理论

在现实中,以下情况很多见。两方或多方决策者彼此对立竞争,其中一方将根据对手的决策情况制定自己的政策方案,力图推出有利于自身竞争利益的最佳决策,而对方的决策将成为自己决策的制约条件。这一特征正如詹姆斯·多尔斯(James Dall)所说,若将竞争对立看作一个博弈、竞赛过程,那么"对于每一个博弈的参加者(竞赛者)来说,其最佳的行动方案取决于在他看来其他参加者将要采取怎样的行为"。我国台湾地区学者伍启元在分析第二次世界大战后的国际关系与公共政策时也曾经指出,"当日世界是整一的世界,政策研究应用开放的体系,而非封闭的体系。同时,甲国对乙国的政策,是与乙国对甲国的政策有直接的关系。任何国家的对内政策都受外国政策、国际协定和国际组织决议的影响"。从一般情况来看,在两方或多方竞争冲突的不同状态下,解决问题的方式大致有三种。其一,武力征服。一方决策者动用武力征服对立各方,达到问题解决。这是解决问题最原始、最简单的方式。其二,经由公共权力机构互动调适。由公共权力机构组织各方竞争者进行协商谈判,通过相互交易、相互要挟,寻求并制定各方都认可的均衡方案,达到问题解决。这是现代政治运行的普遍方式。其三,博弈竞赛。各方决策者根据竞争对手的行动可能,制定并执行自己的最佳行动方案,达到问题解决。这是在没有公共权力机构制约影响条件下解决问题的方式。在第二种解决问题的方式中,如果没有公共权威机构参与,而是由竞争对立的各方自发进行协商谈判,相互制约决策,那么也就成为一个博弈决策过程。公共政策博弈模型正是从第三种解决问题的方式出发,将政策制定过程看作一个博弈运作系统,采用系统科学中"对策论"的方法,对公共政策进行分析。其核心理论可以这样概括:政策制定是一个博弈系统的运作过程,政策分析的中心内容是通过博弈过程求得最佳决策方案。

关于竞争冲突下的博弈竞争问题,早在中国战国时期先哲们就针对各国军事竞争进行了深入研究。《孙子兵法》《战国策》等古代著作都是研究博弈问题的经典。战国时期,军事家孙膑帮助齐国将军田忌在赛马中战胜齐威王的故事是中国古代博弈决策的著名范例。在19世纪初期,西方古典经济学理论也针对社会经济发展开始了博弈问题的分析研究。以亚当·斯密为代表的西方古典经济学理论认为,国内市场经济的发展和海外市场扩张必将极大地增加国民财富。然而,针对西方资本主义早期自由发展给广大社会民众带来的贫苦,大卫·李嘉图(David Ricardo)提出一种新的观点。他认为,如果假设国家的土地和其他资源固定不变,那么社会经济将是一种封闭的循环状态,社会也体现为在固定财富的彼此争夺中"你失多少,我即得多少"的"零和"状态。20世纪30年代,英国现代经济学家利欧奈尔·罗宾斯(Lionel Robbins)在《论经济学的本质与特征》一书中更加进一步明确提出,经济问题的中心就是有限资源的分配问题。如果资源有限的假设成立,那么在一定的经济状态下,有限资源所产生的国家财富与国民所得也是有限的。这样,资源与财富的分配必然是"你得我失"的"零和赛局"。20世纪40年代,约翰·冯·诺伊曼(John von Neumann)与奥斯卡·摩根斯特恩(Oskar Morgenstern)联合发表《博弈理论与经济行为》,对经济活动中的博弈决策进行了系统研究。以上这些理论著作为公共政策的博弈分析建立了基础。第二次世界大战之后,针对"冷战"中的国际关系状况,博弈理论得到进一步发展和完善。威廉·瑞克(William Rick)的《政治联合理论》等将经济领域的博弈分析引入到政治研究领域,从而建立了政策研究意义上的博弈模型。

(二)博弈模型的内容

博弈的先决条件是参与选择的各方决策者是相互依存的。博弈各方可以是一个群体、一个组织,也可以是国家、政府机构。对作为博弈一方的特定的决策者来说,单独的最佳选择是不存在的,己方的选择取决于他方的决策行为,各方在决策过程中必须不断调整己方的选择以应对他方的选择,因此己方的决策结果随他方决策方案选择的不同而不同。

博弈理论是根据极大—极小原则演绎出来的一种决策理论模型。该模型假设当决策者面临博弈决策情景时,在正常情况下会选择一种使自己遭受最小损失的方案。对参与博弈的决策者来说,其最佳选择是在计算他方参与者的可能行动对己方的影响以后所采取的对应行动。博弈论本质上是一种抽象的推理方式,它不具体描述人们在实际决策过程中如何选择,而是假定如果参与博弈的各方都是理性的,他们在竞争性环境中将如何做出决策。由此可见,博弈论是理性选择的一种形式。

博弈论作为竞争环境中理性选择的决策可以依据不同的标准划分为不同的类型。首先,根据参与博弈的决策者是两方还是多方,划分为两方博弈和多方博弈。两方博弈是参加博弈的决策者只有两方(两人、两个组织、两个国家等等)的博弈。在这种博弈中,竞争者必须作出的选择是,己方与另一方应该是合作还是竞争。这一选择通常用一个"矩阵"来描述,即用一个图表表示双方可供选择的方案,以及博弈过程所有可能产生的结果,"2 对 2"的矩阵最简单,其中两个博弈方各自只有两个可供选择的方案(如在"囚犯困境"模型中囚犯 A 和囚犯 B 各自的选择都是"坦白"和"不坦白",在"斗鸡"博弈模型中公鸡 A 和公鸡 B 各自的选择都是"进攻"和"退下来"等等)。这个博弈有四个可能的结果,每一个结果由矩阵的一个数位来代表。实际的结果取决于博弈双方的选择。一个博弈方和对方在进行某种选择之后获得的价值即收益,一般以数量化的形式表示(得益以正值计,受损以负值计)。数量化的价值被放到矩阵的各对应数位中,并设定它们代表各博弈方在各个结果上获得的损益。由于博弈方对不同结果有不同的估价,所以在各个矩阵单元中有两个数量化的价值,分属于博弈双方。在这个类型的博弈模型中,最著名的是"囚犯困境"模型和"斗鸡"博弈模型。鉴于这两个模型已经广为人知,这里不再予以具体介绍。

多方博弈是有两方以上的决策者参与其中的博弈。它也有合作博弈和非合作博弈之分。多方非合作博弈很少出现,而且与两方非合作博弈没有实质的不同。而多方合作博弈则比两方合作博弈复杂得多,因为在多方合作博弈中,局中各方在博弈中可以互相商议,以多种方式组合成策略联盟,以一个共同的策略进行博弈。策略联盟之所以能够形成和维持,是因为局中有关各方抱有期待,即己方可获取比非合作博弈更大的收益。多方合作博弈现已开发出很多有应用价值的模型,如模拟社会模型、国内国际政治模型、顶点博弈模型等等。

此外还有两种博弈类型的划分方法。第一种,以是否需要使用计算机和使用计算机的程度为标准,可以划分为人工博弈和人—机博弈,前者是不需要使用计算机模拟而直接由人参与的博弈,后者是同时使用计算机和人工的博弈。第二种,以有关各方博弈结果的损益计算为标准,可以划分为零和博弈和非零和博弈。零和博弈是局中各方的得益和损失之和为零,即一方所得正是他方所失的博弈。这是非合作博弈。非零和博弈是局中各方得益和损失的总和不为零,即一方得益不会导致他方损失的博弈。在这个类型的博弈中,局中各方的最佳选择是合作共赢。

戴伊指出:"博弈论同时包含了极为简单和极为复杂的思想。重要的问题是,这些思想中的任何一种是否真正被应用到公共政策的研究当中"。迄今尚未开发出完全依据公共决策实践的博弈模型。博弈模型实际上指的是把博弈论的一般思想或分析方法运用于公共政策过程的研究中。

案例 4-3

一波三折！美国"史上最大"救助法案将再表决

2020年3月23日，美股股指期货开盘不久即触发熔断，有分析认为，"暴击"来自于当地时间22日美国参议院没有通过应对新冠肺炎疫情影响的2万亿美元的经济救助法案。

3月21日，白宫经济顾问库德洛透露，美国国会正在讨论的一项应对疫情冲击的经济刺激计划规模将会超过2万亿美元。一周前，美国总统特朗普曾透露，白宫将"放大招"，即推出万亿美元经济刺激计划。周末讨论的计划显然更为庞大，较此前数额翻倍。但是据法新社消息，由于国会民主党参议员均未支持，该法案未获通过。

"目前来看，主要是细节上的分歧，民主党认为法案对企业的救助过多。"复旦大学美国研究中心教授宋国友认为，这次救助法案规模非常大，需要各方取得一致，必然有磋商修改的过程。

据悉，这一法案将为受疫情影响严重的企业提供"托底"救助，其中包括针对航空企业的500亿美元举措和为其他"陷入困境的企业"提供的1500亿美元救济。

参议院少数党领袖舒默表示："该法案有非常多的问题。"他说，"在清单的最上面，它包括一项大型企业的救助条款，没有提到对工人的保护，而且几乎没有任何监督。它还大幅削减了我们的医院、我们的城市、我们的各州、我们的医务人员以及其他许多方面在此次危机期间急需的资金。"

"救助企业，应该是帮助企业，但是如何更好地监督企业，民主党认为共和党做得不够。"中国现代国际关系研究院美国所学者孙立鹏分析，如何保证企业获得了救助资金后保住工人的岗位，把资金投入到生产中而非用于股票回购，这些都是民主党比较担心的。孙立鹏认为，两党的另外一个分歧是，救助资金究竟有多少钱能直接投入医疗抗疫方面。在美国疫情日渐严峻的形势下，美国抗疫方面资金不足也引发了民主党的不满。"不过这些只是细节上的分歧，两党大方向是一致的。我觉得通过相互弥合，最终会达成一个相互妥协的版本。"孙立鹏说。

这个救助方案被美国媒体称为"史上最大"救助方案，规模已经远超2008年的7000亿美元。"这次救助方案的规模是空前的，已经不仅仅是技术性方案，还涉及一些政治分配问题。"中国人民大学国际关系学院教授李巍认为，两万亿美元如何分配会直接影响两党不同的支持群体的利益，肯定要经过一些台前博弈和台后的讨价还价。适逢美国的选举年，两党都会抓住这个机会来争取对本党选民有利的分配方案。

尽管分析普遍认为该法案终会获得通过，但目前留给美国经济的时间已经不多了。

据路透社报道，两党磋商仍在继续以求达成妥协。美国参议院多数党领袖麦康奈尔

22日深夜宣布,23日将对一项已被否决的议案进行程序表决,他对新冠疫情应对议案陷入僵局深感无奈。

(资料来源:张陆煜.一波三折!美国"史上最大"救助法案将再表决[EB/OL].(2020-3-23)[2021-7-25].https://baijiahao.baidu.com/s?id=1661949714521067053&wfr=spider&for=pc.)

思考:1. 美国两党在这项援助法案上是如何进行博弈的?
2. 试用集体理论模型对上述案例进行分析。

四、垃圾桶模型与多源流模型

(一)垃圾桶模型

随着后实证主义的崛起,一些公共政策学者秉持逆向思维,对政策过程做了重新审视,发现实际的政策运作过程未必都具有理性思维所描述的那些特征,甚至完全相反。他们试图遵循反理性过程的思路,构建新的政策过程理论模型,垃圾桶模型则堪称其代表。

垃圾桶模型认为组织在决策时呈现一种有组织的混乱状态。1972年,科汉、马奇和奥尔森等在《行政学季刊》上发表文章《组织选择的垃圾桶模型》一书,收入这两位学者合写的《模糊性下的组织选择》一文。这两篇文章被认为是提出和阐释政策过程的垃圾桶模型的经典文献。这个模型关注的是组织行为的非理性因素,认为政策过程内在缺乏理性,甚至不存在新进主义所认为的有限理性。

垃圾桶模型所提出的决策有组织的混乱状态主要包含三项特质:①有问题的偏好。理性过程的模型预设决策的意愿程度、问题的理解程度是已知的,行为主体之间的关系是可预测的。但是,垃圾桶模型认为现实的决策是一个很不明确、难以预测的过程,呈现出模糊状态。又由于人们的偏好往往不一致、前后矛盾或互相冲突,决策者无法明确界定政策问题和目标的偏好,偏好是在行动过程中渐渐形成的。②不明确的技术。组织内的成员往往对组织的整体运作缺乏了解,决策者只能以试错的方式,从经验中学习决策的技能,而不可能事先洞悉整体的决策过程。③决策者具有流动性。不同机构的人在不同的时间对不同的政策问题有不同程度的参与,即使同一政策问题,这些人的参与也因时而异、因地而异,使结论与原先的规划产生不同,从而造成政策过程的不连贯、不一致。

由于组织在决策上具有以上三种特质,科汉等人进一步提出政策的产生如同一个由问题、解决问题的方案、参与者和决策机会四股力量所构成的垃圾桶。四股力量很像四道河水,有时各自流动,彼此独立,互不关联,而有时又会形成交集。垃圾桶模型认定政策过程的要素之间并没有一致的逻辑演绎关系,决策的形成只是机会使然。而组织就像是一个垃圾桶,四要素被分别随意地丢进桶里并相互混合在一起。也就是说,什么问题会得到重视,成为热门的议题,确定决策方案来试图解决问题,就需看这四种力量的互动。当垃圾桶中的问题刚好碰到解决方案,且该方案符合参与者的需求,同时决策者又能够发现问题与解决方案时,组织就产生了决策。

因此,决策者做出决策的机会在于,一个被参与者倾倒了各种各样的问题及其解决方案的垃圾桶,每个桶里所装的混合垃圾是什么,部分取决于桶上贴的标签,同时也取决于正在产生的垃圾种类、各种桶的混合情况以及现场收集和清除垃圾的速度(Cohen, March Olsen, 1979)。也就是说,垃圾桶里能否做出决策、做出什么样的决策,完全要看问题是否正好碰上解决方案、解决方案是否符合参与者的自我利益、决策者是否有机会正好同时发现问题和解决方案。换言之,组织的决策往往并不是经过理性思之,对决策者而言,结果往往是未知的、偶然的和不可预测的。

垃圾桶模式解释了官僚体系何以经常是低效率的,何以无法推动许多改革,弥补了渐进主义者无法解释的非渐进政策的缺失,为人类的创意与选择提供了更多的空间,呈现出相当开放的决策体系。

(二)多源流模型

在垃圾桶模型的基础上,约翰·W. 金登(John W. Kingdon)对公共政策过程的核心环节——议程的建立和公共政策的形成进行了科学的探讨,并发展出"多源流模型"。他针对一些长期为人们忽视的重要问题,在公共政策研究领域率先对诸如问题是如何引起政府官员关注的,政府官员的决策据以选择的备选方案是怎样产生的,政府议程是如何建立的以及为什么一种思想会适时出现等问题进行了系统的分析和回答。

金登基于组织行为的垃圾桶理论开发的多源流框架试图解释为什么某些问题的议程受到决策者的注意,在议事日程上出现,而另一些则被忽略了。金登把整个政策过程系统看作以下三种源流(通常是彼此独立运作且没有先后顺序)的汇合:由各种问题的数据以及问题界定内容所形成的问题源流、涉及政策问题解决方案的政策源流、由各种选举活动和被选举官员组成的政治源流,如图 4-11 所示。

问题源流是指围绕引起决策者关注的问题所进行的活动过程。为什么政策制定者对此问题予以关注,却对其他问题视而不见?这主要取决于官员了解实际情况的方法,包括问题是如何被认知的,以及客观条件是如何定义为问题的。而官员们了解实际情况的方法主要包括:系统指标的变化、焦点事件(危机和灾难)、现行政策的评估与反馈、预算限制和问题界定。一种情况存在与否及其重要程度可以通过一系列指数来反映,例如,项目的成本、婴儿死亡率、高速公路死亡人数、发病率、消费者价格等。这些指数可以通过政府常规性的监控活动,如政府的支出和预算等例行统计活动来获取,也可以通过对某一特定时间的特定问题进行研究,如统计医疗保险的覆盖率等。指数可以衡量实际情况所发生的变化,从而引起政府的关注。焦点事件、危机事件和符号将导致人们对某个问题的关注。因为政策问题通常不会因为一些指标而自动出现,它还需要一些推动力量来引起政府内部及其周围人们的关注。这些推动力有时是由一个焦点事件所提供,诸

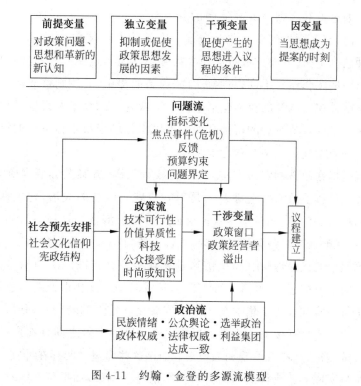

图 4-11 约翰·金登的多源流模型

(资料来源：John W Kingdon. Agendas, Alternatives, and Publiv policies[M]. Little Brown, 1984：20-21.)

如开始引起人们关注问题的一次危机、一种变得流行的符号或者政策制定者的个人经历等。关于现行项目运作情况的反馈信息，常常使一些问题受到决策者的重视。得到反馈信息的途径包括系统的监控和评估研究报告，也包括一些非正式的渠道，如征询公众的意见。预算也是政府活动的一个重要的组成部分，项目、机构以及职业发展的兴衰都是依据其所占有的预算份额。预算的提升可以提高一些项目在政府议程中的地位，起着促进作用；预算的紧缩则会使一些项目在议程上处于较低位置，甚至被排出议程，起着约束作用。而当人们意识到应该对一些实际情况采取某种行动时，这些情况就可被界定为问题。当然，并非所有的情况都能够转化成问题，问题中还必须包含可感知的因素。这一过程中，之所以一些问题会获得更多的关注，是因为人们在界定问题时，会用自己的价值观念和信仰指导决策过程，对现象归类，进行政策分析。

政策源流就是政策形成的过程，其主要特征就是政策制定群体针对政策问题竞相提出设想和方案的阶段，在这里各种各样的想法、概念和解决之道之间相互支持、竞争、抵御，其结果是有些设想可能仅仅停留在概念上，甚至消失，而有些设想则能够进一步完善，发展成为较为可行的政策方案。因此，政策流程阶段就是基于政策问题的政策方案准备与竞争的过程。政策源流的重要方面在于针对政策问题而提出的各种建议，通常以法规、讲话、文件、交流等形式出现。其中，政策企业家在提供政策建议中起重要作用。金登首先提出了政策共同体的概念，由政府官员、学者和利益集团等组成的政策共同体，政策备选方案的意见和主张由共同体中的专家们提出。有些共同体非常封闭、排外，并且联合得很牢固，有些则更为多样化和分裂。在政策共同体中，在原始的"政策鲜汤"周围漂浮着多种意见主张，然而这些意见和主张并不是简单地漂浮着，它们相互击，彼此结合，经过检验，一些主张原封不动，一些被合并为新的提案，一些则被取消，而只有少数的建议能引起高度重视。选择的标准包括意向方案或建议的技术可行性，以及决策者和公众对某种解决方案的价值观念的可接受性。难以操作的建议生存下来的可能性较小，与决策者观念不一致的建议也很少被考虑采用。

政治源流是指在政策制定过程中，对围绕政策问题、方案及其议程所涉及的一系列政治因素的考量过程。政治源流涉及的是影响着解决问题的政治，它包括国民情绪、公众舆论、选举政治和利益集团活动等众多层面的考虑。潜在的议程项目如果与目前的国民情绪相一致，能够得到利益集团的支持，符合立法机构或行政机构的取向，那么它们就更容易获得议程上的优势地位。国民情绪是指在某一既定国家中的相当数目的个体都倾向于沿着共同的方向思考，并且这种情绪会随着时间的变化而改变。意识到国民情绪变化的政府官员通常在议程上增加某些事项或淡化其他人的希望。同时，政治家们经常需要对利益集团的支持或反对态度进行判断；如果这些力量之间存在广泛的一致，那么政府官员要么试图符合，或者明确如何应对；如果这些力量之间存在冲突，那么政府官员就要判断并维持不同利益集体之间的力量平衡情况。例如，如果所有的利益集团都支持放松管制的政策，政府官员很有可能就会把这问题提上议事日程。为了达到这种平衡所采取的方法直接影响该问题是否还能够继续受到关注。立法和行政部门的换届也会在很大程度上影响议程。新政府上台的第一年首先是关注变革的黄金时期，其次是管理权限问题，在政策方向的争论中所占有的位置往往反映了有关机构的权限和利益。

三种源流是相互独立的，都按照各自的动态特征和规则发展。然而在一个关键的时间点上，当问题源流、政策源流与政治源流汇集到一起时，便为政策之窗的开启创造了条件，问题就会被提上议事日程。政策窗口是指提出公共问题及解决办法，以吸引公众及政府决策者重视机会，是一种稍纵即逝的机会之窗。三种源流的结合使一个问题获得政策制定者高度关注的可能性大大提升。政策窗口可以因为紧迫问题的出现而敞开，也可以因为政治源流中的事件而打开。在问题源流或政治源流中建立政策议程，而在政策源流中产生备选方案。

而政策窗口开启时，关注某一政策问题的政策企业家就应紧紧把握这一机会，积极参与竞争。否则一旦失去这个机会，则只有等政策窗口的下一次开启时再作打算。在这个过程中，政策倡议者不仅负责敦促重要人物对特定问题给予关注，还要负责把解决方法和问题相匹配，把问题和解决方法与政治相匹配。

金登的分析实际上也是将政策过程看作一个系统，并认为政策选择是在几个因素推动或影响下的集体选择的结果。但是与伊斯顿的系统模型不同的是，它关注将"输入"转变为"输出"的过程，即"黑箱"里的运作。在这一过程中，系统并非处于平衡之中，而是不断演化。与理性行为分析不同,金登指出现实政策过程中的模糊性、矛盾性以及由于集体行动所造成的复杂性。但是,他并不是反对政策过程中行动者的理性分析。这些理性分析实际上体现在三个"源流"之中。更重要的是,要将三个"源流"结合起来,政策活动家恰恰要有敏锐的理性判断能力,适时抓住"政策之窗"打开的机会。

金登将多源流模型应用到国家政策制定层面,尤其是美国决策前的过程、议程确定和备选方案的细化。但是,对于其他国家、其他阶段的政策制定过程是否仍有解释力?尼古拉斯·扎哈里尔迪斯(Nikolaos Zahariadis)通过对金登的理论做了修正。他把政治源流中的三个维度整合为一个概念变量,即执政党的意识形态。这种整合对于那些拥有相对集权的政治系统和强有力政党的国家来说是很有意义的。

案例分析

个税改革大事记

1980年9月1日,第五届全国人民代表大会第三次会议通过并公布了《中华人民共和国个人所得税法》,我国的个人所得税制度至此方始建立。

1986年9月25日,针对我国国内个人收入发生很大变化的情况,国务院发布了《中华人民共和国个人收入调节税暂行条例》,规定对本国公民的个人收入统一征收个人收入调节税。

1993年10月31日,第八届全国人民代表大会常务委员会第四次会议通过了《关于修改〈中华人民共和国个人所得税法〉的决定》的修正案,规定不分内外,所有中国居民和有来源于中国所得的非居民,均应依法缴纳个人所得税。

2002年1月1日起,个人所得税收入实行中央与地方按比例分享。

2003年7月,财政部财政科学研究所公布了一份名为《我国居民收入分配状况及财税调节政策》的报告,建议改革现行的个人所得税税制,适度提高个人所得税起征点,同时对中等收入阶层采取低税率政策。

2003年10月22日,商务部提出取消征收利息税,提高个人收入所得税免征额等多项建议。

2005年10月27日,十届全国人大常委会十八次会议高票表决通过了关于修改个人所得税法的决定,个人所得税的起征点由800元正式提高至1600元,并规定于2006年1月1日起正式施行。

2007年12月29日,十届全国人大常委会三十一次会议表决通过了关于修改个人所得税法的决定。个人所得税免征额自2008年3月1日起由1600元提高到2000元。

2008年暂免征收储蓄存款利息所得个人所得税。

2010年对个人转让上市公司限售股取得的所得征收个人所得税。

2011年6月30日,十一届全国人大常委第二十一次会议表决通过了全国人大常委会关于修改个人所得税法的决定。2011年9月1日,将个税的起征点由原来的每月2000元调高至3500元,并将工资薪金所得的超额累进税率由9级减至7级,取消了15%和40%两档税率,扩大3%和10%两个低档税率的适用范围,将最低的一档税率由5%调整为3%。

2012年7月22日,中央政府有关部门已经准备在2012年启动全国地方税务系统个人信息联网工作,为"按家庭征收个人所得税"改革做好技术准备。此前业内一直呼吁的综合税制有望在未来实现。

2015年2月在经过多次研讨后,个税改革方案已初具雏形,"提低、扩中、调高"成为基本的改革思路和方向。

2017年3月,财政部部长肖捷表示,个人所得税改革方案正在研究设计和论证中,总的思路是个人所得税改革从中国实际出发,实行综合与实际相结合。本轮个税改革总体设计方案:以走向"综合与分类相结合"的新税收体制为目标,将工资薪金、劳务报酬、稿酬等部分收入项目实行按年汇总纳税,同时适当增加二孩家庭教育支出等与家庭生计相关的专项开支扣除项目。另一方面,财产转让等方面的收入所得项目继续实行分类征收。

2018年3月5日,国务院总理李克强在第十三届全国人民代表大会第一次会议开幕式上做政府工作报告,报告中提到提高个人所得税起征点,增加子女教育、大病医疗等专项费用扣除,合理减负,鼓励人民群众通过劳动增加收入、迈向富裕。10月1日,个税起征点拟调至每月5000元。

2018年7月1日起,科技人员取得职务科技成果转化现金奖励,个人所得税可享优惠。

2018年8月31日,十三届全国人大常委会第三次会议表决通过新个人所得税法修正案,迎来一次根本变革。此次修法主要包括完善有关纳税人的规定、对部分劳动性所得实行综合征税、优化调整税率结构、提高综合所得基本减除费用标准、设立专项附加扣除、增加反避税条款六个方面的内容。2019年1月1日起新个税法施行,2018年10月1日起个税起征点拟调至每月5000元并施行最新税率。

2020年4月1日,国家税务总局发布2019年度个人所得税综合所得年度汇算办税指引。

(资料来源:本书作者整理。)

即练即测

案例思考题

1. 用政策模型分析"个税改革"这一公共政策现象的具体过程。

2. 个税改革触动了哪些团体的利益,他们是如何表达自己的利益的?

思考与练习题

1. 如何构建有效的政策模型?
2. 比较分析基于理性认识过程相关的政策模型。
3. 试举出典型的基于政治与权利互动的政策模型,并对其比较分析。
4. 结合当前中国相关政策,用系统模型对其政策过程做出分析。

参 考 文 献

[1] 陈刚.公共政策学[M].武汉:武汉大学出版社,2011.
[2] 李建军,武玉坤,姜国兵.公共政策学[M].广州:华南理工大学出版社,2009.
[3] 李勇军,周惠萍.公共政策[M].杭州:浙江大学出版社,2013.
[4] 宁骚.公共政策学[M].2版.北京:高等教育出版社,2011.
[5] 陶学荣,陶叡.公共政策学[M].大连:东北财经大学出版社,2016.
[6] 王曙光,李红星,刘西涛.公共政策学[M].北京:中国财富出版社,2014.
[7] 王骚.公共政策学[M].天津:天津大学出版社,2010.
[8] 谢明.公共政策分析概论(修订版)[M].北京:中国人民大学出版社,2011.
[9] 朱春奎.公共政策学[M].北京:清华大学出版社,2016.

第五章

政策工具

 引例

取消生育登记限制是民心所向

2022年9月,安徽省卫健委发布了《关于完善生育登记制度的实施意见(征求意见稿)》(下称安徽《实施意见》),公开向社会公众征求意见。由于此次安徽省政策调整拟在办理生育登记时,不再受生育子女数量的限制,也不再受结婚登记限制,近几日在网上引发热议。

事实上,安徽这次公开的《实施意见》,以及此前其他省份(如广东)出台的类似政策,都是对2021年中央提出的"完善生育登记制度"的落实。2021年6月,《中央中央 国务院关于优化生育政策促进人口长期均衡发展的决定》(下称《决定》)印发,决定实施三孩生育政策及配套支持措施,其中提出"完善国家生命登记管理制度,健全覆盖全人群、全生命周期的人口监测体系,密切监测生育形势和人口变动趋势"。为贯彻落实《决定》精神,强化人口服务体系建设,提升基层服务管理水平,国家卫生健康委于2021年12月印发了《关于完善生育登记制度的指导意见》(下称《指导意见》)。

生育登记是生命登记制度中一个非常重要的组成部分。生育登记不但为每个人提供了可以用于获取权益和服务的合法身份,也为公共政策的制定提供了必要的数据。就目前全球的状况来看,由于中低收入国家尚未建立完备的民事登记和生命登记制度,仍有25%的5岁以下儿童没有官方的出生记录。中国目前的民事登记和生命登记制度已经基本建立,特别是在生育登记制度方面,已经有比较好的基础。

通过生育登记,可以及时了解群众需求,更加精准地提供优生优育等服务。同时,做好生育登记工作,通过与公安、民政、人社等部门数据的共享,有利于建立健全覆盖全人群、全生命周期的人口监测体系,完善生育配套政策、合理配置公共服务资源,改革完善服务管理水平。

目前对生育登记制度的完善意义重大,它不仅是实施"三孩"生育政策及配套支持措施的重要举措之一,也是完善国家生命登记管理制度、健全覆盖全人群和全生命周期的人口监测体系的重要内容之一,更是强化人口服务体系建设、增强公众幸福感的重要途径之一。

（资料来源：杨凡.取消生育登记限制是民心所向.[EB/OL]（2022-09-14）[2022-11-04]. http://www.inewsweek.cn/society/2022-09-14/16535.shtml.）

本章将介绍政策工具，详细阐述政策工具的含义、特征、功能、类型、应用及相关案例分析。

第一节　政策工具概述

对政策工具的研究既是当代公共政策学理论研究的新的学科分支，又是当代公共管理实践的新的重大课题。在政策执行时要选择政策工具，可以说，政策工具是政府治理的手段和途径，是政策目标与结果之间的桥梁，对政府实现既定的政策目标具有决定性作用。从这个意义上来说，对政策工具的研究是十分有必要的。

目前，在西方政策科学及公共行政学领域已经出现了不少关于政策工具方面的论著。政策工具的研究在公共管理学和政策科学中被重视的原因有以下四点。一是政府管理及政策执行的复杂性导致人们对政策工具或手段进行反思，实际的行政管理及政策执行对工具知识方面的需求增长，要求对公共政策问题做更多的科学与实证方面的分析和研究。二是福利国家政策的失败及政府工作的低效率，导致人们对工具途径的政治及意识形态上的支持。三是当代社会科学实践性的增强，特别是应用型社会科学日益介入政府的政策和管理实践，导致这些学科的学者对包括工具性知识进行更多追求。这种学术与实践的密切结合振动了更多的学者致力于解决实际社会问题。四是公共管理学和政策科学的研究领域自身的扩展导致了政策工具被纳入学科的视野之中。

到目前为止，政策工具的研究已取得显著的理论成就，同时，这种研究紧跟公共管理与政策实践的发展，为实际操作提供方法论，成为政策执行的实践与理论之间的桥梁。它使公共管理者及政策制定者开始改变思考方式，也促进了公共管理者之间、政策制定者和分析家之间的相互交流。但是，政策工具的研究还存在缺陷及片面性，主要表现在：①研究片面地集中于环境和经济政策领域；②研究太过于关注工具的运用，而实际上，工具选择的过程及历史同样有助于解释其功能；③目前的理论对工具应用的环境的复杂性重视不够；④对政策工具的研究的一个倾向是把工具比作工匠手中的锤子或钳子，这容易让人们把工具看成是中立的手段而忽视其政治性，将效力当成是评价工具的唯一标准，并给人们一种错觉，似乎公共管理者尤其是政策制定者控制着工具，而实际上，对工具的控制受到诸多方面的限制。

政策工具领域仍有大量的问题需要进一步研究，许多问题至今仍然没有一致的看法，如政策工具应怎样分类，在实际的公共管理过程中如何进行工具选择，以及与政策工具运用相关的问题等。因此，虽然我国对政策工具的研究已起步，但远未成熟，仍有很长的路要走。

一、政策工具的含义

对于政策工具的定义，国内外学者给出了不同的解释。

如霍格维尔夫（A. Hoogerwerf）认为，政策工具是"一个行动者能够使用或潜在地加以使用，以便达成一个或更多目的的任何事物"。欧文·E.休斯在（Owen E. Hughes）《公共管理导论》一书中将政策工具定义为："政府的行为方式，以及通过某种途径用以调节政府行为的机制。"林格林（A. B. Ringeling）将政策工具定义为"致力于影响和治理社会过程的具有相似特征的一系列政策活动"。尼德汉（D. Barrie Needham）的定义是"公共机构可以使用的具有合法性的治理"。豪利特和拉米什（Michael Howlett & M. Ramesh）认为"政策工具是政府赖以推行政策的手段，是政府在部署和贯彻政策时拥有的实际方法和手段"。

我国学者张成福的定义为"政策工具是政府将其实质目标转化为具体行为的路径和机制"。陈振明将政策工具定义为"人们为解决某一社会问题或达成一定的政策目标而采用的具体手段和方式"。陶学荣给出的定义是"公共部门或社会组织为解决某一社会问题或达成一定的政策目标而采取的手段和方式的总称"。顾建光认为"政策工具是决策者或者实践者实际采用或在潜在意义上可能采用的用来实现一个以上目标的任何方法或手段"。

从上述关于政策工具的众多定义可以看出，研究者基于不同的视角，对于政策工具的理解也就各不相同。大致归纳起来，有以下几种说法：第一，技术论。这种说法认为，政策工具的属性本身就构造了政策过程，政策工具的选择及其运用决定了政策的成败。第二，过程论。这种说法认为，它是事实与规范结合最为均衡的视角，并且与政策过程论有着高度的契合性。政策工具是否恰当，应该视具体情况而定。第三，权变论。这种说法认为，恰当的政策工具既不是抽象计算的过程，也不是由政策工具应用的环境而定的，而是在政策工具同环境之间寻找某种契合。第四，构造论。这种说法认为，政策工具代表的是社会形成的一种实践形式，其意义和合法性都是在实践过程中被构造和重新构造出来的。这四种视角各有利弊：技术论过于突出和强调了政策工具对于政策成败的决定性作用，具有工具至上的意味；过程论强调政治的灵活性，忽略了政策工具本身的特性；权变论过于强调政策环境的重要性，模糊了政策概念与工具概念之间的界限；构造论使政策工具引入了其他领域，重点在于考察政策系统、政策网络、决策过程等，极大地忽视了对于政策工具本身特性的研究。因此，我们认为，政策工具的研究取向既不能局限于传统的技术论范畴，强调工具本身的特质，也不能舍弃政治环境、意识形态等研究背景。与此同时，也不能将政策工具的定义过于泛化，使其成为一个无所不装的"大筐"。综上所述，我们将政策工具定义为：政策工具是政府及其部门为执行政策达成目标所选择运用的多种措施、策略、方法、技术、机制以及配置的人力、资金、资源等手段的总称。

二、政策工具的特征

每种工具都有其特征、适用范围及优劣之处。作为政府治理实现政府职能、解决公共问题的政策工具,它会有哪些基本的特征呢?不同的学者对它有不同的解释,而且随着时代的发展,政策工具又有了一些新的内涵,因此也就具有一些新的特性。

(一)有效性

政策工具是能够解决公共问题的工具,有效性是判断政府公共行动成功的最为重要的标准,也就是人们经常所说的社会效益。有效性表明一项公共行动是否达到了目的。虽然成本也是考虑的一个重要标准,但是有效性常常可以独立于成本之外。如果一项公共行动没有达到预定的目的,即使所付成本很少,这项公共行动也没有任何意义。因此,有效性就成为政策工具的一项基本特征。

(二)公平性

公平性包含三层含义:首先是个人的贡献与收益相等,这种平衡又称为财政平衡。构成交换经济之基础的公平理念认为,谁从服务中获益,谁就应该承担该项服务的财政负担;谁获益较多,谁就应该付出较多。这一含义的本质内容是公共服务的收益与提供该服务的成本之间的财政平衡。其次是罗尔斯所说的要将基本权利平均分配给社会上所有个人,这样在全国范围内看来是比较公平的。最后一层含义是再分配,即将一些利益分配给那些最需要的人,这事实上也是政府之所以存在的道德原因。道德市场总会因为交易成本过高和正外部效应而供给不足,因此政府作为替代选择,能够扩大供给从而把服务给予更多需要帮助的人。

(三)适应性

适应性在现代社会中具有越来越重要的地位,诺斯通过对适应性效率的研究指明了制度在经济生活中的重大意义,从而修正了古典经济学。奥斯特罗姆通过对基础设施的研究指出:"如果制度安排不能对变化的环境作出反应,那么基础设施的可持续性很可能遭到破坏",政策工具的适应性是指政策工具不仅能够适应当时的环境,而且能够随着环境的变化而变化。

(四)可执行性

管理在项目执行过程中变得越来越重要,工具越是复杂,所涉及的参与者越多,管理的难度就越大。虽然有些工具在理论上许诺会带来更大的利益,但在实践中往往会因为管理方面的原因而使其失效。正是基于这个原因,有学者甚至把可执行性作为项目设计的第一标准。政策工具必须是最简单的和最直接的工具。

(五) 权威性和强制性

政策工具是社会关系的调节器,它赖以运行的根本在于其权威性,政策工具的主体是社会公共权威,主体的权威性赋予了政策工具的权威性。政策工具的权威性,指的是政治团体的输出在一定的范围内成为起支配作用的意志,使得政策客体愿意服从或不得不服从。政策工具的权威性是由其强制性决定的,政策工具的主体是政府,通过制定政策工具来履行社会管理职能,政策工具是政府通过强制机关来贯彻其意志的,所以政策工具也具备强制性。

三、政策工具的功能

政策工具作为公共行政决策的重要组成部分在新公共管理中有着重要的作用。政策工具是用来达成政策目标的手段,政策目标主要是在政策制定阶段确立的,政策工具主要发生在政策执行阶段,其功能主要表现以下几个方面。

(一) 政策工具是将政府决策变成现实并实现政策目标的手段

政府为了有效地管理国家和社会事务,必须根据社会政治、经济、文化发展的需要和态势,针对现实中的重大政策问题,确定正确的政策目标,而政策目标要变成现实,必须以各种政策工具作为媒介,在政策执行中充分运用经济性的、行政性的以及政治性的工具手段,才能使政府决策真正变成现实。同时,政策目标与政策工具相辅相成,缺一不可。正确合理的目标如果没有实现手段和方法,目标也难以实现。正如1934年毛泽东所说:"我们不但要提出任务,而且要解决完成任务的方法问题。我们的任务是过河,但是没有桥或没有船就不能过。不解决桥或船的问题,过河就是一句空话。"

(二) 政策工具是实现公共管理职能的重要手段

随着政府由行政管理职能向公共管理职能的转变,政府的主要职能被界定和定位为制定法律和规章制度、监督和执行法律法规,政府的财政开支,相当大的部分应该用于教育、科研和社会福利事业。同时,要建立比较完善的社会保障制度,使政府的公共服务得到较好地实施和加强。政府将从参与经济实体和社会团体的大量社会事务中解脱出来,要掌好舵而不是划好桨,这就要借助政策工具实现公共管理的职能。

(三) 政策工具促进政府职能转变,提高政府管理的绩效及效率

20世纪90年代以来,随着市场化进程的加速,我国公共管理尤其是政府管理的某些部门、领域、方面已尝试引入市场竞争机制,如政府采购制度,公共工程的招标投标,土地的有偿使用,营业执照的拍卖,公共服务如环保、治安、公交的委托承包以及自然垄断行业的开放竞争等都是将市场机制引入公共部门的具体体现。同时,目标管理、绩效评价、全面质量管理、合同聘任制一类的工商管理技术,社区治理、个人与家庭、志愿者服务、公私伙伴关系、公众参与及听证会一类的社会化手段也逐步在公共部门的管理中推行。更重要的是,近几年我国开展的行政审批制度改革正在逐步破除以行政干预为主要内容的旧的行政管理方式,为新的政策工具的引入及改进政府管理方式创造了条件。

当前,加强对政策工具的研究,概括、总结和提炼一系列在国内外公共管理中被证明是行之有效的政策工具,尤其是市场化工具、工商管理技术和社会化手段,对于促进我国政府管理方式以及管理方法、技术与手段的创新,推动我国政府职能转变,提高政府管理的绩效及效率尤为重要。

第二节 政策工具的类型与选择

一、政策工具的类型

就已有的研究文献来说,政策工具的类型学研究成果最丰富。许多研究者对政策工具的分类进行了研究。如表5-1所示。

表5-1 政策工具分类

分法	代表作者	政策工具类型
两类	美国政治学家罗威(Lowe)、达尔(Dahl)、林德布洛姆(C. E. Lindblom)	规制性工具和非规制性
	萨拉蒙(Lester M. Salamon)	政府部门直接提供和非政府部门(私人部门和非营利组织)提供
三类	狄龙(Dillon)	法律工具、经济工具和交流工具
	陈振明	市场化工具、工商管理技术工具和社会化工具
	霍利特和拉梅什	自愿性工具(非强制性工具)、强制性工具和混合性工具
四类	丘昌泰	管制类工具、财务类工具、沟通类工具和组织类工具

续表

分法	代表作者	政策工具类型
五类	安耐·施耐德(Anne Schneider)、海伦·英格拉姆(Helen Ingram)	权威式、刺激式(包括激励、收费、制裁、强制)、能力构建式、符号和劝告式、学习式
	戴维·L. 韦默(David L. Weimer)、艾丹·R. 维宁(Aidan R. Vining)	1. 市场自由化(包括解除规制、合法化、民营化)、便利化(包括由政府分配既有物资和创造新的市场化物资)和模拟化(包括以拍卖方式提供物资);2. 使用财政补贴和课税的方式改变诱因;3. 建立规章制度;4. 经由市场机制提供物资;5. 提供保险与社会保障
七类	林德和彼得斯(Linder & Peters)	命令条款、财政补助、管制、课税、动告、权威、契约
八类	胡德(C. Hood)	建议;补贴、贷款;法律;服务、传递;调查;顾问;注册;统计
十类	张成福	政府部门直接提供财货与服务、政府部门委托其他部门提供、签约外包、补助或补贴、抵用券、经营特许权、政府售卖特定服务、自我协助、志愿服务、市场运作

(资料来源:麻宝斌,王庆华.公共政策学[M].北京:高等教育出版社,2016;
宁骚.公共政策学[M].2版.北京:高等教育出版社,2011.)

综合以上分类,我们认为,与其他分类方法相比,加拿大学者霍利特和拉梅什的三类分类框架传播更为广泛。下面对其进行详细介绍。

(一)自愿性工具

自愿性工具的特征就是它没有或很少有政府参与,其任务是在自愿性的基础上完成的。具体而言,它是指所在期望实现的任务上,较少政府的介入,而由民间力量或市场自主运作,由于自愿性工具强调官商、富民平等协商,自愿合意,节约成本,既具有成本效益上的优势,又与主张个人自由的文化相吻合,并且有助于维系家庭与社区的关系,因此很容易受到政策受众的配合。这类政策工具包括家庭与社区、志愿者组织、市场等。

1. 家庭与社区

家庭与社区是一种常见的自愿性政策工具。在所有的社会关系中,朋友和邻居是最为重要的关系,他们能在人们遇到困难时无私地提供大量的物品和服务。几乎在所有的社会形态中,人们都把照料家人和其他亲友的行为视为一个人应负的重要责任。在家庭和亲友中,儿童、老人和病人通常都能得到应有的照看或金钱上的资助。这些照看和资助虽然都得不到经济上的回报,但却能获得感情上的满足。据估计,在美国对老人提供的家庭健康服务中,约有80%的服务是由家庭成员提供的。而在其他许多国家中,社区服务的范围则更加广泛,从幼儿入托、老人陪护一直到环境卫生、娱乐保健等。

将家庭和社区当作一种政策工具的最大好处是：除开政府选择对家庭和社区的某些行动进行授权或提供补贴外，一般不需要政府太多的支出。但是，家庭和社区作为政策工具也存在一些严重的缺陷：一是在解决复杂的经济问题时，基于家庭和社区的政策工具通常显得很乏力；二是以政府的力量来解决公共问题可能存在不公平，毕竟社会上有许多人没有可依靠的人，或可依靠的人没有经济来源，甚至可依靠的人不愿去照顾他们等。可见，家庭和社区的政策工具在解决社会问题时，往往只能作为其他政策工具的一种补充和调节。

2. 志愿者组织

作为一种政策工具，志愿者组织的志愿活动是不受国家强制力的约束，不以追求利润为目标的。当前，志愿者组织也逐渐成为重要的政策工具。志愿者组织可以提供某些社会服务，例如，可以向低保人群、受伤害的妇女、走失的儿童或故意离家出走的少年提供一定程度的保健服务、教育以及衣服、食品；慈善机构为穷人提供医疗保健、教育和食品，志愿者团体提供诸如海滩和公园的公益服务等。

一般认为，由志愿者组织提供的服务是低成本的，具有较高的灵活性和回应性。比如，在救灾救济中，他们的行动往往要比政府快得多。志愿者组织是一个公平的政策工具，他们通常把那些在危难中需要帮助的人们作为目标群体，起到"雪中送炭"的作用，是社会公平机制有益的和必要的补充。志愿者组织的活动同时能够促进社会团结，提高政治参与水平。志愿服务的最大优点是创新，由志愿者提供社会服务还可以减少对政府行动的需要或减轻政府的负担。但是志愿者组织不适用于解决复杂的经济与社会问题，其应用范围有限。在实践中，志愿组织也容易蜕变为准官僚组织，从而使其效率和效力受到影响。

3. 市场

到目前为止，市场是最重要的也是最有争议的自愿性工具。市场是消费者和生产商之间自发互动的场所，消费者追求的是用有限的资金购买更多的产品，生产者追求的是实现利润最大化，自愿相互作用的结果是市场提供了使双方都满意的产品。市场在提供大部分私人物品上是富有效率的手段，是资源配置的有效工具。当供货商之间存在竞争时，它还能保证物品与服务以最低价格提供给社会。由于人们需求的绝大多数物品与服务都具有私有特征，所以，多数社会都依赖市场工具。市场本身是自愿性政策工具，当它被用来当作提供公共服务的手段时，是以政府的强制力作为其后盾的。在公共事务管理中，凡是能够以公开、公平、自由竞争的方式达成较大利益的，便适合运用市场机制。

然而，市场并不是万能的，它在应用时存在局限性。市场不能用来有效提供如国防、警察等纯公共物品，由于市场存在失灵的可能性，在提供各种各样的收费物品和共用物品中也存在困境。而且，市场是一个高度不公平的政策工具，它仅仅满足那些有支付能力的人们需求。因此，当政府借助市场工具来解决公共问题时，通常也会用其他工具作为补充。

（二）强制性工具

强制性工具，也叫规制性工具。它借助政府的权威和强制力，迫使目标团体及个人采取或不采取某种行为。政府可以选择管制、公共企业或直接提供等手段来实现其政策目标。这些是高度强制的工具，没有给目标群体留下多少自由决定的余地。

1. 管制

管制是指政府通过一系列行政管理过程（通常由特别指定的管制机构来行）对个人和机构的行为做出要求和规定的活动。对于这些规定，目标群体必须遵守和服务，反之将受到惩罚。从性质来看，管制可分为经济管制和社会管制两种类型。管制作为一种政策工具有以下优点：建立管制所需要的信息相对较少；管制较容易实施；在运行管理中，管制的不确定性较低；相对于其他工具来说，管制更适用于危机管理；管制比其他工具（例如补助或者税收）的成本更低；最后，采取行为角度上，管制措施能够表现出政府部门的快速行动，对公众而言具有政治感染力。管制的缺点如下：管制经常扭曲自愿性或私人活动，从而导致经济上的无效率；管制可能会抑制创新和技术进步；管制缺乏灵活性，过于刻板；管制所引起的社会服从成本可能会比较高。

2. 公共企业

公共企业也称国有企业，它可以被看作是管制的一个极端形式。一般认为，公共企业具有三个普遍特征：第一，它们具有一定的公共产权（可能高达100%，或者少至不足50%）；第二，公共企业需要政府对其进行某种程度的控制或直接管理；第三，公共企业可以生产在市场上出售的物品和服务，这不同于诸如国防或路灯此类的公共物品（对接受服务的对象不直接收费）。公共企业作为政策工具有以下优点：在因高资本投入或无利可图而私人企业不愿提供社会需要的物品和服务的条件下，公共企业是一项有效率的经济政策工具；在许多情况下，建立公共企业所要求的信息比利用自愿性工具或管制时所要求的信息少；公共企业的利润能积累公共资金以用于公共支出。

公共企业的缺点也很明显：政府难以有效地控制公共企业；在运行中，公共企业即使连续亏损也未必破产，缺乏有效的约束；在诸如水电供应领域中，许多公共企业的垄断地位使其能够将其无效率的成本负担转嫁到消费者身上，效率低下。

3. 直接提供

由公共财政拨款并由政府及其雇员直接提供物品和服务，是一个基本的、最为常见的政策工具。大部分政府职能通过此政策工具来完成，比如国防、外交关系、警察、消防、社会保障、教育、公用地管理、公园与道路维修、人口普查、地理测量等。

直接提供作为政策工具有以下优点：与其他强制性工具类似，直接提供所需信息较少因而容易运用；直接提供所要求的庞大机构规模使其能够获得高度工作绩效所必需的资源、技巧和信息；直接提供避免了间接提供所产生的一些问题，比如讨论、谈判以及较高的信息需求；直接提供允许交易内部化从而降低成本。

直接提供的缺点也是显而易见的：官僚机构直接提供的服务经常是刻板僵化的；对提供产品及服务的机构和官员的政治控制容易降低公共服务的质量；由于官僚机构缺乏竞争，它们没有足够的成本意识，造成浪费；政府机构之间和政府机构内部的冲突会损害物品和服务的直接提供。

（三）混合性工具

混合性工具结合了自愿性工具和强制性工具的特征，允许政府对非政府行为主体的决策进行不同程度的干预，但最终仍由私人做出决策。在某种程度上，这类政策工具兼备自主性工具和强制性工具的优点。主要包括以下四种形式：

1. 信息与规劝

信息传播是一种消极工具，政府向个人和公司提供信息并期待它们的行为发生预期的变化。它假设人们一旦获得相关问题的知识或信息就能作出明智的选择。例如，政府发布经济社会统计方面的信息，公司及个人可以由此形成关于经济社会状况的结论并采取相应的行动；又如政府要求烟草公司在烟盒上印上"吸烟有害健康"的标识，以引导公民不吸烟或少吸烟。但是，信息传播并不具有强制性，公众并没有义务做出特定的回应。

规劝是政府试图说服人们去做或不做某事，力求改变人们的偏好和行动，而不是仅仅向人们提供信息并期待其行为发生预期变化，但是规劝并不运用奖励和惩罚手段。例如，政府规劝人们参加体育锻炼，形成良好的生活习惯，以及节约用水、节约能源、乘用公共交通工具等。

这类工具的优点是：当问题尚没有明确的解决办法时，规劝是较好的首选工具，如果单单通过规劝就能解决问题，那么就不必采取其他措施；如果找到了更好的政策工具，改变或放弃规劝工具比较容易；规劝工具容易实施，成本很低；规劝与强调自由和个人责任的民主理念相一致。然而，规劝是一个虚弱无力的政策工具。政府采用规劝工具，只是希望或劝导人们做某事，如果没有其他工具的配合，这类工具的效果往往是有限的。

2. 补贴

补贴是指政府（或者通过其代理）给个人、公司和组织的各种形式的财政转移，目的在于通过影响和改变受资助者对不同备选方案成本与收益的判断，促使其采取政府期望的行为。尽管受资助者行使最后的选择权，但其做出政府所期望的行为的可能性因补贴而增加。

补贴的形式包括拨款、税收减免、凭单、低息贷款等。拨款通常提供给生产者，目的是使生产者提供更多的物品和服务以满足社会需要。税收减免是一种隐蔽的补贴形式，它实施起来比较容易，并不涉及直接的支出，对政府而言具有相当的吸引力。凭单是政府给予某一特定物品或服务的消费者的具有一定面值的证明。消费者在购买物品或服务时将凭单交给自己选择的供给商,后者则将收到的凭单交给政府来获得相应的补偿。另外,低于市场利息的贷款也是补贴的一种形式。

补贴的优点有：它易于确立并加以实施,是一种灵活的政策工具；能够鼓励创新；补贴的管理和实施成本较低；具有较高的政治可行性。补贴的缺点包括：补贴(税收减免除外)需要财政资金,而增加开支总是比较困难的；收集关于补贴的相关信息的成本较高；这种工具发挥作用往往存在时滞,不适用于危机处理；补贴一旦建立起来就难于取消。

3. 产权拍卖

这种工具假定市场是最有效率的资源配置工具。政府通过产权拍卖,在不存在市场的公共物品和服务领域建立市场。政府对特定的资源确立一定数量的可交易的产权,创造出人为的稀缺,并让价格机制起作用。许多国家都采用这种工具来控制有害污染物的排放。典型的做法是,政府先确定可以进入市场进行交易的污染物排放总量,然后通过定期拍卖来分配污染物的排放指标。产权拍卖的优点有：它只需政府设定物品和服务的总量,规定上限,其余的事情则留给市场机制去解决,比较容易确立；它是一种灵活的政策工具,政府可以根据其需要来确定不同的上限,同时,即使在政府政策不变的条件下,目标群体也可以根据实际情况的变化来调整自身行为。

产权拍卖的缺点是：它可能会助长投机行为；那些不能购买产权的人常常因为别无选择而被迫采取不合法的行为；产权拍卖是一种不公平的工具,它依据支付能力而不是需要来配置资源,因而容易遭到支付能力不足而又确实需要的人们的强烈反对。

4. 税收与使用者付费

税收是一种法定的由个人或者公司向政府的强制性支付。它是政府获取财政收入的重要手段,同时也可以作为一种政策工具,用来引发政府所期望的行为或者限制不希望的行为。例如,政府可以通过对某些物品、服务或活动(如烟、酒、博彩)征税,间接地限制其消费规模。

使用者付费是税收作为一种政策工具的创新应用形式,是管制和市场两种政策工具的结合体。政府不用禁止或限制某种行为,只需设定收费的水平,运用市场力量来控制这种行为的数量。使用者付费常用来控制负外部性,比如污染治理和城市交通控制。税收与使用者付费作为政策工具有以下优点：比较容易确立；是一种灵活的政策工具；可以提供持久的财政激励；使用者付费工具有助于创新；由于它将调整行为的责任留给个人和公司,这减少了官僚机构的执行任务。税收和使用者付费的缺点有：确定引发预期行为的税率和收费水平需要大量信息；不能满足危机时期快速反应的要求；比较繁杂,可能会提高管理成本。

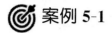 案例 5-1

深圳人口政策收紧,来了还是深圳人吗?

近期深圳人口政策收紧是对前几年政策过于宽松的纠偏,有人说,深圳的人才"拉新"终于结束了。日前,深圳市发改委公开征求《深圳市户籍迁入若干规定(征求意见稿)》意见。其中最引人瞩目的一项就是抬高了核准类入户的接收标准,具体的修订内容涉及众多方面。紧随其后,2021年5月28日,深圳市人力资源和社会保障局也发布了关于高层次人才业务、新引进人才租房和生活补贴业务相关安排的公告,生活补贴和租房补贴也被大幅取消。过去,深圳一直秉承"来了就是深圳人"的口号,在轰轰烈烈的抢人大战中立于潮头,以改革创新思维吸引各方来深创业人群。但是,随着公共服务均等化、全覆盖,向越来越多的人口敞开,公共服务资源越来越紧张。这次的人口政策收紧,会给深圳带来什么样的影响?以后来了还是深圳人吗?

落户条件和补贴口径双双收紧

深圳市发改委在5月末发布的意见稿中传递出诸多信息,仔细梳理,会发现在落户条件的年龄、学历、社会履历等方面都做出了调整,涉及婚姻、老年人等随迁入户的条款也进一步严格。具体来看,有这些变化:将核准类学历型人才的底线要求,从全日制大专调高为全日制本科,技术型人才底线要求调整为"中级职称+全日制大专",技能型人才的底线要求调整为技师。

不符合上述核准条件的其他人才,统一由市人力资源保障部门在专项指标计划内通过积分方式择优审批引进。本科门槛也从45岁收紧到35岁;夫妻投靠基本要求,由结婚时间及被投靠人入深户时间满2年调整为满5年,并增加高层次人才、高级职称、高级技师和硕士以上学历人员原则上只享受一次不受时间限制优先解决配偶随迁问题的条件;老人随迁将子女入深户时间要求由8年调整为15年,并增加子女在深圳缴纳社保连续满15年的要求;对存在隐瞒、欺骗或提供虚假材料的入户人员,将2年内不得再次申请入户的政策要求提高至5年。

这些条款意味着,今后不同人群想要落户深圳,将面临更加苛刻的条件。与此同时,收紧的不仅仅是落户的条件,还有曾经充裕的人才补贴。紧跟深圳市发改委的文件,深圳市人社局关于补贴的公告中,传递出的核心信息无非两点:一,市、区级相关部门对2021年9月1日及之后新引进人才不再受理发放租房和生活补贴;二,对于2021年9月1日及之后新引进入户并全职工作的35岁以下的博士另行制定生活补贴政策。

值得注意的是,9月1日后,只有35岁以下的博士生具备在深圳拿到生活补贴的资格,而本科生和硕士生已经不在人才补贴的范围了。回顾过去,深圳的补贴曾在全国一线城市当中,数一数二。根据学历水平,来到深圳发展的年轻人可以拿到15000元到

30000元的补贴,甚至在市级补贴之外,一部分满足相关要求的候选人,还有资格领取区级政府发放的补贴,有人测算过,最高可拿到高达60000元补贴,这对于刚刚来到深圳、缺乏根基的年轻人而言,是很可观的一笔数目。而这样的"好时光",已经一去不复返了。

不断膨胀的人口

事实上,深圳招揽人才的门槛相继收紧,早在2020年4月就有过不少猜测。2020年深圳两会期间,针对深圳市人大代表提出的相关建议,当时深圳市发改委曾有过相应回复:深圳入户政策目前在国内主要大城市中几乎最为宽松,且已覆盖所有群体,不宜再加以放宽。若按照法定退休前不设年龄、缴纳社保15年即可入户的敞口式政策,作为千万量级人口规模的超大城市,可以预见的深圳户籍人口增长将面临失控局面,最终造成人口剧增,公共服务供需矛盾更加尖锐,同时进一步加剧环境污染、交通拥堵等问题,导致与实现民生幸福城市背道而驰的后果。

2021年5月,深圳市统计局正式发布了深圳的第七次全国人口普查公报,坐实了深圳市发改委的诸多担忧。普查结果显示,深圳市常住人口1756.01万人,与2010年的第六次全国人口普查的1042.40万人相比,增加713.61万人,增长68.46%,年均增长5.35%,增量位居全国城市之首。宽松的人口政策给深圳带来的人口增长显而易见,仅2020年,深圳户籍人口就净增了92.62万人,年增幅达到了18.7%。户籍人口增长将近100万人,这样的增量和增幅,恐怕放在全世界的城市发展史上,也极为罕见。

深圳市统计局相关负责人对此的点评是:"十年来,深圳人口总量保持较快增长,人口素质稳步提升,劳动力规模依然庞大,人口集聚进一步增强。"

公共资源匮乏

纵览深圳的发展历程,从1982至今,深圳人口翻了50倍。过去的40多年间,人口红利的确是深圳经济最显著的关键词,深圳一直秉承"来了就是深圳人"的口号,让所有来到的深圳的人都成为深圳的建设者和创业者,从而创造了这个城市的奇迹。然而,这次人才政策的收紧,或许折射着"人口"这个词,正被注入越来越复杂的意味。

中国城市经济专家委员会副主任宋丁对中国新闻周刊说,深圳人才政策的变化,背后其实是人口政策的变化。深圳的户籍人口数量只占常住人口数量的1/4,在过去的很长一段时间内,都有大规模的劳动者虽然在深圳工作,但由于户口数量管控,没有将户口迁至深圳本地,他们被称为"居住证人口"。

近年来,在各大城市的"抢人大战"中,深圳感受到了威胁。"被迫"放开户口政策后,深圳的户籍人口上升速度非常可观,但问题也变得极为突出:深圳社会的福利保障体系,包括教育、住房、医疗、治安等方面配备,并没有完全做好准备,迎接如此剧烈的户籍人口增长。深圳的教育和医疗的公共资源相对匮乏,已是人们热议的话题。深圳特区成立已经有40年,但这座城市竟然至今没有一所双一流学校,基础教育资源更是惨淡,相比于北京、上海、广州分别大约拥有1500个左右中小学,深圳只拥有不到一半数量的中小学。医疗方面,深圳的三甲医院数量也远远落后于其他几个超一线城市。有评论认为,在这样的环境下,来到深圳的年轻人很难安居乐业,公共资源的匮乏筛选出少部分精英,以充足的资源和金钱可以负担得起高质量教育与医疗服务,而那些没有能力负担、只能依赖公共资源的人们,最后则只能离开这座城市。在人口与公共资源错配严重的背景下,深圳的人口政策向着控制城市人口过快增长的方向优化,也就不奇怪了。

对于一些人对深圳失去包容性的质疑,宋丁对中国新闻周刊说,在新的形势下,"来了就是深圳人"的价值观依旧没变,近期深圳对于人才政策的收紧,不能孤立看待,而是要放在深圳近几年来的时间跨度里观察,看到今天的收紧,是对前几年政策过于宽松的一种纠偏,例如过去将大专文凭认定为人才标准,现在收紧了,大专不在这个范围内了,但仍然保护本科以上的人才。人口政策变化的本质,是在政策维持一定稳定性和延续性的基础上,进一步对深圳户籍增量人口的结构进行优化,对于深圳而言是正面积极的做法。

由于这是深圳特异性的问题,因此这次收缩不是趋势性的,而是短期调整优化,不必过度担心网上所揣测的"下一个收紧政策的是哪个城市",深圳收紧,并不意味着全国其他主要城市也会跟着收缩政策。

中国(深圳)综合开发研究院公共政策与社会治理研究中心主任王梅参与的一项"深圳吸引人才要素"研究表明,深圳吸引人才的要素中,"城市包容性"以62.44%的比例位居榜首,"事业发展机会"以40.37%比例位居第二,"收入水平"以33.7%比例位居第三,而"人才政策引力"则以18.97%比例排在第七位,国际化程度、创新精神和城市竞争力均排在政策引力之前。

"如果年轻人仍然认同深圳和深圳的价值观,当然不会因为政策的短期调整,就放弃深圳",宋丁说,"包容性仍然是深圳吸引年轻人最大的一张王牌。"

(资料来源:戴洋港.深圳人口政策收紧,来了还是深圳人吗?[EB/OL].(2021-06-16)[2022-11-04].http://news.inewsweek.cn/society/2021-06-16/12898.shtml.)

问题:试分析在这个案例中涉及对公共政策哪些功能的认识和哪些类型政策工具的选择。

除上述政策工具类型以外,近年来大数据治理越来越成为一种高度复合型或高度整合型政策工具,大数据作为政府治理工具创新的方式,在实践层面上为地方政府治理提供了新的模式。毋庸置疑,大数据是一种"将众多社会行动者带入解决公众需求的事业当中的工具"。大数据运用不仅需要政府部门政策、资源等配套程序的跟进,同时需要与企业建立合作关系以提升大数据技术和管理效能。在硬性条件相对完善之后,通过宣传和培训了解大数据治理理念和运营方式,将大数据管理模式运用于社会公共服务中,不仅如此,非政府组织和社区根据自愿原则成为大数据治理参与者和实践者,有利于以大数据为基础的电子政务更快形成规范化、系统化。就地方治理过程看,由于决策者的有限理性,政府的决策易受到缺乏科学依据的制约,而借助大数据进行数据分析和评估直至决策后跟进与完善,则能够帮助地方政府在决策与治理过程中减少不必要的成本损失。同时,多元治理主体共同参与的地方治理方案与行动,不论是通过政务 APP 还是通过行政服务中心的参与,借助互联网和大数据的融合技术,以公民意愿为导向,将公民的日常事务数据化,对服务流程进行缩减,提高办事与行政效率。对公民而言,公民可以进行数据共享与平台信息公开监督政府行为,及时与政府部门进行互动,强化了公民的主体性精神与社会责任感。

案例 5-2

南通—大数据赋能城市治理 打造城市"最强大脑"

作为全国首批市域社会治理现代化试点城市,去年 6 月,南通高效建成全国首家市域治理现代化指挥中心。一年来,指挥中心打破数据互联共享壁垒,构建城市治理"最强大脑",用大数据的火眼金睛查漏补缺、辅助监管,探索出具有地方特色的社会治理现代化之路。

以"最强大脑"为中枢,南通还建立了"一盘棋"布局、"全市域"推进的治理新格局,通过横向联动城市管理、市场监管、生态环境等部门,纵向贯通 10 个县(市)区、园区指挥中心,96 个乡镇街道指挥中心,1.4 万个基层网格,基本实现了问题处置交办全域覆盖、不留死角。"目前,指挥中心对百姓诉求进行归集处置,并实现跨部门、跨层级、跨区域综合指挥,就市级层面职能交叉的一些事件进行分拨研判交办,让群众遇到难事只需'进一家门',就能顺利解决。"施筱筱介绍,指挥中心的成立,突破了原来部门单兵作战的形式,真正实现了高效联动。一年多来,全市指挥中心归集和受理社会各类诉求达到 1 万多件,基本得到了及时处置和圆满解决。

一年多来,南通扎实推进市域社会治理现代化建设,全力推动试点城市建设"一年有突破、两年提质效、三年达目标"。2020 年,南通全市群众安全感 98.96%、政法队伍满意率 96.61%,法治建设满意度 93.2%,均居全省第二,社会治理与经济发展同频共振、相得益彰。今年 3 月,南通"大数据+指挥中心+综合行政执法"新模式获中央依法治国办通报表扬。

市域治理现代化建设任重道远,领跑市域治理现代化,南通正通过自己的"摸石头过河"的 AI+大数据创新实践落地,努力形成可复制化、可定制化的成熟工作经验,在全国树立标杆。

(资料来源:吴云.江苏南通:大数据赋能城市治理打造城市"最强大脑".[EB/OL].(2021-06-16) [2022-11-04]. https://www.ntjoy.com/html/minshengxinwen/2021/0616/279188.shtml.)

二、政策工具的选择

在公共政策过程中,政策的制定需要决策者从其工具箱中挑选出一种或几种工具来解决政策问题,选择何种政策工具对于政策目标能否顺利实现有着重要影响。关于政策工具的选择,大致有以下四种模型。

(一)经济学模型

经济学把政策工具的选择看成政策工具的特性与需要完成的任务之间的技术上的匹配。寻求的是政策工具的技术上的特征。经济学模型主要是运用理论上演绎的方法对政策工具的选择进行规范的讨论。不论是新古典主义经济学家还是福利主义经济学家,多倾向于自愿性政策工具,但相比而言,福利经济学更主张运用强制性工具和混合性工具来纠正市场失灵。新古典经济学家通常运用公共选择理论来分析政策工具的选择问题。他们主张,在民主社会中,选民、政治家和官僚都是由自利动机支配的,这将导致政府的税收和支出不断攀升、提高管制和国有化的水平和规模。在西方民主政治中,政府倾向于选择这样的政策工具,即能够将收益集中于边际选民,以获取他们的支持,同时将成本分摊到全体民众,尽可能使选民不知晓政策的真实成本。

无论是福利经济学,还是新古典经济学,它们对政策工具选择的分析都过于依靠演绎推理,而缺乏对在现实中政府究竟如何选择的扎实经验研究。它们对政策工具选择的分析是建立在政府应该做什么的理论假设之上的,而不是建立在政府实际做了什么的经验研究之上。经济学模型对理论简约性的追求,使其忽视了影响政策工具选择的诸多复杂因素。

(二)政治学模型

政治学模型更多关注的是经验层面上的政策工具选择,即从政府的实际的政策工具选择中归纳政策工具选择的一般性模式。

胡德认为政策工具的选择是关乎"信仰和政治"的问题,并非一种技术性的操作。他认为政策工具的选择受资源约束、政治压力、法律约束、经验教训四个方面因素的影响。在他看来,政策工具的选择是政府的目标与资源、目标群体的组织与能力的一个函数。当目标群体规模较大且组织良好时,政府倾向于采用消极的(自愿性)工具,而非积极的(强制性)工具。当政府试图获取目标群体自愿服从时,政府倾向于尽可能避免采用强制性工具,而不论目标群体规模大小。当政府打算进行资源再分配时,必然要采用强制性工具。

多恩等人假设所有政策工具在技术层面上是可替换的,即在理论上任何一个政策工具都可以完成任何选定的目标。由此出发,多恩等人认为在一个自由民主的社会中,政府倾向于采用强制性较低的政策工具。只有在面临民众不服从或者面临要求换用强制性更高的政策工具的持久社会压力情况下,政府才会使用强制性更高的政策工具。也就是说,政策工具选择的模式是,政府首先选择强制性较低的工具,比如规劝,而后逐步地提高政策工具的强制性,最后采用直接提供工具。

林德和彼得斯在前人的研究基础上,认为影响政策工具选择的关键因素有:①政策工具的特性,具体包括:资源的密集程度、目标的精确性和明确性、政治风险、对政府行为的约束限制;②该国的政策风格与政治文化以及社会分化程度;③有关机构的组织文化以及它们与顾客、其他机构的关系;④政策问题的环境、时间约束以及受影响者的范围。同时,林德和彼得斯认为决策者个人的主观偏好在政策工具的选择中起着关键性作用。

总的来看,政治学模型认为政策工具的选择是多因素综合作用的结果,包括政策工具的特性、需解决的问题的性质、政府在过去处理类似问题的经验、决策者的主观偏好、受影响的社会群体的可能反应等方面。

(三)法律模型

法律模型认为,法律是在社会系统中用以实现一定社会目标的工具和手段。在法律的工具性研究中,也存在两种关于法律工具选择的模型。在法律视角下政策工具的选择,既要求遵循合法性原则,也要遵循一定的法律价值。政策工具的选择须在法律框架内得到许可,政策工具的选择不能触犯法律要求。政策工具的选择必须依据的法律价值包括:①程序性正当法律程序;②个人应享有的实质权利与法律的平等保护权;③公平。法律视角还强调崇尚正直诚实的价值,反对绕过宪法程序而走捷径。

(四)综合模型

豪利特和拉米什在经济学模型和政治学模型的基础上,对政策工具的选择进行了综合性的考察,认识到工具的选择受制于执行者偏好的多种环境的影响,并且认为,不论经济学家还是政治学家,在构建理论模型的过程中,都或明或暗地依赖于两个相互联系的总体变量:①国家计划能力的大小,或者说国家可以影响社会行动主体的组织能力的大小;②子系统的复杂性,特别是政府在执行其计划和政策时所面对的行动主体的数量和类型。依次建立政策工具选择的综合模型,如表 5-2 所示。

表 5-2 政策工具选择的综合模型

国家能力		政策子系统的复杂程度	
		高	低
国家能力	强	市场工具	管制、公共企业或直接规定工具
	弱	社区或家庭、志愿组织等工具	混合工具

(资料来源:Michael Howlett and M. Ramesh,Studying Public Policy:Policy Cycles and Policy Subsystems,Oxford University Press,1995:163)

政策工具选择的上述四个模型各有优缺点。经济学模型指出了政策工具选择是一个最优化选择的问题;政治学模型认为,强调政策工具选择是一个政治过程,因此更具经验性;法律模型要求政策工具的选择遵循合法性原则,依据法律价值,但也可能导致对效率等价值的忽视;综合模型虽然取各家之长,但是在现实中很难面面俱到。基于此,政策工具的选择需要从多种视角予以综合考虑。

第三节 政策工具的应用

从本质上来讲,政策工具就是政府进行有效治理的工具。如何"正确地"应用政策工具和应用"正确的"政策工具是政府有效治理的关键。

一、政策工具应用的意义

政策目标主要是在政策制定阶段确立的,政策工具的应用主要发生在政策执行阶段。政策工具的应用在政策执行中占据着重要的地位,这主要表现在以下三个方面。

(一) 有效的政策工具是实现政策目标的途径和保障

政府为了有效地管理国家和社会事务,就必须根据社会政治、经济、文化发展的需要和态势,针对现实中的重大政策问题,确定正确的政策目标,设计和选择实现政策目标的行动方案。要使有效的行动方案实现政策目标,变成现实,就必须借助有效的政策工具作为媒介,对实现政策目标的各种资源进行合理有效配置。一方面使资源配置达到最优化,同时又以最快的速度和最优的质量达到政策目标。政策工具的应用是政策过程中的重要环节,没有政策工具,就难以实现政策目标;没有有效的政策工具,就不可能最有效地实现政策目标。所以说,有效的政策工具是实现政策目标的途径和保障。

(二) 政策执行过程本身就是应用政策工具的过程

政策执行是一个复杂的、系统的过程,它包含了一系列基本环节和功能活动,而这些活动的完成要依靠一些必要的执行手段(即政策工具)。政策目标的确立,实现政策目标方案的确定,并不意味着公共政策的完成。一方面,正确的政策方案要变成现实,有赖于有效的政策执行,如果没有政策执行,再好的政策方案也只能是纸上谈兵,政策目标也难以实现。要把有效的政策方案变成现实的政策目标就必须借助于一定的执行工具。另一方面,由于现代公共政策环境的复杂性和政策主体认识能力的局限性,已确定的政策方案不符合或不完全符合客观实际的情况时有发生,要求在执行过程中运用有效的政策工具加以纠正。与此同时,在特定的背景下,由于政策工具的差异性,使一些工具可能比另一些工具更有效,甚至一些政策工具出现失效,这就要求政策执行者依据实际情况选择政策工具。所以政策执行活动作为一个动态过程,就其本质而言就是一个针对具体情况对各种政策工具不断做出选择与调整的过程。

（三）政策工具的应用恰当与否，直接关系到政策成败

政策是主体服务于特定目标而采取的一系列活动，在一系列活动中，政策工具的选择是关键，工具为这些活动提供了路径，路径选择正确与否自然是政策成功与否的关键。政策能否成功，重要的是看政策目标定得是否正确，达到政策目标的方案是否理想，目标实现后产生的社会效果是否良好，这些都是公共政策要解决的问题。然而，目标能否实现，目标实现后能否产生良好的社会效果，却与政策工具的运用是否正确有效有着密切的关系。正确有效的政策工具能引导政策目标的顺利实现，无效的政策工具可能会阻碍政策执行，使得公共政策目标无法实现。例如，20世纪70年代，西方国家面临政府危机，其主要是在政策工具层面上产生偏差，即传统的政策工具失灵，无法适应社会政治、经济和文化发展的需要。美国学者戴维·奥斯本在其著作《改革政府——企业精神如何改革着公营部门》谈到，"今天我们政府失败的主要之处，不在目的而在手段。"而当代西方政府改革运动正是根据各国社会现实和当今社会的发展趋势而对政策工具进行重新认知与选择，对传统政策工具进行重新洗牌和扬弃。可见，能否运用恰当的工具，对政策的成功与否甚为关键。

二、政策工具应用的影响因素

（一）政策目标

政策目标是政策制定者希望通过政策实施所达到的效果。政策目标为政策工具规定方向，为判断政策工具的有效性提供评判标准。政策目标所涉及的政策问题、目标群体等问题决定了政策工具发挥作用的方向和程度，因而成为影响政策工具应用的重要因素。在运用政策工具时，必须结合以下因素考虑：

1. 坚持多元化的评判标准

政府治理的目的是为了维护公共利益，这也是政府存在和运作的基础。因此公共利益是运用政策工具的基本出发点，我们在运用政策工具时，必须以维护公共利益为基础，坚持多元化的评判标准。主要包括：**效果**，即应用的某一政策工具是否能够产生有价值的行动结果，如能否更好地解决问题，为社会公民提供更多更好的产品和服务；**效率**，效率是产生某一效果水平所付出努力的程度，也就是该政策工具能否以最小的成本获取最大的效果；**充分**，指某一效果水准能够满足问题的需要、价值或机会的程度，它通常表示政策工具和价值后果之间的关系强度，如果关系强度越密切，就表示充分性越高；**公平**，意指政府资源和服务在社会不同阶层和群体之间的公正分配，即政策工具的运用是否意味着政府行为的公正对待；**回应**，即政策工具能否满足某一特定群体的需求、偏好。

2. 必须明确政策目标及其构成

一般来说,如果政策目标是单一的,就要明确政策目标是什么,目标不明确会影响政策工具的有效选择。比如,把禁止捕杀珍稀动物政策的目标看成是"禁止捕杀",就会导致规制工具的较多使用;而这一政策的最终目的是"达到一种生态平衡",所以在规制工具的基础上,我们更多的是要呼吁人们树立环境保护的意识,多运用信息和劝诫的手段。如果政策目标是复杂多重的,就要明确其目标构成。只有明确了政策目标构成,才能确定有效实现政策目标的最佳工具和优化组合。与此同时,必须注意两点:第一,有些政策目标只具有象征性意义,无需选择政策工具;第二,要注意政策目标是否变化,如果政策目标变化了,就要分析实现这一政策目标的工具是否还有存在的必要,是否要选择新的政策工具来适应变化了的政策目标。

(二)政策环境

政策环境影响到政策目标的制定、执行的整个过程,对一国的内外政策具有促进或制约作用。包括政治状况、经济状况、教育状况、法律状况、人口状况、科技状况在内的政策环境,对政策工具的应用有着直接而重要的影响。例如市场工具的效果,取决于市场的完善程度、产品和服务的性质、有关财产权的法律和其他保障市场主体利益的法律、民间资本的发达程度、政府的态度和政策等。

首先,政策工具的应用中最根本的一条就是要从本国和本地区的实际情况尤其是社会经济发展的现实出发,任何与社会经济发展水平不相适应的政策工具,必将无法有效地实现既定的政策目标。具体联系我国的实际情况来看,在政策的执行过程中、在政策工具的运用上就必须考虑我国东、中、西部地区不同的经济发展水平,考虑城乡不同的经济发展程度,考虑不同行业的不同发展状况。其次,政策工具的应用要充分考虑制度和体制条件。体制和制度条件影响着整个政策系统,当然也制约着政策工具的运用。例如,政党制度、国体、政体,都毫无疑问地会影响政策工具的选择。同样,体制因素也影响着政策工具的应用。如果政出多门,政策上出现不一致,政策工具的运用将非常困难,甚至政策执行者在面对不同的利益群体时,根本无法运用最有效的政策工具。最后,政策环境中的其他因素也同样影响政策工具的应用。教育状况、法律状况、人口状况、科技状况、自然环境、国际环境都从不同的角度影响政策工具的选择。政策工具的运用必须与一定的环境因素相协调,与一国或地区的教育发展水平、公民的教育文化素质相适应,与一国或地区科技发展水平同步。尤其现代社会科学技术发展日新月异,科技对政策工具使用的影响越来越明显,电子政务的推行就是最有力的证据。

(三)政策主体与客体

从政府的角度来看,政府在进行政策工具的运用时就必须公平公正地权衡考虑不同利益群体的立场和态度,才能制定出符合公平的政策和运用正义的政策工具。具体到公共政策工具的运用中,主要涉及公共政策主体和客体两大利益群体。

1. 政策主体

政策主体就是直接或间接地参与政策制定、执行、评估和监控的个人、团体或组织。任何政策工具的应用所产生的效果都必将使一部分人受益而使另一部分人受害,所以社会中的个体都从自身利益的最大化需求出发来对待公共政策。政策工具的运用会对政策主体产生正面的或负面的影响,在运用政策工具时,政策主体也一定会考虑这些影响。在大多数情况下,如果某个政策工具能够使政策主体受益最大化,政策主体一般就会积极运用该政策工具;如果某项工具的运用会降低政策主体的地位或受益最小化,这种工具受抵制的可能性就大。即使政策工具就实现目标而言是更有效的,政策主体也会抵制它。同时政策主体的范围相当广泛,不仅仅局限于政府,其他主体也可以拥有自己的政策工具。

2. 政策客体

政策客体是政策所发生作用的对象,包括政策所要处理的问题和所要发生作用的社会成员两个方面。政策所要处理的问题也即政策目标,在前面我们已经谈到,就不再赘述,这里主要探讨政策所要发生作用的对象目标团体对应用政策工具的影响。党和国家的总政策和基本政策所涉及的几乎是所有的社会成员,而特殊政府部门或地方政府的政策法规发生作用涉及某一阶层、某一行业或某一部门的就业者或某个地区的居民。可知,目标团体是政策直接作用、影响的对象,政策工具的运用对目标团体有直接的影响,而不同的政策工具会对目标团体产生不同的影响。目标团体会抵制对自身不利的政策工具,使其无法开展,同时会通过各种手段使对自身有利的政策工具继续运作下去。政策主体在进行政策工具的应用时,迫于目标团体的压力,往往要考虑工具的可行性和可接受性,在二者产生矛盾的情况下,往往是运用具有较少可行性和较高可接受性的工具。

(四)政策工具相关因素

1. 政策工具的特征

政策工具选择的重要一点是"对症下药"。每种政策工具都具有界限分明的特性、适当的适用范围、各自的优劣和最佳的适用环境。这里的"症"即政策问题;"要治的病"即政策工具要达成的目标;"药"即是政策工具;深入把握每个"药方"的性质,则是通过政策工具的特性来进行工具的筛选。在工具主义看来,工具的属性本身就构造了政策过程。执行者在运用政策工具时,要注意分析每种工具的价值和适用的情况,因地因时选用不同的工具,从而避免工具的滥用。如政府管制性工具对于维护社会秩序、市场秩序,保障公民和消费者权益,保护公共利益等起到重要作用。管制这一工具在具有执行力度强和反应迅速优点的同时,容易"一刀切",增加经济的无效率,阻碍创新和技术进步,缺乏变通性,治标不治本。用错了"药",自然不能"药到病除",可见政策工具的选择是重中之重。可以说,每种政策工具都有其属性,在进行政策选择时有必要注重政策工具的属性,林德和彼得斯将进行政策工具选择时需注意的属性划分为四类:(1)资源耗费。即耗费资源的多寡,任何工具都必须投入成本。(2)服务正确的政策目标。没有正确的目标,工具则不是工具,而是凶器。(3)政治风险。政策工具的兴废往往取决于各方力量间的博弈的运动;(4)行动限制。任何政策工具的选取都必须有所限制,这些限制来源于政治、经济、文化、伦理等诸多方面。此外,在应用工具时还需注意两点:一是要注意政策工具的优缺点;二是要考虑政策工具的组合使用。

2. 以往使用的政策工具

关于这一方面的影响,建构主义认为,工具的意义和合法性被不断地加以建构和再建构,也就是说,会形成一种路径依赖,先前的政策工具会阻碍或者影响新的政策工具的运用。原有方法处理问题的有效性以及人们对这种方法因熟悉而带来的信赖感将驱使人们使用以往使用过的方法来处理面临的老问题或新问题。但由于积累了相关经验,并且目标群体信任它,所以,在使用新的政策工具时往往具有较大的阻力,需要付出额外的努力和代价。从纵向看,该项政策工具已内化为组织的执行路线,可选择的其他政策工具根本不做考虑,限制了新工具的尝试。从横向看,该项政策工具和其他政策工具或执行活动交织在一起。旧工具的根深蒂固,使得新的政策工具难以推行,很难在短时期内产生实质性的改变。例如苏州古城的修缮和保护,一直以来,我国对于古建筑的保护和修缮都是以政府为主,政府采用颁布明文法令禁止对古建筑的拆迁,并给予相关单位专门的经费进行古建筑的修缮和保护。随着市场经济的发展,一些地方政府为解决财力不足的问题,更好地达到古建筑保护的目标,开始采用产权拍卖的方式,让私人承担古建筑的修缮和保护责任。但是,由于先前政策工具(如法律《国家文物保护法》)的限制和积淀,新的政策工具很快就夭折了。

(五)政策过程因素

1. 非制度因素

非制度因素包括伦理规范、传统观念、风俗习俗、意识形态等,它主要调节社会关系,并在社会生活的不同范畴、不同方面以不同形式为人们指明其利益实现的方式。非制度因素的改变也会导致政策主体在选择政策工具时的不同。虽然它没有正式制度的强制力,但是对于政策工具的选择却有较大的影响力。意识形态是非制度因素中的核心。"意识形态是一整套上相联系的价值观和信念,它提供了一幅简单化的关于世界的图画,并起到指导人们行动的作用"。意识形态是一个信仰的体系,它是为既存或构想中的社会解释并辩护的政治秩序,并且为实现其秩序提供策略。不同的意识形态倾向于使用不同的政策工具。在西方国家中,政策工具的运用有着明显的意识形态特征。例如,20世纪80年代以后,西方国家政策工具的运用中出现的企业化政府、公共服务的市场化、民营化、放松规制等亲市场意识,就明显地反映了资本主义社会的意识形态和价值追求。

同时,这种思潮同样对我国政府管理方式的变革产生了潜移默化的影响。

2. 资源配置

政策工具的选择受经济资源和法律资源的限制。经济资源主要是指财政支持。政府的经济能力强,资金雄厚,会较多地选择补贴或直接提供等工具,经济模型中的福利经济学派就主张政府干预论;反之,经济较差的国家或政府则会选择征税或管制等工具。例如,美国实施"大社会"计划,而我国则采用提高个人所得税的起征点,同样是为了向人民提供服务,选用的工具却因经济条件的限制而有所不同。法律资源是国家或政府法律的完善程度,这是影响政策工具选择的一个重要方面。当一个国家的法律制度成熟并很完善时,会更注重混合性政策工具的使用,反之则会注重规制工具的使用,因为这样可以防止意外的发生。

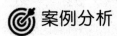案例分析

改革开放以来中国的环境政策及其政策工具选择

中华人民共和国的环境保护事业以 1972 年派代表参加斯德哥尔摩联合国人类环境大会为起点。1982 年建立国家环境保护局,1983 年在国务院第二次全国环境保护会议上规定把环境保护作为中国的一项基本国策。20 世纪 80 年代中国环境政策的基本内容是:预防为主,防治结合;污染者负担;强化环境管理。与之配套的是比较详细的工业建设布局环境政策、能源环境政策、水域环境政策、自然环境保护政策等。中国的环境政策建设主要致力于:建立环境标准和法规、加强环境监测和环境统计,这是实施一切环境政策的基础;带有计划经济色彩的指导企业治理污染的"三同时"政策(注:"三同时"政策是所有新、改扩建项目的防治污染的设施必须与主体工程同时设计、同时施工、同时投入运行的制度),即企业生产计划与环境保护技术投资相联系;由独立于生产管理机构的环境保护部门监督企业的污染行为。

此外,作为中国环境政策重要组成部分的还有"排污收费",即对排放污染物超过排放标准的企事业单位征收超标排污费,然后将其中的大部分返还给被征收的单位,用于治理污染;"环境影响评价",规定所有建设项目在建设开工之前,要给出这项有可能对环境造成影响的科学论证和评价,提出防治方案,提交环境影响报告;"环境保护目标责任制",规定各政府的主要官员对当地环境质量负责,企业家对本企业的污染防治负责,这些将列入政绩进行考核;"企业环保考核",即将产品质量、物质消耗、经济效益和环境保护同时列为企业考核的指标,避免企业生产经营与环境保护脱节;"城市环境综合整治定量考核",即对城市各项环境建设和管理的总体水平、综合整治成效、城市环境质量等项目制定定量指标进行考核,每年评定一次;"排污许可证制度",包括排污申报、确定污物总量控制目标和排污总量削减指标、核发排污许可证、监督检查执行情况等四个内容;

"污染集中控制",即充分发挥环境治理中的规模经济效益,降低污染治理成本;"污染源限期治理",即对污染源由各级政府分别做出完成治理的期限。在各地的实践中,这些宏观环境政策的原则被不断深化和细化,形成了各具地方特色的环境政策和环境管理制度。上述环境政策的制度建设的总原则可以归纳为"谁污染,谁治理"。

20世纪年代中期以来,改革开放更进一步深化。其重要标志是,经济体制由计划经济向市场经济转变,经济增长方式由粗放型向集约型转变,国家发展战略定位于科教兴国和可持续发展。政府提出了与之相应的15年(1996—2010)环境保护工作要求:2000年,力争使环境污染和生态破坏加剧的趋势得到基本控制,部分城市和地区的环境质量有所改善;2010年,基本改变环境恶化的状况,城乡环境有比较明显的改善。实现上述目标的两项重要措施是制订了《污染物排放总量控制计划》和《跨世纪绿色工程规划》。前者根据不同时期、不同地区的情况,制定相应的控制指标,"九五"期间先对那些环境危害大、已经采取措施可以有效控制的重点污染物进行总量控制,建立定期公布制度;后者是实际措施,将分三期实施,对按照突出重点、技术经济可行和综合效益好等原则筛选确定的有关项目,按照固定资产投资项目管理程序,优先列入各地区、各部门和国家的基本建设、技术改造计划。

在中国经济体制向市场经济渐进的改革时期,这些带有鲜明时代特色的环境政策与市场经济手段相结合,比较有效地减缓、控制了中国的污染排放,特别是工业污染源污染物的排放,较好地完成了自己的历史使命(见图5-1、图5-2)。但是,回顾中国环境政策的制定实施、效果,考察上述环保投资渠道,不难发现:一方面,我们的环境保护政策还带有计划经济的色彩,即行政命令有余,市场手段不足;另一方面,计划对企业行为管得过细,资金过于分散,不仅不利于形成环境保护的规模效益,反而因资金的分散削弱了政府对公共环境产品的投入。此外,我们的投资方向存在着末端治理的明显偏倚,缺乏带有社会经济可持续发展的长期观点的奖励减排、鼓励综合利用的内容体现。

随着经济社会快速发展,党的十八大以来,我国政府坚决向污染宣战,相继实施大气、水、土壤污染防治三大行动计划,解决了一批重大环境问题。总体上,生态环境质量持续好转,稳中向好,但成效并不稳固。我国正处在工业化、信息化、城镇化、农业现代化快速推进时期。生态环境部部长李干杰表示,发达国家一两百年出现的环境问题,在我国30多年来的快速发展中集中显现,老的环境问题尚未解决,新的环境问题接踵而至。我国生态文明建设和生态环境保护面临前所未有的挑战和历史机遇。我国经济从高速增长向高质量发展转变,绿色循环低碳发展深入推进,宏观经济环境更加有利。此外,改革开放40年来的发展和积累,为解决生态环境问题提供了坚实的物质、技术和人才基础,生态文明体制改革红利逐步释放,为生态环境保护增添了强大动力,我国生态环境保护已经进入了不欠新账多还旧账的阶段。2018年6月24日公布的《中共中央 国务院关于全面加强生态环境保护 坚决打好污染防治攻坚战的意见》(以下简称《意见》)主要

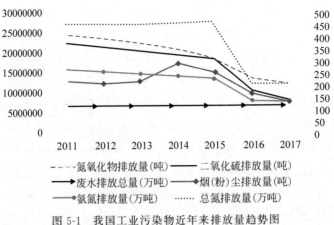

图 5-1 我国工业污染物近年来排放量趋势图

以 2020 年为时间节点,兼顾 2035 年和 21 世纪中叶,从质量、总量、风险三个层面确定目标。《意见》确定了到 2020 年的具体指标。比如,全国细颗粒物未达标地级及以上城市浓度比 2015 年下降 18% 以上,地级及以上城市空气质量优良天数比率达到 80% 以上;全国地表水 Ⅰ—Ⅲ 类水体比例达到 70% 以上,劣 Ⅴ 类水体比例控制在 5% 以内;生态保护红线面积占比达到 25% 左右;森林覆盖率达到 23.04% 以上等。"这些目标指标,是中央在通盘考虑后做出的科学决策,保持了连续性,也提出了新要求,与老百姓的感受紧密结合起来。"通过加快构建生态文明体系,确保到 2035 年节约资源和保护生态环境的空间格局、产业结构、生产方式、生活方式总体形成,生态环境质量实现根本好转,美丽中国目标基本实现。到 21 世纪中叶,生态文明全面提升,实现生态环境领域国家治理体系和治理能力现代化。

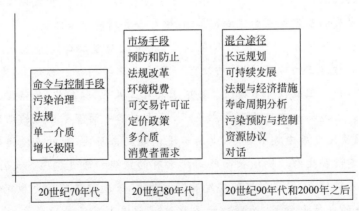

图 5-2 改革开放以来我国环境政策工具

(资料来源:张晓.中国环境政策的总体评价[J].中国社会科学,1999(3).)

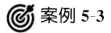
案例 5-3

隆化县的精准扶贫政策

扶贫是党中央、国务院的重要战略推进活动之一。党和政府所做的工作是扶贫工作的重要组成部分，精准扶贫是扶贫新阶段的重要组成部分，贫困地区经济发展状况是贫困问题的重要组成部分。在扶贫工作中，政策工具的使用是政府发挥公共管理职能的重要方法。

隆化县位于承德市中心地带，与滦平县、承德县、青龙自治县接壤。隆化县面积 5497 平方公里，形成了北接辽蒙，南通京津的交通网络，户籍总人口 43 万人。县政府驻隆化镇兴州路 115 号。

作为国家级贫困县和河北省十个深度贫困县之一，隆化出台资金、土地等优惠政策，增加了脱贫的可能性。去年，60 多个贫困村超过 2 万人摆脱了贫困。积极推进扶贫、红色旅游扶贫、电子商务扶贫、太阳能电站扶贫、生态扶贫，年内开发出新型农业经营主体 110 个，建成村级光伏电站 120 个。大力开展就业扶贫，发挥成衣制造产业园、饰品花制造基地示范引领作用，成立手工业小微企业，带动农村剩余劳动力 8000 名，人均增收 4000 元以上。

近年来，生态环境部环境工程评价中心、中国环境报拿出单位的自有资金，定点扶贫隆化县的农村建设和人居改善。既要着力解决基层实际困难，又搞活优质资源，理顺机制体系，在扶贫战场上留下一串坚强的绿色足迹。

在政府购买方面，大力推进农村生活设施建设。生活设施建设是改善村民生产生活条件、脱贫致富的基础，是帮助贫困村工作的重要组成部分。隆化县有针对性地开展扶贫工作的重点是加强基础设施建设，为农村带来了新的面貌。村庄建筑棚屋、安装路灯、铺面广场、道路维修、垃圾池、垃圾车、供水设施也在建设中。2017 年以来，在生态环境部环境工程评估中心的大力支持下，先后投入资金用于道路硬化、街道照明安装等各类基础设施建设。环境整治和新建文化广场，改善村民生活环境，为丰富工业项目的进一步发展奠定良好基础。

在政府转移性支付方面。在转移支付的方式上，它还分为免费转账和付费转账。自由转让是指接受对象不必承担支付义务，免费享受这部分收入。无偿转移支付主要依靠政府财政支付，主要转移支付方式包括社会福利、社会福利和社会救济。有偿转账主要是指收款人需要先支付费用，然后在必要时享受这部分收益。有偿福利主要以社会保险的形式进行，包括养老保险、医疗保险、失业保险、工伤保险和生育保险。

（资料来源：王梦琦.隆化县定点扶贫政策工具作用研究[J].现代营销（下旬刊），2020(05):20-21.）

问题：结合案例，分析我国政府运用了哪些政策工具促进扶贫战略的推进。

思考与练习题

1. 试比较强制性工具与自愿性工具的优缺点。
2. 试述影响政策工具选择的因素。
3. 根据我国的实际情况,论述我国政策工具的缺陷。
4. 结合实际案例,说明政策工具的功能。

参 考 文 献

[1] 陈跃.公共政策学[M].重庆:西南师范大学出版社,2015.
[2] 陈振明.政策科学[M].北京:中国人民大学出版社,2003.
[3] 丁煌,杨代福.政策工具选择的视角、研究途径与模型建构[J].行政论坛,2009,16(3):21-26.
[4] 顾建光.公共政策分析述论[M].上海:上海人民出版社,2013.
[5] 顾建光.公共政策工具研究的意义、基础与层面[J].公共管理学报,2006(4):58-61,110.
[6] 金蕊.环境政策工具选择与环境治理[J].经营与管理,2018(4):63-65.
[7] 李建军,武玉坤,姜国兵.公共政策学[M].广州:华南理工大学出版社,2009.
[8] 李金珊,叶托.公共政策分析:概念、视角与途径[M].北京:科学出版社,2010.
[9] 吕志奎.公共政策工具的选择——政策执行研究的新视角[J].太平洋学报,2006(5):7-16.
[10] 麻宝斌,王庆华.公共政策学[M].北京:高等教育出版社,2016.
[11] 宁骚.公共政策学[M].2版.北京:高等教育出版社,2011.
[12] 陶学荣,崔运武.公共政策分析[M].武汉:华中科技大学出版社,2008.
[13] 谢子传.从强制到自愿:公安政策工具的创新与适用[J].福建警察学院学报,2016,30(6):1-8.
[14] 詹姆斯·E.安德森.公共决策[M].唐亮,译.北京:华夏出版社,1990.
[15] 曾盛聪,卞思瑶.走向大数据治理:地方治理的政策工具创新趋势——基于多个经验性案例的考察[J].社会主义研究,2018(5):86-95.
[16] 张晓.中国环境政策的总体评价[J].中国社会科学,1999(03):88-99.
[17] 周源.公共政策工具文献综述[J].传播力研究,2018,2(26):156-157.

第六章

政策效果预测

 引例

2019年底暴发的新型冠状病毒肺炎传播迅猛,被世界卫生组织定为"国际关注的突发公共卫生事件"。自2020年1月24日武汉宣布"封城"之后,各个省市也陆续通过启动重大突发公共卫生事件一级响应来控制人口流动。为了突出居家不出门的重要性,很多熟悉软件应用的人制作了新冠肺炎感染仿真程序,通过形象化的视频图表告诉我们新冠肺炎传播途径广、传播速度快的特点。其中,北京大学前沿计算研究中心陈宝权教授携团队面向新冠数据,通过可视化分析深度剖析了新冠疫情的传播趋势。之前中国香港科学家采用传染病动力学中经典的SEIR模型来进行模拟预测。陈宝权教授考虑社区隔离的作用并引入了C-SEIR模型,强调了社区隔离的重要性,并预测了疫情的走势,为疫情防控决策和引导大众行为提供了参考。

(资料来源:本书作者整理编写。)

第一节 政策预测的概念与属性

一、政策预测的概念

政策方案总是面向未来的,方案后果往往要经过一段时间之后才能出现。为了正确评估方案,必须对政策方案的后果进行科学预测,这对于政策的抉择和改进具有十分重要的意义。

所谓预测是指在现实资料的基础上对未来情况进行预先推测和判断。预测科学观点认为,未来总是现实情况的演变和发展,"所有预测方法都涉及过去信息的处理,以便提取可以预见未来的材料"。预测不是凭空的猜想,而是从现实到未来的分析过程。

公共政策方案的预测,指的是相关主体(政策分析者、公共决策者、政策制定者等)在决策之前,针对备选的政策方案,根据具体的政策问题、预设的政策目标等信息,运用一定经验、知识、理论、假定、方法和技术等,对政策方案在未来的发展趋势、具体影响、社会效果等做出推测或判断,为各备选方案的改进、比较、择优提供依据。

公共政策方案预测由六个要素组成:一是预测主体,如政策分析者、公共决策者、政策制定者,他们是前景预测的主导者和实施者。二是预测依据,主要是政策目标、政策问题以及其他相关信息。三是预测手段,包括实施预测所运用的经验、知识、理论、假定、方法和技术等。四是预测对象,指的是被预测和分析的各个政策备选方案,预测的其他要素都是围绕着预测对象展开。五是预测结果,指的是预测之后获得的关于政策在未来的信息。六是预测目标,即通过对预测结果的审视,为各备选方案的改进、比较、择优提供依据。预测各个要素之间的关系如图 6-1 所示。

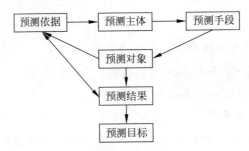

图 6-1 政策预测要素关系示意图

(资料来源:陈庆云.公共政策分析[M].北京:北京大学出版社,2011)

拓展案例

二、政策预测的分类

"决策是一种面向未来的活动,而未来会出现多种的可能性。当人们能够运用一些方法预知这些可能性时,就可以根据现有条件进行选择,并努力使这种选择成为现实。"因此,对于科学决策而言,需要科学、完备的预测做支撑,公共决策对预测的依赖性逐渐增强,由此形成了多样化的预测形式。

(一) 根据预测对象的分类

根据预测对象的不同可将预测分为四种:一是现行政策结果的预测,即不采取新政策,将会出现什么的结果,未来发展会呈现什么状态;二是新政策结果的预测,即新政策实施后会出现什么样的结果和状态;三是新政策内容的预测,即估计新政策内容会出现什么变化、未来趋势是什么;四是政策利益相关者行为的预测,即判断新政策可能遇到的"社会意见",是支持、反对还是冷漠,新政出台后相关者会表现出什么样的应对措施等。

根据预测对象还可将预测分为多种类型,如社会预测、经济预测、科技预测和军事预测等。每一领域的预测并不是截然分开的,而是相互影响相互交织的,比如住房政策预测,既属于社会预测也属于经济预测。

(二) 根据预测期限的分类

根据预测的时间尺度和期限不同,可将预测分为长期预测、中期预测和短期预测。这里所讲的长期、中期和短期并没有一个严格的时间界限,它将依据预测目标和预测对象的不同而有所不同。一般情况下,短期预测针对的期限是 5 年之内;中期预测针对的期限是 5—15 年;而长期预测针对的期限是 15 年以上。同时,在同一类问题的预测中,预测的难度和误差将随时间区段的扩大而增大。

(三) 根据预测功能的分类

按照预测的功能不同,可将预测分为直觉性预测、探索性预测、规范性预测和综合预测。直觉性预测是指依据人们的创造性思维、知识、经验和能力来推测未来事件可能发生的情况;探索性预测是指通过获得关于预测对象未来发展的新信息以及模拟方案实施后的各种结果,探索政策的可能性;规范性预测,即在确定了目标,获得关于需求、愿望、价值功能要求及结构相互联系方面的新信息的条件下,研究达到目标的可行性与约束条件;综合预测是指综合各种主要预测的优势,取长补短,互相补充。

(四) 根据预测方法的分类

预测方法不同,对预测结果产生的影响也不同。一般而言,根据预测方法可将预测分为定性预测、定量预测和综合预测。定性预测主要依靠个人经验、直觉判断,或一些非量化的社会科学理论进行预测,关注的是事物发展变化的"质"。定量方法是指建立在详细数据资料分析的基础上,运用定量分析、数学建模等方法来进行预测,关注的是事物发展变化的"量"。一般这两类方法并不是相互排斥的,而是相互补充的。综合预测就是综合地运用定性预测和定量预测方法,系统地对事物发展变化的各个方面进行预测,代表了预测的发展趋势。

三、政策预测的原理

(一) 连贯性原理

预测对象的演化发展,其变化规律是具有连续性的,过去、现在与未来的发展没有根本性变化。从一般意义上来讲,如果一类事物的发展具有偶然性和无规律间歇性,那就不能作为预测的对象。

（二）类推性原理

预测对象不仅具有一定的结构,而且这种结构及其变化规律基本符合特定的预设模型,可以借助模型,从过去与现在的状态分析中预测未来可能的状态。

（三）相关性原理

对一个类型问题成功的预测记录,可作为另一个预测类型的根据。或者对同类问题在不同时间和地点下的预测进行对比,互为参照,并作为彼此预测的根据。预测对象与其他研究对象之间具有相关性,一旦对预测对象进行直接预测发生困难,可以先对与之相关联的对象进行预测,后利用它们之间的相互关系推理出预测对象的未来状态。

第二节 政策预测的模型与方法

一、政策预测的一般步骤

预测并不是凭空猜想,在现实生活中对诸如城乡规划、公共交通管理、国防与科技、社会生活等方面的政策进行未来效果的预测时,需要遵循一定的科学范式,按照一定的程序进行预测工作,以保证前景预测的规范性和科学性。一般来说,政策预测的程序与步骤一般经历下列几个阶段:

1. 确定预测对象

这是预测的开始阶段。预测对象就是政策制定的对象,一般是由政策制定机关根据经济和社会发展的客观需要来确定的。

2. 确定预测方法

预测的方法和技术有很多种,但没有哪一种是完美无缺的,每一种都有各自的长处和短处。政策制定人员的主要任务就是根据预测对象的性质、特点,结合具体的国情,选取比较适合的方法。在选取方法时,最好选取几种不同的方法,这样不仅可以互相验证预测结果,而且可以提高预测精度,还可以从中选取最佳的结果。

3. 收集预测对象的内部和外部有关信息

这是预测的一个重要阶段。政策对象的内部和外部环境时时刻刻都处在运动变化之中,预测的准确度在很大程度上取决于政策对象内外部信息收集的完整性与准确性。因此,要有一个性能优良的内外部信息收集、整理、加工、储存、传输系统,以提供完整、准确的内外部信息,这是进行科学预测的重要前提。

4. 建立预测对象的同态模型

预测对象的同态模型有许多种,如物理模型、数学模型、模拟模型、相似模型等。同态模型建立得好坏,也会直接影响预测结果的精确度。

5. 确定预测对象的边界条件

确定预测对象的边界条件及最佳化判断标准,就是价值准则。

6. 建立数学模型

根据预测对象的边界条件和所获取的内外部信息,利用选定的预测方法,把同态模型变换为预测的数学模型,以便进行求解推算。

7. 给出预测结果

无论采用何种方法,最后都必须给出对某个预测对象的预测结果。对于比较复杂的政策对象的定量预测,在求解数学模型时,一般都使用计算机给出预测的定量结果。

8. 检验预测的准确度

用相应的方法,检验预测结果的准确度,或对预测的准确度做出适当的评价。

二、预测的定性分析方法

定性分析法是一种跨学科、跨专业、跨领域、跨主题的分析方法,由相互关联的术语、概念和假设等构成。当前,定性分析法在教育学、人类学、历史学、政治学、新闻学、行政学、政策学、精神病学和考古学等诸多领域都有一定的应用。

定性分析法通常涉及的基本内容有:一是认识基础,即定性分析以建构最基本的理论作为认识问题的基础;二是分析宗旨,即针对解释和揭示事物、现象和事件的原因及本质,但不是非要总结出可运用于更大范围的因果关系;三是分析手段,即具体的、不需要涉及数字的技术,如访问法、观察法和案例分析等方法,它与定量分析方法的区别主要在于不用统计模型,不做回归分析。四是基本依据,即依据原始资料,包括场地笔记、访谈记录、对话、照片、录音和备忘录等;五是主要目的,即目的在于描述、解释事物、事件、现象、人物并能更好地理解所分析问题的方法。一般对那些带有极强的政治色彩、在决策过程中非理性或超理性作用突出、必须在价值观和实际价值之间加以权衡的一类问题,或在问题涉及的系统结构不清、收集到的信息不太准确等导致难以形成常规的数学模型时,可采用定性的系统分析方法。政策预测是一个复杂的创造性思维活动过程,在这一过程中,理性思维与超理性思维、定性分析与定量分析、事实分析与价值分析、形象思维与辩证思维交替、综合地发挥作用。客观实践表明,定性分析法在政策预测中有着不可替代的作用。

下面具体介绍德尔菲法、相互影响矩阵法等方法。

本书主要介绍利用直觉和经验判断的方法,也可以叫作直观判断预测法,目前德尔菲法和相互影响矩阵法使用较多。在预测所需要的经验材料并不充分,又缺乏处理某一问题的有效理论时,则必须借助于专家们的经验、直觉和特有的洞察力,而不是建立在可以明确表达的理论模型和详细的历史资料的分析基础上。这类方法在实际问题的研究中常常与其他方法结合在一起。

(一)德尔菲法

德尔菲法是在专家预测的基础上,通过对专家预测意见进行总结概括而达到对未来趋势把握的一种专业预测方法。

德尔菲(Delphi)是古希腊神话传说中的一座城市。传说太阳神阿波罗的行宫就设在德尔菲,人们在德尔菲朝拜时可以得到太阳神赐予的灵感,从而预见未来。20 世纪 50 年代初期,美国兰德研究发展公司通过对预测方法的研究逐步完善了一种通过有效控制的反馈,更可靠地收集专家意见的预测方法,并在实践中取得良好成效。鉴于古希腊神话的深远影响,兰德公司将这一预测方法命名为德尔菲法。这一命名加强了人们对此方法的直观记忆和传统文化色彩。1964 年,兰德公司的高级研究人员赫尔默(Helmer)和戈登(Gordon)发表了《长远预测研究报告》,将德尔菲法正式向社会推广,使此方法广泛运用到政策分析活动中。

20 世纪 60 年代之后,一些政策分析者在传统德尔菲法的基础上发展出政策德尔菲法。德尔菲法起初应用于政府部门、公司、企业和军事战略部门,后来逐步推广到包括教育、科技、交通运输、住宅、太空探测、综合发展研究以及社会价值体系等各个领域的未来预测。

1. 德尔菲法的原则

传统德尔菲法强调五个原则。①匿名:所有专家都匿名发表意见,并对他们的姓名严格保密。②巡回:汇总个人的意见,传递给参加讨论的所有专家。这个程序要进行两轮或者更多,以便使其能充分交流,并修正以前的意见。③反馈控制:汇总的意见以调查表的形式进行传递。④统计学意义的小组反馈:个人意见用中心趋势(中值)、离中趋势(四分位数)和频率分布的形式来表示。⑤专家达成一致意见:中心目的是要创造条件,使专家尽可能达成最终的一致性意见。

传统德尔菲法到 20 世纪 60 年代晚期一直在该领域占支配地位,它不同于政策德尔菲法。政策德尔菲法对传统德尔菲法的局限性进行了创造性反映,它试图创造新的程序来解决复杂的政策问题。政策德尔菲法以传统德尔菲法的两个原则(巡回和反馈控制)为基础,同时它又发展了新的原则。

(1) 选择性匿名:参与者只在预测过程的头几轮保持匿名状态,在不同的政策替代方案提出以后,参与者被要求公开进行争辩。

（2）有见地的多种倡议：对参与者的选择以兴趣和知识面为标准，不是要挑战"专家"。因此，在具体情况下，调查者在组建德尔菲小组时，都尽可能地挑选由知情人代表组成的小组。

（3）两极分化：在总结个人意见时，使用一些目的、手段有目的性地强化分歧和冲突。除使用常规方法（中值位、区间、标准差）外，在个人和小组中还广泛使用两极分化的方法。

（4）构建冲突：以冲突是政策问题的正常特征为出发点，鼓励利用分歧来创造性地探索各种方案及其结果。此外，还尽量对支持各种观点的假设和争议予以公开化。政策德尔菲法的结果是完全公开的，也就是说，结果可能是达成一致，也可能是继续争议。

（5）使用计算机召开会议：使用计算机在相互分开的个人之间构建连续的匿名互动过程，计算机的运用简化了巡回的程序。

2. 德尔菲法的特征

概括说来，德尔菲法有以下特征。

（1）以专家意见为基础，预测过程必须有专家参与，不论哪一层次的专家，只要参与了预测，其意见就必然占有一定的比重。预测结果就是专家意见的整合。20世纪40年代曾流行的"脑力激荡法"和"鱼缸法"就是集中专家，在短时间内调动专家的创造性思维，从而提出对某一问题未来趋势的预测结果。这些早期的专家预测法，虽然在操作中有明确的规则，但是专家预测不认真，个人意见屈从于权威人士或多数人意见的现象无法消除，进而会影响预测结果的科学性。德尔菲法在征集专家意见时坚持匿名的原则，使参与预测的专家互不知晓，采用答卷的方式发表自己的意见，从专家具有共识意见的集中点得出预测结果，避免了专家相互沟通影响而产生的预测误差。

（2）以控制反馈和综合计算为主要操作方法。搜集参与预测的专家的所有答卷，进行统计整理，排列出专家意见分布状况、集中点和各种态势。采用这一方法，通常坚持反复的原则，公布第一轮统计结果，通报给各位专家，再由专家提出第二轮意见，如此进行三至四轮的意见反馈和统计计算，最后得出预测结果。

（3）德尔菲法就是运用征集和反馈的方法，集中专家的智慧、知识和经验，进行信息交换和融合，最后汇总出预测结果的这样一种方法。该方法操作简单，适应性强，虽然要设计制作专家问卷、聘请各种专家（包括专业人士、政策利益代表者、消息灵通人士等）、计算机操作、编制计算机软件程序等也都需要一定的费用，但是总体来说，德尔菲法仍是费用较低的预测方法，因此有很高的使用率。

3. 操作程序

为了便于收集和统计专家的意见，在运用德尔菲法进行政策预测时需要按照一定的步骤和程序进行。一般而言，德尔菲法的完整操作程序包括以下7个步骤。

（1）提出项目命题。几乎各个学科研究的问题都可以应用德尔菲法加以分析和预测。

适合德尔菲法的项目命题非常宽泛,但关键在于项目命题是否具有预测意义和实际意义。

(2) 成立项目组织。要完成对于项目命题的预测,就必须成立项目组织。项目组织在专家意见的征集、控制性反馈信息的过程中起着主持中介的作用,它是专家们最终达致共识的重要桥梁。要征集足够的专家参加项目命题的应答,组织的权威性和声誉相当重要。

(3) 设计函询问卷。首先,函询问卷的设计必须要对命题的目的和德尔菲法的应用本身做出简明扼要的说明;其次,命题的表述必须准确而不会产生歧义;再次,要给出被预测对象实现的概率;最后,函询问卷应尽可能以答案选项的方式设计。设计函询问卷是进行准确预测的关键步骤,严谨的德尔菲法需要对函询问卷进行精心、严格、科学的设计和控制。由于德尔菲法需要进行若干轮,所以,每轮问卷的内容设计都是在对前轮问卷的结果进行分析后设计的。其中,第一轮问卷应包括以下几个问题:预测项,即要求答卷者对特定事件的发生概率做出主观估计;问题项:要求答卷者对问题的重要性进行排序;目标项,即就特定目标的可行性及是否合乎需要进行磋商与判断;选择项,即要求答卷者明确那些有助于实现目标的不同方案。

(4) 确定专家名单和选择专家。对于专家的选择是德尔菲法需要注意的问题。首先,被邀请的专家应当是与项目命题所涉及的问题相关的专家,最好是进行过同类研究或有过处理类似问题经验的专家。一般而言,专家的专业权威越高,对所预测问题的把握越全面,所预测的精度也越高。

(5) 发出和收回函询问卷。发出和收回函询问卷是一项需要多次反复进行的工作。通常情况下,第一轮的函询问卷允许专家根据一定的技术方法和已有的经验发表独立的看法。第二轮及以后的函询问卷内容则是在对第一轮收回函询问卷的结果进行综合、归纳的基础上整理出来的,将这些整理后的函询问卷再寄给专家并要求定向回答,直至专家能达成较一致的意见。

(6) 分析第一轮问卷结果并设计后续问卷。在第一轮问卷收回后,分析人员应当试着对预测、问题、目标和选择提出初步的看法,并将这些初步看法或简单的分析结果传达到第二轮及后续几轮问卷中。后几轮问卷都应包括中心化趋势、离中趋势、两极化趋势的观点以及对于最有冲突性的观点的一个总体性意见。

(7) 统计分析并准备最终报告。在整个程序完结之后,组织者需要得出统计结果的价值倾向和可信度,并以最终报告的形式呈交给决策者,从而为政策决策提供参考的信息或依据。

4. 计算处理方法

对于专家的意见结果进行统计分析是应用德尔菲法进行政策预测的重要环节。通常情况下,德尔菲法应用于以下两种情形:一是关于时间的预测;二是关于某种方案的评估。

(1) 关于时间的预测

在关于时间的预测中,专家们一般直接用计年或计月的数字来回答。比如对于未来某一局部战争可能发生的时间进行预测,11 名专家直接应答(函询 5 轮),如 2022 年、2026 年、2030 年等,见表 6-1。对于这些计年数字的分析,德尔菲法用"中位数"和"四分位数"来表示。中位数表明的是专家意见的集中趋势;上、下两个四分位数之差表明的是统计分析的离散趋势。通常的做法是将各位专家回答的计年数字在时间轴上按大小或高低的顺序排列出来,并按四等分划分专家总人数,这样,中位数就是排列在正中间的数字,即中分点值,它表示专家中各有一半预测的时间早于或晚于它;排列在中位数与最小数正中间的那个数就是下四分位数,亦称下四分点;排列在中位数与最大数正中间的那个数就是上四分位数,亦称上四分点。两个四分位数之差称为四分点间距,间距越小,说明意见差距越小,反之则表示意见差距越大,因此常常用来反映意见的一致性程度。根据美国学者杨奇(Erion Jantsch)的统计,在中位数与上、下四位数之间存在着近似的数学关系,即假如用 X 表示中位数与预测年代的距离,则下四分位数位于 $\frac{2}{3}X$ 处,上四分位数位于 $\frac{5}{3}X$ 处。比如,如果是在 2020 年进行的专家应答,而预测的中位数为 2050 年,那么 X 等于 30 年,下四分数为 2020+30×2/3=2040 年,上四分位数则为 2020+30×5/3=2070 年。由此,只要知道中位数,就可以计算出近似的上、下四分位数。与此相关联,最初的四分点间距与最终的四分点间距也存在一种数学关系,其比例为 8∶5。

如果我们设定以某项技术取得突破的年份为预测对象,11 名专家参加应答,则有如下表示方式:

下四分位数　　　　　中位数　　　　　上四分位数
2020　2021　2022　2023　2024　2025　2026　2027　2028　2029　2030

若专家往复应答了 5 轮,则可以列表为表 6-1。

表 6-1　专家预测值列表

轮次	中位数(年)	下四分点(年)	上四分点(年)	四分点间距(年)
1	2026	2022	2029	2022—2029
2	2027	2023	2030	2023—2030
3	2025	2021	2029	2021—2029
4	2026	2022	2029	2022—2029
5	2024	2021	2028	2021—2028

从表 6-1 中可以看出,中位数趋于 2026 年,下四分位点趋于 2022 年,上四分位点趋于 2029 年,四分点间距之差约为 7 年。这表明,专家间的意见分歧较大。

德尔菲法在多国已经得到广泛的使用。1995 年,日本长寿科学振兴财团在政府的支持下,利用德尔菲法对日本全国长寿科学研究者和有关专家 700 多人就 183 个项目进行了预测调查。预测结果对老年病的研究起到了推进作用,同时也显示出德尔菲法的实践意义。其中 6 项预测结果如表 6-2 所示。

表 6-2　日本专家对老年病的德尔菲预测

序号	预测项目	预测结果（年）
1	脑溢血能够早期护理	2003
2	心肌梗死康复法	2003
3	老年痴呆的病理得到明确解释	2010
4	从遗传基因阐明动脉硬化的病因	2015
5	开发出治疗动脉硬化的新方法	2015
6	向失明的老人提供人造眼球	2024

（资料来源：王骚.公共政策学[M].天津：天津大学出版社,2018.）

(2) 关于政策方案的评估

德尔菲法不仅可以应用于对具体事件的预测,而且也可以应用于对某种政策方案的前景评估。它根据专家对于方案的评分,用中位数来表示意见的集中程度,用四分点间距来表示离散的程度。还有另一种统计方法被经常应用,即直接名次排队法。这种方法先统计每位专家对不同方案的评定名次,然后把每个方案的不同名次相加起来,从而得出每一个方案的名次总和,名次总和数最低的就是专家认为前景较好的政策。这种方法只在于排出方案的名次高低顺序,而不关心不同名次方案之间的差距。比如,假设有 6 位专家对 5 个不同的方案进行评估,每个专家对各个方案的评估名次显示如表 6-3 所示。

表 6-3　专家评估名次

评定名次＼专家代号	第一名	第二名	第三名	第四名	第五名
01	甲	乙	丙	丁	戊
02	乙	丙	甲	戊	丁
03	甲	乙	丁	戊	丙
04	丙	甲	乙	丁	戊
05	乙	甲	丙	丁	戊
06	甲	丙	乙	戊	丁

（资料来源：张国庆.公共政策分析[M].上海：复旦大学出版社,2014）

为得出名次总和,还需列出相应的计算表（见表 6-4）。

表 6-4　专家评估名次总和

专家代号＼方案名称＼评定名次	01	02	03	04	05	06	名次总和
甲	1	3	1	2	2	1	10
乙	2	1	2	3	1	3	12
丙	3	2	5	1	3	2	16
丁	4	5	3	4	4	5	25
戊	5	4	4	5	5	4	27

（资料来源：张国庆.公共政策分析[M].上海：复旦大学出版社,2014）

对于专家意见的倾向性程度可以用"一致性系数"这一指标来表示。"一致性系数"的数值在 0—1 之间,数值越接近 1,表示意见的一致性程度越高,反之亦然。该系数的计算公式如下:

$$CI = \frac{12S}{m^2(n^3-n)}$$

公式中诸项符号分别表示:

CI 为一致性系数;S 为名次总和的差方和;m 为专家数目;n 为方案数目。其中差方和的计算公式为:

$$S = \sum_{x=1}^{n} x^2 - \frac{\left(\sum_{x=1}^{n} x\right)^2}{n}$$

公式中 x 表示各方案的名次总和。

用上述专家评估名次计算,其一致性系数为:

$$\sum x = 10 + 12 + 16 + 25 + 27 = 90$$

$$\left(\sum x\right)^2 = 90 \times 90 = 8100$$

$$\sum x^2 = 10^2 + 12^2 + 16^2 + 25^2 + 27^2 = 1854$$

$$S = 1854 - \frac{8100}{5} = 234$$

$$CI = \frac{12 \times 234}{6^2 \times (5^3 - 5)} = 0.65$$

由计算得出一致性系数为 0.65,说明专家意见的一致性程度不是很高。因此应将第一轮的专家意见进行汇总,再次发送给专家,进行第二轮专家意见征求,直至专家意见基本趋于一致。

5. 对德尔菲法的评价

德尔菲法简单易行,用途广泛,费用较低,在大多数情况下可以得到比较准确的预测结果。在缺乏足够资料的领域中,例如对某些长期、复杂的社会、经济、技术问题或者某些无先例事件和突发事件等的预测,数学模型往往无能为力,只能用德尔菲法这一类专家预测方法。

德尔菲法预测建立在专家主观判断的基础上,因此专家的学识、兴趣和心理状态对预测结果影响较大,从而使预测结论不够稳定。采用函询方式调查,客观上使调查组与专家之间的信息交流受到一定限制,可能影响预测进度与预测结论的准确性。采用匿名方式调查,有不利于激励创新的一面。

了解德尔菲法的优点,同时也认识到它的缺点,有助于预测人员更恰当地使用这种方法。

（二）相互影响矩阵法

拓展案例

相互影响矩阵法又称交叉概率法，它是美国于20世纪60年代，在德尔菲法和主观概率法基础上发展起来的一种新的预测方法。相互影响矩阵法是根据相关事件的发生或不发生对未来事件的发生概率进行判断的，具体来说是一种通过主观估计每种新事物在未来出现的概率以及新事物之间相互影响的概率，遵循条件概率原则，利用相互影响矩阵工具，进而对事物发展前景进行预测的方法。它可以克服德尔菲法的缺陷，充分描述或说明被预测的各个项目之间的支持和排斥作用，从而实现对某一事件发生概率的估计。

在进行相互影响分析时，需要考虑三个方面：一是联系的方向。它指出一个事件是否会影响另一个事件的发生，如果否，那么两事件为无关联事件，称为无关联模式，如果是，那么这种影响的方向是正面的还是负面的？正面影响称为加强模式，而负面影响称为约束模式，如汽车价格的增加会刺激合成燃料的研发，而军备竞赛和它对城市能否获得资金再发展之间是一种约束模式。二是联系的强度。它反映事件间联系有多强，是加强模式还是约束模式。有些事件之间有较强的联系，意味着一个事件发生对另一事件发生的可能性有相当大的影响。而另外有些事件相互之间的联系很弱，一般来说，联系越弱，就越接近无关联模式。三是影响作用的时滞量。表现为一个事件发生到另一事件相应变动的时间间隔。即便事件的联系很紧密（无论是加强型还是约束型），一个事件对另一个事件的影响也可能需要相当长的时间，例如，大量生产汽车与社会偏离之间的影响，间隔时间可长达数十载。

1. 基本步骤

（1）估计一组预测事件 $A_i(A_1, A_2, \cdots, A_n)$ 的概率 $P_i(P_1, P_2, \cdots, P_n)$，确定相互影响方向矩阵，如表6-5所示。

表6-5 各种预测事件的相互影响方向矩阵

事件	发生概率	对诸事件的影响			
		A_1	A_2	A_3	A_4
A_1	0.75	—	↑	↑	↓
A_2	0.40	↓	—	↓	↓
A_3	0.50	↓	↓	—	↓
A_4	0.20	↓	↓	↓	—

（资料来源：威廉·N. 邓恩. 公共政策分析导论（第四版）[M]. 北京：中国人民大学出版社，2011）

在表6-5中，"↑"表示正的影响，说明前一事件的发生将促进后一事件的发生，即增加了后一事件发生的概率；"↓"表示负的影响，说明前一事件的发生将抑制后一事件的发生，即减小了后一事件发生的概率；"—"表示前一事件对后一事件不存在明显的影响作用,一般假定事件的发生对自身事件发生的概率没有影响。

(2) 专家调查,确定相互影响的程度。

S 代表相互影响的程度,其变动范围在 0 与 1 之间,数值越大代表影响越强,分为无、弱、强、很强四级。K 代表一事件与另一事件的上升或下降关系,K＝－1 表示上升联系(正影响),K＝＋1 表示下降联系(负影响)。将 KS 结合,相互影响程度分类如表 6-6 所示。

表 6-6　相互影响程度分类表

相互影响程度分类	KS 值
无影响	0
弱负影响	＋0.5
弱正影响	－0.5
强负影响	＋0.8
强正影响	－0.8
很强负影响	＋1.0
很强正影响	－1.0

(资料来源:孙明玺.现代预测学[M].浙江教育出版社,1998)

请专家参照表 6-6 打分,一般取专家意见的均值,也可取多数专家的意见(即众数),可得到实际相互影响 KS 值矩阵。

(3) 计算校正概率并得出分析结果。

确定相互影响程度之后,应确定包含相互影响在内的校正概率值。如果 A_m 发生前 A_n 的概率为 P_n, A_m 发生后 A_n 校正概率为 P'_N,则当 A_m 发生后,包含 A_m 相互影响的 A_n 的校正概率计算公式如下:

$$P'_n = P_n + \text{KS} \times P_n \times (P_n - 1)$$

从所有事件中随机抽取事件 A_i,利用随机数法确定 A_i 是否发生。如果随机抽取的事件不发生,将不影响其余事件,则其余事件的初始概率均不变;如果随机抽取的事件发生,将影响其余事件,受其影响的其余事件的概率均应按照实际相互影响 KS 值矩阵的数据,并利用上述公式计算校正概率。此过程反复进行,直到 n 个事件是否发生都经过检验为止,这就结束了一轮试验。再恢复到初始概率,从随机抽取事件开始反复多次,估算每一事件的校正概率。

2. **实例分析**

一个专家小组用传统德尔菲法来估计四个事件 $A_1, \cdots, A_4$ 在未来几年的发生概率。A_1 为每加仑油上涨至 3 美元,A_2 为城郊居民变为城市人口,A_3 为按人口计算的犯罪数量翻倍,A_4 为短途电动汽车的大量生产。它们各自的主观估计概率为:$P_1 = 0.5$,$P_2 = 0.5$,$P_3 = 0.6$,$P_4 = 0.2$。现在假设这其中的一个事件发生(即 $P=1$ 或 100%),我们来估计其他事件在未来几年的发生概率。

表6-7列出了相互影响矩阵分析过程中第一轮的情况。如表所示，油价将涨至3美元的假设导致"郊区人口城市化"的主观概率发生了变化（从0.5变成0.7），按人口计算的犯罪数量翻倍的可能性由0.6增至0.8，电动汽车的大量生产的可能性由0.2增至0.5，这些都反映出加强型的联系。与此不同，其他的联系则是约束型的。例如，如果假设从前的郊区人口驾车少，石油公司的油价会下降（从0.5降至0.4），那么城市化就不太可能促使油价涨至3美元。最后，也有一些事件是不相关的。犯罪的增加对每加仑油价涨至3美元没有影响，大量生产电动汽车对城市化进程也没有影响（这两个概率都保持原有的0.5不变）。

表6-7 相互影响分析第一轮结果矩阵

如果这一事件发生 （P=1）	原始概率	改变后的概率			
		A_1	A_2	A_3	A_4
A_1=油价涨至每加仑3美元	0.5	—	0.7	0.8	0.5
A_2=郊区人口城市化	0.5	0.4	—	0.7	0.4
A_3=犯罪数量翻倍	0.6	0.5	0.4	—	0.1
A_4=电动汽车	0.2	0.4	0.5	0.7	—

（资料来源：威廉·N.邓恩.公共政策分析导论[M].4版.北京：中国人民大学出版社，2011）

3．相互影响矩阵法的评价

相互影响矩阵法可用于揭示和分析一些比较复杂的相互关系，它是传统德尔菲法的调整和自然拓展。一方面，相互影响矩阵法可由单个分析人员完成；另一方面，如果利用德尔菲小组，主观判断的准确性就可以得到提高。相互影响矩阵法的优势在于它考虑到了其他方法中会被忽略的事件之间的相互影响及其程度和方向，分析人员需要根据新的假设或证据对以前的概率进行连续修正；相互影响矩阵法能把有大量可能结果的数据，系统性地整理成易于分析的形式——相互影响矩阵；在分析过程中的任何时候都可以对相互影响矩阵中的信息进行归纳。

同其他预测方法一样，相互影响矩阵法也有其局限性。第一，即使可以借助于一些技术帮助识别相关联事件，包括理论图形化以及被称为关系树的网络图表等，但分析人员仍不能保证在分析中将所有潜在的相互关联事件都包括进去。第二，即便动用先进的计算机软件包和先进的计算机技术性能，建立并运行矩阵也是比较耗时耗力的。第三，尽管已经解决了许多困难，矩阵计算中仍然存在一些技术困难，如总是不能对未发生的情况进行分析等。第四，相互影响矩阵法同传统德尔菲法存在同样的弱点，即不现实地强调专家意见的一致性，而且这种根据主观判断的数据，利用公式将初始概率转变成校正概率的做法，也有相当的主观任意性。

三、预测的定量分析方法

公共政策系统的定量分析法是借助经济学、数学、计算机科学、统计学和决策理论等知识来进行逻辑分析和推论的一种方法。适用于系统结构清晰、提供信息准确、可建立数学模型的政策系统。定量分析法是理性分析方法中的重要一种,是政策科学形成和发展的一个重要的基础性方法论,它在现代政策研究中具有十分重要的作用。主要表现在以下几个方面。

（1）定量分析法能使有关的知识条理化、专门化和科学化,能将这些变量和其他特殊的变量进行比较分析。

（2）定量分析法使系统分析面临复杂的而又不确定的问题的表述更有条理和容易把握。定量分析可将发生的事件记录下来,以便复查、评估、比较和检验,还可设计出反馈机制来帮助控制和决策。

（3）定量分析法比其他方法更客观、准确和严密,能够直观、具体、明确地反映和发现研究对象的运动变化及所处状态,从而更好地界定问题、确定目标和选择方案,有助于政策制定、政策实施、评估和监控。

定量预测要求建立在完整的统计数据之上,并要求被预测的过程从过去到现在以至将来都是平稳发展的。正因为分析的基础是数据,所以数据资料的可靠性直接影响到预测精度。比如在收集数据时,既要分析数据的真实性,又要分析样本数据的变化规律。在数据分析基础上建立起来的模型,必须用数字表达式来表示预测问题的目标、变量、约束条件、假设条件等诸因素之间的关系,构建模型时经常要考虑以下四类变量。

（1）决定变量,是可控因素变量,能决定其数值,常用 x 表示;
（2）环境变量,是不可控因素变量,不能决定其数值,常用 y 表示;
（3）结果变量,是由决定变量与环境变量所决定的变量,常用 Z 表示,$Z=f(x,y)$;
（4）评价变量,是评价结果变量的变量,常用 u 表示,$u=g(Z)$。

以上四类变量的关系,可由图 6-2 表示。

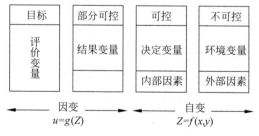

图 6-2　定量预测

（资料来源:陈庆云.公共政策分析[M].北京:北京大学出版社,2011）

(一) 外推预测

外推预测的方法和技术可以帮助分析人员根据目前的和历史的数据推断未来的社会状况。目前,外推预测已应用于预测经济增长、人口衰落、能源消耗、生活质量和机构的工作量负荷等诸多领域。

用来进行推测时,外推预测则依赖三个基本假设:

① 持续性。过去观察到的模式会在将来持续出现。如果能源消耗在过去是增长的,将来也会如此。

② 规律性。过去的趋势变动会在将来定期出现。如果过去每隔20年或30年就会发生战争,那么,这个战争也会在将来周期性地重复。

③ 数据的可靠性和有效性。对趋势的衡量是可靠的(即相对准确或内部一致)和有效的(即衡量了所要衡量的)。例如,对犯罪的统计相对而言就不是实际刑事犯罪的精确衡量。

如果这三个假设条件都满足,那么外推预测就可以帮助洞察动态的变化,使我们更好地理解未来社会的可能状态。而如果违背其中任何一个假设,那么利用外推预测就可能得出不准确的结果,甚至会产生误导。

1. 传统的时间序列分析

时间序列分析就是对在不同时点上收集并按时间顺序排列的数值所进行的分析,一般来说,时间序列可分解为长期趋势、循环波动、季节变动和不规则变动。

长期趋势是指在一段很长的时间内,一般为10年以上时间序列的一种平滑的增长或下降。趋势的变化因素可以归结为政治、经济、文化、生活等。如图6-3刻画了30年中美国芝加哥每千人犯罪数量增长的长期趋势。按常规,时间序列变量画在 Y 轴上(纵坐标轴),年度画在 X 轴上(横坐标轴),用一条直线表示1940—1970年间每千人中拘捕人数的增长趋势。在其他情况下(如死亡率),直线可以表示长期的下降趋势,而在另外一些情况下(如煤的消耗),则表现出曲线趋势,即时间序列中的数值形成一个弯弯曲曲的曲线。

周期性波动,也是定期的,是围绕趋势水平持续出现两个以上有规律的周期性上下波动。由于每个新的周期性波动都可能是未知因素影响的结果,故常常难以对这种周期加以解释。如图6-4所示,在一百多年中,芝加哥每千人的拘捕数至少有三个周期性波动。但是,对每个周期都很难做出解释。这个例子提醒我们注意慎重选择适当的时间范围的重要性,因为看上去是长期趋势的有可能实际上是更长期的周期性趋势。

季节性变动,正如其名称所言,是指在一年或少于一年的时间内定期重复的一种变动,其影响因素可以归结为自然气候有规律的变化或是社会文化习俗导致人们有规律的行为,可分为月度变动和季度变动。季节性变动最典型的例子是随着气候条件和节假日

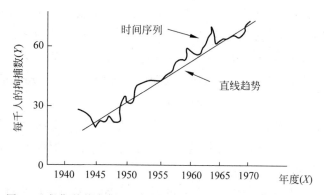

图 6-3　长期趋势实例：芝加哥 1940—1970 年每千人的拘捕数

（资料来源：Ted R Gurr. The Comparative Analysis of Public Order in The Politics of Crime and Conflict. Ted R Gurr，Peter N Grabosky，and Richard C Hula[J]. Beverly Hills，CA：Sage Publication，1977：647.）

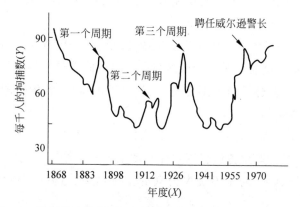

图 6-4　周期性波动实例：芝加哥 1868—1970 年每千人拘捕数

（资料来源：Ted R Gurr. The Comparative Analysis of Public Order in The Politics of Crime and Conflict. Ted R Gurr，Peter N Grabosky，and Richard C Hula[J]. Beverly Hills，CA：Sage Publication，1977：647.）

变化而上下波动的产量与销售量。社会福利、健康和公用设施部门的工作负荷也经常随气候条件和节假日的变化而呈现出季节性变化的趋势。例如：家庭燃料的消耗在冬季开始增加，而在每年 3 月份开始下降。

不规则变动是指持续时间很短且无规律的随机变动，也称剩余变动。不规则变动是不可预测的，不遵循一定的规律，它的产生常常是许多因素的结果，例如政府变动、罢工、自然灾害等。只要这些因素未被考虑，它们就会被当作随机的错误，即影响变动的未知原因，而不能用长期趋势、季节性变动或周期性变动来解释。

2. 突变法

突变法专门用来处理时间序列非连续，即发生突然间断或剧烈变动的情况。线性趋势的预测要求时间序列必须是平滑连续的。然而，现实中的情况十分复杂，许多时间序列是不连续的。在此,突变法为我们提供了解决办法。突变法是数学中一个称为拓扑学的特殊分支,涉及对不连续过程的系统研究和数学表达,专门被用来预测一个变量的细微变动(如时间)引起另一个变量发生突变的趋势。某一变量的细微变动引发的另一变量突然剧烈的变动称为突变。按照其创始人勒内·汤姆(Rene Thom)的说法,它是一种研究自然和社会中不连续的基本类型的方法。突变理论的基本假设是:

(1) 间断过程。许多最重要的物理、生物以及社会过程不表现为连续曲线,而是发生突然剧烈的断裂或变化。举个社会领域里的例子,公众观点的转变过程往往是平缓的,但有时也会发生突如其来的大变动。

(2) 整体系统。社会系统作为一个整体,其所表现出来的变化往往不是其组成部分变化的简单加总。即便各个部分的变化很平稳,社会系统作为一个整体的结构,也可能发生剧变。例如,对重大的政策问题,公共舆论可能会突然产生分歧,产生激烈的辩论或冲突。而与此同时,市民个人的意见仍平稳变化。与此相似,即便公共舆论的方向是在逐渐变化的,公共政策也有可能发生突然变化。

(3) 渐进延迟。为了维持或建立公众支持,决策者倾向于选择对现有政策进行渐进式的改变。渐进选择需要将已采纳的政策与所有相近的替代政策不停地连续进行比较。导致延迟的因素有很多,包括信息不完整、直觉分析的盛行、政治上的忠诚与责任、制度的惯性以及历史的先例等。

(4) 剧烈的政策变动。由于不同利益集团的意见往往平稳地发生变化,不需要突然转向,所以渐进型的政策制定方法将剧烈的变动推迟到了最后一刻发生。对于决策者来说,只是在某一时间点上,为了不丧失公众的支持,才被迫做出突然的、间断性的政策改变。

到目前为止,剧变法在公共政策分析中的主要应用领域是公共舆论。例如突变法可以用来解释联邦德国能源政策的突变。德国政府拟在巴登—符腾堡州莱茵河岸的农业区建一座核电厂,在举办听证会通过了该项计划之后,核电厂建设开始施工。但周围地区的农民逐渐担心核电厂的建设会威胁当地的土地安全,开始静坐示威以反对继续施工,但被强行带走。随着事态的发展,公众舆论逐渐转为支持该地区的农业人口。最后,经过一系列的政策调整,政府投入了大量成本的工程最终被取消。

突变法提供了理解间断性政策过程的概念和技术。它是一套概念和方法,假设过去发生的间断性过程在将来也会重复出现。尽管突变法试图为未来事件的发生提供充分的理论依据(不仅仅是相信过去的模式在将来一定会重现),但至少现在它最多被认为是一种外推预测技术,是一种对间断性政策的未来进行思考的方法。

(二) 因果预测

因果预测,顾名思义是利用已知的因果关系去预测未来事件。而因果关系总是以某种理论为基础,所以因果预测是依据理论的假设去建立过程的因果模型,进而推测未来行为的一种分析。正是在这个意义上讲,因果预测也可称之为"理论预测"。理论可以是确定性理论,也可以是统计性理论。但预测中使用的逻辑形式都是演绎的,或者是模仿演绎的。

从传统的统计理论看,是不能导出决定论的结论的,因决定论所预言的是类似于拉普拉斯(Laplace)所要求的理论推论,即它要求在给定初始和边界条件时,由理论可导出事件在任一时刻的状态。所以,服从统计规律的过程,不能是传统意义上的因果过程。应注意一点,若要使统计事件从相应的统计理论导出,该统计事件必须是被理论所认定的高概率事件。对被预测事件 A,最好有 $P(A) \approx 1$,才能保证推导过程类似于演绎式推导分析。

这里所讲的因果关系,具有较广的含义。它包括结构关系,以及不明显的具有因果性的"伴随"关系,即那种必然同时发生的关系(这种关系不具有通常因果之间所具有的时间滞后)。其基本假设是:两个或两个以上变量的关联变动是潜在的原因和结果的反映。如人均收入增加和福利开支增加的关联变动,管理人员占总的工作人员的比例与公共机构的规模之间的关系等。因果论证的形式常见的大致有三种:

① 两个以上的因果假设去导出一个结论;
② 用一个假设去支持两个以上的结论;
③ 用一个结论作为假设去支持一个序列中的结论。

因果论证中所体现出来的因果关系可以表示为结构图,再依据这种用箭头明确表示因果关系的结构图去建立相应的数学模型,然后用数学模型导出预测结论。

拓展案例

因果模型的长处在于可以帮助分析人员将因果假设明确化,局限性在于分析人员容易将统计分析揭示的关联变动与因果推理混淆起来。因果关系的推论并不是来自于模型,而是来在于模型之外的规律、建议或假设。因果模型的先驱休厄尔·赖特(Sewall Wright)表示,"建立因果模型的程序'并不是为了完成由相关系数的值推断出因果关系这样一个不可能完成的任务'"。

用于因果预测的数学方法有很多,包括微观经济学模型、回归分析和系统动力学等。这里主要介绍回归分析和系统动力学方法的分析思路。

1. 回归分析

在预测中,一类常见的问题是根据一组实测数据去设想某种函数关系,以使得这一函数轨迹尽可能地接近于已测数据。这个构造出来的函数与实测值之间的差距应尽可能小,这种函数被称为"回归函数"。它反映了事件内部各因素的变化关系和发展趋势,即利用回归分析,预测对象 y 与影响 y 的因素 $x_i (i = 1, 2, \cdots, n)$ 之间所存在的因果关系,再依据自变量 x 的未来值,来推断预测对象(因变量)今后的变化。

(1) 回归分析分类

① 根据因变量和自变量的个数来分类:一元回归分析、多元回归分析。

② 根据因变量和自变量的函数表达式来分类：线性回归分析、非线性回归分析。回归模型类型如图 6-5 所示。

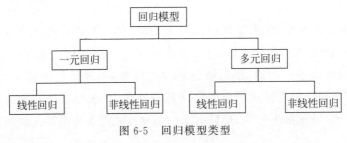

图 6-5　回归模型类型

（资料来源：赵艳霞.公共政策分析[M].哈尔滨：哈尔滨工程大学出版社,2017）

几点说明：

a. 通常情况下，线性回归分析是回归分析法中最基本的方法，当遇到非线性回归分析时，可以借助数学手段将其化为线性回归。因此，应主要研究线性回归问题，一旦线性回归问题得到解决，非线性回归也就迎刃而解了，例如，取对数使得乘法变成加法等。当然，有些非线性回归也可以直接进行，如多项式回归等。

b. 在社会经济现象中，很难确定因变量和自变量之间的关系，它们大多是随机性的，只有通过大量统计观察才能找出其中的规律。随机分析是利用统计学原理来描述随机变量相关关系的一种方法。

c. 由回归分析法的定义知道，回归分析可以简单地理解为信息分析与预测。信息即统计数据，分析即对信息进行数学处理，预测就是加以外推，也就是适当扩大已有自变量取值范围，并承认该回归方程在该扩大的定义域内成立，然后就可以在该定义域上取值进行"未来预测"。当然，还可以对回归方程进行有效控制。

d. 相关关系可以分为确定关系和不确定关系。但是不论是确定关系还是不确定关系，只要有相关关系，都可以选择适当的数学关系式，用以说明一个或几个变量变动时另一变量或几个变量平均变动的情况，如图 6-6 所示。

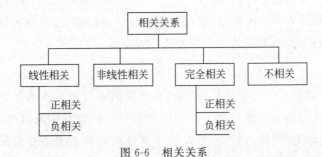

图 6-6　相关关系

（资料来源：赵艳霞.公共政策分析[M].哈尔滨：哈尔滨工程大学出版社,2017）

③ 回归分析主要解决的问题

a. 确定变量之间是否存在相关关系，若存在，则找出数学表达式。

b. 根据一个或几个变量的值,预测或控制另一个或几个变量的值,且要估计这种控制或预测可以达到何种精确度。

(2) 回归分析的有效性和注意事项

① 有效性

用回归分析法进行预测首先要对各个自变量做出预测。若各个自变量可以由人工控制或易于预测,而且回归方程也较为符合实际,则应用回归预测是有效的,否则就很难应用。

② 注意事项

为使回归方程能符合实际,首先应尽可能定性判断自变量的可能种类和个数,并在观察事物发展规律的基础上定性判断回归方程的可能类型;其次,力求掌握较充分的高质量统计数据,再运用统计方法,利用数学工具和相关软件从定量方面计算或改进定性判断。

③ 回归分析中的几个常用概念

a. 实际值:实际观测到的研究对象特征的数据值。

b. 理论值:根据实际值可以得到一条倾向线,用数学方法拟合这条曲线,可以得到数学模型,根据这个数学模型计算出来的与实际值相对应的值,称为理论值。

c. 预测值:实际上也是根据数学模型计算出来的理论值,但它是与未来对应的理论值。

d. 表示符号:实际值用 y_i 表示;理论值用 $\hat{y}_i$ 表示;因变量与自变量之间的关系是用一条线性方程来表示的。

(3) 方法步骤

① 根据自变量与因变量的现有数据以及关系,初步设定回归方程。

在这里我们只简述一元线性回归,其回归模型可表示为:$y = \beta_0 + \beta_1 x + \varepsilon$。其中,$y$ 是因变量;x 是自变量;ε 是误差项;β_0 和 β_1 称为模型参数(回归系数)。

② 求出合理的回归系数。

这里回归系数的求解,就要用一定的方法,使得该系数应用于该方程是"合理的"。最常用的一种方法就是最小二乘估计法。最小二乘法是测量工作和科学实验中最常用的一种数据处理方法,其基本原理是,根据实验观测得到的自变量 x 和因变量 y 之间的对应关系,找出一个给定类型的函数 $y = f(x)$,使得它所取的值 $f(x_1), f(x_2), \cdots, f(x_n)$ 与观测值 $y_1, y_2, \cdots, y_n$ 在某种尺度下最接近,即在各点处的偏差的平方和达到最小,即

$$\sum_{i=1}^{n}(y_i - \hat{y}_i)^2 = \sum_{i=1}^{n}(y_i - \hat{\beta}_0 - \hat{\beta}_1 x_i)^2$$

最小。这种方法求得的 β_0 和 β_1 将使得拟合直线 $y = \hat{\beta}_0 + \hat{\beta}_1 x$ 中的 y 和 x 之间的关系与实际数据的误差比其他任何直线都小。

根据最小二乘法的要求,可以推导得到最小二乘法的计算公式:

$$\begin{cases} \hat{\beta}_1 = \dfrac{n\sum\limits_{i=1}^{n} x_i y_i - \left(\sum\limits_{i=1}^{n} x_i\right)\left(\sum\limits_{i=1}^{n} y_i\right)}{n\sum\limits_{i=1}^{n} x_i^2 - \left(\sum\limits_{i=1}^{n} x_i\right)^2} \\ \hat{\beta}_0 = \bar{y} - \hat{\beta}_1 \bar{x} \end{cases}$$

其中,$\bar{x} = \dfrac{1}{n}\sum\limits_{i=1}^{n} x_i, \bar{y} = \dfrac{1}{n}\sum\limits_{i=1}^{n} y_i$。

③ 进行相关性检验,确定相关系数。

对于若干组具体数据(x_i, y_i)都可算出回归系数$\hat{\beta}_0, \hat{\beta}_1$,从而得到回归方程。至于$y$与$x$之间是否真有如回归模型所描述的关系,或者说用所得的回归模型去拟合实际数据是否足够近似,并没有得到判断。因此,必须对回归模型描述实际数据的近似程度,也即对所得的回归模型的可信程度进行检验,称为相关性检验。

相关系数是衡量一组测量数据(x_i, y_i)线性相关程度的参量,其定义为:

$$r = \dfrac{\sum\limits_{i=1}^{n}(x_i - \bar{x})(y_i - \bar{y})}{\sqrt{\sum\limits_{i=1}^{n}(x_i - \bar{x})^2 \sum\limits_{i=1}^{n}(y_i - \bar{y})^2}},$$

或者

$$r = \dfrac{n\sum\limits_{i=1}^{n} x_i y_i - \sum\limits_{i=1}^{n} x_i \sum\limits_{i=1}^{n} y_i}{\sqrt{n\sum\limits_{i=1}^{n} x_i^2 - \left(\sum\limits_{i=1}^{n} x_i\right)^2} \sqrt{n\sum\limits_{i=1}^{n} y_i^2 - \left(\sum\limits_{i=1}^{n} y_i\right)^2}}$$

r值在$0 < |r| \leqslant 1$中。r为正,直线斜率为正,称为正相关;r为负,直线斜率为负,称为负相关。$|r|$接近于0,则测量数据点分散或x_i与y_i之间为非线性。不论测量数据好坏都能求出$\hat{\beta}_0$和$\hat{\beta}_1$,所以我们必须有一种判断测量数据好坏的方法,用来判断什么样的测量数据不宜拟合,判断的方法是$|r| < r_0$时,测量数据是非线性的,r_0称为相关系数的起码值,与测量次数n有关,见表6-8。

表6-8 相关系数的起码值 r_0

n	r_0	n	r_0	n	r_0
3	1.000	9	0.798	15	0.641
4	0.990	10	0.765	16	0.623
5	0.959	11	0.735	17	0.606
6	0.917	12	0.708	18	0.590
7	0.874	13	0.684	19	0.575
8	0.834	14	0.661	20	0.561

(资料来源:赵艳霞.公共政策分析[M].哈尔滨:哈尔滨工程大学出版社,2017)

在进行一元线性回归之前应先求出 r 值,再与 r_0 比较,若 $|r|>r_0$,则 x 和 y 具有线性关系,可求回归直线;否则反之。

④ 根据已得的回归方程与具体条件相结合,来确定事物的未来状况,并计算预测值的置信区间。

当确定相关性后,就可以对置信区间进行确定,然后就可以结合实际情况,确定事物未来的状况了。回归分析的最主要的应用就在于"预测",而预测是不是准确的,就得有一个衡量的工具,它就是置信区间。或者从另外一方面来说,回归方程是由数理统计得出的,它反映的是实际数据的统计规律,所以,根据回归方程所得的预测值 y_0 只是对应于 x_0 的单点预测估计值,预测值应该有一个置信区间。这样来看,计算置信区间是很有必要的。

置信区间上限为:$y_1 = \beta_0 + \beta_1 x + 2S$

置信区间下限为:$y_2 = \beta_0 + \beta_1 x - 2S$

其中 S^2 是 σ^2 的无偏估计量,称为剩余方差,$S^2 = \dfrac{\sum\limits_{i=1}^{n}(y_i - \hat{y}_i)^2}{n-2}$,$S$ 称为剩余标准差(该表达式的自由度为 $n-2$ 是因为有两个限制变量 x_i 和 y_i)。

(5) 实例分析

数据如表 6-9 所示。

表 6-9 实 例 数 据

城镇居民家庭人均可支配收入(元)	城市人均住宅面积(平方米)	城镇居民家庭人均可支配收入(元)	城市人均住宅面积(平方米)
343.4	6.7	4838.9	17.0
477.6	7.2	5160.3	17.8
739.1	10.0	5425.1	18.7
1373.9	13.5	5854.0	19.4
1510.2	13.7	6280.0	20.3
1700.6	14.2	6859.6	20.8
2026.6	14.8	7702.8	22.8
2577.4	15.2	8472.2	23.7
3496.2	15.7	9421.6	25.0
4283.0	16.3	10493.0	26.1

(资料来源:赵艳霞.公共政策分析[M].哈尔滨:哈尔滨工程大学出版社,2017)

① 确定回归模型。

先画出散点图,进行观察。

可以看到,除了个别点以外,基本上所有点都分布在一条直线的附近。而且自变量只有一个,因此可以假设其回归模型为

$$y = \beta_0 + \beta_1 x + \varepsilon$$

② 求出回归系数。根据最小二乘法的计算公式,求得 $\hat{\beta}_1 = 0.0017$,$\hat{\beta}_0 = 9.4866$,故:

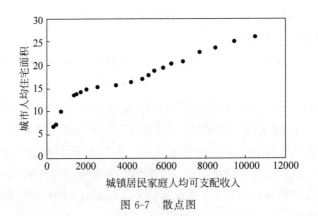

图 6-7 散点图

$$y = 9.4866 + 0.0017x$$

③ 相关性检验。根据 $r = \dfrac{\sum\limits_{i=1}^{n}(x_i - \bar{x})(y_i - \bar{y})}{\sqrt{\sum\limits_{i=1}^{n}(x_i - \bar{x})^2 \sum\limits_{i=1}^{n}(y_i - \bar{y})^2}}$ 的计算公式,计算出的相关系数为 $r = 0.96470192922406$,由于 r 的绝对值接近 1,所以相关性很强,拟合程度很好。

④ 置信区间的确定。根据表达式 $S^2 = \dfrac{\sum\limits_{i=1}^{n}(y_i - \hat{y}_i)^2}{n-2}$ 计算出剩余方差,然后给定条件 x_0,进而就可以求解给定概率内的置信区间了。

至此,拟合基本完成。可以进一步根据回归方程的意义,对现实事物进行预测和分析。

2. 系统动力学模型

随着经济、技术、社会以及环境的迅速变化,我们生活所处的各种系统也变得越来越复杂。在这个充满复杂性的动态世界里,想要做出正确有效的公共决策,我们必须成为系统思考者,还要开发利用一些工具来帮助我们。由多个子系统有机结合的复杂系统,我们往往很难详尽了解每一个子系统,但是有时可以清楚了解各子系统之间的联系方式、因果作用方式等。因此,我们可以对整个系统的因果联系、结构和动态行为构建一个模型,对系统未来行为进行预测。系统动力学就是在这种思路下为适应处理复杂系统的需要而发展起来的。

系统动力学的出现始于 1956 年,创始人为美国麻省理学院的福瑞斯特(J. W. Forrester)教授。这是一门分析信息反馈系统的学科,是解决系统问题的交叉性学科,其系统的特性和模式取决于内部的动态结构和反馈机制,一般用来解决经济、社会、生态这种大系统且复杂的问题。

要真正认识系统动力学,就必须了解反馈机制和反馈回路,反馈机制分为正反馈和负反馈。正反馈,是一种加强自身运动的过程,这种运动产生的结果会加强初值或原来的趋势,具有此种反馈的回路称为正反馈回路,由正反馈主导的系统称为正反馈系统。负反馈,与正反馈对应,具有此种反馈的回路称为负反馈回路,由负反馈主导的系统称为负反馈系统。回路可抽象成图形表示,常用三种图形表示法:系统结构框图、因果关系图、系统流程图。

1972年,罗马俱乐部发布了一份名为《增长的极限》的研究报告,研究者认为由于地球的有限性,所以增长是存在着极限的。研究者以计算机模型为基础,将全球系统视为一个系统动力模型,对关乎世界未来的五大因素——人口、粮食生产、资源消耗、工业生产和污染进行了追踪和不同情境下的模拟,指出人类如果按照既有趋势发展下去,100年内将会到达增长的极限。研究者认为全球系统中的五个因子之间存在反馈环路,反馈环路是一个封闭的线路,它联结一个活动和这个活动对周围状况产生的效果,而这些效果反过来又作为信息影响下一步的活动。在这种环路中,一个因素的增长,将通过刺激和反馈连锁作用,使最初变化的因素增长得更快。全球系统无节制地发展,最终将向其极限增长,并不可避免地陷于恶性循环之中。尽管书中的结论一直受到来自多方面的批评,但他们所采用的系统动力学方法却引发了许多人的思考。

系统动力学以系统论为基础,包含着系统论的思想,它认为系统的结构决定了系统的行为。系统动力学预测是通过研究系统内部诸因素形成的各种反馈环,同时搜集与系统行为有关的数据和情报,采用计算机仿真技术来对复杂系统进行长期预测的。

(1) 系统动力学预测的基本思路

系统的行为模式是由系统的结构决定的,外部环境对系统行为模式产生影响,是通过系统内部结构起作用的。各子系统之间相互作用的方式和格局,决定了产生某种行为模式的可能性。系统内部动态行为由其结构决定。基本的系统行为有:①正反馈导致的增长。②负反馈导致的寻的行为,即边际递增或递减趋近于某个期望值。③反馈加时间延迟引发的震荡。

系统的构造着眼于物质和信息的流动,特别是物质和信息正负反馈的相互作用。在系统动力学模型中,应用正反馈和负反馈把所有变量连成一体,形成一个集合所有流程的有机动态系统。

正因为系统行为的预测以计算机对模型的仿真为工具,所以它不仅使得复杂系统的预测成为可能,而且也使多方案的比较和选择成为可能。

(2) 系统动力学预测的基本步骤

① 将系统分解为若干个子系统;

② 描述子系统间作用的因果关系和信息反馈方式;

③ 建立以流程图和结构方程式为形式的数学模型;

④ 用计算机模拟在不同输入和状态下系统的反应;

⑤ 评估和验证模型及其预测结果的准确性和有效性。

系统动力学模型的建立是构造回路、绘制因果关系图、系统流程图和构造数学模型的过程。因果关系图是用来定性描述系统中变量因果反馈结构的一种关系图形,又称影响图,简单地说,影响链表示其影响作用为正或为负,正号说明箭头指向的变量随着箭头出发变量的增加而增加,减少而减少,也就是成正比。负号这种关系则反之;系统流程图是在因果关系图的基础上进一步区分变量的性质,用更加直观的符号刻画系统要素之间的逻辑关系,明确系统的反馈形式和控制规律的图形表示,主要由流位(也称存量、状态变量、水准变量、水平变量)、流率(也称流量、速率变量、变化率)、信息流和物流、辅助变量等基本要素组成;构造的数学模型是由流位方程、流率方程、辅助方程等组成。存量和流量是系统动力学的核心概念。存量是累积量,表征系统的状态;流量使得存量发生变化,流量是速率量,表征存量变化的速率。存量的变化由且只由流量引起。速率又是变化率,随着时间推移,使水平变量的值增加或减少。系统动力学认为反馈系统中包含连续的、类似流体流动与积累的过程。

(3) 系统动力学预测的实例

区域创新系统是一个包含政府、高校、科研机构、企业等一系列创新主体以及它们之间相互关系的复杂经济社会系统。科技创新政策将不同创新资源分配给不同创新主体,并通过创新主体之间的相互联系对区域创新能力提高产生非线性影响效果。王进富和张耀汀运用系统动力学原理构建了科技创新政策对区域创新能力的影响机理模型,以此来判断及预测不同政策组合对区域创新能力的影响效应。

王进富等确定区域创新系统包含政府、高校、研发机构、企业四个子系统,在 Shyu J Z 对创新政策的分类基础上进一步按照政策工具分为六类政策。通过分析区域创新系统的整体框架,以及各创新主体及其相互关系,构建区域创新系统因果关系图,如图 6-8 所示。

图 6-8 主要包括从科技创新政策出发,分别通过两种供给型政策、两种需求型政策、两种环境型政策影响区域创新能力,又回到科技创新政策的六条反馈回路。这六条反馈回路都是正反馈回路,体现了政府通过相关政策,提高相关方面水平,进而提高区域创新能力的过程。

根据图 6-8 的因果关系,选取专利申请数与高新技术产品销售额作为输出变量,区分回路中不同性质的变量,确定状态变量为累计专利申请量、累计高新技术产品销售额、累计毕业生数,速率变量为专利年申请数、高新技术产品销售额、高校年毕业生数,其他变量为辅助变量,用流图符号描述和连接系统的各个变量,构建区域创新系统的系统动力学流图,如图 6-9 所示。

画出系统流程图之后建立仿真方程,使用相关数据进行模拟仿真。之后通过调整财政教育支出比例、财政科技支出比例、知识产权保护强度、科技中介服务完善程度、税率、金融机构贷款利率这些参数来考察并对各个科技创新政策产生的效果进行比较,通过这样的模拟实现参数优化,进而优化政策。

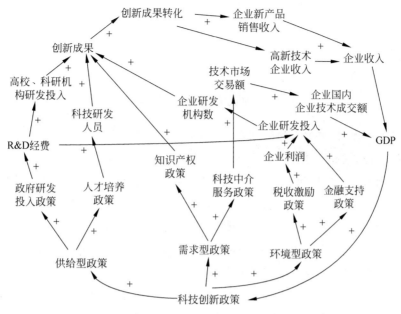

图 6-8　因果关系示意图

（资料来源：王进富,张耀汀.基于系统动力学的科技创新政策对区域创新能力影响机理研究[J].科技管理研究,2018,38(8)：52-57.）

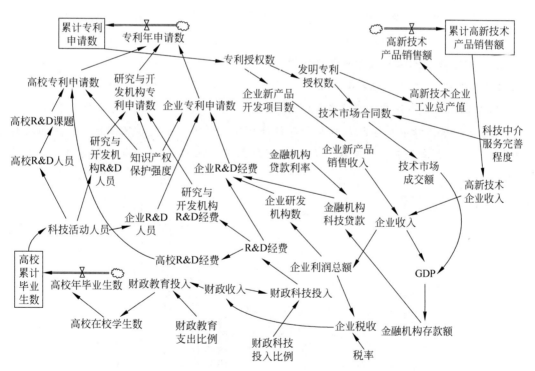

图 6-9　区域创新系统系统动力学流图

（资料来源：王进富,张耀汀.基于系统动力学的科技创新政策对区域创新能力影响机理研究[J].科技管理研究,2018,38(8)：52-57.）

案例分析

中国人口老龄化问题

新中国成立初期,中国人均预期寿命只有35岁左右。70年来,公共卫生事业的发展提高了全民健康水平,使得中国人均预期寿命增长了40多岁,在"十三五"期间就增长到了77.3岁,"十四五"规划和2035年远景目标纲要也提出要实现"人均预期寿命再提高一岁"。新中国成立之后,中国开始了以死亡率下降为主导的人口转变;到20世纪70年代,中国人口生育率也开始快速下降;进入20世纪90年代,生育率得到有效控制,中国人口进入低出生率、低死亡率、低自然增长率的阶段。伴随人口转变的完成,我国人口年龄结构开始出现老化,人口老龄化问题凸显。

根据2021年发布的第七次全国人口普查数据显示,2020年我国出生人口降至1200万,60周岁及以上人口数为26402万人,占总人口比重为18.7%;65周岁及以上人口数为19064万人,占比13.5%。国际上通常看法是,当一个国家或地区60岁以上老年人口占人口总数的10%,或65岁以上老年人口占人口总数的7%,即意味着这个国家或地区的人口处于老龄化社会。若65岁以上老年人口占比达到14%,则为深度老龄化;超过20%,则为超老龄化社会。中国从1999年进入人口老龄化社会,2017年新增老年人口首次超过1000万。未来我国老年人口规模将持续增长,预计2030年,中国65岁以上人口占比将超过日本,成为全球人口老龄化程度最高国家,2050年,社会将进入深度老龄化阶段,60岁以上人口占比超30%,这意味着30年后,每3个人中至少就有1个老年人。

2019年中国社会科学院人口与劳动经济研究所联合社会科学文献出版社共同发布的《人口与劳动绿皮书:中国人口与劳动问题报告No.19》(以下简称绿皮书)指出从

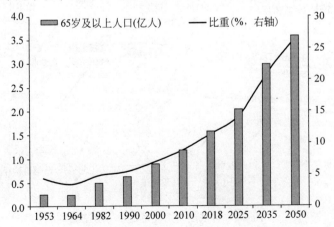

图6-10 我国历年65岁及以上老年人口数量与所占比重及走势预测

(资料来源:国家统计局,泽平宏观)

2011年开始,中国老年人口进入了一个快速增长时期,2010年至2040年老年人口将总共增加2.24亿人,年平均增长率为3.62%,平均每年净增746万。根据预测,2040年至2045年中国人口出生时平均预期寿命为80.34岁,80岁及以上老年人在总人口中占比将于2041年达到5.15%,65岁及以上老年人在总人口中的占比将于2045年达到24.9%。

2013年11月,《中共中央关于全面深化改革若干重大问题的决定》提出"启动实施一方是独生子女的夫妇可生育两个孩子的政策",2015年10月中共中央决定"全面实施一对夫妇可生育两个孩子政策"。中共中央政治局于2021年5月31日召开会议指出,进一步优化生育政策,实施一对夫妻可以生育三个子女政策及配套支持措施。

上述政策实施后,虽然生育率提高的幅度不尽如人意,但已经显现出对新生育政策的积极反应。2017年是我国"全面两孩"生育政策实施的第二年,也是政策效果完整显现的第一年。中国国家统计局根据全国人口变动抽样调查数据的推算分析表明,2016年二孩出生数量大幅上升,2017年二孩数量进一步上升至883万人,比2016年增加了162万人;二孩占全部出生人口的比重达到51.2%,比2016年提高了11个百分点。2019年,在新生婴儿中,二孩的比例达到了57%,2020年出生人口中"二孩"占比为50%左右,现在的生育政策发挥了成效。但同时应该注意到,全面二孩政策不及预期,生育堆积效应或已消退,我国出生率自2016年有了小幅回升以后,2020年是连续第四年下降,出生率仅为8.5‰,是我国自1949年以来出生率的最低值。

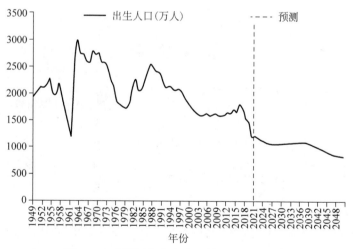

图6-11 我国历年出生人口数量及走势预测

(资料来源:国家统计局,泽平宏观)

人口老龄化问题的凸显,给中国社会各个领域带来了许多负面影响,成为我国面临的前所未有的新挑战。

人口老龄化速度的加快,老龄人口的供给支付额度对人口比例较小的青壮年形成极大的压力,社会财富创造与现代化建设无法满足老龄人口的快速发展需求。从而导致经济发展与人口老龄化问题产生较大的矛盾,特别是在经济欠发达区域,经济发展无法满足老龄人口的抚养需求,很多地方财政出现赤字。从实质上来看,人口老龄化程度并不是社会经济压力的决定因素,但老龄人口保障必须有着充分的经济基础和社会资源。但我国当前的情况仍不具备足够的经济基础和社会条件,所以老龄化问题给社会经济发展带来巨大的压力。相关学者预测,我国在未来 40 年内会达到人口老龄化高峰,也是经济压力的高峰期,社会发展会受到空前的压力。

(资料来源:本书综合整理。)

即练即测

案例思考题

1. 结合案例,阐述预测分析在公共政策制定中的重要性。

2. 如何做好中国人口老龄化的预测工作,使相关的各项公共政策制定满足人口老龄化的要求?

思考与练习题

1. 试述定性预测方法与定量预测方法的联系与区别。
2. 简述德尔菲法的特点及其计算过程。
3. 简述时间序列中趋势的估算方法。

参 考 文 献

[1] 陈庆云.公共政策分析(第二版)[M].北京:北京大学出版社,2016.
[2] 冯锋,李庆均.公共政策分析・理论与方法[M].合肥:中国科学技术大学出版社,2008.
[3] 韩俊江,袁湘,杨兹涵.公共管理政策分析[M].长春:东北师范大学出版社,2012.
[4] 荆玲玲,张宝生,张燕.公共政策分析——理论与案例[M].哈尔滨:哈尔滨工程大学出版社,2014.
[5] 穆荣平,任中保,袁思达,乔岩.中国未来20年技术预见德尔菲调查方法研究[J].科研管理,2006(1):1-7.
[6] 孙明玺.现代预测学[M].浙江教育出版社,1998.
[7] 王进富,张耀汀.基于系统动力学的科技创新政策对区域创新能力影响机理研究[J].科技管理研究,2018,38(8):52-57.
[8] 威廉・N・邓恩.公共政策分析导论[M].4版.北京:中国人民大学出版社,2011.
[9] 王骚.公共政策学[M].天津:天津大学出版社,2018.
[10] 徐蔼婷.德尔菲法的应用及其难点[J].中国统计,2006(9):57-59.
[11] 徐彬,安建增.公共政策概论[M].芜湖:安徽师范大学出版社,2016.
[12] 谢明.公共政策分析概论(修订版)[M].北京:中国人民大学出版社,2011.
[13] 张国庆.公共政策分析[M].上海:复旦大学出版社,2014.
[14] 周文.全面二孩政策下中国未来30年人口趋势预测[J].统计与决策,2018,34(21):109-112.

[15] 赵艳霞.公共政策分析[M].哈尔滨:哈尔滨工程大学出版社,2017.

[16] D. H. Meadows, D. L. Meadows, J. Randers, W. W. Behrens. The Limits to Growth[R]. Washington DC: Potomac Associates,1972.

[17] Shyu J Z, Chiu Y C, Yuo C C. A cross-national comparative analysis of innovation policy in the integrated circuit industry[J]. Technology in Society,2001,23(2):227-240.

第七章

政 策 采 纳

 引例

14世纪的法国哲学家布里丹在一次议论自由问题时讲了一个寓言故事。他曾养过一头小毛驴,每天向附近的农民买一堆草料来喂。这天,送草的农民出于对哲学家的敬仰,额外多送了一堆草料,放在旁边。这下子,毛驴站在两堆数量、质量和与它的距离完全相等的干草之间,可是为难坏了。它虽然享有充分的选择自由,但由于两堆干草价值相等,客观上无法辨别优劣,于是它左看看,右瞅瞅,始终也无法分清究竟选择哪一堆好。于是,这头可怜的毛驴就这样站在原地,犹犹豫豫,来回考虑,无所适从,难以取舍,最终活活地饿死了。两堆干草的绝对平衡使这头驴子进退两难。从决策思维的角度来说,当几种选择方案具有同等的吸引力时,它本应当是最容易做出决定的。因为无论选中哪一个都会带来愉快的结果。但是为什么这样的决定又是如此的艰难呢?问题就在于决策者不得不放弃一个很有吸引力的选择。换句话说,"布里丹的驴子"的问题出在无论哪一捆诱人的干草它都不肯放弃。一般来说,一旦决策者知道自己将获得某种利益或某样东西时,方案的吸引力就会发生递减;而一旦要放弃某种利益或某样东西时,方案的吸引力就会发生递增,选择的烦恼带来很大的心理压力。

第一节 政策采纳概述

政策形成的最后步骤是政策采纳,前期的政策问题构建、政策议程设定和政策规划都是为其做准备的,如果过不了政策采纳这一关,那将前功尽弃。政策采纳最关键的环节是政策决策。著名管理家西蒙认为,选择和决策是"两个可以互替的术语",决策就是对未来行动方案的选择。公共决策在这个意义上是指"选择可用决策的方法以及它们在预测问题中可能产生的作用……它是最明显的政治步骤,因为一个特定问题的许多潜在的解决方法必须以某种方式筛选,选中其中的一个或者特殊的几个以备采用。显然,大多数可能的选择都不会实现,像最终决定一项最佳方针一样决定不采取某一行为路线同样是选择的一部分"。学者们一直致力于研究如何将实践中的公共政策决定做得更好。

公共政策采纳是政策制定中最重要的也是最关键的阶段。

一般来说,政策采纳阶段的典型内容并不是从若干成熟的政策方案中进行选择,而是针对某一政策可选方案所采取的行动。这些行动的支持者所要做的就是使方案获得通过,即使方案不能提供他们所期望的一切。当政策过程由政策提出阶段迈向政策决定阶段时,一些政策建议会被否决,一些会被接受,还有一些会被整改,分歧将慢慢减少,妥协也将达成。最后,在某些情况下,最终的政策决定可能只是一种形式上的东西;在另外一些情况下,问题的分歧在投票结果出来或者决定公布之前会一直存在。

一、政策采纳的概念

公共政策采纳是指政策制定机构和决策者决定采取某项政策的过程与行动。政策采纳是政策过程的一个重要环节,是政策发挥实际作用的前提。

政策采纳与政策方案选择是不完全相同的。政策的采纳机构与采纳者有时就是政策的制定机构、政策的决策者,因此,政策方案一旦选定,似乎政策也就被采纳了。其实两者还是有区别的。区别之一是选定的政策方案必须经过政策合法化过程,才能算是被最终采纳了;区别之二是只有当确定的政策议案真正决定付诸行动时,政策才算是被最终采纳了。

政策采纳与政策合法化、政策执行也不尽相同。政策合法化是政策取得合法性的过程,而政策采纳是这些合法的政策进入政府部门实际工作轨道的过程。政策执行关注的是政策执行过程,但有些经过合法化的政策并没有进入执行阶段,或者只有部分内容进入执行阶段。因此,政策采纳只是政策执行的前提条件,而政策执行则是政策采纳后的必然结果。

政策采纳是一次对政策制定过程的再审查,是对政策规划和政策决定的一次内部再分析。政策方案选定后,具有合法性的机构按照一定程序将政策公布,政府决定实施该项政策,社会就会产生贯彻政策的实际行动,也就会出现预期的社会效果。

二、政策采纳的原则

政策采纳一般要遵循完整性、有效性、时效性、协调性、灵活性的原则。

(一)完整性

从某种程度上来说,政策是否完整影响政策效果的最终发挥。政策采纳者不应该根据自己的利益断章取义。不具有完整性的政策往往收不到预期的效果。

(二) 有效性

追求政策有效性是政策采纳的一个基本出发点。一般来说,被采纳的政策必须能够对所要解决的政策问题或要调整的社会关系发生积极的影响。

(三) 时效性

政策的采纳具有很强的时效色彩。只有在规定的时间范围内,政策才能发挥显著的效果。因此,政策采纳必须坚持时效性原则,审时度势,适时而又迅速地将政策引入执行阶段。

(四) 协调性

政策采纳必须使政策与采纳者日常的行政工作协调一致,使政策真正落到实处。此外,政策采纳者还应协调各有关利益群体的利益冲突,找到各方利益的均衡点,尽量减少政策执行的阻力。

(五) 灵活性

公共政策尤其是一些涉及面广的国家宏观政策,由于区域差异不能规定得十分具体。因此,对于各地区、各部门的采纳者来说,应当根据本地区或本部门的实际情况,因地制宜地做出安排,在政策原则允许的范围内采取较灵活的做法。

三、政策采纳的影响因素

政策采纳的影响因素主要有三个,即政策质量、政策环境和政策采纳者。

(一) 政策质量

政策质量的优劣,会影响公共政策的直接采纳。譬如,政策内容是否完备,政策的配套措施是否齐全,政策的实施细则是否明确,执行政策的条件是否成熟,等等,都会影响政策的采纳。研究政策质量对于政策采纳的影响,是要强调政策采纳并非简单的政策接受过程,而是政策采纳者在采纳过程中对政策深入思考的过程。把好政策采纳这一关,有助于提高政策的科学性,同时,政策的科学性也直接决定政策的采纳。

(二) 政策环境

政策环境是政策采纳的外部因素,它对政策采纳的影响一般是间接的,但有时环境的变化也会在政策采纳中起决定性作用。这里所说的政策环境包括公众对政策的看法，以及对改革程度较大的政策是否具备足够的心理承受能力；相关政策的影响，如果新政策与原有政策出现某种冲突也会影响政策的采纳；某些政治、经济、文化、社会等方面的突发性事件或偶然因素也会对政策采纳施加影响。

（三）政策采纳者

政策采纳者是政策采纳的主体，是使政策发挥实际作用的关键因素。政策采纳者的地位、个体素质及其对政策的态度都直接影响政策采纳的成败。政策采纳者有时就是政策制定者，政策采纳就容易保证；如果处于中间层或基层，往往使政策采纳变得更为复杂。政策采纳者如果持赞成态度，政策采纳就容易；如果政策采纳者持反对态度，必定会使采纳程度降低。此外，政策采纳者自身的经验和能力素质直接关系到对政策实质的理解，自然也就影响政策的采纳。

第二节 政策方案的选择

拟定出政策方案后，接下来要做的就是政策方案的选择，政策方案的选择包括评估与择优两个环节。政策方案评估是对各种政策方案效果的预测性分析和比较；政策方案的择优就是对拟定出的政策方案在系统分析、比较、判断的基础上选出一个相对最佳方案。

一、政策方案的选择

（一）概念

政策方案的选择，也称政策方案的优化，就是在评估方案的基础上，对各种可行方案进行比较和鉴别，最后决定出最佳方案。方案评估与择优有密切的联系，方案评估是方案选择的前提和手段，择优则是方案选择的结果。政策方案的选择是制定正确政策的关键环节之一。没有方案选择，就没有决策的科学化；没有方案的选择，政策也不能顺利实施。由此可见，政策方案选择的科学、合理、正确与否，将直接影响到政策决策的成败。为了避免和减少政策的失误，必须认真做好政策方案的选择。

（二）条件

在政策方案的选择过程中，方案的选择者都会追求解决问题的最佳状态。如果各种方案好坏的差别明显，择优就比较容易进行。但是，由于政策问题的复杂性，各种相关因素很多,往往各种政策方案都各有利弊,很难一下子分出优劣。就决策理论来说,要进行最佳选择,必须使决策方案满足如下条件:1.决策目标明确;2.穷尽所有的可能性方案;3.每个方案的执行结果必须明了;4.择优标准绝对明确;5.决策不受时间条件限制。由于理想状态很难达到,其结果不可能是理想化的最优,只能是现实可能的最优。在评估择优中应尽可能广泛地听取群众、专家和各方面的意见,集思广益,博取众长,增强选择中的科学性。

对于一些重要的公共政策,在方案选择中,当一些经不起失误的重大政策问题的方案选定后,对于缺乏经验的新问题,先选少数单位做试验,以验证其方案运行的可靠性,然后总结经验以做最后评定选择的依据,通常我们称之为"试点"。这种方法是我国党和政府对重大政策方案选择的方法之一。在改革开放的初期,党中央面对重重疑问,选择了一些重点城市和农村作为试点,实践证明了改革开放政策的正确性。

政策方案选择的最后一步是提出最佳政策方案建议。这是非常关键的一步。从建议的内容到形式都可能对最后决策产生重大影响,因此建议必须严谨。政策建议报告必须写得条理清楚,重点突出。一份政策建议报告一般应包括下列内容:对政策目标的阐述,政策方案的必要性,政策方案的可行性和预期效果,在实施过程中可能产生的其他影响及其有关方面的权威人士签署审核意见。为了兼顾各方面的意见,在政策建议报告后应该附有各种不同看法的主要内容。由于政策研究时间往往比较长,最后政策建议报告还应包括自初定目标以来的最新变化,以供最后决策时参考。

二、政策方案的评估

(一) 政策方案评估概念

所谓政策方案评估,就是对已经设计出并列举为选择对象的政策方案的科学性、可行性及其实施可能收到的效果的综合评定以及系统的、科学的评估,为方案的选择提供科学依据。在解决某一政策问题时,通过政策制定设计出若干的解决方案,在进行方案的选择之前,必须对各种方案进行评估。在评估上,必须十分注意紧紧围绕所确定的政策目标进行。在一般情况下,应选择能更好实现政策目标且不良后果最小的方案。

(二) 政策方案评估的标准

众所周知,任何评估都应该遵循一定的标准,因为没有一定的标准,评估就无从进行。评估标准的妥当与否是政策方案评估的关键所在。在不同的时空条件下人们会有不同的具体标准,但就一般意义而言,评估标准就是政策目标细化调整,沿着总目标、具体目标、评估标准和测量标准等路线逐步细化。评估应遵循的通用标准包括:技术可行性、经济与财政可能性、政治可行性、政策可操作性等。在此,我们讨论政策评估的几个重要标准。

1. 政治价值标准

决策者和评估者在对同一项政策方案进行评估时,不可避免地受到来自于社会各种政治力量的影响。各种政治力量试图把自己的政治目的、政治利益、政治态度等因素渗透到评估当中去,从而形成一定的政治价值标准。在我国,政策的政治价值标准要体现社会公正原则,要体现大多数人的利益。例如,党的十一届三中全会以来,党和国家坚持四项基本原则,坚持改革开放,以经济建设为中心,并以此为基础制定了一系列符合我国国情的政策,体现了广大劳动人民群众的利益。我国的社会主义建设事业得到全国人民的拥护,取得了一个又一个伟大胜利。例如,1995 年我国经济提前五年实现了原定 2000 年比 1980 年翻两番的战略目标的伟大成就。2021 年在中国共产党成立 100 周年时,实现了全面建成小康社会的目标。

2. 伦理道德标准

一个社会的伦理道德经过长期的历史沉淀,无所不在地体现于一个社会之中。伦理道德既可以推动政策的实施,也可以阻碍政策的实施。如果一项政策方案能够较好地符合社会的伦理道德,这项方案将被认可;如果一项政策方案违反了普遍的道德原则,这项方案将难以被人们接受。每个社会的伦理道德不同,但是社会的主流政治伦理道德是政策评估的指导准则。

3. 成本效益标准

一项政策方案的经济价值,就是指其在未来可能取得的经济上的收益。在政策的评估过程中,追求最小的投入得到最大的产出。这个标准为评估政策方案质量指出了一种方法:只有那种以最小的代价取得最大预期社会效果的政策才是高质量的政策。目前,在发达国家的经济领域和公共部门的决策中,经济价值分析已形成一门研究如何有效地降低成本、获得较大收益的科学,称为价值工程。

(三)政策方案评估的方法

进行政策方案评估应综合采用各种评估方法,绝不能只凭借单一方法和评估指标。通常,政策优化评估可采用经验分析、抽象分析、比较分析、效益分析、风险分析、成本分析、综合分析等方法。

1. 经验分析是归纳历史上相关政策成功或失败的经验教训,支持、补充或否定已有方案,特别要注意总结以往或目前正在实施中的有关政策的效果。

2. 抽象分析是利用抽象思维,抽取方案中各个主要要素及其之间的联系以进行研究,它要反映方案的本质,而不是对每一要素及联系进行考虑。

3. 比较分析是通过不同方案的可比性进行优劣对比。

4. 效益分析是对政策实施后带来的多方面效益,包括经济、社会效益与生态效益进行全面分析或预测。

5. 成本分析是对政策实施后可能带来的代价进行预测，从而评估该政策的效益费用比。

6. 风险分析是对政策实施后可能带来的效益和遭遇的风险进行分析，来确定该政策能否承受可能的风险。

7. 综合分析是分析各种可能的结果，以便从理论与实践结合上确定方案的优劣。

（四）政策方案评估的程序

政策方案涉及的内容很广，评估内容也不尽相同，但大体上要遵循以下程序：

1. 确定目标。任何政策方案都是为了实现一定的目标而设计的，参加评估的各个方案必然有一个比较接近的目标，否则就失去了比较的基础。只有为了实现同一目标而设计的不同方案才存在着比较的意义与价值。

2. 设计指标。在政策方案评估时，不同目标对应着不同的指标，同一目标也可能对应着许多指标。这就要求我们在设计指标时根据政策方案的目标，确定最能体现目标要求的指标体系。

3. 方案的对比分析。在目标、指标确定后，对于参加评估的方案，应从质和量两个方面对它们进行深入细致的分析，找到方案的差异，寻求产生差异的根本原因、差异的大小对目标的影响等。

4. 对政策方案进行评估。方案评估是选择的重要依据。评估时，一定要根据目标的要求进行各项指标的计算和分析，然后再进行综合评估。

5. 根据综合评估结果，对所比较的政策方案进行排序。

（五）政策方案评估的基本内容

一般来说，评估政策方案包括价值评估、可行性评估、效果评估和风险评估，其中可行性评估是重点内容。

1. 政策方案价值评估。这主要是对政策方案进行价值分析。要回答这些问题：为何设计该方案？与政策目标是否一致？为了谁的利益？期望达到什么结果？优先考虑的问题是什么？值不值得为这些目标去奋斗？要对这些问题进行评估，就必须对政策目标产生的背景和现状进行分析，从而确定其价值所在。

2. 政策方案可行性评估。又叫政策方案可行性论证，是评估政策方案中最重要、最主要的任务。一般来说，包括以下几方面的内容。

经济可行性评估。它主要包括两方面的内容：一是某项备选方案占有和使用经济资源的可能性，以及实现政策目标的可能性；二是实施某项政策方案所花费的成本和所取得的收益之间的比较是否划算。政府的政策资源是有限的，任何政策方案占有和使用的经济资源也是有限的,因此,任何一项公共政策都存在一个争取公共经济资源的问题。

政治可行性评估。它主要是指某项政策被决策机构或与决策相关的群体接受的可能性。如果一项政策得不到决策主体、政府官员、利益团体或普通民众的支持,那么,该项政策被采纳的可能性就很小。

技术可行性评估。它是指政策方案在技术上是否具备实现预期政策目标的条件。这需要在了解一个国家或地区的整体技术发展水平的基础上,对实施某项政策方案所需的技术手段和方法的特定性进行分析和论证,由此得出实施该项政策方案的技术条件是否具备的结论。

文化可行性评估。政策方案的实施离不开特定的文化环境,尤其是政治文化环境。如果人们在政策方案的价值取向、伦理道德等层面以及心理承受能力上都无法达成共识,那么就势必影响政策方案的可行性。

行政可行性评估。它也被称为行政管理的可操作性。其重要意义在于,假如一项政策方案在经济、政治、技术和文化等方面都是可行的,但在行政管理上(如权威、能力、组织支持等)却不具备加以贯彻执行的条件,那么,这项政策方案的优点就会大打折扣甚至毫无用处。

例如,一个重大水利项目开始之前,国家有关机关和社会当局以及在各个领域的专家和学者从社会和文物价值、自然环境、生态保护、金融资本等方面进行可行性论证和评估,必须同时具备这几方面的可行性才是一个能够被选择的政策方案的关键因素。

3. 政策方案效果评估。即对一项政策方案将会产生的效果进行预测和分析,以此决定该项政策方案的取舍。效果主要包括正面效果和负面效果、社会效果和自然生态效果、物质效果和精神效果等。要对产生的各种效果进行综合评估,以此来选择那些能够产生积极、正面、预期效果的政策方案。

4. 政策方案风险评估。不同的政策方案有着不同的风险程度,必须对各个备选方案风险的强弱程度、防范性措施的准备程度进行预测性评估,以选择出相似条件下风险相对较小的方案。通过风险识别和估测去衡量风险的程度,对方案的风险成本做出科学的预测。

(六)政策方案评估的注意事项

为了保证政策方案评估结果的合理性和可信性,在进行评估时必须注意以下几点:

1. 目标的统一。有了统一的目标,参加评估的人员才能保持评估的价值统一,保证评估工作顺利进行。

2. 必须解放思想,实事求是。政策方案作为人的主观意识的产物,其科学程度是有差别的,必须加以认真评估区分。评估方案时,要解放思想,敢于从各个方面、不同角度提出问题,进行论证,指出方案的利弊得失。

3. 必须充分发扬民主。参加方案评估的人员来自不同层次、不同方面,对同一方案容易产生不同的甚至截然相反的看法。在政策方案的评估过程中应该允许和倡导发表不同的意见,吸取不同的意见。

4. 评估每一项政策方案是否可行。可行性研究是对规范研究中所提出的方案进行政治、经济、技术、生态环境等方面的探讨考察。

三、政策方案的择优

政策方案的择优,关键是将不同备选方案进行比较,从而选择最佳的备选方案。首先要求理解和掌握政策方案优选的比较方法。

政策方案的选择要满足政策方案可比性条件。政策方案可比的条件要坚持两条重要原则:一是政策的完整性,二是政策的统一性。不同的备选方案的比较应满足以下可比条件。

(一) 政策收益的可比性

因为任何一项政策的实施都存在正面和负面的影响,所以在进行政策方案的比较时,我们应该对政策的综合效应进行比较、计算出不同政策方案的综合收益,然后再予以比较。方案收益的比较主要涉及两个方面:一是质的方面,一是量的方面。从质的方面看、政策收益的性质必须可以比较,如伦理道德,社会心理等;从量的方面,政策收益必须换算成可以比较的量化指标。

(二) 政策费用的可比性

可供选择的政策方案是不可能完全相同的,否则就不存在实质上的比较和选择。这就形成不同方案所消耗的成本和费用的不同。为了对各个方案进行政策费用的比较,费用的构成、计算方法、计算单位之间必须具有一定的可比性。

(三) 风险程度的可比性

政策方案的风险程度是指其确定性程度的大小。一般来说,在其他条件一定或相似的情况下,应选择风险程度较小的方案。

(四) 时间的可比性

各种政策方案由于各种条件的限制。方案发挥作用的时间以及有效年限等方面常常产生很大的差异。时间因素不同,对政策效果的影响也不同。由于政策问题的发展变化,再好的政策方案也会时过境迁,所以,方案的时效性是影响其质量的重要因素。概言之,要选择那些相对来说收益较大、成本较低、风险较小,比较及时的方案,然后根据具体情况做出最后抉择。

经过政策方案设计并加以评估、比较的多个备择方案,并非都能被决策主体——选中并加以执行。

通过系统的分析与评价,决策系统只能选择或综合出一个最理想的方案,这一过程就是政策方案的择优或政策方案的抉择。政策方案择优时应注意以下两个问题:

一是要有统一、正确的选择标准。在政策方案的选择中主要是面临价值标准问题,一个方案的价值标准包含着对该方案实施后的作用、效果、益处和意义等的判断,一般选择方案的价值标准是符合客观实际,有全局利益、经济效益和社会效益以及具有可行性。

二是要依靠政策制定者选择方案。政策制定者由于不同的世界观、社会地位,知识和能力素养不同,对于同一政策方案的判断也有所不同,哪个政策方案最佳或欠佳,应选或不选哪个政策方案,可反复协商,集体做出结论,以避免失误。

(一)政策方案择优的标准

威廉·N.邓恩(William. N. Dunn)在《公共政策分析导论》中指出,政策方案优选的标准主要包括效益(effectiveness)、效率(efficiency)、充分性(adequacy)、公平性(equity)、回应性(responsiveness)和适当性(appropriateness)等。

1. 效益是指政策产出给社会公众带来正面的、积极的福利的程度,它包含有质的概念。

2. 效率是指特定政策方案投入与产出的比率,它主要是一个量的概念。

3. 充分性指特定的政策效益满足引起政策问题的需要、价值或机会的有效程度,它明确了对政策方案和有价值的结果之间关系强度的期望。

4. 公平性是指政策效果在社会中不同群体间被公平或公正地分配,它与法律和社会理性密切相关。

5. 回应性指政策满足特定群体的需要、偏好或价值观的程度,这个标准的重要之处在于,政策方案可能满足其他的所有的标准——效益、效率、充分性、公平性——却仍然不能对可能从政策中获益的某个群体(如老年人、残疾人)的实际需要做出回应。

6. 适当性是一项政策目标的价值和支持这些目标的前提是否站得住脚,它与实质理性密切相关,因此在逻辑上应该先于政策方案优选的其他标准。

(二)政策方案择优的规则

科学的抉择必须遵守一定的规则。所谓政策方案择优的规则,就是选定最终的政策方案的程序和方法,这样的程序和方法对最终方案的选择上有很大的影响。当今世界,多数国家的政治体制在确定最终政策方案时基本是通过集体选择来决定的,这就涉及集体选择的规则问题。常见的集体选择规则即政策方案优选的规则有以下几种。

1. 一致同意原则。它又叫"一票否决制原则",指某个政策方案要想获得通过,就必须得到全体参与抉择的成员的完全一致同意,只要其中有一个人持不同意见就不能通过。一致同意原则是最理想的民主选择状态,但在实践中却很难实现,尤其是在参与者人数众多的情况下,不同参与者以个人理性为基础,很难做出与他人完全一致的选择,导致反复争执和最终政策方案的难产。

2. 多数抉择原则。即少数服从多数,以多数票通过抉择方案的规则。这样可以最大限度地保证大多数人的利益。这种规则又可以分为两种:一种是"简单多数"同意原则,即在对多项方案的表决中,哪一项方案得到的赞成票最多,哪一项方案就被抉择出来;另一种是"绝对多数"同意原则,即对最终胜出方案的赞成票数在总票数中的比例有着严格要求,如必须达到三分之二或四分之三以上的票数才能获胜。多数抉择原则是最为常见的集体选择规则,在各国的公共政策制定过程中经常使用,其优势为各国决策体制所认同。不过,它也有缺陷,如各种投票作弊手段的使用,可能使投票结果最终偏离公共利益,产生"多数人的暴政",这在公共政策制定过程中必须注意并尽量避免。

3. 赞成投票原则。这是一个由勃拉姆斯(Brahms)和费舍伯恩(Fishburne)1982年提出的投票方法,这种方法也被称为"同意表决法",即先由参与抉择的成员对所有他认为可以接受的方案投赞成票,得票最多的备选方案即可中选。这种方法简单易行,通过忽略各成员偏好次序的具体信息而获得群体偏好次序的综合信息,因此能够对群体意见做出敏感的反应。

4. 淘汰投票原则。与赞成投票原则相对应,这种方法也叫"否定表决法",由参与抉择的成员对他认为可以舍弃的政策方案投反对票,得票最多的方案就被淘汰。这样依次进行下去,直到最后一个得票最少的方案被选择出来。

在确定最终政策方案的过程中,依据不同的社会、经济、文化条件,可以灵活地运用不同的集体选择规则以获得最理想的政策方案。政策方案的选择有个标准问题,一般认为必须符合下列条件:政策方案要有利于目标的实现,体现出尽可能大的效益,实现政策目标所承担的风险尽可能小,方案要有可行性,方案实施后的副作用(负面效果)尽可能少。选择方案是决策者的主要职责,为使方案合乎条件,决策者必须组织专家、学者进行可行性分析等相关研究。总之,选择最佳政策方案的过程是一个综合创造的过程。就是说,以一个相对不错的政策方案为蓝本,补充其他方案的优势,得出一个更满意的政策方案。

案例分析

"三孩"生育政策的出台

为积极应对人口老龄化,我国出台重大政策举措。2021年5月31日,中共中央政治局召开会议,会议指出,进一步优化生育政策,实施一对夫妻可以生育三个子女政策及配套支持措施,有利于改善我国人口结构、落实积极应对人口老龄化国家战略、保持我国人力资源禀赋优势。

从"双独二孩""单独二孩"到"全面二孩"再到放开"三孩",经过十几年循序渐进的调整,生育孩子的权利正逐步回归家庭。其实,在国家层面出台"三孩"生育政策之前,不少地方政府已开始试行新的政策。面对持续低迷的人口出生率,辽宁、湖北、新疆等地采取更加积极的举措,延长产假时间、提高生育补助等"真金白银"的政策相继实施。陕西省则明确表示,要适时全面放开计划生育。虽然当时限制生育三孩及以上的政策虽然存在,但一些地方在执行过程中已逐步放开,生育三孩无需缴纳社会抚养费,一些补助或免费服务项目,也适用于三孩家庭。

"三孩"生育政策的出台体现了我国决策的科学化。

人口问题是"国之大者",人口发展是关系中华民族发展的大事,生育政策调整完善关系千家万户。当前,我国决定实施三孩生育政策,主要基于的考虑是我国从20世纪70年代开始推行计划生育,1982年将之写入宪法确定为基本国策。在党中央的坚强领导和全社会共同努力下,计划生育工作取得了举世瞩目的伟大成就,人口过快增长得到有效控制,人口素质明显提高,促进了经济快速发展和社会进步。但是随着社会的发展,我国人口老龄化问题日渐突出,优化生育政策,促进人口长期均衡发展被提上议事日程。

党的十八大以来,以习近平同志为核心的党中央高度重视人口问题,先后作出实施"单独二孩""全面二孩"政策的重大决策,取得明显成效。从第七次全国人口普查数据看,截至2021年5月31日,0~14岁少儿人口占比从2010年的16.6%提高到2020年17.95%。近年来,由于政策调整原因全国累计多出生二孩1000多万人。出生人口中二孩占比由2013年的30%左右上升到近年来的50%左右。出生人口性别比从2013年的118降至2021年的111左右。

但我国实施"全面二孩"政策后,近年来出生人口仍有下降,其原因首先是生育妇女规模减小,婚育年龄推迟。一方面,生育旺盛期的育龄妇女规模不断下降。"十三五"时期,20~34岁生育旺盛期妇女规模年均减少340万人,2020年同比减少366万人。另一方面,婚育年龄推迟造成当期生育的妇女减少。2006—2016年,我国女性平均初婚、初育年龄分别从23.6岁、24.3岁推迟到26.3岁和26.9岁,20~34岁女性在婚比例从75.0%下降到67.3%。此外,全国结婚登记人数连续7年下降,从2013年的1347万对下降至2020年的813万对,减少40%。其中,初婚登记人数从2386万人下降至1399万人,减少41%;其次是群众生育意愿降低。截至2021年5月31日,我国"90后"平均打算生育子女数仅为1.66个,比"80后"低10%。2019年全国人口与家庭动态监测调查显示,有生育二孩及以上打算的妇女,仅不足半数实现了再生育。教育、住房、就业等相关经济社会政策成为影响家庭生育抉择的关键。全面两孩政策实施后,相当比例的家庭想生不敢生,排名前三的原因是经济负担重、婴幼儿无人照料和女性难以平衡家庭与工作的关系。

调查显示,因为"经济负担重"的占75.1%,"没人带孩子"的占51.3%,女职工生育后工资待遇下降的有34.3%,其中降幅超过一半的达42.9%。最后是受新冠肺炎疫情影响。国际多项调查研究发现,新冠肺炎疫情使得多个国家和地区生育水平下降。受疫情影响,年轻群体就业、收入状况不确定性明显增加,婚育安排进一步延后或取消。2020年我国出生人口与2019年同期比较下降幅度较大,可能与新冠肺炎疫情影响有一定关系。

当前,我国正处于人口大国向人力资本强国转变的重大战略机遇期,立足国情,遵循规律,实施一对夫妻可以生育三个子女政策及配套支持措施,能够最大限度发挥人口对经济社会发展的能动作用,牢牢把握战略主动权,积极应对生育水平持续走低的风险,统筹解决人口问题,为全面建成社会主义现代化强国创造良好的人口环境。

(资料来源:中国政府网.优化生育政策,改善人口结构——国家卫生健康委有关负责人就实施三孩生育政策答新华社记者问[EB/OL].(2021-06-01)[2021-07-25]. http://www.gov.cn/zhengce/2021-06/01/content_5614518.htm. 原文有改动。)

案例思考题

根据该案例,谈谈你对公共决策科学化的认识。

第三节 政策决策

决策不仅是政策采纳最为关键的环节,同时也是政策采纳最为典型的特征。因此本节主要对决策这一政策采纳的关键环节进行相关内容的介绍,对相关决策标准与决策方法进行阐述。

政策决策是官方人士或团体采纳、修改或反对某一政策可选方案的一系列活动。从肯定的方面来看,政策决策通过立法或发布行政命令等形式出现。此外,某一政策决策通常是各种决策(包括在政策制定过程中做出的例行和非例行的决策)的结果。

决策是一种面向未来的活动,而未来会出现多种可能性。当人们能够运用一些方法预知这些可能性时,就可以根据现有条件进行选择,并努力使这种选择成为现实。对决策的研究可以分为个人取向和群体取向,即可以把决策当作个人行为过程来研究,也可以把它当作群体行为过程来研究。前者将重点放在个人的决策标准上,后者则更加关注获得多数人支持的方式。

虽然公民个人和私营组织也参与政策决策,但正式的决定权还是掌握在公共官员手中,如立法者、执行者、行政管理者以及法官。通过采纳过程,政策就具有了"公共权威的影响力"。在民主制度下,政策决策这项任务与代表民众利益的立法活动最为相似。人们经常会听到"多数议员代表的是多数人的利益"这样的言论。不管这种言论对现实的描述是否准确,它是与人们的观念一致的,即在民主社会中,人民应当占有统治地位或是至少通过他们的代表进行统治。由立法机关所做出的政策决策经历了正当的程序,通常被认为具有合法性,因而具有广泛的约束力。总之,如果公共官员拥有行动的合法权利,而且其行动符合程序上以及实体上的既定标准,由他们所做出的决策就被认为是具有合法性的。

一、政策决策的影响因素

(一) 价值观

毫无疑问,政策制定者的价值观体系对公共政策的内容有着非常重要的影响,政策制定必然涉及价值判断,例如,在选择政策方案的过程中,决策者需要回答"应当怎样做""怎样做才有意义"等问题,这就是在做价值判断。制定任何一项政策,其首要前提就是价值判断。政策制定者在政策制定的过程中,不论其是否自觉地意识到,其行为都是在一定的价值观指导下进行的。当然,政策制定者的价值观绝非简单的概念,它受多种因素的影响,我们把所有这些主观和客观方面的影响因素统称为价值观体系。一些人极力推崇所谓价值中立的理性政策,从某种意义上讲,他们的这种想法是不现实的,同时也是难以实现的。

决策是意识支配的选择活动,其影响因素涉及很多方面,如政治压力、社会压力、资金压力、时间压力、社会经济环境、决策程序的限制等,然而,在关注这些要素时,我们不应忽视决策者个人价值观的作用。尽管在许多情况下这些价值观难以确定且无法辨别,只能通过对决策者行为的分析加以揣测。

影响决策者行为的价值观可以概括为以下六个方面:

1. 政治价值观。决策者评价政策方案的标准受其所在政党或政治团体及其服务对象的影响。政策常被其视为发展和实现政党或利益团体目标的手段,政治上有利是决策的基础原则,政策分析人员也往往是从这一方面研究和评价政策的制定过程。比如,工会组织的成员、农业联盟的成员或某一政党组织的成员常常会得益于某项特定的政策。

2. 组织价值观。各种组织机构(包括政府部)都试图运用奖惩手段使成员接受其确定的价值观并照此行事。一般而言,决策者在决策过程中总会考虑这样一些问题:此种方案对组织的生存,发展和扩大是否有利?对组织的一般计划和日常行动是否会有影响?怎样更好地保持和维护组织的权力及其特权?在权力交叉且互相竞争的机构之间所发生的许多官僚式的争斗,便源于保护和扩展组织利益的一些考虑。

3. 专业价值观。在如何解决问题方面,不同的专业视角会有不同的答案。受过专业教育和培训的个人(或称专家)会把他们的偏好或价值观带到决策中来。水在化学家眼里是氢氧化合物,而在物理学家眼里只是无色无味的液体。不同的专业视角都会带有一定程度的偏见。当我们更倾向于相信某事时(往往是自己熟悉和感兴趣的事,多与自己的专业背景有关),就会接近相关的证据并向自己提问:"什么样的证据可以支持这种观点呢?"但是这样的问题明显带有个人偏见,它使我们将注意力集中到支持性的证据上,而远离了有可能与之相反的证据。因为我们总是有可能找到那些支持性的证据,所以这种提问的不对称性会使我们更有可能相信我们所倾向的内容是正确的东西。

4. 个人价值观。保护个人在金钱和物质方面的利益,维护个人的社会声望和历史地位,这些考虑也可能起到决策准则的作用。比如,在发放特殊许可证或批准政府合同时,接受了贿赂的政治家所做的决策明显有利于行贿者;再如,为了使自己能够连任,政治家不惜向某些利益集团妥协,做出违心的决定;又如,不愿意承认失败的政治家,硬着头皮也要把一些事做下去,可能更多地考虑到个人在历史中的名誉和地位。

5. 公共价值观。毫无疑问,决策者在很多时候会从公共利益出发进行决策。在有些情况下,政治家赞成或反对某项议案,可能在政治上会给他个人带来很大的风险,但他之所以有勇气如此这般行事是因为他相信自己这样做是正确的,即人们希望把公平与公正作为公共政策的基本目标。对法院工作所做的一项调查就证明了这一点。法官们在对各类案件进行判决时多受这种公共价值观的影响。总之,不要偏激地把政治家都视为维护集团利益和个人利益的典型,他们在一定程度上还是具备公众意识的,决策时并没有丢掉自己的良心。

6. 意识形态价值观。所谓意识形态是指一种观念的集合,即一整套逻辑上相互联系的价值观和信念。它提供了一幅抽象化和简单化的关于世界的图画,并对人们的行动具有指导和约束作用。在一些国家,意识形态如果不是全部,那么至少也是大部分地起到了规定社会和经济发展的重要作用。决策者在进行重大决策时总要考虑这样一个问题:这样做是否符合意识形态的基本原则?意识形态是政府判定政策行动合理化和合法化的重要标准。

(二) 民意

在我国,执政党对民意的认识是十分深刻的。中国共产党第十八届中央纪律检查委员会第七次全体会议公报指出,我们党最大的政治优势是密切联系群众,回顾历史,我们党正是秉着"一切为了群众,一切依靠群众"的理念才取得了改革开放的伟大成就。民心始终是我们党最深厚的执政之基,不讲政治、脱离群众,党的领导就会虚化削弱。习近平总书记在十九届中央政治局第六次集体学习时的讲话(2018年6月29日)中强调,加强党的政治建设,要紧扣民心这个最大的政治,把赢得民心民意、汇集民智民心作为重要着力点。要站稳人民立场,贯彻党的群众路线,同人民想在一起、干在一起,坚决反对"四风"特别是形式主义、官僚主义,始终保持党同人民群众的血肉联系。要教育和激励广大党员、干部锐意进取、奋发有为,把精力和心思用在稳增长、促改革、调结构、惠民生、防风险上,用在破难题、克难关、着力解决人民群众最关心最直接最现实的利益问题上。

西方社会中,民意在实际操作中往往被定义为:在决策的过程中,公共官员所考虑的或纳入考虑范围的在公共问题上的公众视角或者观点。民意可以有很多种表达渠道——给报刊编辑或者公共官员写信、举行公开集会、进行示威活动、发表集体声明、选举代表、立法者与选民的接触、听证活动、公民投票、电台的谈话节目、网络调查等。然而,最为普遍的还是民意测验的方式,即针对政治问题对公众进行的抽样调查。

尽管调查方式不断增多,精确性也渐渐得到提高,但是民意测验的局限性还是不少。虽然大多数人相当乐意向调查者表达他们的看法,但关键的问题是,究竟有多少信息可以支撑他们的看法。

有时民意还会为公共官员所操纵,因为公共官员控制着宣传渠道。他们对提供给主流媒体的信息进行着小心翼翼的筛选,并试图通过媒体向公众提供宣传引导,从而影响公众的观点。

有时民意也表现出有些消极的特点,因为它只是表示一种态度而并非要求围绕某一主题采取行动。许多年来,民意测验一直表明,美国人口中的绝大多数(在1993年是70%)支持对枪支控制进行更为强硬的立法,比如购买枪支时必须经过警察机关的许可。但事实上却一直没有严格的立法,这主要是因为遭到了有巨大财力支持的国家枪支协会的强烈反对。在这样的例子中,力量集中的少数人就可能会战胜规模更大却不怎么坚定的大多数人。

尽管有它的局限性,民意测验还是引起了普遍关注。要研究民意如何影响公共政策制定的一个有效方法,就是把形成公共政策大方向的决定模式与日常的、例行的、具体的公共政策的决定模式区分开来。对于后者,公众意见很可能并不是一个重要的衡量标尺。立法机关和行政部门所做的大量决定,只有极少量的普通公众对此有所知晓,而了解决定后果的公众则少之又少。在对一些日常项目进行投票表决时,拥有决定权的立法者很可能不会受任何直接意义上的民意的影响。当然,他们也会试图揣摩公众对于投票的反应,但正是因为公众对此太缺乏了解,所以往往使得立法者具有更大的自由裁量空间。

简而言之,决策者在做出选择时并不是不受民意的影响,但也不是总被民意左右。民意与政策行为之间并不存在必然和直接的联系。决策者总是试图领导民意,而不愿拷贝民意。但是,参与选举的任何一个公共官员,如果将民意完全忽略,不把它作为决策的标准加以考虑,那也是很不明智的,很可能会在选举时被选民抛弃。

(三) 依从

负有决策任务的官员在决定如何行动时可能仅仅是依从别人的判断,这个"别人"可能是本系统里的上级,也可能是其他能够影响他们的人。行政官员经常会做出与所在部门领导意见相一致的决定,这一般也是人们所期望看到的状况,尤其当上级的观点非常清晰的时候。不过,上级的旨意有时候也很含糊,这种情况下迎合起来就比较困难。

决策者经常不得不对那些他们几乎一点都不感兴趣的政策议题进行投票表决,比如那些与个人毫无关联的问题,或者那些只掌握少量信息的问题,以及那些带有高度复杂性的问题。对待这类问题,他们可以通过参考其他决策者的建议来决定如何投票表决,但前提是他们得相信这些人的判断能力。对于某一个政策议题,当决策者无法通过他们自己的分析判断来决定如何进行投票表决时,依从于他们信服其判断能力的某个人的意见,也不失为一种符合理性的决策策略,特别是在掌握少量信息的情况下更是如此。由于这种决策策略的广泛应用,那些特别胜任决策的专家被赋予了过多的权力。

当依从从个人延伸至群体时,就会产生"乐队效应"。当一个乐队演奏乐曲时,乐队指挥手里的指挥棒指挥着一切。乐队效应在群体中的表现就是在一个群体中大家的意见被个别人(领导或专家)左右。从实际的研究调查中发现,许多决策群体看似存在众决的形式,实则依赖的多是个人的判断,群体成员习惯于依从领导和专家的意见,从而使群体决策流于形式。

(四) 公共利益

公共利益保护是现代法治国家共同面临的时代课题。党中央高度重视公益诉讼工作,党的十八届四中全会提出探索建立检察公益诉讼制度。习近平总书记指出:"检察官作为公共利益的代表,肩负着重要责任。"2015年,全国人大常委会授权13个省、自治区、直辖市开展为期两年的公益诉讼试点工作。2017年,《民事诉讼法》《行政诉讼法》同步修订,检察机关提起公益诉讼明确写入这两部法律,标志着我国以立法形式正式确立了检察机关提起公益诉讼制度。

公共利益可谓决策标杆,被普遍视为政府行动的指南,在政策宣传的标语、口号中这个词频频出现。政府官员经常会声称,公共政策的目标就是设法增进公共利益。但到底什么是公共利益,却是一个不太容易回答的问题。

毫无疑问,当被问及公共政策是应该与公共利益相一致还是与私人利益相一致时,没有人会选择后者。正如詹姆斯·E.安德森(James E. Anderson)教授所言,"一个人不能以'该项政策会让他自己以及朋友变得更加富有'为评判的标准"。尽管这种表述很直白,也很坦率,但它的确无法也不该成为采取公共行动的合法且正当的理由。但话说回来,当被问及如何界定公共利益时,难度的确不小。它是指大多数人的利益吗?如果这样,我们又该如何断定什么样的政策才是大多数人真正需要的呢?它是指消费者的利益吗?可谁又属于这个巨大的消费群体呢?难道是那些"头脑清醒、行为理性"的人吗?公共利益是不是他们的真正欲求呢?

到底该如何界定公共利益呢?许多人,包括大部分西方政治学家在内,都认为对于公共利益这一概念,想提出一个能得到普遍接受的或客观的定义是不太可能的,尤其在实体术语中更是如此。有一个富有吸引力的概念解释,即如果所有的团体和个人都有机会参加为政策议题进行的政治斗争的话(事实上这是不可能做到的),这场斗争所取得的任何结果都可以代表公共利益。但对于由大量偷税漏税行为和破坏自然资源行为导致的公共利益受损,个人出于自利的考虑,一般是不太会关心的。有时候,公共利益会为公共政策做出精美的包装,以便更易于被公众接受。但实际上它只是一个神话,然而,除了这种界定,这个概念还能够被赋予丰富的内涵而成为政策方案选择中的一个有效的普遍性标准。当评价一项政策时,我们不仅要阐释该政策是否完成了它宣称的目标,而且要弄清那些目标是否值得去完成。而后者似乎需要一个比"是否符合我的利益"更高尚的衡量标准。

那么对于公共利益的构成要素到底如何判断呢?埃米特·雷德福德(Emmett. Redford)教授提出了三条途径:

一是看那些存在大量集团利益冲突的政策领域,如农业生产、劳动关系、能源和运输等领域。在这些领域,有时一个集团的直接利益会占上风并被认为是公共利益。这里还需要说明的一点是,个人利益和公共利益并不一定就是对立的,出于个人利益考虑的行动可能会导致公共利益的增加。

二是寻求那些广泛的、连续的和共享的利益,因为具有了这些特征,这种利益往往被视为公共利益。人们在诸如世界和平、良好教育、洁净空气、避免膨胀和交通安全等方面的利益就是例证。在这里,公共利益是作为公共需求而出现的。尤其在大城市中,拥有一个便利的交通控制系统,使行人和交通工具更安全、更有序、更便捷,便是一个明显的公共利益。在谈论公共利益时,把它看成是一种得到广泛共享的利益并不神秘。比如,粮农在更高粮食收购价格上具有共同利益,足球爱好者在提供运动场地上有共同利益……还有许多都可以归结为这种利益的共同诉求。公共利益只在它覆盖范围的广度上有所区别,只是没有办法精确地断定,到底在哪个点上才能算是公共利益。的确,很少有哪一种利益是被所有人共享的。

三是要看组织和程序是否能满足、代表和平衡各种利益,解决争议和冲突,在政策的制定中达成妥协,并有效地执行公共政策。简言之,此时,公平、有序、简明、高效的政府就是公共利益的代名词。

拓展案例

二、决策类型

在政策方案的选择过程中,我们经常会看到,尽管对备选方案进行了上述分析,最终的方案选择也并不一定就能水到渠成。决策者往往会有意见的不一致甚至严重的分歧。因此,在方案选择的最后一步,决策者还面临着对方案的最终抉择达成"共识"的工作。任何量级的政策决定,大多数都是依靠联合的力量做出的,这种联合经常采取的形式是用数字表示的多数。甚至当没有正式要求具有数字上的多数时,也需要其他人的支持或者赞同,以保证该决定能够得以贯彻执行,目标群体能够服从决定。在这部分内容中,重点要从个体决策转移到社会或者说群体决策。下面所述是三种类型的集体决策:讨价还价、说服、命令。每种类型都需要采取行动以达成一致并引导别人遵从。

（一）讨价还价

社会的多元化趋势渐渐使讨价还价成为最常见的决策类型。讨价还价可以定义为两个或者两个以上拥有权力或权威的人调整他们至少是部分不一致的目标，以形成一个对所有参与者来说虽然不一定理想，但可以接受的政策方案。简而言之，讨价还价就是通过谈判、交换和妥协三步骤，以达到一个相互都可以接受的立场。为了使讨价还价得以进行，参与者不单需要有谈判的意愿，还需要有可谈判的东西，即一方得有另一方想要或者需要的东西（比如资源）。

讨价还价的过程既可能是明确的，也可能是不明确的。当它明确的时候，谈判各方将他们所能同意的事项清楚地表达出来以使误解的可能性最小化。在国际政治中，由于国家利益是大家都可接受的共同理念，讨价还价便得到了广泛的应用，条约的产生就是明确的讨价还价的例证。

然而，很多讨价还价在性质上都是不明确的。在这一过程中，参与者所谓的"同意"往往是模糊的或模棱两可的，他们会说"将来会支持""这是值得赞许的安排"之类的话，一位议员可能会为了"将来可能的合作"而同意在一项议案上对另一位议员给予支持。在政策执行活动中行政机构的工作职责可能会发生重叠，为了减少甚至消除它们之间的对立和冲突，在谈判中它们会建立相互的"理解"或者达成"君子协定"。

讨价还价有三种常见形式，即互投赞成票、边际支付（选票交易）和妥协。互投赞成票是从那些与某个问题无关或者几乎没有相关利益的人那里获取支持的一种方式。这种方式通常适用于在两个不同的议题上可以直接相互给予支持的双方。它之所以是常见的决策形式，是因为议程上的每个条款不可能涉及所有决策者的利益。边际支付（side payment）是对可能成为支持者的人所提供的奖励，这些人与当前的决策，或者是其中的主要内容并没有直接关系，但由于某些原因，又使得他们对此给予重视，所以奖励可能会换来支持。妥协通常情况下集中于一个独立议题。在妥协中，参与者都会认为"有半块面包总比什么都没有强"，因此就会对存在的分歧进行协调，各自放弃某些东西以达成一致。这一策略与互投赞成票不同，后者并不要求参与者改变原有的立场。

（二）说服

所谓说服就是摆事实、讲道理、用数据说话、以事实服人，对论点要能够自圆其说以及运用形容和比喻、逻辑和推理使别人信服自己所坚持的立场和观点是合理的和正确的。与讨价还价者不同，说服者寻求的是一种不需要改变自身立场的支持。这就需要努力让别人相信自己所持立场的价值所在；或使别人相信，如果接受自己的立场，会使他们能够收获利益。简言之，说服者的任务就是尽力引导别人沿着他们希望的方式行事。说服的要素包括准确信息、逻辑推理、有力辩论等。至于操纵、欺骗以及恐吓和虚张声势等均不在此列。

如果想了解说服的实际作用,可以观察一下法院审理案件的过程。在陈述和辩论环节,律师设法说服陪审团成员,使他们相信自己观点的正确性。在这一过程中,陪审团并非一味被动地听取律师的意见,他们的提问和评论也会给律师提供反应的导向。在很多情况下,决策者或那些希望影响别人决定的人,要么因为没有命令的权力,要么因为知道不能用讨价还价的手段,就会把说服作为他们得以依赖的替代选择。

(三)命令

讨价还价涉及地位相同的人之间的互动;而命令涉及的是上下级之间的等级关系。命令指的是那些处于高位者在他们的权限内做出决定并让下级服从的能力。他们通常运用奖惩形式来巩固决定的权威。这样,忠实地接受并执行上级决定的下属可能就会获得正面的激励(表扬或升职),而拒绝服从的下属则可能会得到负面的激励(开除或降职)。

实际上,讨价还价、说服和命令在决策活动中经常是混合使用的。虽然领导者在许多问题上有权做出最终决定,但他有时仍然会跟下属进行商榷,稍微改变他的立场并接受下属的一些建议,以获得更充分的理解和更热情的支持。在行政机构内部,下属常常会试图将命令关系转化为讨价还价的关系。总之,讨价还价是最常见的决策形式。说服和命令则是补充性的,它们更适用于在价值观上具有普遍一致性的社会和整合性更高的权力体系。

三、决策方法

(一)决策树法

决策树法是利用了概率论的原理,并且利用一种树状图作为分析工具。其基本原理是用决策点代表决策问题,用方案分枝代表可供选择的方案,用概率分枝代表方案可能出现的各种结果,经过对各种方案在各种结果条件下损益值的计算比较,为决策者提供决策依据。

决策树法适用于风险型决策。所谓风险型决策,不是说决策者在选择行动方案时对未来所出现的情况一无所知,完全凭借运气进行赌博式选择。风险型决策要面临两种以上的自然状态,而每种自然状态均有出现的可能,其概率值可以在事先做出一定的计算或大致的估计,因为这些概率值都不可能等于1,即每种自然状态并不会导致必然的结果,所以决策者总是要承担一定的风险。假设某种结果出现的概率为60%,那么就意味着只有60%的成功把握,但同时也有40%的失败可能,也就是说决策者要承担40%的风险。不仅如此,人们通过概率计算出的期望收益与未来的实际收益不可避免地会存在一定的差异,这种差异同样也是决策风险的表现。

决策树法通常把决策过程用树状图来表示。树状图一般是由决策点(常用方块来表示)、方案分枝(常用线段来表示)、自然状态点(常用圆圈来表示)、概率分枝(常用线段来表示)和结果点(常用三角来表示)这几个关键部分构成。树状图表现了两种不同的决策环节,一种是主观决策环节,即决策者主观意志起作用的环节;另一种是客观决策环节,即客观环境的随机性起作用的环节。

案例 7-1

有一个市政工程项目,管理者需要对两种不同的方案做出选择。假设方案甲成功的概率是80%,失败的可能是20%,成功就能节约预算200万元,失败则会损失500万元;方案乙成功的概率是50%,失败的可能也是50%,成功能节约预算400万元,失败则会损失300万元(见图7-1)。

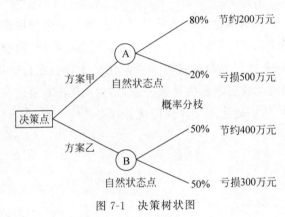

图 7-1 决策树状图

决策树中自然状态点 A 的期望值为
$$200 \times 80\% + (-500) \times 20\% = 160 - 100 = 60$$
决策树中自然状态点 B 的期望值为
$$400 \times 50\% + (-300) \times 50\% = 200 - 150 = 50$$

把两种方案的损益期望值进行比,可以看出,甲种方案的期望值更高,相对更为合算。

由于风险型决策是建立在概率论基础上的一种决策,因而在这类决策中对概率的估算显得尤为重要。概率主要有两种表现形式:客观概率和主观概率。所谓客观概率是指根据历史性数据或重复性的实验求出的概率。所谓主观概率是指在无法取得客观概率的情况下人们对未来发生可能性的主观判断。实践表明,应用主观概率是十分有效且被普遍接受的。主观概率的确定往往依赖于决策者的经验、知识、观察力和判断力及其对所处环境的了解程度。

(二) 方面排除法

方面排除法是一种适用于对决策方案进行同时性选择的有效方法。一般来讲,决策方案的选择都是多属性的。比如,对选购汽车的决定来讲,可以根据价格、座位数、速度、颜色等属性来进行选择。根据方面排除法的要求,在选择过程的每一阶段,要根据重要程度的差别从多种属性中挑选出某一属性并以此为标准对方案做出评价。对不符合这一属性要求的就要予以排除,即不再在以后阶段的比较选择中继续考虑这些方案。

假如你正计划买一辆新车,你认为对自己来讲最主要的方面是汽车的售价,你的最大承受力是15万元人民币,根据方面排除法的要求,所有售价超过15万元人民币的汽车,均应从你的选择方案中排除(尽管许多车型你都非常中意,但你没有实力购买)。接下来,你认为座位数对你来讲是最重要的属性,如果你希望挑选有5个座位的汽车,那么仅有2~4个座位的汽车也将被排除在继续考虑的范围之外,然后再根据剩下的属性如排气量、最高时速、自动挡、颜色等进行选择,直到做出最后的决策。显然,这种方法比多属性同时比较更直观、更具体、更简单、更快捷,因为它不涉及复杂的逻辑推理和数学运算,所以对决策者的认知能力要求不高,并且相对易于掌握。尽管从规范决策方法的角度来看,方面排除法并不能保证被选中的方案事实上能真正优于那些被排除掉的方案,但起码可以说这是能让决策者感到满意的方案。

(三) 边际量权衡法

理性的人通常通过比较边际收益与边际成本来做决策。曼昆指出:边际量是决策时的重要参考。生活中的许多决策很少是黑与白的选择,而往往涉及灰色阴影。当到了吃午饭的时间时,你面临的决策不是在快餐或猪排之间的选择,而是是否再多吃一勺土豆泥。当考试临近时,你的决策不是在放弃考试或一天学习24个小时之间的选择,而是是否多花一小时复习功课而不看电视。经济学家用边际变动(marginal change)这个术语来描述对现有行动计划的微小增量调整(或称边缘调整)。在许多情况下,人们会通过考虑边际量来做出决策。

假设你向一位朋友请教,应该在学校上多少年学。如果他给你用一个拥有博士学位的人的生活方式与一个没有上完小学的人进行比较,你会抱怨这种比较无助于你的决策。你很可能已经受过某种程度的教育,并要决定是否再多上一两年学。为了做出这种决策,你需要知道多上一年学所带来的额外收益(一生的更高工资和学习的全面享受)和所花费的额外成本(学费及你上学时放弃的工资)。通过比较这种边际利益与边际成本,你就可以评价多上一年学是否值得。

一个航空公司决定对等退票的乘客收取多高的费用。假设一架有200个座位的飞机横跨国内飞行一次,航空公司的成本是10万美元。在这种情况下,每个座位的平均成本是 10 万美元/200,即 500 美元。马上就会有人得出结论:航空公司的票价绝不应该低于 500 美元。但实际上,航空公司可以通过考虑边际量而增加利润。设想一架飞机即将起飞时仍有 10 个空位,而在登机口等退票的乘客愿意支付 300 美元买一张票,航空公司应该卖给他票吗?当然应该。如果飞机有空位,多增加一位乘客的成本是微乎其微的。虽然一位乘客飞行的平均成本是 500 美元,但边际成本仅仅是这位额外的乘客将免费消费的一包花生米和一罐软饮料的成本而已。只要等退票的乘客所支付的钱大于边际成本,卖给他机票就是有利可图的。

正如这些例子所说明的,个人和团体通过考虑边际量,将会做出更好的决策。而且,一项行动只有边际利益大于边际成本,一个理性决策者才会采取这项行动。

(四) 非确定型决策的原则性方法

对于风险型决策当然可以依据直接后果期望值准则进行概率估算和统计分析,但对于非确定型决策来说,则因无概率可依,不可能运用概率统计方法。只能从"大中取大""小中取大""乐观系数""等可能性"和"后悔最小"等原则中视情况择其作为决策依据。

1. 乐观原则(大中取大原则)

决策者对未来持乐观态度,认为未来会出现最佳的自然状态,无论采用何种方案均可能取得该方案的最好结果,决策时要首先确定各个方案在最佳自然状态下的收益值,然后对其进行比较,选择在最佳自然状态下能够带来最佳收益的方案。这种原则也被人们称为"最佳收益值原则"。

假设一个赌徒面对两个赌局。第一个赌局他可能输 10 元,也可能赢 100 元,机会各是二分之一。第二个赌局,他可能输 1000 元,也可能赢 10000 元,同样机会各半。现在他必须二者取一,他会选哪个赌局?按照乐观原则,他会假设两个赌局都会取得最好的结果,所以会用第二个赌局可能赢 10000 元和第一个赌局的可能赢 100 元进行比较,当然会选第二个赌局。

2. 悲观原则(小中取大原则)

与乐观原则相反,决策者对未来持悲观态度,认为未来会出现最差的自然状态,无论采用何种方案均可能取得该方案的最小收益值(底线),决策时要首先明确各个方案在最差自然状态下的相应收益值,然后对其进行比较,选择在最差自然状态下能够带来最多收益的方案。这种原则也被人们称为"小中取大"原则。悲观原则虽是一种保守策略,但不一定就不好。有时出于降低风险的考虑,决策中不得不采取这样的策略,以在最不利的情况下取得最有利的决策结果。差中择优有时也不失为上策。

这里继续引用一下上面所举的关于赌局的例子。实际上,单纯从这两个赌局的期望值来看,第一个赌局为 $(-10 \times 0.5) + (100 \times 0.5) = 45$(元),第二个赌局为 $(-1000 \times 0.5) + (10000 \times 0.5) = 4500$(元),后者明显优于前者。但是,假如他担不起输钱的风险,那么对他来说最好的选择,便是输钱较少的那个。在决策理论中,担不起风险条件下的最佳决策准则,叫作"小中取大法则"。用在这里,便是将每个赌局的最坏情况列出来,即第一个赌局输 10 元,第二个局输 1000 元,然后进行比较,坏中择优,于是,第一个赌局便成为符合"小中取大法则"的最佳决策。

3. 乐观系数原则(赫威茨法则)

该法则由数学家赫威茨(Hurwicz)提出,故又称赫威茨法则,他主张,在一般性决策中,最好和最差的自然状态都有可能出现,决策者对未来事物应有一种折中的考虑,不可盲目乐观,也不能盲目悲观。因此,可以根据决策者的估计和判断赋予最好的自然状态一个乐观权值系数 $a(a \in [0,1])$,相应赋予最差自然状态一个悲观权值系数 $1-a$,用 a 和 $1-a$ 表示最佳状态和最差状态下的权重,以此求出各个方案的损益加权值。即:

方案(损益加权值)$=a$(最佳状态下的收益值)$+(1-a)$(最差状态下的收益值)

然后,比较各个方案的损益加权平均值并据此做出选择。当 $a>0.5$ 时,趋于乐观原则;当 $a<0.5$ 时,趋于悲观原则。

4. 等可能性原则(拉普拉斯法则)

该法则由数学家拉普拉斯(Laplace)提出,故又称拉普拉斯法则,当决策者不能确定哪一种自然状态的发生概率更大时,他可以先假定每种自然状态的发生概率都相等,并据此计算各种方案的期望收益值,然后在比较的基础上进行决策。

5. 后悔值原则(萨维奇法则)

后悔值原则也称萨维奇(Savage)法则,它是减少决策者后悔程度的有效策略。由于自然状态存在不确定性,在决策实施后决策者很可能会感到,如果采用了其他方案将会取得更好的收益。人们常会吃这种后悔药,为了减少这类机会损失,决策时就可采用后悔值原则,根据这个原则,每种自然状态下各个方案的最高收益值被视作理想值。找到理想值后,再将每种方案的其他收益值与其理想值之差作为理想目标的后悔值。决策者采取的是追求最小后悔值的观念,首先选取各项策略方案中的最大后悔值,然后再对每种方案的最大后悔值进行比较,取其最小者作为最终决策方案。

后悔值原则是用后悔值标准选择方案。所谓后悔值是指在某种状态下因选择某方案而未选取该状态下的最佳方案而少得的收益。用后悔值原则进行方案选择的步骤如下:

(1)计算损益值的后悔值矩阵。方法是用各状态下的最大损益值分别减去该状态下所有方案的损益值,从而得到对应的后悔值。

(2)从各方案中选取最大后悔值。

(3)在已经选出的最大后悔值中选取最小值,对应的方案即为用后悔值原则选取的方案。

拓展案例

案例 7-2

某企业试制一种新产品,大致估计产品投放市场会有销路好、销路一般、销路差三种状态。现有大批量生产、中批量生产、小批量生产三个方案。三个方案在三种状态下的收益值见表 7-1。

表 7-1　三个方案的收益值

方　案	收益值(万元)		
	销路好	销路一般	销路差
方案 A：大批量生产	120	50	−20
方案 B：中批量生产	85	60	10
方案 C：小批量生产	40	30	20

对此利用后悔值原则来分析不同情况下企业应该选择哪个方案?

解答：运用后悔值原则进行分析时,需要计算出每种方案在每种销路情况下的最大后悔值,再将各方案的最大后悔值进行比较,从中选出最小值,其对应的方案即为用后悔值原则选取的方案。

(1) 对于每一种状态下的各方案,计算出其后悔值,并由此得出后悔值矩阵为

$$\begin{pmatrix} 120-120 & 60-50 & 20-(-20) \\ 120-85 & 60-60 & 20-10 \\ 120-40 & 60-30 & 20-20 \end{pmatrix} = \begin{pmatrix} 0 & 0 & 40 \\ 35 & 0 & 10 \\ 80 & 30 & 0 \end{pmatrix}$$

(2) 从各方案中选取最大后悔值。

方　案	销路好	销路一般	销路差	max
A	0	10	40	40
B	35	0	10	35
C	80	30	0	80

(3) 从上表中可知,方案 A 的最大后悔值为 40,方案 B 为 35,方案 C 为 80。取最大后悔值中最小的,所以选取方案 B。

案例 7-3

受争议的"合村并居"：搬上楼,以及今后的日子

盛夏将至,草木葱茏,禾苗茁壮。然而 S 省 H 县小范村的村民们,却个个愁眉不展,他们祖祖辈辈生活的村子,如今已被拆得七零八落。站在村边放眼望去,几处农家院落

矗立在一片片废墟和待平整的土地上，有不少施工的大型机械隆隆作响。村民小超感叹："原来的那个村子，再也回不来了。"几公里外的东董村和小范村同属一个乡镇，这里的景象更为"别致"。原来有130多户农户的美丽乡村样板村，如今仅剩下3户人家，其余的宅地都已平整、复垦完毕。一片片低矮的玉米苗，与孤零零的院落，形成强烈的视觉反差。两个村的村民们，不知道接下来他们将面临什么样的命运。

小范村和东董村出现今日的景象，皆肇端于当地去年6月份开始推行的"合村并居"行动。两个村子加起来一共400多户，如今坚守原地的只有约30户。搬走的农户很多并非出于自愿。据村民们讲述，噪声骚扰，干扰生意，断水断电，亲朋"游说"……不少人在压力下选择搬迁。疫情期间，村民家里有孩子要上网课，但没网，只好签字，暂时搬到邻村租房住。农闲时节跑出租车生意的小范村村民王先奎回忆道，"当时真跟打仗一样"。他描述的，是2020年4月初，全国疫情缓和后，当地要求农民签协议、搬出家园的情景。从村民提供的监控资料中可以看到，大量工作车辆开进村子，有的堵在村民的门口，有的用高音喇叭播放与政策宣讲无关的声音，制造噪声污染。最终有人不堪其扰，只好签字搬家。"喇叭一放就放到夜里12点"，一位79岁高龄的老妇抱怨道。小超和多位村民回忆，有不签字的农户，家里还被扔过酒瓶子，被砸过墙，还遭遇不明身份人员翻墙而入，"里应外合"打开农户院门。后来随着拆迁复垦的推进，两个村庄剩余的农户日渐稀少，他们慢慢又遇到了断水、断电、断网、断路等烦恼。多位村民透露：为了提升签约率，当地还动员在机关、学校等单位工作的人员，劝说村民中的亲戚或家人签字，并且暗示"游说不成功就不要回去上班了"。

村民们之所以如此抵触"合村并居"，最根本的还是当地不具备实施这一行动的条件，属于生产方式还未有大的变革情况下，就强行改变生活方式。不像中国其他地区的空心村，小范村大量院落都有农户居住，且有大批青壮年在家乡从事生产生活，不少农户仍然非常依赖土地。像在国内其他农村地区的空心化、宅基地大多空置、"50岁的就算年轻人"等现象，在小范村和东董村并不明显。

今年72岁的赵洪友大爷说，他家里种着几亩粮食，还有一亩蔬菜，这块菜地每年可以保证有四五千块钱的收入。上楼后就不一样了，菜没法种了，每年还要交物业费、水电费，再加上吃喝，"冲个厕所都要钱"，根本就没法保证基本生活。"上楼后没有职业，老年人只靠每个月100多块钱的养老金，根本没法生活。别的地方是越拆越富，我们这么搞就是越拆越穷。""80后"小超在一旁说。

按照H县"合村并居"搬迁补偿标准，正房每平方米补偿700多元，偏房每平方米补偿260元。王先奎算了一笔账，他们一家三代6口人，住在目前的这个院子里正好，但搬到楼上住120平方米的3居室却不宽敞，按现在评估的价格，他们还得往里贴钱。"补偿标准太低了！"有的村民房子旧一些，评估的价格更低，置换新房有的需要再贴十几万元，这对他们来说无法接受。

补偿价格问题暂且不说，当地给小范村的安置房，目前仍然没有着落。小超说："要搬迁，你告诉我楼在哪儿呢？我了解的，现在房子选址都没定呢，让我们怎么相信？咱不要求封顶了,哪怕你在打地基,大家心里也能踏实点。"

连日来的合村并居工作引发广泛社会关注,H县已经暂停了对剩余农户的强制搬离,并开始陆续恢复水电供应,毁掉的路面上铺设石子,保障暂时通行。对于在工作中是否存在"一刀切"和软暴力现象,对于如何保障剩余农户的生产生活,已搬离农户能否顺利入住安置房等问题,在当地官方那里却有另一番表述。有关部门负责人说:村民反映的"不符合事实",断水断电系施工方操作不慎,很快就已经修复,高音喇叭实际上是当地在工作时间内开展的政策宣讲,对于小范村安置房的具体工程进度及今后的合村并居工作安排,其本人并不掌握,"国家有关部门已经来到我们这里进行调查了"。

S省之所以大力推进合村并居,有研究机构分析认为,此举旨在腾退农村住宅用地,以获得省内增减挂钩建设用地流转指标。然而据测算,S省实际的建设用地需求,远远没有想象中那么大,更无需冒着巨大系统性危险而强推"合村并居"。

针对近期密集出现的"赶农民上楼"问题,6月17日上午,S省自然资源厅领导介绍说:"目前,农村社区建设还处在探索推进阶段,没有下指标派任务,没有大规模的大拆大建。今年将在县域层面基本完成村庄布局工作,有条件、有需求的村庄实现村庄规划应编尽编。"而就在6月26日,S省政府有关领导在调研时指出,(要)以生产方式转变为前提,因地制宜,分类施策,条件成熟的积极推进,条件不成熟的不能急于求成。搬不搬、建不建,群众说了算,不能强迫命令,不能增加群众负担。

(资料来源:凤凰网.受争议的"合村并居":搬上楼,以及今后的日子[EB/OL].(2020-06-29)[2021-07-25].https://news.ifeng.com/c/7xgUIRxgf7g.原文有改动。)

讨论:就如上案例,谈谈如何实现决策科学化、民主化?

即练即测

思考与练习题

1. 政策决策有哪些类型?
2. 什么是决策树法?举例说明它的实际应用。
3. 政策方案的比较可从哪几方面进行?
4. 为什么要对政策方案进行评估?
5. 进行政策方案优选时可依据哪些择案规则?

参 考 文 献

[1] 陈庆云.公共政策分析[M].2版.北京:北京大学出版社,2011.
[2] 陈哲,陈国宏.建筑业绿色创新采纳推进政策研究[J].福建论坛(人文社会科学版),2017(3):25-30.
[3] 陈振明.公共政策分析导论[M].北京:中国人民大学出版社,2015.
[4] 冯静.公共政策学[M].北京:北京大学出版社,2007:166.

[5] 韩志明.公共政策方案的结构与逻辑分析[J].天津行政学院学报,2008(3):52-56.
[6] 荆玲玲.公共政策分析:理论与案例[M].哈尔滨:哈尔滨大学出版社,2014.
[7] 李金珊,叶托.公共政策分析:概念、视角与途径[M].北京:科学出版社,2010.
[8] 李培林,王思斌,梁祖彬,周弘,张秀兰.构建中国发展型的社会政策——"科学发展观与社会政策"笔谈[J].中国社会科学,2004(6):4-24,204.
[9] 刘贤生,张依瑶,张震,李泽超.大数据背景下房产税改革的社会效应与政策方案研究[J].全国流通经济,2019(16):135-136.
[10] 王骚.公共政策学[M].天津:天津大学出版社,2010.
[11] 谢明.公共政策分析概论[M].修订版.北京:中国人民大学出版社,2011.
[12] 杨成虎.政策方案可行性研究的逻辑与程序[J].北华大学学报(社会科学版),2011,12(3):97-101.
[13] 杨润美,罗强强,郑莉娟.大数据时代的政策方案评估[J].法制与经济,2015(10):105-107.
[14] 张国庆.公共政策分析[M].上海:复旦大学出版社,2004.
[15] 周宇豪.公共政策决策中的网络媒介与公民表达权探析[J].郑州大学学报(哲学社会科学版),2014,47(3):177-181.
[16] 朱旭峰,赵慧.政府间关系视角下的社会政策扩散——以城市低保制度为例(1993—1999)[J].中国社会科学,2016(8):95-116,206.
[17] [美]詹姆斯·E.安德森著,谢明等译.公共政策制定[M].5版.北京:中国人民大学出版社,2009.

第八章

政策执行与监测

 引例

环保督察三令五申,尽快整改才是关键

2021年4月6日至5月9日,第二轮第三批8个中央生态环境保护督察组进驻山西、辽宁、安徽、江西、河南、湖南、广西、云南8个省(自治区)开展督察。

进驻期间,各督察组深入一线、深入现场,查实了一批突出生态环境问题,核实了一批不作为、慢作为、不担当、不碰硬、敷衍应对、弄虚作假等形式主义、官僚主义问题并予以曝光,引起社会高度关注,充分发挥了督察的震慑、警示和教育作用。在此期间,"老面孔"频现,不少问题多次被督察组"点名"。记者梳理发现,此次中央生态环保督察期间公布的典型案例中涉及的问题,其中有不少是在此前督察中就被"点了名"的,相关责任主体可以说是督察领域的"老面孔"了,之前提到的要求至今仍未贯彻落实。

地方党委政府是地方经济社会发展的"总舵手",相关部门是某些领域的重要"把关人",有责任从规划、政策、产业布局等方面确保本地区走高质量发展、绿色发展之路。然而,从此次督察通报的典型案例来看,一些地方在推动落实中央生态环境保护决策部署过程中还存在左右摇摆、举棋不定、生态环保为经济发展让路等问题,如此一来,生态保护政策落实力度必将大打折扣。

习近平总书记曾指出,坚持绿色发展是发展观的一场深刻革命。要从转变经济发展方式、环境污染综合治理、自然生态保护修复、资源节约集约利用、完善生态文明制度体系等方面采取超常举措,全方位、全地域、全过程开展生态环境保护。保护生态文明就是保护生产力。

对于生态环境保护,中央有要求,省委省政府有部署。一些地方为了上项目想方设法搞变通、想歪招,归根结底,还是没有从思想上认清发展与保护关系,坦白说即发展思路尚未得到根本扭转。有的对发展的内涵理解过于狭隘,将发展等同于单纯的经济增长,却忽视了生态效益、民生效益、社会效益等方面内容。有的将经济发展与环境保护对立起来,认为要实现经济增长,就必须牺牲资源环境。破除旧发展观之弊,践行绿色发展观,推动高质量发展,是摆在各地党委政府面前的一个重大课题。

开展生态环境保护督察是党中央、国务院推进生态文明建设和生态环境保护工作的一项重大制度安排。督察进驻虽然已经结束,但后续的整改工作远没有结束。整改是督察工作的落脚点,是改进工作的重要抓手,督察成效要真正落到实处,关键还看整改。整改不到位,督察效果就会大打折扣。如何整改,是这些地方政府应加紧解决的问题。督查组指出,各地一定要加快补齐思想短板,切实提高政治站位,真整实改、到位到底,以扎扎实实的整改成效取信于民,造福于民。

分析这些问题不难发现,有些地方在认识上存在"惯性"。一些地方长期重经济轻环保、重发展轻保护,将发展与环保对立起来,将政绩与民生割裂开来,关心的只是GDP数字增长,关心的只是地方经济排名的光环,无视群众环保诉求,漠视中央生态环保督察要求。有些地方在行动上存在惰性。对中央重大决策部署、省委省政府工作安排,态度不积极,行动不迅速;对已经明确的重点工作,敷衍了事,得过且过;对应尽的职责选择性履行,对于认为能给自己政绩加分的工作干劲十足,对于认为提升自己政绩帮助不大的工作消极应付。一个合格的政府不能趋利避害,而是要把国家和人民的利益放在首位,生态保护事关民族兴衰,系百年大计,如果政策落实不到位,某些地方政府是要负历史责任的。

经过督察表明,一些地方党委政府和相关部门的主体责任弱化和监管责任缺失,在一定程度上助长了违法主体屡教不改的"底气",影响了中央生态环境保护督察的权威和成效,继而弱化了生态文明建设和生态文明保护的力度,使得督察效果大打折扣。

上述这些问题,都是此前中央环保督察要求整改的问题。可见,有的地方虽然已经接受过督察"体检",也晒过整改清单,但整改落实情况与中央要求还有差距,与人民群众的要求也还有差距。有的地方甚至旧疾未除又添新病,反映出有些深层次问题还需改进,彻底扭转仍需时日,总体看来,推进生态环境保护工作依然任重道远。

(资料来源:谢佳沥,澎湃新闻,2021-05-19.)

第一节 政策执行概述

一、政策执行的内涵

(一)政策执行的概念

美国著名行政学者G.艾利森指出:"在实现政策目标的过程中,方案确定的功能只占10%,而其余的90%取决于有效的执行。"由此可以看出执行的重要性,它从根本上决定了政策问题能否解决、政策方案能否实现以及解决和实现的程度和范围。党的十八大以来,以习近平同志为核心的党中央以巨大的勇气和魄力推动改革全面发力、多点突破、纵深推进。"一分部署，九分落实"。习近平总书记指出："抓落实是领导工作中一个极为重要的环节，是党的思想路线和群众路线的根本要求，也是衡量党员领导干部世界观正确与否和党性强不强的一个重要标志。"当前最紧要的任务是有效实施中央的改革方案，推动各项改革举措落地生根。这就要求各级各部门各单位切实增强新时代政策执行力，全面提升政策执行的认同力、意志力、规划力、组织力、文化力、公信力。

公共政策经合法化过程确定并公布之后，便进入政策执行阶段。政策执行是实践政策内容的过程，是将政策目标转化为政策现实的重要途径，政策执行的概念，可以从以下四个角度加以考察。

一是政策执行为科层制的控制过程。从科层制的控制角度界定政策执行的概念，首先必须接受的前提是，政策与执行是相互独立、上下从属的关系，上层为负责设计与规划决策的政策制定者，下层为负责实现政策目标与贯彻政策意图的执行者。一项政策执行能够成功完全取决于政策执行者所设计的目标是否清晰，执行计划是否确实，能否妥善控制执行者的诱因与纪律。这是一种计划与控制模式，其基本立场是以政策本身的内容为核心。普瑞斯曼与维尔达夫斯基（Pressman & Wildavsky,1973）在《执行》一书中认为，政策执行是目标与行动的设定以及如何完成它们的互动过程。这个定义意味着政策在上层形成，并且发布执行的细节与计划，执行则由下层来付诸实现，因此称为由上至下的模式。

二是政策执行为上下层的互动过程。从上下层的互动过程观察政策执行的概念，必须先行否定政策本身的重要性，政策的目标与执行细节并非上层领导者理性控制的产物，而是政策执行者彼此之间相互妥协的产物。上级所制定的、要求下属必须执行的政策标准，基本上只是对于执行者的一种忠告而已，不具备任何规范性与影响力。基层的执行者足以决定政策目标是否能够实现。这种重视基层，忽略中央的模式通称为由下至上模式（Pressman & Wildavsky,1973；李允杰、丘昌泰,2008）。由下至上模式并不认为政策执行必须对政策的成败负责，相反，他们认为政策执行与政策成败无关，政策执行过程本身就是目的，执行的核心观念并非如何才能与上级所规划的方案与意见一致，而是行动者如何在目标、自主权与对于政策的认同方面取得共识。因此，政策执行过程所出现的特质将是共识、妥协与政治计谋。

三是政策执行为政策与行动相互演进的过程。政策执行的演进观的基本前提是，承认政策与行动的连续性，政策制定与政策执行是交互行动、相互议价的过程。一方面，上层规范执行细节，希望政策目标能够付诸实现；另一方面，基层官员以自己的专业知识与经验，选择性地执行政策内涵与意旨，形成了自己的政策。政策执行并不是由上而下或由下而上的模式，而是针对政策再形成新的政策，针对行动做出回应的过程。普瑞斯曼与维尔达夫斯基（Pressman & Wildaysky,1973）认为政策执行是一个演进过程。我们经常处于该过程的中间，必须面对过去已经执行的结果与未来即将实施的蓝图。政策执行是概念与蓝图的不断实现、不断改变的结果。在这一过程中充满着权力、权威、资源与组织的交互运作。因此,政策执行是一种尝试错误的过程,或者是一种学习的过程。

四是政策执行是制定者、执行者与政策受体的三方互动过程(见图8-1)。决策者在制定政策时有相对宏观的考虑,即便更多时候是一种政治考虑,其结果是政策的规划往往比较理性和理想主义。如果政策与执行者的利益有某种程度的冲突,执行者会选择性地执行不与自己利益冲突的政策内容或巧妙地改造政策。如果是这种情况,政策的执行结果与政策的涉及目标产生偏差势所必然,这就是所谓的"上有政策,下有对策"。而且,如果政策对政策受体而言是个完全利好的状况,政策受体会欣然接受。反之,受体会想方设法逃避对自己的执行,政策执行成本的估算就变成一件极难的事情,预估的政策成本与实际发生的政策成本会完全是两回事。

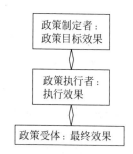

图8-1 政策效果和政策制定者、执行者与政策受体

(二) 政策执行的理论

在理论和实践的推动下,政策执行在70年代以后成为政策科学研究的一个重要主题。经过近30年的研究,人们开始掌握一些公共政策执行的原则、过程和理论模型、政策执行的科学方法等,而且,政策科学家们从不同的侧面去研究政策执行,形成了种种政策执行理论。较有影响的有以下7种。

1. 行动理论

它认为政策执行实际上是指对某项公共政策所要采取的广泛行动。在各种活动中,解释、组织、实施政策三者最为重要。解释活动是把政策内容转化为民众能理解且接受的东西;组织活动是要建立执行政策的组织机构;实施活动是由执行机构提供一定资源和服务。

2. 组织理论

它强调组织在政策实施中的地位。以佛瑞斯特为代表的组织理论学派强调政策执行组织机构的作用,认为既定的政策是否能够得到忠实地执行,关键在于政策执行机构在主观上是否能够充分理解政策的含义,是否愿意毫无保留地支持政策决定,在客观上是否拥有足够的能力和资源以有效地执行政策。持此观点的人还认为,只有了解组织是怎样工作的,才能理解要执行的政策,才能知道它在执行中是如何被调整和塑造的。

3. 因果理论

它大致包括三类内容:(1)把政策决定看作是一种假设,将政策实施看作是引导人们到达目的地的地图,政策实施是按地图所指引方向到达目的地的过程;(2)把政策中的潜在因果假设分为两个因素:贯彻影响力,主要涉及政策过程中按既定目标实现政策输出的能力;技术能力,是政策输出导致所希望的结果产生的能力;(3)重点关心两类因果问题:政策制定者在多大程度上理解影响目标实现的主要因素和因果关系(认识要素);决策者在多大程度上授予执行机构控制这些关系的权力,使执行机构至少有潜力实现目标(权力要素)。

4. 管理理论

它认为政策执行是行政机构依据政策实施管理的过程,在这个过程中行政机构不仅受其合法委任权的影响,而且还要受到与之相关的利益集团的影响、政治系统中立法机关干预的影响以及特定的政治环境中其他各种因素的影响。

5. 交易理论

它认为政策执行是一个政治上讨价还价的过程。在这个过程中,政策执行者和政策对象之间通过不同方式的交易,在各种力量的互动中达成某种妥协、退让或默契。

6. 系统理论

它认为政策执行过程的分析可以理解为外界环境对政策系统进行物质、能量、信息的输入,系统产生了政策输出,由政策结果和反馈提供了政策的评价与再输入过程。

7. 演化理论

它认为在提出政策问题、制定政策目标、拟定政策方案过程中,都存在着许多不确定性和模糊性,多重目标实际上会产生矛盾与冲突。因此,在实际的执行中会对原有的目标不断地重新设计。政策的制定是反复的形成、执行、再形成的演化过程。

事实上,上述关于政策执行的理论观点各有其道,它们只不过是从不同角度、不同侧面阐述了政策执行的重要意义。综合以上观点,我们可以对公共政策执行的含义做如下界定:所谓公共政策执行,就是政策方案被采纳以后,政策执行者通过一定的组织形式,运用各种政策资源,经解释、实施、服务和宣传等行动方式将政策观念形态的内容转化为现实效果,从而使既定的政策目标得以实现的过程。

二、政策执行的特征与功能

(一) 政策执行的特征

政策执行作为政策生命过程的一个重要阶段,不仅具有政策过程各个阶段所具有的共性,而且还有其自身的特点。

1. 目标性

政策执行的一切活动和全部过程都是在实现决策目标,具有明确的目标性。执行者无论采用什么样的具体方式和手段,都必须为实现特定的政策目标服务。政策目标具有规定性和统一性,除了实践证明政策目标的确有重大失误,必须通过追踪决策予以修正外,一般情况下,政策执行主体均无权随意变更政策目标,自行其是,否则将导致政策运行过程和社会生活出现重大紊乱。

2. 有序性

有序性是指政策执行应保持一定的阶段性顺序和过程的连续性。这是政策执行程序的核心要求,也是保持执行工作稳定开展的基础要素。政策执行的有序性要求政策执行程序的每个环节具有时间上的前后次序。政策执行一旦启动,就要一个阶段接一个阶段,一环扣一环,层层推进,依规定的次序进行下去。政策方案的实施和政策目标的实现是一个循序渐进的过程,不能一蹴而就,政策执行既要着眼于最终目标,又要立足于阶段性目标,从而把二者有机、科学地结合起来。

3. 强制性

公共政策的制定是以法律法规为依据的,具有强制力。因此,要求政策执行应不折不扣,不准讨价还价,不准依兴趣爱好而有选择地执行。当然,由于政策环境的复杂性和客观条件的多变性,政策执行需审时度势,因地、因时制宜,因势利导,具体问题具体分析,灵活实现公共政策。但若对灵活性运用不当也会带来一些负面影响,如"上有政策,下有对策"以及"上有大政策,下有土政策"等状况。因此,必须注意强制性与灵活性相结合。

4. 协调性

政策执行是各种政策要素在空间上的分配、重组、展开和运动的过程,其中任一要素的发展变化以及各要素的分配方式、比例、组合结构等变化都会直接影响到整个政策执行的进程,它反映了政策执行在空间上所具有的协调性。影响政策执行协调性的因素有很多,其中最为主要的因素是制度性因素。由于政策执行主体之间的职能交叉或职能重合,客观上造成多头管理,导致执行效能低下,严重破坏政策执行的协调性。

5. 动态性

政策执行由一系列活动构成,它是一个思想和行为需要不断变化、不断调整的过程。一方面,政策方案无论制定得多么好,都不可能与复杂多变的客观现实完全一致;另一方面随着时间的推移、执行活动的推进以及环境和条件的变化,政策执行还会遇到一些新情况、新问题,政策执行者只有根据这些新情况,适时地、灵活正确地应付和处理问题,才能使政策方案得以顺利实施,从而政策目标得以顺利实现。因此,根据具体情况和变化了的条件以及反馈的信息,不断地改变、修正和调整原定的执行策略、计划和程序,是政策执行过程中在所难免的现象,而且这种不断调整和变动要贯穿于政策执行的全过程。

案例 8-1

加快乡村振兴步伐　奋斗出幸福安康美好生活

在山东青岛西海岸新区张家楼街道下村,当地立足本地资源、发展特色产业,一幅欣欣向荣的乡村振兴画卷正在徐徐展开。

这个村子原来位于岭上,后来迁到岭下,所以才叫下村。村里过去主要以农业种植为主,公共基础设施建设相对落后,甚至吃水问题都要靠外出挑水、拉水解决。2015年,因为当地轨道交通项目建设的需要,村集体土地流转获得一笔资金,优先用来挖水库、建水厂、改建幼儿园……几个民生设施陆续完工,资金也很快见底,后续发展又陷入了困境。

这样的发展经历让我们意识到,产业是发展的根基。农村发展的天地很广阔,但要实现可持续发展,不能是"一锤子买卖",必须要发展产业。只有夯实了产业根基,让乡村具有"造血"功能,才能激发农民自身的内在动力和蓬勃活力,最终实现乡村振兴。

有了思路,就能找到出路。通过走访调研,村干部发现村子里的艾草种植有着一定优势,但也面临着生产链条不长、产品品质不高以及与其他地区产品同质化竞争等问题。如何延长产业链、提升产品价值,成了亟须解决的问题。时间不等人,村干部去先进地区学习经验,一边着手解决艾草深加工项目资金缺口问题,同时依托乡村振兴工作队,迅速整合资源,确保项目快速进入实施阶段。

产业兴旺,乡亲们收入才能稳定增长。在各方努力下,艾草深加工项目于去年10月开工建设。投产后,项目将提供100余个就业岗位,外出打工的村民将实现在家门口就业。从田间到车间,从工厂到市场,一株小小的艾草在这里实现了规模化种植、品牌化经营、资本化运作,一条高技术含量、高附加值的产业链初步形成。

有了一产和二产,与艾草产业相关的三产也顺利落地。抱着试水的想法,村里开设了艾灸体验馆。令人意外的是,城区以及周边各村前来体验的人络绎不绝。小乡村变得车水马龙,村里的农家宴和小超市的生意也红火了起来。一个健康有序成长的乡村旅游市场,成了农村产业融合发展的生动写照。

乡村振兴,关键是产业振兴。中央农村工作会议指出,"要加快发展乡村产业,顺应产业发展规律,立足当地特色资源,推动乡村产业发展壮大,优化产业布局,完善利益联结机制,让农民更多分享产业增值收益。"因地制宜发展特色产业,大力推动一二三产业融合发展,不断延伸产业链、打造供应链、提升价值链,村民们就一定能走出一条科学有效、农民受益的产业发展之路,为实现乡村振兴注入强劲动能。

(资料来源:徐宗喜.乡村振兴关键是产业振兴[N].人民网,2021-02-03.)

6. 时限性

政策执行的时效性不仅指政策执行中每一个环节都有时间上的要求,还指政策执行进程的及时完成。绝大多数政策对执行中的许多阶段和环节都有一定的时间规定,这就意味着对随意性的限制和对权力的制约,克服和防止了政策执行主体行为的随意性和随机性,为这些行为提供了外在标准,克服了行为的个别化和非规范化,从而使政策执行行为在时间上连贯和衔接,避免行为各环节的中断。政策执行的时限性还要求政策执行不能急速地进行或过于缓慢地进行。如果政策执行过于快速,政策的目标群体就无法充分适应,政策执行主体也不能进行充分的执行准备。这种突袭性的政策执行会使政策丧失一定的可预测性,造成人们的心理准备不足。但反过来,如果政策执行推进过于缓慢,也同样会引起政策执行的障碍。

(二) 政策执行的功能

1. 政策执行是实现政策目标的重要途径

在公共政策过程中,政策方案的制定和优选只是使解决政策问题、实现政策行动的目标具有明确的方向和计划方案,但实现真正解决问题和目标的全面实施仍有很长的路要走。任何政策最终都必须通过政策执行过程才能实现政策目标,从而对社会政治、经济、文化等各方面产生作用和影响。所以,政策执行的首要功能就是通过将政策转换成可操作的具体活动,从纸上谈兵到实际用兵,按照政策所确定的目标而进行各种努力。

2. 政策执行是检验政策成效的唯一标准

一项政策是否有成效,需要实践来检验,实践是检验真理的唯一标准。毛泽东同志说过:"判断认识或理论之是否真理,不是依主观上觉得如何而定,而是依客观上社会实践的结果如何而定。真理的标准只能是社会实践。"政策属于主观认识范畴,它是否符合客观实际,是否真正有效,必须通过实践来检验。只有经过贯彻执行,使政策目标在执行过程中得到完满实现,并最终促进生产力发展和社会进步,以及得到群众拥护的政策,才是好的政策,反之就是不好的政策。当然,政策结果的好坏不仅与政策本身有关,还与执行过程有关。政策执行是过程与结果的统一,没有好的过程就难以有好的结果。

3. 政策执行是制定后续政策的重要依据

为后续政策制定提供依据也被称为政策执行的反馈功能。政策执行是使原政策得到不断调整、修正,使之更明确、更具体的过程,从某种意义上说,我们面临的社会现状都是过去无数项政策和现行政策实际作用的结果。公共政策制定者往往要依据先前政策实施中和实施后由各种渠道反馈上来的信息,在分析先前政策效果的基础上,制定新的政策。因此,对于政策制定者来说,前一项政策的执行情况及其后果是使原政策得到修正、补充、完善的根本途径,同时也是后继政策制定的重要依据。

第二节 政策执行的过程及模型

一、政策执行的过程

(一) 政策宣传与政策细化

政策宣传是政策执行过程的起始环节和一项重要的功能活动。政策执行活动是由许多人员一起协作完成的。要使政策得到有效执行,必须首先统一人们的思想认识。政策宣传就是统一人们思想认识的有效手段。执行者只有在对政策意图和政策实验的具体措施有一个明确认识和充分了解的情况下,才有可能积极主动地执行政策。政策对象只有知晓了政策,才能理解政策;只有理解了政策,才能自觉地接受和服从政策。因此,各级政策执行机构要努力运用各种手段,利用各种宣传工具,大张旗鼓地宣传政策的意义、目标,宣传实施政策的具体方法和步骤。

政策细化就是通常所说的制定计划,它是政策实施初期的另一项功能活动,是实现政策目标的必经之途。没有一个长期的旨在取得重大成就的计划,是不能进行工作的。一般来说,一项政策的推出,往往只是指出实现政策目标的基本方向,比较抽象。要使政策执行顺利进行,就必须在这些基本原则指导之下,对总体目标进行分解,编制出政策执行活动的"线路图",明确工作任务指向,使执行活动有条不紊地进行。

案例 8-2

连日来,西藏拉萨市曲水县达嘎镇三有村通过广播,用藏汉"双语"对扶贫政策、扶贫新举措进行及时宣传播报,既展示广大基层扶贫人员的风采,又鼓舞更多的人走向致富的道路。

三有村开通脱贫攻坚调频广播,可以让群众全面掌握精准扶贫政策,同时还能加强对各级政府、村"两委"在执行扶贫政策方面的群众监督,让群众了解到党和政府对建档立卡户政策上的优惠、生活上的关心、就业上的扶持,助力"四讲四爱"工作开展,使全村群众深刻认识到恩从何来。

村民拉巴卓玛告诉记者:"这样的宣传可以让自己对政策的了解更加透彻,以前有些模糊的概念,通过这样反复宣传,加深了印象。党和国家的精准扶贫政策这样好,我们更应该奋发图强、自力更生,在党和全国人民的关心爱护下,巩固好脱贫成果。"

"精准扶贫政策关系到全村 180 户 744 名易地搬迁群众的切身利益,我们每天利用广播播放精准扶贫政策,涉及基本医疗、义务教育、安全住房、生态岗位、就业培训等方方面面的内容,希望加深群众对精准扶贫政策的了解,使大家走上致富道路。"达嘎镇党委副书记、三有村第一书记、驻村工作队队长如吉告诉记者。

(资料来源:靳敏.宣传扶贫政策,讲述脱贫故事,西藏拉萨市曲水县达嘎乡三有村开通脱贫攻坚调频广播[N].中国西藏网,2020-01-09.)

(二)物质准备与组织准备

物质准备是政策执行的经济基础和现实保障。物质准备主要是指必需的财力(经费)和必要的物力(设备)准备。首先,执行者应根据政策执行活动中的各项开支,本着既能保证执行活动正常开展，又能坚持勤俭节约的原则编制预算。预算必须报经有关部门批准后才能执行，才算落实了活动经费。其次，必要的设备准备包括交通工具、通信器材、机械设备、办公用品等方面的准备。只有做好充分的物质准备，才能为有效地执行政策创造有利条件和环境。

组织准备工作是政策具体贯彻落实的保障机制，组织功能的发挥情况直接决定着政策目标的实现程度。组织准备不只是解决组织形式问题，而且包括建立精干高效的组织机构、配备胜任称职的领导者和一般的政策执行人员，制定必要的规章制度，使人力、物力、财力得到最合理的利用。

（三）政策试验与全面实施

政策试验是政策实施过程中的重要步骤。政策试验既可以验证政策，如发现偏差，及时反馈信息，修改和完善政策，又可以从中取得带有普遍指导意义的东西，如实施的方法、步骤、注意事项等，为政策的全面实施取得经验。涉及全局关系的重大政策，非常规性政策特别是带有风险性的政策，受各种因素制约、难以进行精确定量分析的政策，缺乏政策经验、结果难以预料、后果影响深远的政策，都必须经过政策试验。

政策实施的全面推广阶段是政策执行过程的最后环节，是各类准备工作的最终目的，是政策执行过程最为关键的阶段。准确而言，政策执行效果的好坏最终取决于这个阶段的执行情况。政策的全面实施也是政策实施过程中操作性、程序性最强，涉及面最具体最广泛的一个环节。全面实施政策，要求严格遵循政策执行的基本原则，充分发挥政策执行的功能要素，以保证政策目标的圆满实现。

（四）指挥协调与监督控制

指挥和协调是两种重要的功能性活动，贯穿政策执行过程的始终。政策执行是一项非常复杂的管理活动，既需要政策执行机构及其人员和政策目标群体相互间的理解、支持与配合，更需要不同执行机构和执行人员的共同参与和密切协作。同时政策执行还要科学调配人力、物力、财力、时间、信息和权威等各种资源，综合使用行政、法律、经济等各种手段。另外，政策执行还必须解决不同执行机构职责范围和管理权限交叉带来的各种矛盾和冲突，弥合政策执行人员在知识、经验、观念、利益和性格等方面的差异。这一切都需要统一的指挥和有力的协调。指挥就是将政策目标任务、政策方案、政策计划分派落实到具体的部门、单位和个人；按照计划筹集分配物资经费，组织实施试点工作，总结推广试点经验；通过行政命令、经济调控和教育激励等手段，指导政策执行工作全面展开和有效推进的过程。协调就是行政领导通过引导、调停和说服的办法，使不同的政策执行机构和执行人员建立起相互协同、相互配合的关系。统一的指挥和强有力的协调是政策执行高效的重要前提之一。

监督控制是政策执行过程的保障机制和保障环节。在政策执行过程中,由于政策执行者主观认知不足造成对政策理解的失当,或者由于政策目标与政策执行者之间存在利益差别,导致政策执行活动偏离政策目标,出现政策执行的偏差、失误、低效乃至违法等情况。为有效降低、避免上述情况,有必要加强对政策执行过程的监督和控制。监督和控制是预防政策执行偏差的有力工具,是及时发现错误、纠正偏差的有力手段,是提高政策执行效率的重要途径。

二、政策执行的模型

(一)过程模型

史密斯(T. B. Smith)被视为是较早构建政策执行模型的学者,他在1973年的《政策执行过程》一文中首次提出了一个分析政策执行因素及其生态—执行的理论模型,又称"史密斯模型"。史密斯认为,政策执行过程主要涉及四个方面的因素,即理想化的政策、目标群体、执行机构和政策环境因素。①理想化的政策。是公共政策的制定者试图导致的理想化相互作用形式。②目标群体。是由受公共政策影响而必须采取新的相互作用形式的那些人组成,这些人受公共政策的直接影响,必须做出适当的反应以符合政策的要求。③执行机构。通常是政府中负责政策执行的单位。④环境因素。包括环境中影响政策执行或受政策执行影响的因素。以上这四种要素中各要素内部或者各要素间的互动可能产生冲突。

当这四种要素内部或之间发生冲突时,就会产生交易。交易模式是没有定型的制度,在交易阶段不会导致永久性的制度的建立。一旦出现交易模式或制度化时,通过把冲突反馈给理想化的政策、目标群体、执行机构和环境因素,可能导致政策的变化。反馈是该模型的重要组成部分,因为它表明政策执行是一个持续的过程,而且可能不会中止。

简言之,史密斯模型认为冲突由政策执行过程中的四个组成部分内部以及它们的互动产生。冲突导致了交易模式,这种交易模式可能会也可能不会符合政策制定者期望的政策效果,还可能被制度化。通过把冲突反馈给政策制定者和实施者,可能促进或阻碍政策的进一步执行。

尽管该模型是探索性的,但不失为一种解释政策过程的有效手段。当然,更多的变量可以添加到模型中,进行更多的研究和思考。该模型对决策和执行政策的启示是,决策者应投入更多的精力去理解和掌握政策执行的策略。利用该模型,政策制定者可以尽力减少在政策执行过程中产生的冲突,并制定和执行更有效的政策。但是史密斯没有关注执行人员的重要性,这是该模型的缺陷。过程模型如图8-2所示。

(二)互适模型

美国著名学者麦克拉夫林(M. Mclaughin)于1976年在其代表著作《互相调适的政策

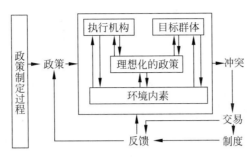

图 8-2　政策执行过程模型

(资料来源：Smith,1973：203)

执行》一书中提出了一个互适模型。麦克拉夫林认为,政策执行的过程在本质上是一个政策执行者和目标群体之间就目标或手段进行相互调适的过程,政策执行的有效性从根本上完全取决于政策执行者和目标群体之间行为调适的程度。图 8-3 展示了一定环境下二者的互适过程及与政策的关系,从中也可看出麦克拉夫林的相互调适模型至少包含如下四项逻辑认定：①政策执行者与受影响者之间的需求和观点并不完全一致,基于双方在政策上的共同利益,彼此必须经过说明、协商、妥协等确定一个双方都可以接受的政策执行方式。②相互调适的过程是处于平等地位的双方彼此进行双向交流的过程,而不是传统的"上令下行"这种单向流程。③政策执行者的目标和手段可随着环境因素、受影响者的需求和观点的改变而改变。④受影响者的利益和价值取向将反馈到政策上,从而影响政策执行者的利益和价值取向。最终得出结论：一个成功的政策执行方案有赖于成功的政策执行过程,而成功的政策执行过程则有赖于成功的相互调适过程。

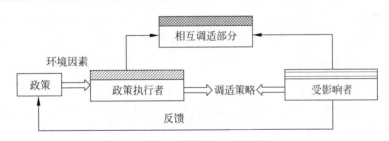

图 8-3　政策执行互适模型

(资料来源：桑玉成,刘百鸣.公共政策学导论[M].上海：复旦大学出版社,1991：44)

(三) 系统模型

又称霍恩—米特尔模型,这是美国学者霍恩(C. E. Van Horn)和米特尔(D. S. Van Meter)提出的一个政策执行模型。他们的分析较为实用且具体,系统地指出了影响公共政策执行的各种要素。政策标准与政策目标,它们是政策执行的导向和依据；政策资源条件(可提供的基础以及受到的资源约束),这实际上也是政策执行的环境要素；各种执行组织间的沟通,相互之间在政策执行方面的合作行动,良好的沟通与合作是政策执行效果的强化因素;执行主体的特性,如权威性、合法性等;执行者的态度、意向与能力;与政策有关的经济与政策环境。当然,这一理论模型有两点不足:一是忽视政策对人的影响;二是对执行的监督、评估等关注不够。系统模型如图8-4所示。

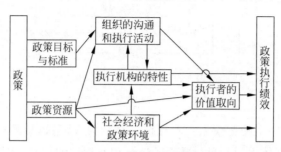

图 8-4　政策执行系统模型

(资料来源:Van Meter & Van Horn,1975:463)

(四) 循环模型

美国公共政策学者马丁·雷恩(M. Rein)和佛朗西.F.拉比诺维茨(F. F. Rabinovitz)提出了公共政策执行的循环模型。在他们看来,公共政策执行是动态的,具有周期性和循环性。首先,公共政策执行分为纲领发展阶段、资源分配阶段和监督阶段,三个阶段并非孤立存在,而是相辅相成、循环往复的。其次,公共政策执行过程应该遵循合法原则、合理原则和共识原则,它们是保证公共政策有效、高质量执行的基础条件。最后,公共政策执行受到环境的影响,包括目标显著性、程序复杂性和可利用资源的性质与层次等。循环模型的优点是明显的:一是对执行的内在过程和原则进行了说明和强调;二是对影响政策执行的环境要素进行了分析和关注;三是对政策执行的过程性、周期性进行了剖析和梳理。当然,它也存在三个重要缺陷:一是对政策执行者的态度、能力、工具选择等有所忽视;二是对政策相对人的态度等有所忽视;三是忽视了政策本身的正确性等对政策执行的影响。循环模型如图8-5所示。

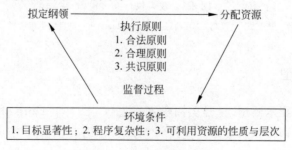

图 8-5　政策执行循环模型

(资料来源:陈振明.公共政策学:政策分析的理论、方法和技术[M].北京:中国人民大学出版社,2004:252)

(五) 综合模型

美国学者萨巴蒂尔(P. Sabatier)和马兹曼尼安(D. Mazmanian)于1979年提出了一个完整的综合模型来描述政策执行活动,他们细致地探讨了在执行过程中起较大作用的各种变量,并将其归为三大类:第一,政策问题的可处理性。具体包括现行对政策问题加以处理的有效理论和技术,目标群体行为的种类,目标群体人数,目标群体行为需要调适的幅度,等等。第二,政策本身的管制能力。大致包括明确而一致的政策指令,政策本身存在的合理的因果关系,充足的财政资源,执行机关间及其各自内部的层级整合,执行单位的决定规则,执行机关的人员配置,公众参与的可能,等等。第三,政策以外的变量。主要包括社会经济条件与技术水平,大众支持,传媒的持续注意程度与态度,支持集团的态度和资源,执行人员的工作热情与领导水平等。

除前述变量的列举和分析外,萨巴蒂尔和马兹曼尼安还将政策执行划分为五个阶段:执行机关的政策产出,目标群体对政策产出的服从,政策产出的实际影响,对政策产出知觉的影响,政策的主要修正。他们相信,联系政策执行的不同阶段,并从多个视角来大量地考察影响政策执行的主要变量,可以为我们分析、指导政策执行提供一个较完备的理论与实践框架。这一模型较为复杂,各变量间相互关系的过程如图8-6所示。

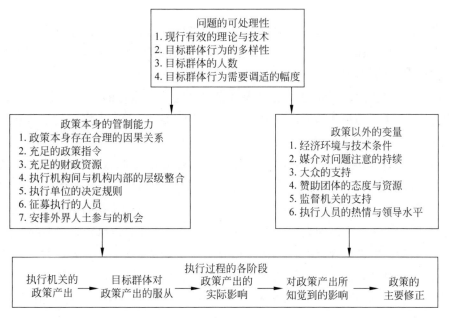

图 8-6 政策执行综合模型

(资料来源:Sabatier & Mazmanian,1980:542)

(六)博弈模型

美国公共政策学者巴达克(E. Bardach)提出的一个以博弈理论为基础来描述政策执行情况的模型,即以博弈理论研究、分析执行过程中参加者因政策目的或手段的运用所作出的折中、协商等交互情形。该模型视政策参与人为理性人,遵循自利原则,在政策执行过程中发生竞争和冲突时,每一个相关参与者都会追求最大收益,同时尽可能规避损失。巴达克视一项政策执行为一场游戏或棋局,用博弈论来分析政策执行,他提出以下几项规定:①竞赛者,即参与政策者和执行政策者,也包括因此项政策实施后受影响的群体;②利害关系,即导致这场游戏或棋局进行下去的原因;③竞赛资源,包括战术策略与科学技术等软资源以及权力、财政等硬资源;④竞赛规则,这场游戏或棋局取得胜利的标准或条件,要坚持公平公正的原则来进行比赛;⑤参与者之间信息沟通的性质;⑥得到的结果的不稳定程度。

第三节 政策执行的影响因素

一、政策问题的特性

公共政策问题的特性、政策目标群体行为的多样性、政策目标群体的人数及其行为调适量直接影响政策的顺利执行。对该问题的分析有助于政策执行主体及其人员采取针对性措施,做到有的放矢。

第一,所需解决的政策问题类型和特性直接决定政策执行的难易程度。一般而言,越复杂的问题,执行的难度越大。比如,敏感的政治性问题、涉及面广泛的经济利益分配和调整的问题、涉及领域众多的政策综合性问题、创造性较强的政策问题执行难度大。政策执行中所要触动的权利关系越多,涉及的机构和人员越多,政策目标越宏大,要调整的利益关系幅度越大,规范的技术操作等级越高,政策执行的难度就越大。整体而言,全面性政策要比局部性政策执行难度大,高层级政策比低层级政策执行难度大。同一层级同属局部性的政策,也会因问题的简单与复杂程度不等造成政策执行难度上的差异。

第二,政策问题需要规范的目标群体的行为种类越多,政策执行要面对的困难就越多,政策执行的难度就越大。不同的政策问题,需要规范的目标群体的行为种类并不一致。技术性越强的政策问题,目标群体的行为种类就越多,对政策执行的要求也越高。比如,1972年美国通过的《联邦水污染控制法修正案》,要求对有12000多种污水来源的问题进行统一治理。由于污水来源种类繁多,准确、统一的规则与标准难以制定,政策执行效果无法统一评估,直接导致政策目标实现程度不高。

第三,政策问题涉及的目标群体人数的多寡对政策执行的难易程度也有极大影响。

一般而言,政策问题涉及的目标群体人数越少,政策执行的任务量就越小,越容易执行,执行也越有效;反之,则难以执行,执行的效果难免大打折扣。社会治安问题比社会分配问题涉及的目标群体人数少得多,而且明确得多,此类政策就比较容易执行,执行效果也非常明显;反之,社会分配问题所涉及的目标群体人数众多,要解决的问题更多,政策执行难度就非常大,执行效果也难以体现。

第四,那些旨在调整目标群体行为方式的政策问题,其数量与调整难度问题都会影响政策执行效果。受历史文化传统的熏陶和现实的影响,人们养成了特定的行为模式与习惯,倾向于某种定势,容易保守,难以改变。要想改变这些思想行为非常困难,尤其是希望在较短时间内全面改变的那些政策,注定会走向失败。然而,为了实现特定的政策目标,必须选择一些难度相对较低的思想行为领域加以改变。从政策执行的角度而言,政策目标群体的人数越少越好。这样,所需调适的行为总量也会尽可能小,政策执行效果也会更好。苏联时代的禁酒令虽然只是涉及一种行为,但由于其涉及面几乎达至全苏联的所有公民,结果该政策执行效果非常有限。反观中国的渐进式改革,尽管需要调适的总量在较长的时间段非常大,但由于其分解式的渐进方法有效地降低了任一时间段的调适量,整体效果良好。

二、政策本身的因素

许多政策不能达到预期的效果,执行上有困难,在很大程度上与政策本身的缺陷有关,了解政策本身因素如何影响政策的执行情况,将有助于促进科学发展和合理的政策,使这项政策得到有效实施。一般认为,政策本身的因素主要包括以下几个方面:

(一)政策的权威性

公共政策的权威性是指影响社会成员并且获得社会成员认同、执行的能力。它主要是由政策制定主体的权威性和决策程序的合法性决定的。不同的政策制定主体在军事、政治、经济等方面掌握了不同的资源,并具有不同的运用资源的能力,在社会成员中形成相对固定并有所不同的评价,具有不同的权威性。政策制定主体的权威性对社会成员对政策的认同以及在政策执行过程中的行为倾向有直接的影响。政策制定的程序也影响着政策的权威性。公共政策通过合法程序的制定,容易得到社会成员的认同。

(二)政策的正确性、明确性和具体性

政策的正确性是政策有效实施的关键,也是对政策评估和控制的基础。一个错误的政策,越高效率的执行会导致越大的失误。从操作和技术上来讲,政策可以顺利进行,还必须具体明确,也就是政策措施和行动步骤明确,政策方案和目标具体明确。同时,具体

的政策目标和明确的政策要求,是现实的和可以实现的,是可以进行衡量和比较的,完成政策目标是政策实施者职权范围内的事情等也是影响政策执行效果的关键因素。模棱两可、含糊不清的政策自然会无法执行,很容易导致界限不清和政策策略的随意修改。

(三) 政策的稳定性和连续性

公共政策反映了政府在一段时间内的基本趋势,所以必须保持相对稳定。如果政策变化多端,将难以实现。不同的政策之间、现在和过去的政策之间应保持一定的内在联系,中央政策和地方政策应在基本精神上保持统一。

(四) 政策的可执行性

可执行性是既定的政策具备执行所需要的客观条件,政策通过执行者的主观认同和努力,可以实现既定的目标。如果一开始在客观条件上政策的规定性明显存在无法弥补的缺陷,而且无论如何无法克服,那么这项政策是不可行的。

三、政策执行主体的因素

公共政策执行主体,是指负责组织落实公共政策的人员或组织。主要包括国家和地方政策行政机关、司法机关、被赋予执行权的其他公共权利机关以及供职于这些机关的公职人员。任何政策的实施都依赖于一定的组织、机构及其成员。执行主体掌握着实施政策的资源、手段和方法,是将政策贯彻于政策对象中去的施行者、组织者、管理者和责任者。执行主体的组合状况以及执行人员的素质、政策水平、管理水平、道德素养的高低直接关系到政策执行的成败和政策目标的实现。

(一) 政策执行组织

执行政策最终要靠政策执行机关,政策执行机关掌握着执行政策的方法、技术和资源,是联系政策制定者和政策对象的桥梁。执行组织结构的合理性、权责的明确性直接对政策执行的力度与效度产生重大影响。

1. 执行组织结构的合理性

合理的执行组织结构是实现政策目标的组织保证,能实现"1+1>2"的整体功能。组织结构的规范、有序、协调程度直接影响组织的外向输出状况。执行组织的合理结构要求组织的纵向结构层级化和横向结构专业化。层级化是指各级政府以及部门的上下级之间的机构、职位、人员配备和责任、权力、工作程序的有序等级划分。合理的层级划分有利于政策执行的统一领导、统一指挥,有利于政策执行的目标分解,逐层落实,有利于政策执行的上传下达和监督控制。专业化是指将执行组织按政策目标、管理对象、权利责任和业务性质划分为若干个横向的职能部门。专业化的部门划分有利于提高政策执行的专业技术水平,有利于合理利用和吸收专业人才,有利于事权一致、政令畅通。执行组织的合理结构还要求执行组织的年龄结构、知识结构、能力结构乃至性格志趣结构等方面的相互协调与功能互补。

2. 执行组织权责的明确性

明确组织权责即理顺中央与地方政府、上级与下级政府、各职能部门之间的权力责任关系。就中央与地方以及地方与地方的关系而言,需进行事权划分,落实责任制,建立责任追究机制,划清中央与地方政府之间、地方政府不同层级之间的事权、财权、产权和立法权等,政企分开,政事分开,简化行政审批制度,实现集权与分权相结合,在保证上级权威和不影响上级政府对辖区内的事务作综合管理和宏观调控的前提下,实现必要的分权,以调动下级政府应对地方实际情况的灵活性和执行政策的积极性与创造性。就各职能部门之间的关系而言,要明确各部门及其工作人员的权利和责任,使权责保持一致,做到统一指挥,统一行动,杜绝各种形式的相互推诿、越权、失职、渎职行为。

(二) 政策执行人员

政策执行人员的行为对整个政策执行的效果具有直接的影响。一个合格的政策执行者必须具有较高的自制能力。公共政策的执行在某种意义上是对利益的分配和对行为的调整。当政策的执行者身兼目标群体和执行者的双重角色时,他们的利益就被执行的政策调整,这时,政策的执行者便处在整体利益与局部利益的矛盾选择之中,他们是否有高度的觉悟和自制力,将对政策的执行产生极大的影响。同时,一个合格的政策执行者必须具备坚定的政策目标的认同感与执行政策的使命感。政策执行的好坏取决于政策执行者对于政策目标的认知、理解,对于不同行为可能产生的政策效果的准确推测,对于政策执行过程中的困难与障碍勇于克服的坚强意志。另外,合理的知识储备和能力结构对于政策执行者也是必不可少的。所谓知识储备,主要指两类知识:一是一般性的政策执行知识,二是进行专门领域的政策实施所需要的专业知识。所谓能力结构是指执行政策的一般能力,包括组织能力、计划能力、协调能力、管理能力、控制能力等。从政策执行人员贯彻政策的态度来划分,可以将他们大体上分成以下几类。

1. 主动型主体与滞后型主体

主动型政策执行主体是指在实施政策中,一部分执行人员能将政策计划及时地加以贯彻,在执行政策时能依据实际情况,克服各种障碍,使政策落到实处。所以这种类型的政策执行主体有时又称为及时型主体。滞后型政策执行主体是指在实施政策时,一部分执行人员常常观望,迟迟不将政策计划付诸行动。这部分主体在贯彻政策时,拖拖拉拉,行动迟缓,政策老是落不到实处。有时,人们又把这种类型的主体称为拖拉型主体。

2. 忠实型主体与折扣型主体

忠实型主体是指在报告政策时，一部分执行人员能将政策原原本本地告诉公众，按照政策的精神，采取有效的途径和手段，实现政策的预定目标。这部分政策主体能坚持政策的严肃性，敢于排除各种干扰，完全地按政策办事。因此，有时又将忠实型政策执行主体称为完全式主体。与忠实型政策执行主体截然相反的是折扣型政策执行主体，这部分政策执行人员对政策目标和政策的贯彻往往采取随心所欲的态度，合自己心意的就执行，不合自己心意的就不执行，最终政策实施的结果与政策预定的目标相差甚远。由于这种类型的主体对政策是有保留地实施，因此，有时又称为截留式主体。

公共政策制定出来后，要靠政策执行者去实施。政策执行者是公共政策执行系统中的关键因素。政策执行主体对政策的执行有着不可低估的影响。把握执行者的不同态度十分重要，这便于在政策执行中做好执行主体的工作。积极鼓励主动型、忠实型主体，充分发挥其作用。而对于滞后型与折扣型主体要采取切实措施改变其工作作风与工作态度。

四、政策对象的因素

政策对象是指政策直接作用和影响的对象，是与公共政策所分配利益发生关系的个人、群体和组织。政策能否达到预期的目的，不是政策制定者和实施者所能决定的，很大程度也取决于政策对象的态度。执行主体的利益取向、文化、心理、教育程度和其他因素影响政策对象的接受程度。公共政策对象可分为顺应型政策客体、抵触型政策客体、配合型政策客体和观望型政策客体。

（一）顺应型政策客体与抵触型政策客体

顺应型政策客体是指这部分受政策影响的公众，支持政策执行主体的行动，能够顺从政策的贯彻，所以有时又称这种类型的政策客体为贯彻式政策客体。这类政策客体也有两种情况：一种是能从政策执行中获利的人，一种是虽不能从政策中获利但也能顾全大局的人。抵触型政策客体是指某些公众因感觉到政策的实施会损害他们的既得利益，因此试图对政策的贯彻采取对应的行为，通过这些行为或者使政策贯彻走样，或者让政策在执行中打折扣，其目的是维护原有利益，或使既得利益的损失最小。由于这类政策客体的行为是专门针对政策的，有些人称他们是对策式政策客体。

（二）配合型政策客体与观望型政策客体

配合型政策客体是指在政策实施中，政策目标群体中一部分对政策贯彻表示主动支持的公众，他们与政策执行机构和人员紧密配合，保证政策能顺利执行。这一类型的政策客体或者是对政策比较了解,或者是在政策实施过程中已经获得了实际的利益。配合型政策客体因为能主动支持政策执行部门和人员的活动,因此又被称为支持式客体。观望型政策客体是指政策的目标群体中,一部分对政策的效果表示怀疑,从而一直处于观望状态的公众。他们对政策不甚了解,从而不积极;或者是由于过去的政策未能给他们带来实际利益,从而对新的政策也持有疑虑心理。这一类型的政策客体由于对政策的实效不太相信,又被称为疑虑式客体。

政策执行是政策执行主体与政策客体间的互动。政策客体中与政策发生作用的公众个人或群体的态度对政策执行状况同样具有重要影响。了解政策客体的具体情况,便于在政策执行中有的放矢,更好地使政策客体顺从和接受公共政策,使政策目标得以顺利实现。

五、政策环境的因素

政策执行的环境是指政策执行机构自身之外的诸多社会因素和自然因素的总和。任何一项政策执行都要受到所处环境的影响和制约,并且只有在其所处的环境中找到平衡,才能达到预期效果。但是政策环境非常复杂,包括政治环境、经济环境以及社会文化环境等;同时政策环境也是不断变化的,常使政策的执行受到干扰,以致出现政策效应偏差和政策失败等。因此,适宜的政策环境对政策执行的效果有着至关重要的影响。以下从政治环境、经济环境和社会文化环境三个方面对政策环境进行分析。

(一)政治环境

政策执行是一个国家或政府的政治行为,政策执行过程及效果同一个国家所拥有的政治环境包括国际和国内的政治环境存在着内在的联系。统治阶级的意志、执政党的最高宗旨、政府在某一时期的任务和目标等直接影响公共政策的执行。特别是,政策的目标是为多数人谋利益,还是为少数人谋利益;是解决多数人共同面临的问题,还是解决少数人面临的问题等,对政策执行有着重大影响。同时,在不同时期,政治环境优化程度对政策执行的影响也是直接的,且有明显区别的。比如,在专制社会,政策执行多因政策制定过程缺乏民众参与或参与程度不高而导致执行效果不良;而在民主社会,政策执行同政策制定一样,往往按照法定的程序和少数服从多数的原则进行,民众参与程度高,执行效果就好。总之,政治环境同政策执行之间的关系是统一的,即:政策执行依赖政治环境,同时,政策执行也有利于政治环境的优化。

(二)经济环境

"政治是经济的集中体现",政策执行虽然是一种政治行为,但最终要服务、服从于特定的经济利益主体。政策执行无法脱离一定的经济环境。任何社会、任何国家,如果经济环境有利社会的稳定、经济的发展,则必然给政策执行带来有利的影响;反之,必然对政策执行产生妨碍西方发达国家市场发育充分、市场体系完备,这就决定了西方国家政策执行过程完全同自由市场机制相协调,以维护私有制经济基础为前提。而在中国实行的是以公有制为基础的社会主义市场经济体制,则政策执行必须与之相统一,即政策执行必须有利于以公有制为主体的市场体制的建立,只有这样,政策执行才能促进国家经济发展。

(三) 社会文化环境

随着社会的不断向前发展、社会环境日趋复杂、社会问题多样化,"不同的利益集团或群体的界限日益明晰,社会分层加剧"(阎鹤翔,1997)。在这样复杂的社会环境中,文化对社会、国家、民族的影响更为广泛、深刻,而且更为持久。而在政策执行中,人们对于某一政策的态度、情绪、动机、愿望、信念等都会基于特定的政治文化影响而形成特定的心理态势,从而直接影响到人们的政治行为。所谓政治文化是指:"政治体系的基本倾向或心理方面。它包括一个民族在特定时期普遍奉行的一套政治态度、信仰、情感等基本取向。它由一个民族的地理环境、民族气质、宗教信仰、政治经济的历史发展进程等因素形成。影响甚至决定着一个民族或每个政治角色的政治行为方式,政治要求的内容和对法律的反应。"(丛日立,1996:3)因此,如果要使政策执行达到预期的效果,就必须与特定的政治文化环境达成平衡。同时,还应注意到一个社会的政治文化不是一成不变的,它要受到社会其他因素的制约,并会随着社会其他因素的变化而不断发生变化,而政治文化的这种变化同样会导致社会公共政策的变化。

案例 8-3

莫让公共政策"孤掌难鸣"

截至2020年初,全国目前已有10多个省份出台政策,鼓励人们实行周末2.5天休假。从媒体近来报道的情况看,政策的实际执行情况并不十分理想。对相当一部分人群,这项政策只是"看起来很美";而在一些地方,政策还停留在纸面,"孤掌难鸣",很难落地。

在当前形势下,延长周末休息时间、鼓励人们出门消费,不失为提振经济、改善民生的好办法。尽管人们对政策的具体实施还存在争议,但很少有人会质疑政策出台的初衷。初衷好,为什么"孤掌难鸣",难以执行到位呢?原因不外乎以下几条:出台政策前调研不充分,对各行各业执行政策的复杂性、差异性缺乏预判;出台政策时偏于原则化、粗线条,缺乏各项配套实施细则;出台政策后,缺乏效果评估、反馈和相应的调整机制,一切顺其"自然"。

这些情况,大体反映了不少地方在出台类似公共政策时的共性问题。出台公共政策,本来就是为了分配社会资源、规范社会行为、解决社会问题、促进社会发展,理应慎之又慎、实之又实。即便是在特殊时期为了应急,也不应忽略对政策有效性、可行性的论证和评估。如果草草出台、匆匆执行,就有可能达不到预期效果,有的新出政策还会因为"水土不服"、争议过大等原因,只好打折执行甚至被紧急叫停,造成不良社会影响。

如果政策"孤掌难鸣",那么,出台之后就可能出现类似城建的"烂尾"现象。城建领域的"烂尾工程"造成的影响和损失,多半还是有形的、物质的;公共政策一旦"烂尾",许多时候还要搭上政府部门的公信力。等到下一次再出台其他类似政策,公众难免就会犯嘀咕。政策"烂尾"的次数多了,"老百姓"难免就会变成"老不信"。这些年,从治理白色污染到处罚行人违反交规,再到推行垃圾分类,不少地方都一再付出政府公信力受损的代价。类似的教训,不可谓不深刻。

好政策需要细打磨,才会产生好效果。打磨的过程,既是充分调研、认真论证的过程,也是扩大参与、集思广益的过程。在实际工作中,有的地方在出台公共政策时,往往是少数几个人闭门造车、主要领导循例画圈,事情就定下来了。而政策公布出来以后,有的人就在心里默认事情办结了,至于说政策在实施中有没有遇到问题、产没产生好的效果,往往缺乏关注,也懒得较真。不得不说,公共政策执行不下去是因为制定政策时急于求成、急于交卷的浮躁心态,说到底根子在官僚主义、形式主义的工作作风上。

出掌必须击到位。政策的目标是解决问题,政策的生命在于落地落实。在实际工作中,有些问题如果来得比较急,解决起来也比较简单,出台政策不妨快一点、粗一点,但仍需边执行边完善;如果问题比较复杂,解决起来有个过程,那就要立足实际,谨慎出招,而不能操之过急。与其一次次"半拉子"、一次次"重启",还不如步步为营、稳扎稳打。谨防公共政策"孤掌难鸣",实质上是对治理体系和治理能力的考验。各级各部门理应通盘考虑,加强统筹,把相关工作做得更深、更细、更实,努力以良好的政策实效、治理绩效取信于民。

(资料来源:左中甫.莫让公共政策"孤掌难鸣"[N].新华日报,2020-04-20.)

第四节 公共政策的监测

一、政策监测的含义和类型

一个普遍存在却又不易解释清楚的现象是,为什么政策的执行效果总是与制定时的预期存在差距?这种背离被称作政策偏差。政策偏差主要产生于执行之中,因为执行者面临环境约束,许多外在的环境因素会影响政策执行效果。因此,我们需要对政策的执行效果进行监测,一旦发现出现了和预定目标的偏离,就需要及时采取措施纠正执行中的偏差问题,或者修订政策。

(一) 政策监测的含义

威廉·N.邓恩(William N.Dunn)在《公共政策分析导论》中认为:"监测是用来提供政策原因和结果信息的政策分析程序,有助于描述政策实施情况与结果之间的关系,是获取政策执行情况信息的首先来源。"因而,监测在政策分析中扮演着重要的方法论角色,将所描述的问题情势转化为通过问题构建所形成的问题。即政策监测是为在不同公共政策目标群体或利益相关者中衡量目标锁定的主客观状况的变化而获取政策相关信息的过程。

在实际应用中,很多学者经常将监测与评估作为一个整体进行研究,在对公共政策监测进行研究时,我们必须将监测与评估加以区分。董天娥在《基于效度分析的职业教育政策监测体系研究》一文中指出:"政策监测是在政策的实施与开展过程中,政策实施机构系统地收集和分析有关政策的进展、政策预期目标的达成程度等信息的过程。通过收集有关指标的变化信息,帮助决策者对政策的动态了解,追踪政策的实施情况、资源分配情况和目标达成情况等。政策评估则是通常由第三方机构对计划中的、正在实施的或已经完成的公共政策进行系统的、客观的评价,其目的在于评价政策的效率、效益以及影响力和可持续性。"可以说,监测与评估在分析问题的深度、内容及目标等方面都有着本质的区别,监测为评估提供必要的信息和数据,评估则为监测的数据信息进行价值判断。

具体来说,公共政策监测是用来提供公共政策结果信息和产生某种政策结果的原因的一种分析方法和途径。目的在于说明和解释政策制定、执行情况以及评估其执行效果。通过对公共政策过程的监测,可以找出公共政策目标与执行手段之间、预期政策目标与实现政策绩效之间的差距,发现问题所在,并从中寻找解决问题的新办法,为公共政策调整提供信息依据,从而促进既定公共政策目标的实现。

关于出现政策偏差的原因分析,孙超(2021)提出,从宏观层面看,中央—地方、国家—民众关系是最主要的分析框架,条块分割、考核困境、政策适用和民意传导四个问题成为解释政策偏差的基本出发点。从微观层面看,基于不同的行动者假设,如追逐私利、推卸责任和关系先在,出现了利益分化、监督不足和网络匹配三种解释理论[①]。

政策执行是影响政策效果的直接因素,在政策执行过程中,总会因为替代性执行、选择性执行、象征性执行、附加性执行等各种因素导致政策执行发生歪曲。政策执行层面的监测就是在政策实施运行过程中,实施同步监测,记录政策变化的过程,一旦发现与原定的政策目标有不一致的地方立即采取纠偏措施,提出整改措施和方案,促使政策得到

---

① 孙超.政策偏差研究:回顾与展望[J].中国农业大学学报(社会科学版),2021,38(02):119-127.DOI:10.13240/j.cnki.caujsse.[2021-02-11].

真正的落实。对政策执行过程进行监测,可以帮助政府及时发现问题,提出补救措施,确保政策结果按着预期的方向发展。在对公共政策执行层面进行监测时,需要区分政策投入和政策过程。政策投入是为获得政策产出和政策影响而使用的时间、金钱、人力、设备和公共产品等资源,政策过程是促成政策投入转化为政策产出和政策影响的管理和运行活动。

(二)政策监测的类型

公共政策监测是一种多样化的活动,可以从不同角度对公共政策监测进行分类。按照政策监测的方式和运行发生的不同时态,可以分为事前监测、事中监测和事后监测三种。

1. 事前监测

在政策实施之前,为保证既定政策目标的实现,尽量减少失误,监控主体事先预测可能发生的与预定政策目标不一致的各种问题并采取措施加以预防。政策出台相关政策前必须组织有关部门进行评估论证,听取群众意见,从源头防止侵害群众利益,将可能造成矛盾纠纷的隐患消除在萌芽之前。事前监测是提高政府科学管理的有效措施,有助于政府增强决策的民主化建设。

2. 事中监测

在政策实施运行的过程中,实施同步监测,记录政策变化的过程,一旦发现与原定的政策目标有不一致的地方立即采取纠偏措施,提出整改措施和整改方案,促使政策得到真正的落实。事中评估可以帮助政府及时发现问题,提出补救措施,确保政策结果按着预期的方向发展。

3. 事后监测

在政策实施之后或一项政策活动过程结束之后,把政策活动产生的实际效果与既定目标、要求和原则等做比较,找出并纠正偏差和失误,避免再犯同样的错误。事后监测全面系统地回顾项目实施的全过程,对原有方案实施计划的合理性、准确性、关联性、延续性做出分析和判断,为今后的工作提供经验和教训。事后监测可以检验事前监测的准确性,为检测机构进一步改进提供依据,同时为政府政策制定和科学管理提供参考依据。

拓展案例

二、政策监测的方式和技术

(一)政策监测的方式

关于政策监测有哪些方式,政策分析学者的说法不一。邓恩认为,政策监测有社会系统核算、社会实验、社会审计和综合实例研究四种方式。综合邓恩和罗西等人的论述,介绍下列政策监测的几种主要方式。

1. 社会系统核算

社会系统核算是允许分析人员对主观和客观社会状况变化进行监测的两种方式和两套方法。"社会系统核算"这个词来源于美国国家技术、自动化及经济进步委员会的两篇报告。该委员会的报告中建议联邦政府建立一套社会账户系统,与国民经济账户系统配合使用。社会系统核算的主要分析因素是社会指标,即利用社会指标进行分析。社会指标既可以用于监测如城市化程度等客观状况,又可以用于监测对市政服务的满意程度等主观状况。社会指标除了对州(省)、市一级的变化进行监测外,也会对全国的变化进行监测,还可以用于监测社会变化的特殊领域,如污染、医疗保健及工作生活的质量等方面。

2. 社会实验

社会实验是系统控制政策行为的过程,它可以获得关于政策结果变化源头问题的近乎准确的答案。社会实验往往要故意放大一个小的、精心挑选的、项目组内的不同类型政策行为之间的差别,并在未进行大规模投资之前估计它们的后果。它通过这种方式来寻求解决社会问题的途径,并因此而被提倡和广泛使用。在美国,最著名的社会实验之一是新泽西—宾夕法尼亚分级促进就业实验,它由经济机会局(OEO)提供资金支持,回答围绕着20世纪60年代社会福利制度改革的一系列问题展开。

3. 社会审计

社会系统核算和社会实验的一个共同局限,即两种方式都忽略了政策过程或将其简单化,社会审计可以部分克服这一缺陷。社会审计(social auditing)清楚地监测着投入、过程、产出及影响之间的关系,其目的是试图跟踪资源投入"从资源开始投入到被预定的接受者接受"。社会审计已经被兰德公司和国家教育研究院(the National Institute of Education)的分析人员用于分析教育政策和青少年政策,它可以帮助确定政策结果到底是政策投入的不足导致的,还是由于资源或服务偏离了预定目标群体或受益者所引起的。社会审计主要监测政策过程的两个方面:资源分离和资源转换。在资源分离中,通过行政体系将资源转移,使得最初的投入与预定目标群体和受益者分离。

4. 综合实例研究

综合实例研究这一监测方式包括对执行公共政策的过去努力的结果进行整理、对比和评价。许多公共政策问题领域(从社会福利、农业和教育到市政服务和科技政策)都用综合实例研究来综合地处理信息。综合实例研究还被用来评价关于政策过程和结果方面的政策研究的质量。与综合实例研究相关的可获得信息的来源主要有两个政策形成与执行的案例分析、阐述政策行为和结果联系的研究报告。当该方式应用于案例分析时,它以案例调查方法为基础。

5. 管理信息系统

通过有规律地提供关于政策或项目执行情况的信息反馈来监测政策或项目过程的重要指标,在政策或项目的管理中是一种有用的工具。这种反馈使管理者在问题出现时采取正确的行动,也能为政策或项目各方提供项目执行状况的有规律的评估。因此,政策或项目监测的一种形式就是整理政策或项目的日常信息系统,以便获得、编辑整理和定期总结回顾相应的资料。这样,政策或项目监测及评估便成为与人类服务项目共存的管理信息系统。经常提供以下信息:客户对所提供服务的意见、员工提供的服务,诊断或管理信息系统项目参与理由、社会人口资料、治疗和花费、结果状态等。管理信息系统提供的资料能同时为管理者和评估者使用。

6. 绩效监测系统

绩效评估是当代西方公共部门尤其是政府改革的一个基本取向。这特别突出地表现在美国《1993 年政府绩效和结果法案》(*The Government Performance and Results Act of 1993*,GPRA)上。这个法案要求联邦机构说明项目的目标和报告项目执行的结果,并为所有机构提供了一个七年的执行期限,到 2000 财政年度为止,要求所有机构都要规范报告制度。联邦的许多大型街区项目也要求绩效监测和报告,许多州也立法,对州机构强加了相似的要求。在这样的压力下,许多非营利机构也要启动绩效监测系统。综合各种绩效监测(绩效评估)系统及评估方案可以发现,这些系统与管理信息系统有共同之处,都包括搜集、报告和解释相关信息,以说明项目绩效某个主要功能,尤其是送达服务的情况。它和信息管理系统一样,人们也期望绩效监测成为日常性的和连续性的项目活动,用以促进管理、产生项目完成情况的报告。

(二) 政策监测的技术

1. 图示法

政策结果的许多信息可以用图示表达。图示(graphic displays)是对一个或多个政策行为或结果变量之值的形象化表达。图示法可以在一个或多个时点描绘单一变量,也可以总结两个变量之间的关系。一幅图一般要显示一系列的数据点,每个点都由其在两个数轴上的坐标界定。图的水平尺度为横坐标,纵向尺度为纵坐标。当图示用于显示因果关系时,横轴用于表示自变量(X),称为 X 轴,而纵轴用于显示因变量(Y),称为 Y 轴。由于监测的主要目的之一是解释政策行为如何影响政策结果,因而我们通常将投入和过程变量放在 X 轴,而将产出和影响变量放在 Y 轴。

图示法的类型有很多,最简单有效的图示法是时间序列图。此外,柱形图、累积频数多边形等也是常用且实用的图示法。众所周知,测量贫富差距的基尼系数就是来自累积频数多边形(洛伦兹曲线)。这种图示法还用于许多地方,比如测量犯罪行为在各年级组、不同规模城市中的集中程度(基尼集中比率)。显然,这不仅可以监测打击犯罪的效果,还可以为治安政策的修订提供依据。

2. 表格法

监测政策结果的另一个有用的方法是构建表格。表格(tabular display)是用于总结一个或多个变量关键特征的矩阵。最简单的形式是一维表格，它只提供关于政策结果某一个被关注方面（例如年龄、收入、地区或时间）的信息。

还可以用二维表格来组织信息。例如，不同收入水平下的受教育程度以受教育程度来划分目标群体，或者以时间段来划分目标群体的收入。另一类二维表格包括对结果变量的不同水平分组的分析，这些结果变量可以是就业水平、所享受的服务、收入等。

监测政策结果时，数据还可以用三维表格组织。例如，显示一个时间段黑人和白人家庭在贫困线以下的数量和百分比的变化，同时还考虑家长的年龄（年龄可以称为第三个控制变量），可以用三维表格。

3. 指数法

监测结果变量随时间变化的另一个有用的方法是构建指数。指数（index numbers）是用来衡量一个指标或一套指标与基础期间相比随时间变化的数值。基础期间是任意给定的，取数值 100，作为比较被关注指标连续变化的一个标准。很多指数在公共政策分析中被采用，包括用于监测消费者价格、工业生产、犯罪严重程度、污染、医疗保健、生活质量以及其他重要的政策结果变动的指数。

不同指数的关注焦点、复杂性和清晰程度有所不同。指数可能关注价格、数量或者价值的变化。例如，消费者商品价格的变动可以用消费者价格指数反映，污染物数量的变化可以用各种空气污染指数衡量。相关地，工业产品价值的变化可以用工业生产指数来表示。无论是对价格、数量还是价值，指数既可以是简单的也可以是综合的。简单指数（simple index numbers）是指那些只包含一个指标（如每 10 万人的犯罪数量）的指数，而综合指数（composite index numbers）是指包含多个指标的指数。

构建指数有两个一般步骤：总计和平均。总计指数的构建是把给定期间的指标（如消费者价格）数值相加。平均过程（或者所谓的相对数平均法）需要计算指标数值随时间的平均变化，而总计过程不需要如此。

指数可以是隐性加权的，也可以是显性加权的。在前一种情况下，指标的综合没有明显的赋予数值的过程。例如，某项空气污染指数可能只简单地综合了各种污染物（一氧化碳、氮氧化物、氧化硫等），而未考虑这些污染物（如一氧化碳）对健康的损害程度。而显性加权则通过赋予每个指标相对值或重要性来考虑这些因素。

4. 间断时间序列分析

间断时间序列分析（interrupted time-series analysis）是以图形和统计形式显示政策行为对政策结果影响的一套程序。它适用于以下类型的问题：某机构创新的一些行动在整个管辖区范围或目标群体内生效的情况。由于政策行为只在管辖范围和目标群体的人群中生效，因而不可能在不同区域和不同类目标群体之间比较政策结果。在这种情形下，进行对比的唯一基础是政策结果的历史记录。

间断时间序列作图法是评价政策干预影响某些政策结果效果的强有力工具。图 8-7 中，(a)(b)(c)(d)(e)是五种典型的间断时间点上变量连线图形。

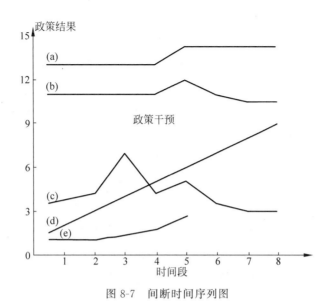

图 8-7　间断时间序列图

(资料来源：威廉·N.邓恩.公共政策分析导论[M].4 版.北京：中国人民大学出版社，2011)

第五节　我国的公共政策执行与监测

一、我国公共政策执行的特征

2013 年 1 月 22 日，中共中央总书记、国家主席、中央军委主席习近平在北京指出，要防止和克服地方和部门保护主义、本位主义，决不允许"上有政策，下有对策"，决不允许有令不行，有禁不止，决不允许在贯彻执行中央决策部署上打折扣、做选择、搞变通。习近平当天在中国共产党第十八届中央纪律检查委员会第二次全体会议上发表重要讲话，指出，在指导思想和路线方针政策以及关系全局的重大原则问题上，全党必须在思想上政治上行动上同党中央保持高度一致。各级党组织和领导干部要牢固树立大局观念和全局意识，正确处理保证中央政令畅通和立足实际创造性开展工作的关系，任何具有地方特点的工作部署都必须以贯彻中央精神为前提。

2022 年 10 月 16 日，党的二十大报告指出，坚持制度治党、依规治党，以党章为根本，以民主集中制为核心，完善党内法规制度体系，增强党内法规权威性和执行力，形成坚持真理、修正错误，发现问题、纠正偏差的机制。健全党统一领导、全面覆盖、权威高效的监督体系，完善权力监督制约机制，以党内监督为主导，促进各类监督贯通协调，让权力在阳光下运行。

在我国，公共政策的执行主要是自上而下的强制执行模式，在这种主导模式下，政府的行政主导性以及行政手段得到了充分的运用,确保了国家的重大政策得以顺利执行。但我国公共政策执行在部分地方存在执行手段单一、手段简单等特征,许多带着良好初衷的公共政策由于现实中种种因素的影响,在执行过程中常会出现政策效果偏离政策目标的现象,严重损害了政府及各类公共管理组织的形象,破坏了执行者与执行对象的关系,加剧了双方的矛盾与冲突,造成了公共管理资源以及社会资源的浪费和损失。国内学者通常以政策执行阻滞、政策执行梗阻、政策执行变通以及政策执行失真等概念来指代和描述政策执行偏差的现象。

(一)执行手段单一粗暴

执行主体不考虑被执行对象的认识水平、心理承受力等实际情况,不是以理服人,而是一味采用行政方式和经济手段,以势压人,直接导致了目标团体的逆反心理,不利于完成政策执行任务。目前我国在公共政策执行过程中部分地方存在着滥用行政手段的现象,对执行对象动辄命令、强制,使执行对象从心理上和行为上都难以接受,行政手段在执行中扭曲变形,演变成野蛮执行,导致干群关系紧张,影响了执行效果。前一时期某些地方的城管执法、计划生育执法等工作中这类问题较为突出。

(二)法律手段使用得不够

依法行政是公共政策执行者的基本要求。但在许多时候政策执行者还是习惯使用传统的行政手段,法制观念还有待加强。在某些地方即使是使用了法律手段,由于一定程度上存在"有法不依,执法不严"等现象,法律手段发挥不了应有的作用。

(三)忽视思想教育手段的运用

公共政策执行是群体活动,其效率取决于群体行为的协调,而协调以群体成员思想认识的统一为前提。思想教育工作的内容包括:运用思想教育手段向执行对象宣传解释公共政策,获得他们的理解、接受和配合,减少政策执行的阻力;重视思想教育手段的运用和完善,提高执行人员的自觉性,加强其效率观念和意识。然而在公共政策执行过程中,一些政策执行人员向执行对象解释政策不够,宣传不到位,忽视思想教育手段的运用,一旦执行对象对政策不理解,出现为难和抵触情绪,执行人员就采取行政制裁、经济处罚等方式,野蛮执行公共政策。

(四)缺少成本效益意识

任何政策执行都需要成本,但政策执行者很少注意到这点,有些时候选择的政策手段虽实现了政策目标,但也因此承担很大成本,未能遵循最大收益—最小损失的原则。同时巨大成本也势必导致整个行政效率低下,大量时间被分摊在行政成本上,真正用于政策执行的时间大打折扣,降低了整个政策执行的效率,所以不能称为有效的执行手段。

(五)监测与反馈主体单一,参与渠道短缺

决策的监测以及反馈体系是由外部和内部同时构成的,内部的主要是包括政府上下级与平级政府之间的监督与反馈;外部则包含人大、司法、执政党以及舆论的监测和反馈,我国现行的决策监测与反馈体系主体太单一,主要是行政系统内部监测与反馈配合国家党政机关的监测与反馈。反馈与监测的参与渠道也是十分短缺的,这主要是由于执行机构在执行政策时有一定的隐蔽性以及片面化的缺点。

二、"上有政策,下有对策"现象分析

(一)"上有政策,下有对策"现象的主要表现

1. 象征性执行

政策执行的最高准则在于维护政策的权威性和严肃性。在执行过程中,有些执行机关或人员有意不执行或变相不执行,有的只是采取象征性的执行措施,甚至抗拒执行。例如,国务院一再强调要严厉打击假冒伪劣产品,先后通过了《消费者权益保护法》《产品质量法》《反不正当竞争法》和《关于惩治生产、销售伪劣商品犯罪的决定》,还专门成立了"打假办",开展诸如"质量万里行""3·15消费者权益保护日"等活动。可是假冒伪劣产品仍然禁而不止,打而不死。究其原因,与地方保护主义从局部利益出发抗拒中央政策,包庇、维护本地制售假冒伪劣者有关。

2. 选择性执行

政策执行者在执行政策中对政策的精神实质或部分内容有意曲解,导致政策无法真正得到贯彻落实,甚至出现与初衷相悖的结果。以我国住房制度改革为例,改革的目的本来是为了减少国家财政负担,搞活房产建筑企业,实现住房商品化,解决住房分配不公的问题。但在实际贯彻执行过程中,一些地方和部门自行"变通",规定了一些原政策所没有的内容,结果使得这项政策明显向占有较大面积和较高质量住房的既得利益者倾斜。有些地方甚至公然曲解政策原意,把住房商品化解释为低价出售公房。正因为一些地方和部门出于自身的利益而有意曲解政策,使得国家的几次房改政策难以得到有效地执行。

3. 替换性执行

替换性执行就是当需要执行的政策与负责执行的政府机关和部门存在利益冲突时,后者就制定与上级政策表面一致而实际相悖的实施方案,或者对其加以曲解,从而使上级的政策难以得到贯彻落实。例如,中央要推进政企分开,于是一些政府主管部门摇身

一变成为行政性公司,即翻牌公司,照旧行使直接管理企业的权利,或者以组建集团公司名义把已经下放给企业的自主权重新收回来,并在某些产品的生产、销售或原材料的采购方面处于人为垄断地位。这种"你有政策,我有对策"的现象不仅极大地妨碍了党和政府的政策目标的顺利实现,而且破坏了政策应有的权威性和严肃性,最终损害了国家和人民的利益。

4. 附加性执行

附加性执行指的是在政策执行过程中,执行者附加一些原政策目标没有的内容,把本不可行的事情变为可行之事,影响了目标的实现。所谓"土政策",就是打着贯彻上级政策要结合实际的旗号,自立一套,自行其是,牟取私利。例如,我们搞市场经济,要建立社会主义大一统市场。但一些地方往往立足本地,搞小而全的生产体系。在生产快速发展时期,为保护本地利益封锁信息、技术和资源,禁止劳动力和人才流动,搞"土政策",到处封关设卡,大打争夺资源的"大战",扰乱了市场秩序,严重危害中央宏观政策的贯彻实施。

(二)"上有政策,下有对策"现象的形成原因

1. 中央利益与地方利益间的矛盾

拓展案例

公共政策从一定意义上说就是对各种利益进行分配,或者说涉及的是利益的博弈,其实施的结果总会造成一些人受益和另一些人受损。"上有政策,下有对策"的出现,正是因为在政策执行过程中,某些地方政府从地方利益出发考虑问题,以损害国家利益为代价来确保自身利益得到有效维护。尽管国家利益是一国之内的最高利益,所有地方、部门和个人的利益都要服从它的要求,但在一定时期内,中央与地方的领导所处的位置不同,考虑问题的角度与方式不同,对利益的要求也不同,他们会为了在利益总量中争取到更大的份额而产生利益矛盾。于是,一些地方政府就在政策执行过程中大搞地方保护主义、本位主义,追求自利,实行经济利益封锁,甚至与中央政府之间就政治利益与经济利益进行讨价还价,其结果是影响了政策的有效实施,降低了政策执行效率,损害了中央政府的权威。

2. 政策本身存在的缺陷

这主要表现在:(1)政策缺乏科学性,不完整,不配套。在政策制定过程中,新老政策之间,宏观和微观政策之间,政治、经济和社会等各个领域和各部门之间,以及一个大政策和它的具体实施细则之间,往往没有很好的衔接和配套,没有形成科学合理的政策体系。这一方面给政策执行带来困难;另一方面也给执行者寻找对策、钻空子造成可乘之机。(2)政策多变,朝令夕改,缺乏稳定性和连续性。今天制定一个政策,时隔不久情况发生变化或者领导换届,又匆忙出台一个新政策。这样一来,政策的权威性和可信度就很难建立起来,产生"上有政策,下有对策"现象在所难免。(3)政出多门,莫衷一是。机构繁多,部门林立,职责不明,多头决策,缺乏有效的沟通协调,常常是政出多门,甚至相

互矛盾,助长了"上有政策,下有对策"的风气。

3. 政策执行主体的利益驱动

这主要表现在:(1)干部阶层利益诱发。干部身兼政策执行者和政策制定者双重身份,他们是政策能否有效执行的决定性因素。如果他们仅仅从本阶层的利益出发,会驱使其在执行政策时搞与上级政策精神不一致的所谓"对策"。(2)地方部门利益驱使。一些干部从本部门和本地区利益出发,在对外贸易和引进外资中不惜损害国家利益,搞优惠竞争,把国家的资源、人民的财富廉价转让。在流通领域为了地方利益大搞封锁,制定了与中央政策相悖的"土政策",曾多次出现的"蚕茧大战"、"羊毛大战"、"松脂大战"就是典型的例子。(3)干部中存在的错误思想观念的导向。一些干部存在着严重脱离实际、弄虚作假等风气,个人至上、金钱至上、人情关系至上等观念,以致出现了诸如偏重于短期行为、人情和金钱大于政策、个人关系高于组织原则等不正常现象。

4. 政策执行监控的缺乏

我国虽然建立了比较健全的行政监察体系,对国家行政机关及其工作人员的活动进行有效的监督控制,但在政策执行过程中,依然缺乏有力的监控机构,专门负责监督各种政策的贯彻落实情况。由于法律、法规或政策文件的落实缺乏监督保证体系,执行与不执行都是一个样,时间一长,有令不行、有禁不止,"上有政策,下有对策",被一些人钻了空子。

(三)"上有政策,下有对策"的解决思路

"上有政策,下有对策"的现象从地方局部利益来看也许是有利的,但从国家全局利益来看则是有害的,也是不合法的。实践中,一些地方政府部门夸大政策的灵活性,一味强调变通,这是对政策原则性的否定,必须予以高度重视并采取以下各种措施来有效治理。

1. 建构选择性中央集权与制度化地方分权相结合的体制

中央选择性集权,就是要求中央政府在地方要有自己的垂直管理机构;制度化的地方分权,就是要求通过法律手段划清地方政府的行为边界,实施有限度的地方自治。两者结合的实质就是在保障中央政府选择性集权的基础上,建立制度化的地方分权体制,通过宪法和法律明确规定中央政府和地方政府的权力和责任,各自在法定的权责范围内活动,国家实行多中心合作体制,这是解决"上有政策,下有对策"问题的根本保障。随着地方分权体制的不断发展,我国应当逐步完善中央与地方的纵向合作体制,同时加强地方政府之间的横向合作,使我国的政府间关系逐渐由单向垂直依赖的模式走向多中心治理的扁平化模式。

2. 逐步建立科学配套的政策体系

不同政策的内容之间以及不同执行部门的职权之间的冲突,常常是政策执行不力甚

至政策失效的一个不可忽视的原因。为此,首先,应该对现存的所有法律、法规和政策进行一次全面清理,凡是政策规定之间有相互矛盾、扯皮现象的都必须及时纠正;所有部门或地方的政策规定都必须严格与党中央、国务院的政策规定相一致;条件成熟时还可以考虑建立某种形式的违宪审查制度,以确保下位法不与上位法相违,损害法律与政策的权威性。其次,应该对各个领域的工作进行全面调查,哪些需要立法定策的,哪些政策需要完善修改的,全国应实行统一规划。在宏观、中观、微观政策之间,政治、经济、社会文化等各个领域的政策之间,各部门政策规章之间,新旧政策之间,都要进行协调,逐步形成科学、合理、配套的政策体系。最后,对政策的制定和实施要通盘考虑,总体规划,有计划、有步骤,循序渐进地推进政策。

3. 加强宣传和处理好局部与全局的关系

拓展案例

为预防"上有政策,下有对策"现象的产生,要加强宣传力度,为当地公务员队伍深入开展"全国一盘棋"思想教育,从根源上消除这种现象。"上有政策,下有对策"的实质是颠倒了局部与全局的关系,缺乏"大局意识",也没有很好地把握整体和长远的利益。若想杜绝此类现象就必须从思想上抓起,始终突出政策的原则精神和理念,并严令即使上级政府政策的某些方面不适合当地的具体情况,在上级未做出新的规定之前,仍要严格执行上级政策。更重要的是得强调必须坚决维护中央的权威,反对分散主义和地方主义,并强调必须有一个坚强的中央领导集体和核心,必须有中央的强有力的统一领导,必须集中宏观经济调控权力,必须保证政令畅通。若如此,方能令行禁止,步调一致,方可保证国民经济稳步、有序向前发展。与此同时,也不应忽视地方利益和局部利益的合理性,要承认其利益的正当性,并通过赋予地方政府以某些因地制宜的自主权和裁量权来促使其维护自身利益。

4. 完善政策执行监控机制并重视反馈

不断完善政策执行监控机制是消除"上有政策,下有对策"的治本之道,在这方面需要做好这样几项工作:第一,强化政策执行监督意识和提高执行人员素质。各级政府必须充分认识政策执行监督的必要性和重要性,并帮助人民群众树立参与政策执行监督的意识,还要下大力气培养执行人员讲政治的风气,提高他们的整体观念和法治观念。第二,确保专门监督机构的独立性并赋予其足够的权威。要改变目前监督人员因其受所属同级政府领导而产生的"惧监"的心理顾虑,必须保证其独立地位,实行垂直领导体制,这样才能实现其威慑作用。第三,充分发挥各种监督主体的积极作用以形成监督合力。除了政党的监督、国家权力机关的监督、政策执行机关内部的监督外,还要让各阶层公民、社会团体、大众传播媒介等社会力量都来参与监督活动。第四,要重视信息沟通和反馈以加强控制。任何政策都是面向未来的,由于客观环境的变化和各种随

拓展案例

机因素的存在,其实际效果与政策目标之间也存在着一定的差距,因此需要根据信息不断地进行反馈和控制以及时调整矫正。

思考与练习题

即练即测

1. 什么是公共政策执行?其特征和功能是什么?
2. 公共政策执行的过程分为哪几个阶段?
3. 政策执行的主要模型有哪些?请简要阐释各模型。
4. 试述政策本身、执行主体、政策对象以及政策环境各有哪些因素影响公共政策的执行。
5. 什么是公共政策监测?政策监测的技术有哪几种?
6. 试分析我国公共政策中一些地方"上有政策,下有对策"现象的成因。

参 考 文 献

[1] 吴光芸.公共政策学[M].天津:天津人民出版社,2015.
[2] 朱春奎.公共政策学[M].北京:清华大学出版社,2016.
[3] 李金珊,叶托.公共政策分析:概念、视角与途径[M].北京:科学出版社,2010.
[4] 谭开翠.现代公共政策导论[M].北京:中国书籍出版社,2012.
[5] 吴立明,傅慧芳.公共政策分析[M].厦门:厦门大学出版社,2006.
[6] 黄顺康.公共政策学[M].北京:北京大学出版社,2013.
[7] 谢明.公共政策分析概论(修订版)[M].北京:中国人民大学出版社,2011.
[8] 韩俊江,袁湘,杨兹涵.公共管理政策分析[M].长春:东北师范大学出版社,2012.
[9] 陈振明.公共政策分析导论[M].北京:中国人民大学出版社,2015.
[10] 陈跃.公共政策学[M].重庆:西南师范大学出版社,2014.
[11] 黄维民,慕怀琴.公共政策学——理论与实践[M].西安:西安电子科技大学出版社,2013.
[12] 宁骚.公共政策学(第二版)[M].北京:高等教育出版社,2011.
[13] 徐彬,安建增.公共政策概论[M].芜湖:安徽师范大学出版社,2016.
[14] 周树志.公共政策学:一种政策系统分析新范式[M].西安:西北大学出版社,2000.
[15] 陈刚.公共政策学[M].武汉:武汉大学出版社,2011.
[16] 丁盈.量化方法在我国公共政策监测中的应用研究[D].华中师范大学,2014.
[17] 荆玲玲,张宝生,张燕.公共政策分析——理论与案例[M].哈尔滨:哈尔滨工程大学出版社,2014.
[18] 赵艳霞.公共政策分析[M].哈尔滨:哈尔滨工程大学出版社,2017.
[19] 威廉·N.邓恩.公共政策分析导论(第四版)[M].北京:中国人民大学出版社,2011.
[20] 何东平.关于近年来政策执行偏差问题研究述要[J].行政论坛,2006(5):50-53.
[21] 丁煌.我国现阶段政策执行阻滞及其防治对策的制度分析[J].政治学研究,2002(1):28-39.
[22] 陶学荣,陶叡.公共政策学[M].大连:东北财经大学出版社,2016.
[23] 沙剑林."上有政策,下有对策"问题探析[J].中共青岛市委党校.青岛行政学院学报,2004(5):85-87.
[24] 阎鹤翔.试析十四大以来我国公共政策环境的新特点[J].江苏社会科学,1997(2).
[25] 丛日立.西方政治文化传统[M].大连:大连出版社,1996:3.

第九章

政策评估

 引例

国务院"双减"报告：学科类培训隐形变异难题还需破解

2022年10月28日提请十三届全国人大常委会审议的《国务院关于有效减轻过重作业负担和校外培训负担，促进义务教育阶段学生全面健康发展情况的报告》（以下简称《报告》）显示，"双减"工作具有长期性、复杂性、艰巨性，存在许多问题和不足，学科类培训隐形变异难题还需破解。

"双减"是贯彻中央决策部署的重大教育改革，是落实《教育法》《义务教育法》《未成年人保护法》的实际举措，事关基础教育体系、教育生态和育人格局。《报告》称，经过各方不懈努力，校外培训市场"虚火"大幅下降，野蛮生长现象得到有效遏制，校内减负提质受到普遍欢迎，全社会支持和认可"双减"改革的良好氛围逐步形成。

《报告》同时指出，"双减"工作具有长期性、复杂性、艰巨性，存在许多问题和不足，学科类培训隐形变异难题还需破解。有的机构以"高端家政""众筹私教""住家教师"等名义违规开班，隐蔽性强，存在发现难、取证难、查处难的问题。有的机构表面关门闭店，实则转移到居民楼、酒店、咖啡厅等隐秘地点违规开展培训。还有机构提供线下"一对一"家教服务，或通过通讯软件开展线上培训。

在非学科类培训监管上，《报告》称还存在短板。非学科类培训种类繁多，行业属性突出，涉及多个部门，法律法规尚不完善，机构底数尚未完全摸清，还存在监管盲区。部分地方部门协同不足，在资质审核、预收费监管等基础性工作上进展缓慢，没有形成治理合力。资本从学科类培训撤离后，有的流向非学科类培训领域，亟待加强引导和规范，防止过度逐利。

此外，《报告》指出，在校内提质增效上还存在差距。有的学校作业设计水平不高，作业的针对性、有效性还不够强。有的学校课后服务质量不够高，校外资源统筹不足，服务内容还不够丰富。有的地方部分教师负担偏重，工作时间长、压力大，亟须采取有效措施，合理减轻教师负担。《报告》还称，在风险防范处置仍存在薄弱环节，宣传引导工作效果还不够明显。

教育部部长怀进鹏当日受国务院委托向全国人大常委会作《报告》时指出,经过"双减"一年多来的实践,进一步加深了对造成学生负担过重和家长教育焦虑深层次原因的认识。"从教育内部来讲,主要是职普协调发展和中高考竞争性选拔;从教育外部来讲,主要是就业竞争压力以及收入分配、社会保障制度不完善,我国发展不平衡不充分等问题。这些内外部问题层层传导,导致学生学业压力较大,引发家长教育焦虑,需要进一步加大力度,全面系统深化改革。"

(资料来源:中国新闻网.国务院"双减"报告:学科类培训隐形变异难题还需破解[EB/OL].(2022-10-28)[2022-11-04].http://www.chinanews.com.cn/gn/2022/10-28/9881841.shtml.)

由此可见,任何一项政策的出台都离不开政策前后评估,本章我们将从公共政策评估内涵、类型、标准、意义、过程、方法和模式等方面了解政策评估。

第一节　政策评估概述

提起政策,不能不想起毛泽东的名言"政策和策略是党的生命"。今天,人们已经认识到政策运行机制不是孤立的单体,而是由有着内在联系、相互作用的政策咨询、政策规划、政策决策、政策实施、政策监督、政策评估和政策信息反馈等构成的完整系统。公共政策评估是公共政策制定过程中具有重要意义的一个环节,也是政策运行科学化的重要保障。一个完整的公共政策过程,不仅包括科学合理的政策制定和有效的政策执行,还需要对公共政策执行以后的效果进行评估。通过公共政策评估,人们能够对公共政策目标的实现程度、公共政策的执行效果做出全面评价,判断政策的基本走向,从而决定一项政策是应该继续还是应该调整、替代。除此之外,通过政策评估,人们还能吸取政策过程的经验教训,为以后的政策活动提供参考和借鉴。

一、政策评估概念

人们在制定、选择政策方案时,一般会估计各种政策方案执行后可能产生的后果,在政策执行后,也往往想知道政策效果是否实现了预期的目标,这些都是政策评估活动。因此,可以说自从有了政策的制定,就有了政策评估活动。由于政策制定主体认识的有限性和政策活动本身的复杂性,任何一项政策在执行过程中都有可能达不到预期的效果,可能出现各类问题,甚至由于政策的不完善,政策本身也会成为问题。所以说,之前那种没有反馈机制的政策已经不能适应现在的社会。为了适应社会、满足公民需求,公共政策必须要进行及时反馈和有效评估,从而使具有可行性的政策达到预期目标。

公共政策评估就是评估主体(政策决策者和执行者、专业学术团体和研究机构、政策的目标群体等)依据一定的标准(事实标准、价值标准以及技术标准),采用合理的方法与程序,对公共政策方案、执行过程和结果进行测量以及评判的动态活动过程。这个定义表明,公共政策包含三个要点:一是公共政策评估主要是对政策全过程的评估,但是着眼于对政策效果的评估;二是公共政策评估必须要有一定的标准和程序,同时要有科学合理的方法;三是公共政策评估的结果是决定政策的持续、发展、调整和终结的依据。

拓展案例

二、政策评估的类型

政策评估有许多的类型划分,不同的分类体现了不同的研究侧重。根据评估组织的活动形式不同,政策评估可以分为非正式评估和正式评估;根据评估机构在政策活动中所处的地位不同,政策评估可以分为内部评估和外部评估;根据评估在政策过程中所处的阶段不同,可以分为预评估、执行评估和绩效评估;根据评估的重点不同,可以分为效果评估和效率评估。

(一) 非正式评估和正式评估

非正式评估,是指对评估者、评估形式和评估内容不做严格规定,对评估结论也没有严格的要求,人们依照自己所掌握的实际情况进行的评估。非正式评估的表现形式有很多,比如领导者微服私访了解居民对政府政策的态度,记者调查特定人群对某项政策的支持与反对等。非正式评估的优点是方式灵活,简单易行;缺点是缺乏科学的程序和方法,使得结论往往比较粗糙。正式评估,是指事先拟定出比较完整的评估方案,严格按照规定的程序、内容和由确定的评估者进行的评估。正式评估有人员、经费和设施方面的保证,能够掌握较为充分的评估资料,对评估条件和程序要求较为严格,是政策评估中最重要的形式。

(二) 内部评估和外部评估

内部评估和外部评估主要是评估主体不同。前者是由公共部门,特别是政府部门内部的评估者对政策进行评估。后者是由公共部门,特别是政府部门以外的评估者对政策进行的评估。内部评估又可以分为由具体执行人员自己实施的评估和由专职评估人员进行的评估两种形式。外部评估最主要的形式是委托研究机构、学术团体、咨询机构、高等院校、著名专家等进行的评估。

(三) 预评估、执行评估和绩效评估

预评估是指在政策执行之前进行的一种带有预测性质的评估。评估者往往根据以前积累的经验,运用现代信息技术进行政策执行的模拟,对方案执行后可能出现的问题和效果做出分析与估计。这种评估最显著的特点是具有预测性,能最大限度地减少政策

的负面效应,防患于未然。

执行评估是对在执行过程中的公共政策实施情况的评估,即分析政策在实际执行过程中的具体情况,发现政策在执行过程中出现的问题,以及确认政策是否得到严格地贯彻执行。通过执行评估可以发现政策执行的偏差,及时进行修正。

绩效评估是最主要的一种评估方式,是指在公共政策执行完成后对政策实施效果的评估,是政策评估的着眼点。这是对一项具体政策的最终评估,由于政策已经执行完毕,政策的最终效果、效率、效益已经成为客观存在,评估的结论是对政策全过程的总结。绩效评估可以全面测量和评判政策实施的效果,总结政策执行过程中的经验教训,为新政策的制定提供借鉴和参考。

(四) 效果评估和效率评估

效果评估也叫成果评估、影响评估、总成评估等,是政策执行后对客体所产生的影响或结果进行的评估。它的具体内容主要包括:(1)政策目标的完成程度;(2)对标的情境或团体的影响;(3)对非标的情境或团体的影响;(4)对当前与未来环境的影响;(5)政策的直接投入成本、政策的间接投入成本。这里所说的标的情境是指政策所欲改变的环境和条件。标的团体是指全体人口中,政策所欲改变和施加影响的一部分人。非标的情境和团体是指政策不欲影响的环境和人口。政策的直接成本是政策实施投入的各种资源。政策的间接成本是指由于实行该政策而使标的团体和非标的团体承担的成本。

效率评估是指对政策成本与政策收益进行衡量的分析方法,其常用的方法主要有成本收益分析、成本效益分析。前者力求将产出与投入的单位货币化,以利益代表产出,成本代表投入,凡是利益超过成本的方案就是可行的方案。而后者则重点是希望在既定的成本下,如何使产出最大,使投入最小,以获取某既定水准的产出,多适用于政府对社会政策的评估。总之,效率评估有助于从经济理性的角度评估政策的合理性。

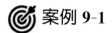 案例 9-1

广东省知识产权政策评估

知识产权是科技成果向现实生产力转化的重要纽带,知识产权政策对于科技创新具有重要的支撑作用。2014年以来,广东省出台大量知识产权政策,知识产权行业进入了快速发展的阶段。

2014年以来,广东省密集出台《广东省专利奖励办法》《广东省知识产权事业发展"十三五"规划(2016—2020)》等一系列知识产权政策,构建了较为完善的知识产权政策体系。知识产权政策较多涉及鼓励引导知识产权创造、建立知识产权交易平台、健全知识产权保护机制等,不易直接进行执行评估,以政策效果为切入点反而能有效反映政策的执行情况。广东省2014年以来出台大量知识产权政策后,有效促进了知识产权增量提质,提高了知识产权转化和运用能力,加大了知识产权保护力度。

(1) 有效促进了知识产权创造。2017年1—10月,全省专利申请量49.5万件,涨幅达33.54%。全省专利授权量26.2万件,涨幅达23%。截至2017年10月底,有效发明专利量达到20万件。每万人口发明专利拥有量为8.2件/万人。截至2016年,PCT国际专利申请量连续15年居全国首位。

(2) 提高了知识产权运用转化能力。2017年8月举办广东知识产权交易博览会,展示9000多个知识产权项目,参展产品达到8000多个,涉及专利约1.9万件,促成7.2亿元交易。广州知识产权交易中心上线运营交易,完成1800多宗知识产权交易,交易金额5.3亿元。截至2017年6月,累计投入4935万元扶持611个优秀专利技术项目实施。

(3) 加强了知识产权保护力度。2017年1—10月,共受理各类专利案件3000多件,结案约2600件。组织专利行政执法人员进驻广交会开展知识产权保护工作,共受理专利投诉案件700多宗。2017年以来,全省打击侵权假冒各主要行政执法部门共立案查外侵权假冒案件1.5万余宗。然而,与北京、上海等城市横向比较,还存在较大差距。2017年1—10月广东省专利申请中,发明专利占比28.1%,远低于北京(53.0%)和上海(41.7%)。2013年以来广东省发明专利授权量连续四年低于北京。在知识产权保护上,基层执法力量较薄弱。

(案例来源:康捷,袁永,胡海鹏.基于全过程的科技创新政策评价框架体系研究[J].科技管理研究,2019,39(2):25-30)

三、政策评估标准

要使政策评估达到预期目标,真正发挥其作用,必须建立一套科学的评估标准。没有标准,就无法对一项政策进行正确客观的评估。对政策评估标准的探讨,一直伴随着政策评估的理论与实践,不同学者对评估标准提出了自己的看法,在这里,我们结合学者们的看法,将政策评估的标准概括如下:

(一) 政策效益

政策效益衡量的是政策执行后所得效果达到目标的程度,换言之就是政策实践是否达到了预期的成果。通常来说,政策执行后都会引起政策环境的变化,这种变化被称为政策效果。虽然政策效果是评估中待考察的核心内容,但作为政策评估标准的一般是政策效益即积极的效果。政策效益是根据政策目标而设定的,所以运用这一标准的前提条件就是政策本身必须有明确的目标。在实践中,有些政策评估者往往偏爱对经济成果的评估,而忽视对非经济成果的评估,因为非经济成果的评估一般是难以计量的,不能用经济数字表示出来,必须从多方面进行定性分析,难度比较大。

(二)政策效率

政策效率是政策投入与政策效益的比率,它常常以单位成本所能产生的最大效益或单位效益所需要的最小成本作为评估的主要形式。它所要探讨的具体问题是:一项政策投入一定的资源后有没有产出?能产出多少?有无其他同样有效同时成本又更小的途径和方法?效率标准明显与效益标准不同:一个效益很高的政策,可能需要很大的资源投入;而一个有效率的政策执行途径,或许所获得的政策效益却相当有限。虽然说完全以效率作为评估标准是片面的,但把效率与效益视为相冲突的看法也失之偏颇,毕竟两者从本质上说是一致的,政策科学化的目标就是要使政策不但有高效益,而且有高效率。从另一方面来看效率的高低既反映出某一政策本身的优劣,也反映出执行机构的管理能力和水平。

(三)政策回应性

政策回应性即政策实施后满足特定社会团体需求的程度。确立此标准,目的是要从总体上衡量政策对社会的宏观影响。政策对社会需求的回应是政府维持自己生存、稳定和发展的基础:只有政策对象认为自己的利益诉求得到了满足,才会给予政府支持,从而增强其合法性。正因如此,大多数政策都必须符合政策回应性标准,不符合此标准,其价值就值得怀疑。换言之,一项政策若回应性不高,即使有较高的效率和效益,也不能认定其为一项好政策。政策回应性被当作一项政策评估标准,体现着前述价值因素的不可或缺,实践中民意调查和媒体报道通常在判定政策回应性方面起着关键作用。

(四)政策公正性

政策的公正性是指政策效果与努力在社会不同群体间的分配。公正性的政策评估多涉及收入分配、教育机会和公共服务方面的政策。当一个行动会影响到社会中两个或两个以上的人时,"公平分配"就成为决策者必须面对的问题。从个人和群体的角度来看,同时满足某个人和满足某些人(某个群体)的价值是很难的,换句话讲,个人和群体有不同的价值观。所以从社会的角度上讲,公共政策的目标不是使个别人或个别群体的利益最大化,而是要使社会福利最大化。政策结果越均衡,则该政策的社会公正价值就越高,反之亦然。

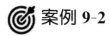

案例 9-2

"交通拥堵费"该不该收

随着城市化的迅速发展,北京市的交通拥堵问题日渐严重,极大影响了人们的日常生活,治理交通拥堵迫在眉睫。为解决交通拥堵问题,北京 2010 年在全市开始相继出台多项政策措施,如实施限行、摇号限购、上调中心城区停车费。在宣布出台的 28 条缓解交通拥堵的措施中,就有"研究制定重点拥堵路段或区域交通拥堵收费方案,择机实施"议程在列。此后,关于北京市征收交通拥堵费的政策是否实施以及如何实施,在决策部门和坊间持续热议。2014 年,北京市征收交通拥堵费的政策进入研究制定阶段。北京市明确表示要开征拥堵费,如果政策得以落实,北京市将是国内第一个征收交通拥堵费的城市。

就"交通拥堵费"政策而言,要考虑以下几个方面:一是政策的公平性问题。即政策实施能否平衡各方利益,使利益相关方产生公平的心理感受。二是效率问题。即政策的收益状况衡量,政策执行所花费的成本是否一定能带来预期的收益。三是可行性问题。即"交通拥堵费"政策在解决城市交通拥堵问题上是否具有可行性,政策实施是否具有较强的可操作性。

运用公平性、效率和可行性三个评估标准对北京市拟推出的征收"交通拥堵费"政策进行评估,可以得出如下结论:一是,道路是一种公共资源,按照"谁使用,谁付费"的原则征费,可能会使绝大多数的普通民众因支付不起费用而被排斥在公共资源的使用之外,这会触及公众的公平底线,处理不好会诱发新的矛盾,破坏社会公平,决策部门应审慎考虑;二是,为征收"交通拥堵费",在城市道路上安装计费系统,成本高昂,但未必能收到治堵成功的效果,也很有可能像伦敦一样陷入"越收越堵"的窘境,所以从效率的角度评估政策,结果不容乐观;三是从北京市现实的道路结构以及现有的技术和硬件条件来看,安装大量的收费装置,实现难度比较大,因此目前来看北京征收交通拥堵费政策的可行性不高。

(案例来源:杨志荣.公共政策评估:标准与过程——兼议北京市拟征收"交通拥费"[J].行政科学论坛,2015,2(6):29-34)

四、政策评估的作用及意义

政策评估的作用在于使人们了解一项政策,确定哪些政策具有可行性;同时,也可以间接地监督政府官员的行为,使政策制定与执行更加明朗化;还能够对公共政策整个活动过程的不同阶段进行考察和分析,总结经验,吸取教训,为今后的政策实践提供参考和借鉴。政策评估作为政策运行过程中的重要环节,在实际政策过程中发挥着以下作用:

(一)政策评估有助于决策者和执行部门总结决策和执行中的经验教训

政策评估首要的作用就是要通过大量信息的收集和科学方法的运用来帮助决策者和执行部门进行问题的诊断,进而总结经验和教训。通俗点讲,也就是要明白某项政策何以是好的,而另一项政策又为什么失败了。一般来说,政策的失败既有可能是因为政策方案在理论上的失败,也有可能是因为行动计划在实施时的失败,故对政策制定和执行情况的考察都是必要的。如果评估信息是准确和完备的,那么决策者和执行部门就会知道哪些方面出了问题,以及该由谁来负责。特别是通过对执行过程的评估,决策者可以有效地监督和预防执行部门执行不力和走样,确保政策被正确贯彻实施。

(二)政策评估是决定政策未来走向的重要依据

政策的走向一般分为三类:一是延续,二是调整,三是终结。无论采取哪种走向,都不能想当然,必须有理有据,政策评估正是做出这种决定的主要依据。如果评估表明原政策是可行的,执行是有效的,且目标尚未达成,那么决策者就应让其延续下去;如果评估表明原政策所针对的客观状态或对目标的主观认识已经发生了变化,或者在执行中遇到了新的变化,那么决策者就应对政策方案或执行计划做出必要调整;如果评估表明原政策是无效的,或者政策问题已经得到解决,那么决策者就应及时将其废止。

(三)政策评估有助于重新配置政策工具和政策资源

通过政策评估,既可以使政府决策者利用手中掌握的权力资源,根据管理理念,使有限的物质资源、人力资源、时间资源等发挥出最大的效益,又可以避免片面性和私利导致使某些政策给予过度的资源投入。由于原有工具和资源已经配置,只有通过政策评估才能明确哪些工具和资源配置是合理的、有效的,哪些是不合理的、无效的。这样,就有必要重新配置工具和资源,根据问题紧迫程度和价值认识程度,满足政策主体对工具和资源的需要量。因此,可以说政策评估活动是重新配置资源的基本前提。

(四)政策评估有利于促进政策的科学化进程

从某种角度看,公共政策担负着国家管理的重要职能。实践证明,随着社会条件的不断变化和政府活动的日益复杂,那种无跟踪、无反馈、金口玉言、一劳永逸的政策模式已经不可能再为公众所接受。要建立科学的政策模式,就必须大力加强制度建设,完善政策程序,做好政策评估,提高政策质量。

第二节 政策评估的过程与方法

一、政策评估的过程

政策评估是一个动态的、有规律的系统过程,是一种有计划、按步骤进行的活动。尽管由于评估对象和评估方法的不同,具体的政策评估过程也会有所差异,但一般来讲,公共政策评估一般都要经过评估计划、评估实施和评估总结三个阶段。

(一) 评估的计划

计划是公共政策评估的基础性工作,是政策评估得以顺利进行和卓有成效的前提条件。组织准备工作比较充分,就能保证评估工作有计划、按步骤展开实施。

1. 明确评估目的

不论哪种类型的评估,实际上都存在着人们普遍关心的问题:为什么要进行评估?评估为了什么?评估的目的是政策评估计划阶段的逻辑起点,也是贯穿着整个筹划、实施和总结三个阶段的总指向。

2. 确定评估对象

评估对象也称为评估客体,即决定评估什么政策。一般来说,有四类政策可以确定为评估的对象:正在执行的比较成熟的政策;实施效果与环境变化之间有明显因果联系的政策;评估的结论有代表性和推广价值的政策;负面效应突出,普遍引起公众质疑的政策。

3. 确认评估主体

为了保证评估结果的公正性和公平性以及保障评估对象的利益,需要通过一定的方式选择意愿中的评估机构,即使采用公平、公正、公开的方式选择评估机构,在一定程度上不能完全保证对评估事件的公正,这里还涉及主体的确认问题,不同的评估主体将直接影响评机构的评估行为。

4. 制定评估方案

评估方案的好坏直接关系到评估工作质量的高低和评估活动的成败。制定评估方案主要涉及以下几项工作:确定评估主体(谁来评估);描述评估对象(评估什么);阐述评估目的(为什么评估);建立评估标准(根据什么评估);选择评估方法(怎样进行评估)。

5. 落实评估条件

评估条件涉及很多方面,既有组织的设置或遴选、人员的配备,又有经费的落实与设备的采购。其中评估组织的设置或遴选是关键,只有在评估组织健全的情况下,才能发挥评估人员的潜能,提高评估活动的质量。

(二) 评估的实施

政策评估的实施是政策评估活动中最为重要的环节,其主要任务是收集政策评估资料、综合分析收集来的资料及运用适当的方法进行政策评估。

1. 收集评估信息

信息是进行政策评估的基础原料，信息不是万能的，但进行政策评估缺少相关信息却是万万不能的。评估的前期工作就是要努力收集有关评估对象的各种信息，掌握更多的原始材料。一般来讲，信息可以是主观印象，也可以是客观事实；可以是精确的数据，也可以是较为模糊和笼统的看法。信息的收集强调的是多角度、多侧面，尽可能做到全面、系统、准确、可靠。信息收集的常用方法有现场观察、实际调查、资料查阅、个案分析、实验研究等。

2. 综合分析信息

这是政策评估实施过程的第二个步骤，也就是要对搜集到的资料进行去粗取精、去伪存真的加工过程。在统计、分析、整理政策信息时，评估者要坚决排除来自政策制定者的干扰，也要避免自己的主观偏好影响评估活动的公正性。

3. 进行政策评估

在综合统计分析评估信息之后，运用具体的方法，给出结论性意见并提出政策建议，即根据政策评估的结论，设法提出下一步的行动方案。在进行评估时，要坚持评估资料的真实性、全面性、多样性和具体分析的客观性、可比性、科学性等几个原则，客观、公正、真实、准确地反映公共政策的实际效果。在提出政策建议时，可以是针对政策本身的，也可以是面向政策过程的；可以是针对政策目标的，也可以是针对政策手段的；可以是针对政策制定部门的，也可以是面向政策执行部门的。

（三）评估总结

1. 撰写评估报告

在这个阶段主要包括两方面的内容：一是撰写评估报告；二是对评估工作进行总结。评估报告是对政策成效的最终评定，它需要以书面的形式提交给有关领导或决策部门，以作为调整和终结政策的依据，它通常还包括评议者的政策建议。评估工作的总结主要涉及的是对评估过程、方法和一些问题等的补充说明，以总结经验，吸取教训，为以后的政策评估活动打下基础。

2. 评估结果反馈

通过评价主体运用多种方法对特定的政策进行评价之后，会进行综合的分析研判，得出最终结论。政策评价的目的是通过政策效果的好坏来权衡政府政策出台的利弊，因此，从这个层面上说，对政策进行评价也是对政府行为的一种监督和检查，对政策评价中好的地方要继续贯彻执行，对不合理、不易操作的地方要及时地修订和完善，并将评价结果作为后续政策制定的基础。

二、政策评估方法

公共政策评估的方法是指政策评估赖以完成其一系列过程和实现其目标的手段,是政策评估系统的有机组成部分。在其他主客观条件都相同的情况下,政策评估的成功取决于评估方法的选择和使用状况。在实践中,常用到的政策评估方法主要分为定量、定性以及定量与定性相结合的方法。本部分就最常见的评估方法进行简单介绍。

(一)前后对比法

前后对比法是将公共政策执行前后的有关情况进行对比,从中测度公共政策价值及效果的一种定量分析方法。通过大量的数据对比,使人们对公共政策的执行前后情况进行细致地了解。

1. 简单"前—后"对比分析

简单"前—后"对比分析是先确定公共政策对象在接受公共政策作用后可以衡量出的值,再减去作用前衡量出的值,得到的结果就是公共政策效果。如图 9-1 所示,图中 A_1 代表政策执行前的情况,A_2 代表政策执行后的情况,A_2-A_1 就是政策效果。这种方法的优点是简单、方便、明了;缺陷是不够精确,无法将公共政策执行所产生的效果和其他因素(公共政策对象自身的因素、外在因素、偶发事件、社会变动等)所造成的效果加以明确区分。

2. "投射—实施"对比分析

将政策执行前的倾向线投射到政策执行后的某一时间点上,代表若无该政策的实施,此点会发生的情况,然后与政策执行后的实际情况进行对比,以确定政策的实际效果。这种方式考虑到了非公共政策因素的影响,因此较前一种结果更加精确。这种评价方式的困难在于如何详尽地收集政策执行前的相关资料、数据,以建立政策执行前的趋向线。如图 9-3 所示,图中 Q_1、Q_2 是根据政策执行前的各种情况建立起来的倾向线,A_1 为该倾向线外推到政策执行后的某一点的投影,代表若无该项政策的影响,在这里将会发生的情况。A_2 为政策执行后的实际情况,A_2-A_1 就是政策效果。

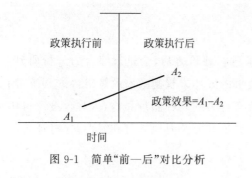

图 9-1 简单"前—后"对比分析

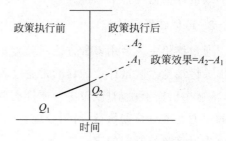

图 9-2 "投射—实施后"对比分析

3. "有—无"对比分析

这种分析方法是在政策执行前和政策执行后两个时间点上,分别对有公共政策和无公共政策两种情况进行前后对比,然后再比较两次对比结果,以确定公共政策的效果。这种方式实际上是投射对比分析的扩展,包括政策执行前的倾向线投射和政策执行后的倾向线投射两个方面。图 9-4 中 A_1 和 B_1 分别代表政策执行前的"有政策"和"无政策"的两种情况,A_2 和 B_2 分别

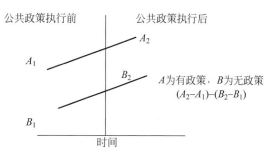

图 9-3 "有—无"对比分析

(图 9-1、图 9-2、图 9-3 资料来源:韩俊江,袁湘,杨兹涵.公共管理政策分析[M].长春:东北师范大学出版社,2012.)

代表政策执行后"有政策"和"无政策"的两种情况,(A_2-A_1) 为"有政策"条件下的变化结果,(B_2-B_1) 为"无政策"条件下的变化结果,$(A_2-A_1)-(B_2-B_1)$ 就是政策的实际效果。这种评估方法的优点是,可以比较不同的政策目标或其他政策要素情况,大大拓宽政策评估的思路。即它完全滤除非政策因素的影响,能较精确地测度出政策的实际效果。缺点是,对时间点的选择有严格的要求,且政策纯效果在实际观察中不太直观。

4. "控制对象—实验对象"对比分析

这方法是社会实验法在政策评估中的应用,也是政策评估的经典研究设计方法。在运用这种方法评估时,评估者需要将政策执行前完全同质的评估对象分为两组,一组为实验组,即对其施加政策影响的组;一组为控制组,即不对其施加影响的组。然后比较两组在政策执行后的情况以确定政策的实际效果,如图 9-5 所示。图中 A_1 和 B_1 分别是实验前的实验组和控制组的情况,A_2 和 B_2 分别是实验后的实验组和控制组的情况,A_2-B_2 就是政策效果。这种设计与"有政策—无政策"对比的区别在于,两类评估对象在实验前是同一的,而且评估者在评估过程中有条件地对影响评估对象的各种可变因素进行某种程度的控制,以尽可能地消除其他因素的影响。这种方法对比效果明显,其缺点是评估条件和技术性要求较高,不易实施。

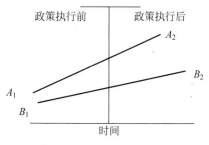

图 9-4 "控制对象—实验对象"对比分析

(资料来源:李勇军,周惠萍.公共政策[M].杭州:浙江大学出版社,2013.)

(二) 指标法

政策指标法是将一种公共统计数值用于评估政策的衡量工具。主要作用在于利用公共部门的统计结果设立指标体系,然后根据指标体系来制定或调整公共政策。在应用中,应注意两点:

一是评估指标体系的价值取向。政策指

标体系一般应该包含三种类型的价值取向,分别是经济效益取向(以货币形式表示的经济效益)、主观性的福利取向(政策的满意程度)和公平性取向(资源分配的公平性)。一项政策指标的价值取向既要考虑经济效益,又要考虑公平性,忽视任何一方都是不可行的。

下面是一个利用指标法设计的治安政策评估指标体系,见表9-1。

表 9-1 治安政策评估指标体系

价值取向	评估指标体系
经济效益取向	重大刑事案件发生率
	刑事案件破案率
	人群的平均犯罪率
	盗窃案发生率
	假释犯的再犯率
	社会治安的投资成本
主观性福利取向	公民的安全感
公平性取向	没有专门设立

(资料来源:宁骚.公共政策学[M].2版.北京:高等教育出版社,2011.)

显然,上述指标体系并没有专门针对某个利益群体的利益来考量,而是针对全社会的公共利益所设计的,因此没有专门设立公平性考量的指标。上述指标体系的作用在于,可以以此政策指标体系为依据,来逐项评估一个时期的治安政策的效果。

二是评估指标体系的构建。无论初等数学还是高等数学,许多方法都可以用来构建公共政策指标体系。但只要指标与价值取向有关联,指标的选择就一定包含着政治利益的考量。不同的利益群体因为利益与价值的冲突而对政策指标的选择具有不同认识。因此在设立政策指标体系时,应该多一些调和不同价值与利益的余地。政策指标也是一个与时俱进的概念,如果社会的主流价值对某政策的看法产生了变化,政策指标体系也必须随之发生变动。

(三) 成本效益分析法

公共政策评估的成本效益分析法是对政策制定和实施的成本与公共政策制定和实施效益相比较的一种方法。公共政策成本主要包括:一是从提出政策问题到政策制定完成所投入的经费与实物的费用;二是在政策实施中所需的人力、财力、物力的费用;三是政策实施监控和实施评估所需的费用;四是政策各个环节间、新旧政策间衔接和摩擦的费用;五是政策的终结所需要的费用等。

采用成本效益分析法的基本要求主要包括:一是当两种公共政策方案的效益相等时,政策成本越小的政策方案越优;二是当两种政策方案的成本相同时,政策效益越大的政策方案越优;三是公共政策效益与政策成本的比率越大越好。

(四) 专家评估法

专家评估法是指组织有关方面的专家审定各项有关政策的记录,观察政策的执行,进行实地考察,对政策对象和政策参与者进行调查,与执行人员及工作人员交换意见,鉴定政策的成效。这个方法的优点是:由于专家的知识专业化较强,能比较科学地分析政策;同时,由于专家相对于政策制定者、执行者和政策对象来说属于局外人,因此能够站在比较客观、公正的立场上进行评估。

(五) 执行群体与目标群体评估法

执行群体评估法,是指政策执行人员对政策影响和目标实现程度进行评估。政策执行人员对政策内容、政策环境、政策对象和政策过程比较了解,并掌握相对充分的政策信息,他们有可能及时、充分地评估每一项政策的效果,因而在政策评估活动中是最有发言权的群体。另外,政策执行人员可以根据自己的评估结论,迅速调整自己的政策目标和措施,使评估活动得到立竿见影的效果。

目标群体评估法,是指由政策目标群体以自己的亲身感受和对政策的个人理解来评定政策执行的效果。由于政策目标群体既是政策的实施者,又是政策活动的主体,他们对政策的效果有切身感受,因而最有发言权。评估工作者要做好评估工作,就必须了解他们的想法,认真倾听,研究他们对政策效果的评价。

第三节　政策评估模式

按照不同的评估标准可以划分不同的方法,得到不同的政策评估模式,政策评估者可以依据所评估的具体对象、目的或要求采取不同的评估模式。在西方政策评估实践中,有各种各样的评估模式。其中比较有代表性的研究成果是瑞典的学者书唐(E. Leung)按照政策评估的不同标准将政策评估模式分为三大类型十种不同的模式(见图 9-5)。三大类型为效果模式、经济模式、职业评估模式。效果模式除了传统的目标实现评估外,还包括了意外效果模式、无目标评估、综合评估、顾客导向评估和利益相关者模式。经济模式则关心成本,包括生产模式和效率模式。职业评估模式则关心同行的评议。下面对这些模式进行简要介绍:

一、目标达成模式

目标达成模式是探讨评估问题的传统方法,主要由目标达成评价和影响评价组成。其中,目标达成评价关注结果与政策或项目的目标是否一致;影响评价关注的是结果是

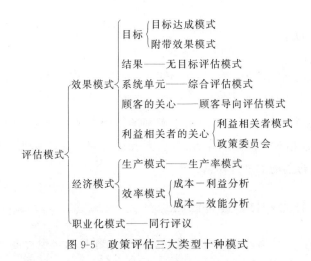

图 9-5 政策评估三大类型十种模式

否由政策或项目所造成的。该模式以预定的政策目标作为评估的标准和组织者,政策评估意义在于比较预期结果和实际结果间的差异性,以是否达到特定政策目标作为政策是否成功的依据,重视结果与目标间的内在比较。应用目标达成模式的三项基本步骤包括:明确政策目标及其含义,并将其按照重要程度进行排序,转变成可测量客体;测定预定目标可实现的程度;明确政策促使或阻碍目标达成的程度。

目标达成模式的优点在于:①体现了民主。这一模式是以预定的政策目标作为评估的组织者,政府预定的政策目标是公开且法定地被人民代表在代表大会上采纳,体现了政治过程中的民主。同时,政治目标是在责任感之下制定的,政府官员在制定目标时会更多地考虑民众利益和可利用的资源。②提供客观的评估标准。目标达成模式以既定的政策作为组织者,以项目目标来判断项目结果,所以可以避免评估者在评估项目的价值问题上持个人的主观标准。③简单性。这个模式只包含两个主要的问题,即:结果是否与目标一致?结果是否由政策所引起?目标达成模式的缺陷在于:①忽视了成本。政策过程中需要投入大量的人力、物力、财力和时间等各种资源,这些资源在目标达成模式中完全被忽略了。②在目标不清的情况下难以运用。因为公共政策常常存在着不确定性的目标。③不考虑意料之外的结果。这一评估模式只考虑预定的项目目标的结果,而忽视那些偶然发现的结果或意料之外的结果。④忽视了公共政策制定中"潜规则"的作用。比如,官方宣布的目标可能仅有象征性意义,并不打算真正去实现。在这种情况下,目标达成评估往往是无效的。⑤忽视实施过程。目标达成模式只关心项目结果,而实施过程则被看作是一个黑箱。

二、附带效果模式

目标达成模式只将政策实施后在目标范围内取得的结果作为评估对象,不考虑它在整个社会范围内带来的其他影响。实际上,政府行为的外部效应是很强的。一项政策实施后将会在目标范围内外出现许多预料不到的或不希望出现的结果。附带效果模式正好弥补了目标达成模式的缺陷,即关注非预期的、预料之外的政策效果。附带效果是指项目目标之外的影响,与主要效果、反常效果和零效果相区别。主要效果是指政策制定者有意识地想要得到的主要实质性影响;反常效果是指产生与预期目标完全相反的结果;零效果是指政策在目标范围内没有产生任何影响。主要效果、反常效果和零效果都产生在目标范围之内,而附带效果则产生在目标范围之外。附带效果模式的特征是预定目标仍然是基本的,但是要充分考虑到附带效果的存在。

附带效果可以是预期的,也可能是非预期的。一些政策分析家甚至认为大部分政策效果在决策做出时是非预期的。附带效果不管是否有利,都是综合评价政策活动的关键因素,因此必须受到重视。政策可能产生副产品,副产品反过来组成或产生新问题,从而又产生新的政策。因此,有关附带效果的信息对于任何一个政府政策的综合性评价来说都是不容忽视的,不及时发现与不及时解决将可能导致更复杂的问题出现。

三、无目标模式

政策评估者的任务是评价一项政策的综合效应,这就要求他对各种现象的判断不能带有任何主观倾向性,而目标达成模式将政策效应划分为若干层次,有意突出了目标范围内的政策效应,这显然是有偏见的。同时,目标达成模式忽视附带效果,在目标模糊时束手无策。为了消除这些缺陷,米欧尔·斯克里提出了无目标模式。无目标模式把计划内和计划外的结果作为对象,对政策效果持广的视角,要求评估者全面观察政策实施,全面关注结果,特别是一些可能被忽视的结果。

要理解无目标模式,就应该把无目标模式与附带效果模式相区别。附带效果模式仍然以预定目标为基础,同时又强调对各种附带效果的考察评估;而无目标模式则完全抛开政策的预定目标,只关注政策的结果,判断结果的价值。

无目标模式让评估者在没有任何目标约束的条件下开展评估,全面考察政策实施带来的各种影响,不论它们是预期的,还是非预期的。因此,其应用领域十分广泛。但是,它完全不顾评估标准和预定目标,只依赖于决策者和权力使用者的公正判断,这难免会掺杂主观因素,影响评估的客观公正性。此外,这种模式在实践中还存在着操作上的困难。

四、综合模式

这一评估模式的评估范围比目标达成模式要广泛得多。综合模式认为评估不应只局限在已得到的结果上,而至少应包括执行,甚至还包括计划。综合模式与目标达成模式的主要区别在于目标达成模式只关注预定的和实际的结果是否相符,而综合模式除了关心结果,也包括判断政府干预的计划、决策和执行阶段。

公共政策可分为"投入""转换"和"产出"三个阶段。综合模式又在每个阶段中区分了描述和判断两个范畴。描述范畴又细分为意图和观察;判断则分成标准和判断。整个干预过程被分成了 12 个单元,如表 9-2 所示。

表 9-2 政策评估的综合模式

评估的实施阶段		前期(投入阶段)	中期(转化阶段)	后期(产出阶段)
阶段特征		政策或计划被采纳并开始实施	政策计划被落实	政策或计划实施后的相关数据已经获得
描述	目标	确定目标和期望产出	政策或计划的内容	政策、计划应产生的预期结果
	实际情况	现存条件的描述	政策或计划的实际被落实情况	政策计划执行的结论性数据
判断	标准	用作比较基础的价值标准	用作比较基础的价值标准	用作比较基础的价值标准
	判断	将目的、现象与标准进行比较	将目的、现象与标准进行比较	将目的、现象与标准进行比较

(资料来源:冯封,李庆均.公共政策分析:理论与方法[M].合肥:中国科学技术大学出版社,2008)

如此一来,综合模式将整个评估活动划分得细致而全面。每一阶段全面而细致的描述为评估工作提供了丰富的信息。从信息到判断,步步推进,使主观判断建立在客观描述基础之上。而且,在每个阶段,政策价值的实现都被衡量到了。因此,这种评估模式是相当完整的。但是,这一评估模式也存在一定的缺陷,如只关注官方的具体目标、不重视成本等。

五、顾客导向模式

顾客导向模式将政策干预对象的目标、期望、关心甚至需要作为评估的组织原则和价值准则,其核心是项目是否使顾客的关心、需求和期望得到满足。应用顾客导向评估的关键是明确政策的顾客,得出顾客对项目的看法。价值的多元化是顾客导向模式的一个显著特征。其优点在于体现了民主和参与,顾客根据自己的价值观评估公共服务,使顾客居于主动地位。同时,顾客对于服务提供者的需求和不满也会影响服务提供者,促使其提高公共服务的质量和水平。但是由于顾客的价值标准以个人利益倾向为准,个人价值的多元化难以形成对政策总的看法,且需花费大量时间获取资讯。

在我国的实际政策评估中,这一模式已经得到应用,但是并没有形成系统的体系。比如开辟了诸如各级政府的信访办、各地的市长热线、市长信箱,进行各种各样的民意调查等让群众发表意见形式,将其作为评估公共政策的参考。

六、利益相关者模式

利益相关者是指所有对政策的目标和执行感兴趣，并对其具有影响的团体和个人。它和顾客导向模式相似，它们的主要区别是，顾客导向模式关心的对象是受影响的一组利益群体，而利益相关者模式关心的是所有对象。应用利益相关者模式首先要找出卷入其中或对政策的出台、执行和结果感兴趣的主要团体和个人。重要的利益相关者包括：①目标群体；②直接受益者；③直接管理者；④资源提供者；⑤外部咨询顾问、供应商和其他对提供支持的人或机构；⑥在本政策环境中可能受到政策结果影响或对其感兴趣的其他机构。

利益相关者模式有许多优点：①知识性。利益相关者养成对附带效果和执行障碍的看法为评估者提供进一步研究的知识。②应用性。传统的目标达成模式的评估结果往往产生不了什么影响，因为评估者处于孤立地位。而利益相关者模式提高了被关心团体的真正利益被评价的机会，使信息更符合不同利益相关者的真正需要，提高了评估结果应用于实践的可能性。③目标管理性。利益相关者模式为没有目标或目标不清楚的公共政策评估提供了解决问题的策略。

我国的听证制度就是典型的利用利益相关者模式进行行政决策的。听证制度是我国从西方国家借鉴而来的，实行历史不过20年。1993年深圳在全国率先实行价格听证制度，此后便发展了立法听证、行政听证及具体行政行为听证三类。听证制度是政府听取民意的一种民主程序，它以多方的参与、规范的程序、利益的平衡、协调和共存来实现社会秩序的和谐。政府作为各方利益的调节人，站在中立的立场上，听取各相关利益群体的意见，并以社会公共利益最大化为目标作出决策。

（资料来源：李瑛，康德颜，齐二石.政策评估的利益相关者模式及其应用研究[J].科研管理，2006（2）：51-56）

七、经济模式

经济模式最典型的特征就是关注成本，又可分为生产率模式和效率模式。其中，生产率是产出与投入的比率；效率通常被当作公共行政的价值，可从成本—利益分析和成本效能分析两个方面测量。经济模式克服了所有效果模式忽视成本的缺陷，把成本即政策投入作为一个重要指标纳入评估规范。但是，经济模式无法对政策的社会影响、象征性的效果和软目标等无法用数字精确表达的项目进行评估，也忽视了民主社会政府干预的其他诸如公正、公平、民主等的价值准则。

八、职业化模式

职业化模式指聘请在该领域或相近领域工作的专家运用其专业修养,根据一定的评价准则和执行的质量标准来评估其他人员的执行情况。职业化模式主要应用于公共活动中的一些目标较复杂、技术难度较大的领域,主要是同行评议,如医生评估医生、建筑设计师评估建筑设计师、教授评估教授等。同行评议突出对评估对象做一个全面的质量判断,因此政治官员们往往把专业性强的技术问题留给受过良好教育的专业人员去评价。实施同行评议,一要选择具有丰富专业知识的专家;二要评估者与被评估者应相互作用,评估者应认真考虑被评估者的观点。同行评议在政策评估中有许多独到之处:其一,同行评议由同行专家所组成,这些专家具有本行业的丰富知识、对本行业发展趋势的深刻认识和敏感直觉,因而同行评议对政策实施结果的评判更能体现政策的间接效益及政策效果长远性、潜在性。其二,同行评议方法具有程序简单、评估周期较短的特点。但同行评议也存在工作的公开性和接受监督不够等不足。

第四节 我国公共政策评估

我国的公共政策评估起步于 20 世纪 80 年代,目前在很多政府部门已经有了评估意识和评估制度,开始自行或者委托其他机构进行公共政策评估;一些社会机构、咨询公司、研究院所和专家学者自发地对政策评估进行研究,且成果也较多。但是必须注意到,在我国公共政策评估中,还存在一些问题和不足。

一、我国公共政策评估存在的主要问题

(一) 公共政策评估体系不健全

我国政策评估存在的最大问题就是缺乏健全的评估体系。具体而言,最重要的是两个方面:首先是政策评估没有统一的法律基础,各政府部门的评估几乎都是各自为战,没有系统联系;其次,对执行公共政策评估的机构没有一个严格良好的管理制度和行业标准。

第一,我国没有对公共政策评估进行规范的法律法规,公共政策评估还不是政策过程的强制性环节,公共政策评估开展的范围还不够广。缺乏强制评估机制降低了政府将资源投向公共政策评估活动的意愿。评估缺乏法制化和规范化环境。由于我国公共政策评估起步晚,发展时间短,与之相关的法律制度还不健全,这样,政府实施的政策评估仍然由领导层凭个人价值偏好在一组备选方案中择一而评估,很少主动思考其效果和目标。评估中的

"形象工程""面子工程"一旦出现问题,没人承担责任和风险。缺乏法制化和规范化的政策评估环境也使评估过于随意,评估方案的采纳完全取决于政府政策的制定者(个人或团体),无法形成法制化和规范化的评估方法,影响了公众和社会组织对政府评估的接受程度。

第二,公共政策评估机构的资格审核制度欠缺。在公共政策评估以外的多数评估领域,包括资产评估、风险评估等,评估机构都需要通过一定的资格认证才能够进入评估行业。这同样应该适用于公共政策评估。除此之外,还应该对政策评估组织的资格认定有法律规定,应该遵循市场准则,培育评估组织的竞争机制。

(二)评估标准具有多重性

评估标准是政策评估过程中进行比较所依据的指标和准则。整体上,政策评估的价值标准与事实标准泾渭分明,而且各自轮廓清晰。但任何政策都是原则性和灵活性的统一。在我国,由于政策分析视角不同等多方面的原因,这些纷繁复杂的评估标准并不始终相容,它们还有相互冲突的一面。具体表现在以下几个方面:①事实标准与价值标准之间的冲突。一般来说,符合社会公益标准的政策均应具有很好的执行基础。然而事实上并不尽然,一些符合社会公益标准的政策往往也会因行政、技术、财力等客观条件的限制而遭到否决。我们通常所说的"心有余而力不足"就是其表现。②事实标准与事实标准之间的冲突。事实标准涉及政治、经济、技术等多方面的可行性问题,它们之间的冲突在政策过程中也时有发生,如经济上的成本最小与收益最大之间的矛盾。③价值标准与价值标准之间的冲突。社会公益是政策评估总的价值标准,但社会公益是一种无法证实,也无法统一的价值观。它反映在政策评估过程中,有些人认为是公平,有些人认为是效率,有些认为是政治认同,也有些认为是经济上的最优,如此等等,莫衷一是。这种认识上的混乱往往使政策评估主体左右为难。政策评估标准的多重性妨碍了我国政策评估的进行。

(三)评估方法以定性为主

政策评估的方法有定性和定量分析两种,在我国使用最多的还是定性分析,定量分析相对而言用得较少,这是有其历史与现实原因的。从文艺复兴时期开始,我国的自然科学研究就与西方逐渐拉开了差距。尤其近代以来,西方开始将自然科学研究中的方法用于社会科学研究之中,而我国历史上注重的是社会科学,比较忽略对自然科学的研究,这也就造成了人们习惯于在思维上运用定性的分析方法。从现实来说,从事政策评估的专业人士大多数是学习社会科学出身的学者,其知识结构和思维方式比较单一,较少有人兼备自然与社会科学知识,兼有思辨和公理化思维方式的长处,他们评价政策时不可避免的偏向是用定性分析代替定量结论。

(四) 评估资金和评估信息不足

首先是评估所需的信息和资金不足。充足的政策相关信息是开展公共政策评估的基础，没有足够的信息，即使评估资金再丰富、方法再多样、人员再充足也无法进行评估。目前造成我国公共政策评估所需信息不足的原因包括政府对公共政策信息的重视程度不够、我国统计制度的变动等。此外，由于重视程度低以及很多地方政府"吃财政饭"，一些政府部门，尤其是地方政府为公共政策评估提供资金、办公设施以及人力资源等资金的意愿并不高。公共政策评估所需的经费严重不足也对评估活动造成不利影响。

(五) 缺乏对政策评估结果的足够重视

由于我国尚未建立公共政策评估制度，对政府部门和各级地方政府没有强制性的评估要求，因此在官方的政府评估中，缺乏对公共政策评估的足够重视。一些政府部门将政策评估作为一项走过场的流程执行，既没有对评估工作本身的重视，更没有从评估报告中吸取教训和汲取经验。

对评估结果的忽视很大程度上是由于缺乏对公共政策评估的科学认识。很多官员认为只要注重政策制定的科学性和政策执行的正确性，就可以不用进行政策评估，如果一定要进行政策评估，也是为了应付上级下达的任务。作为政策评估的委托机构，如果政府官员对政策评估的作用认识不到位，很难给予政策评估工作有力的支持。

另外，政府机构虽然设有或附属一些可以进行公共政策评估的机构，但真正专业进行政策评估的人员很少，绝大多数评估人员是研究人员、行政人员等。同时我国还没有形成科学的政策评估机制，评估者委托方往往视政策评估为可有可无的工作，能免则免；不得不进行评估时，往往也不能提供足够的支持，或者有意识对评估施加影响，以求评估结果较符合其需要。包括把政策评估作为炫耀业绩的工具，对政策评估的负面结论加以遮掩，通过评估说明客观资源的不足以这样的行为要求获取更多的政策资源。

二、完善我国公共政策评估

案例 9-3

党的十九大报告指出，我国经济已由高速增长阶段转向高质量发展阶段，社会主要矛盾已转化为人民日益增长的美好生活需要和不平衡不充分的发展之间的矛盾。这就决定了我国政府治理重心已由重视工作过程和投入转向注重结果和产出，公共政策需要应对的矛盾和问题相互关联、相互制约，越来越具有复杂性、专业性、普遍性、尖锐性和发展性，从而对公共政策评估提出了更高的要求。公共政策评估是依据一定标准和方法，分析评价政策供给质量、执行过程和政策效果,以提升政策质量、规范政策过程、诊断政策问题、提高政策效能,是政策优化调整的重要依据,是推进决策科学化、民主化的重要手段。完善新时期我国公共政策评估对推进新时期我国公共政策评估工作具有重要的应用价值。

党的十八大以来,公共政策评估受到决策机关、利益相关方及公众的高度关注。2013年3月,《国务院机构改革和职能转变方案》要求"建立决策后评估和纠错制度"。2015年12月,中共中央、国务院印发《法治政府建设实施纲要(2015—2020年)》,提出"决策机关应当跟踪决策执行情况和实施效果,根据实际需要进行重大行政决策后评估"。2018年5月31日,作为我国第一个从国家层面对行政规范性文件制定程序作出全面、系统规定的文件,《国务院办公厅关于加强行政规范性文件制定和监督管理工作的通知》要求,重要的行政规范性文件要严格执行评估论证等程序,"起草行政规范性文件,要对有关行政措施的预期效果和可能产生的影响进行评估,对该文件是否符合法律法规和国家政策、是否符合社会主义核心价值观、是否符合公平竞争审查要求等进行把关。对专业性、技术性较强的行政规范性文件,要组织相关领域专家进行论证"。2018年11月8日,《国务院办公厅关于聚焦企业关切进一步推动优化营商环境政策落实的通知》规定,"科学审慎研判拟出台政策的预期效果和市场反应,统筹把握好政策出台时机和力度,防止政策效应叠加共振或相互抵消,避免给市场造成大的波动"。2018年12月13日,中共中央政治局会议强调,"加强协调配合,聚焦主要矛盾,把握好节奏和力度,努力实现最优政策组合和最大整体效果。"上述文件,规定了我国公共政策预评估、过程评估和后评估的实施程序和总体要求,将公共政策评估正式纳入到行政决策流程,成为公共政策出台和实施的前置条件。新时期,我国要集中开展公共政策评估工作,因而进一步深化公共政策评估基础理论研究尤为必要。

(资料来源:李琪,王兴杰,武京军.新时期我国公共政策评估的原则、标准和要点[J].干旱区资源与环境,2019,33(10):1-8)

(一) 确立公共政策评估的法律地位

政策评估的制度化和法律化建设是使政策评估工作真正纳入政策过程的必要保障。只有建立了规范化、制度化的公共政策评估体制和机制,政策评估才能走上健康发展的轨道,政策评估的功效才能得到充分、有效的发挥。公共政策评估比较规范的国家,均制定和出台了相关的法律、规章和制度,这些法规和制度尽管立法机关和制定部门不同,效力也各异,但都对公共政策评估的主体、内容、标准、方式和程序等进行规定,从法律上保证了公共政策评估的地位,有力地推动了公共政策绩效评估在国内的开展和推行。政策评估工作具有独立性、规范性和法制化的特点。要通过立法确立公共政策评估的地位,明确各级政府制定和执行公共政策都要进行不同程度的绩效评估;规范评估主体客体的权利与责任；对政策评估原则、评估类型、评估程序、评估结果的使用和公开及职能机构、人员组成、评估费用等做出明确规定。

公共政策评估不仅涉及政策制定者、执行者和目标人群的利益，也涉及政策评估者自身的利益，必须依据公平、科学的原则，对政策评估活动的各个环节建立法律法规加以规范。要通过立法对公共政策评估的法定地位、政策评估主体的法定权利与责任、政策评估的过程等加以规范，使政策评估成为公共政策过程的法定环节。

（二）选择恰当的评估方法和技术

政策评估绝不是一项轻而易举的工作，要求评估者应熟练地掌握各种评估方法和技术。目前常见的评估方法有前后对比法、对象评定法、专家判断法、自我评定法等；政策评估的技术主要有计划评判技术、重要路径法、成本利益分析、成本—效能分析等。这些方法的内涵、使用的办法、演算的程式、成本-利益折扣的原则均须精练。应该说每种方法与技术都有其优缺点，都有其适用的范围。因此，评估者要能够根据我国具体的情况，灵活地加以选择和运用，必要时可以综合运用各种方法和技术，以提高评估结论的可信度。同时还可以借鉴外国先进的评估理论、方法与技术，使公共政策理论本土化，普及这些理论。

（三）提高对政策评估工作重要性的认识

要推进政策评估工作的发展，首先必须在思想上予以高度重视。要让全社会所有公民尤其是政策部门的负责人充分认识到政策评估的意义，充分认识到政策评估对于政策过程而言不是无关痛痒、可有可无的环节，而是必不可少的极其重要的一个环节。它不仅有助于政策相关人员认识政策的特点、优劣和成效，监督政策的执行过程，补充、修正和完善政策，还有助于开发政策资源，提高政策绩效。其次，在实践过程中，政策部门的负责人必须重视抓好三项工作：第一，实现政策评估的程序化、规范化、制度化；第二，建立充足的政策评估基金；第三，重视评估信息的反馈和评估结论的消化、吸收，以保证政策评估真正起到促进政府决策科学化和合理化的作用。

（四）拓宽和健全政策评估的信息渠道及系统

建立政策评估信息系统，也是发展我国政策评估事业的重要一环。所谓政策评估信息系统，就是收集、整理、加工和使用政策信息，为政策评估服务的系统。这是政策评估的基础性工作之一。没有足够有质量的信息，不能进行科学决策，同样，也无法进行科学评估。但是由于政策资源的多元性、政策重叠现象的存在、政策影响的广泛性，要全面收集政策信息又是一件复杂和困难的事。因此，要在政策过程的初始阶段就建立政策信息系统对政策信息的收集、加工、交流和使用进行理论研究和总体设计，以便于改进评估系统，使评估活动更科学有效。政策信息系统的核心任务是系统地记录有关政策问题、政策投入、产出和外部环境变化等方面的信息资料。具体包括：①政策问题和目标；②投入某项政策的资源及分配情况；③政策执行的情况；④政策实施对政策目标群体所产生的影响；⑤政策的实施所造成的社会和经济变化；⑥社会公众对政策的反映等。信息资料要力求全面、客观。为了保证评估信息的使用价值，在信息收集上，要求尽量做到制度化、标准化。制度化指信息收集在时间上、次数上、范围上需有明确的规定。标准化就是要求各种信息，从内容到形式都要力求统一，以便于归纳、整理、加工、筛选。在信息沟通上要求做到规范化，即按明确的传播方式和必要的程序进行信息的沟通，使之尽可能及时、顺畅。

政策评估信息不仅量大，而且复杂，这无疑给收集、处理和使用信息造成困难。因此，首先要广辟渠道，广泛获取信息。获取信息的渠道是多种多样的，就内部而言，可以通过与领导交谈，与政策制定和执行机构沟通，向咨询机构咨询，到有关数据库及图书、情报和档案部门查阅，从有关的调研机构、协会、学会、研究会中了解等方式收集有关政策的信息。就外部而言，可以通过大众传播媒介、党政信息系统、各专业信息机构、各种新闻发布会、形势政策报告会、信息交流会、咨询论证会、社会调研等方式获取有关政策的信息。其次，要着力于实现信息系统的现代化，利用电子计算机和现代通信技术，建立信息收储系统，使信息工作网络化、现代化。

（五）加强评估机构和人才队伍建设

在许多发达国家，公共政策评估的组织化和专业化已经成为一种主要的发展趋势。国外从中央政府各部门到地方政府的各个部门都有专门的评估机构，建立了各自的评估专家队伍，而且与许多大学、研究机构和社会中介机构进行评估研究，并作为第三方承担政府委托的评估工作。与此同时，加大对政策评估专业人才的培养，充分发挥外部专家、专业咨询机构和技术支持部门在评估中的作用。

公共政策评估中评估机构的建设要依靠行业规制。要完善对评估机构的规制需要做到两点。第一是要有与评估需求相匹配的制度体系。目前我国的公共政策评估制度建设方面还处于起步阶段，大多数公共政策涉及领域既没有专门的法律法规，也没有建立相关的制度，部分已有的制度也不完善。第二是要建立监管分离的行业发展机制。权力机构、政府管理部门是相关法律、政策的主要制定者，不适宜既做裁判员又做运动员，应该以非政府的行业管理机构、分开的运行机制进行规制。只有行业规制不断完善，评估机构才能真正发展起来。

随着政府管理领域的不断扩大和管理任务的增加，需要对越来越多的公共政策进行评估，需要培训更多的专业评估人才不断补充到政策评估组织中去。首先，要根据公共政策领域专业性的特点培养专业领域的政策评估人才；其次，还需要根据一些涉及较多领域的政策需求，培养能跨多个领域，从广泛多样的政策评估中提炼规则、概念并推动政策评估研究发展的复合型人才。

案例 9-4

从农村变迁看待中国扶贫政策

2020年底，中国历史性地解决了绝对贫困问题，扶贫事业取得历史性伟大成就——按照每人每年生活水平2300元（2010年不变价）的现行农村贫困标准计算，我国农村地区贫困人口全部脱贫。中国脱贫攻坚战的胜利不但大幅增进了农村居民的福祉，而且大幅推进了世界反贫困进程，为全球减贫事业作出了巨大贡献。中国对世界减贫贡献率超过70%，是世界上减贫人口数最多的国家。

十八届五中全会和十三五规划纲要中指出，十三五时期是全面建成小康社会的决胜阶段，必须实现年均不低于6.5%的中高速增长，对于经济发展方式转型关键时期的中国来说，想要维持中高速增长，其难度在不断加大，中国迫切需要发掘新的经济增长驱动力。党的十八大提出，到2020年要全面建成小康社会，全面脱贫是实现小康社会的最艰巨的任务，也是促进经济增长的新驱动力。中国经济当前最大的增长潜力来源于低收入人群走向小康，国家在精准扶贫工程上出台了大量的政策。

2011年12月，中共中央、国务院印发《中国农村扶贫开发纲要（2011—2020年）》，勾画了全国扶贫开发愿景，提出"一达标、两不愁、三保障"，确保现行标准下农村贫困人口全部脱贫，确保贫困县全部摘帽，"决不让一个民族、一个地区掉队！"2016年11月23日国务院印发《"十三五"脱贫攻坚规划》（以下简称《规划》），《规划》按照精准扶贫精准脱贫基本方略要求，因地制宜，分类施策，从8个方面实化细化了相关路径和措施：一是产业发展脱贫，主要包括农林产业扶贫、旅游扶贫、电商扶贫、科技扶贫等方面，提出了13项产业扶贫工程或具体措施；二是转移就业脱贫，主要从组织开展职业培训和促进转移就业等方面，提出了6项就业扶贫行动；三是易地搬迁脱贫，对"一方水土养不起一方人"地区建档立卡贫困人口实施易地扶贫搬迁，实现搬得出、稳得住、能脱贫；四是教育扶贫，主要从基础教育、职业教育和降低贫困家庭就学负担等方面，提出了一系列行动计划和措施，不断提升贫困人口综合素质和就业技能，逐步消除因学致贫问题，阻断贫困代际传递；五是健康扶贫，主要从医疗卫生服务、医疗保障、疾病防控和公共卫生等方面，提出了6大健康扶贫工程，加快推进基本公共卫生服务均等化，有效缓解因病致贫返贫问题；六是生态保护扶贫，主要从生态保护修复、生态保护补偿机制2个方面，提出了11项重大生态扶贫工程和4项生态保护补偿方式，使贫困群众通过参与生态保护实现脱贫；七是兜底保障，主要从社会救助、基本养老保障、农村"三留守"人员和残疾人等方面，提出了社会保障兜底措施，通过筑牢社会保障安全网，解决好特殊困难群体和弱势群体的脱贫问题；八是社会扶贫，主要从东西部扶贫协作、定点帮扶、企业帮扶、军队帮扶、社会组织和志愿者帮扶，以及国际交流合作等方面，提出了相关措施和要求。

随着贫困治理实践的有效推进,我国农村贫困地区发生了山乡巨变,无论是贫困情况,还是基础设施和公共服务条件都得到了大幅度改善。从农村角度评估中国扶贫政策,选取农村地区贫困情况、基础设施和公共服务条件、人民生活水平3类指标,分析自2013年进入精准扶贫阶段以来,我国农村社会发生的多维度变迁。

(1) 农村地区贫困情况变迁。使用贫困发生率这一指标来衡量我国农村地区的贫困状况。1978年,我国贫困人口规模达到7.7亿人,农村地区贫困发生率高达97.5%(现行贫困标准);也就是说,改革开放之初,我国居民普遍生活在贫困线之下。经过数十年的贫困治理,农村地区贫困发生率从1978年的97.5%下降至2019年的0.6%,贫困人口规模从1978年的7.7亿人下降到2019年的551万人。贫困发生率的大幅度下降得益于党和政府在农村贫困地区推行的一系列扶贫政策。

(2) 农村地区基础设施与公共服务条件变迁。参考《中国农村贫困监测报告》,使用农村贫困地区居民所在自然村通公路比重、通电话比重、进村主干道路硬化比重、垃圾能集中处理的农户比重、通宽带的农户比重、有卫生站的农户比重和所在自然村上小学便利的农户比重7个指标来衡量农村贫困地区基础设施与公共服务条件。2013—2019年,7个指标值都有不同程度的上升;2019年,除所在自然村垃圾能集中处理的农户比重(86.4%)以外,其余指标值均超过了90%,所在自然村通公路和通电话比重更是达到了100%。这说明基本的基础设施条件在农村贫困地区已经得到保障,上述指标值的增加也显示出农村贫困地区社会公共服务的可及性得到明显提高。

(3) 农村地区人民生活水平变迁。参考《中国农村贫困监测报告》,采用农村贫困地区每百户拥有的移动电话数量、计算机数量、电冰箱数量、洗衣机数量、汽车数量,以及贫困地区农村常住居民人均可支配收入和人均消费支出7个指标来衡量农村贫困地区人民生活水平的变迁。上述指标均为衡量人民生活水平的正向指标;也就是说,人民生活水平越高,各指标值越大。2013—2019年,7个指标值均有不同程度的增加,贫困地区农村常住居民收入水平和消费水平均得到大幅提升,人均可支配收入从6079元上升到11567元,7年内年均增速11.3%;人均消费支出从5404元上升到10011元,年均增速10.8%,略低于收入平均增幅。每百户拥有的移动电话数量从2014年的194.8部上升到2019年的267.6部;每百户拥有的计算机、洗衣机、电冰箱和汽车数量也都有不同程度的增加。结合收入支出数据可知,进入精准扶贫阶段以来,农村贫困地区居民生活水平不断攀升。

(资料来源:王焕刚,张程,聂常虹.我国扶贫政策演进历程与农村社会的多维度变迁:分析与启示[J].中国科学院院刊,2021,36(07):787-796.)

思考与练习题

1. 什么是政策评估?

即练即测

2. 为什么要进行政策评估?
3. 政策评估包括哪些内容?
4. 政策评估的模型有哪些?
5. 政策评估有哪些要克服的障碍?

参 考 文 献

[1] 陈跃.公共政策学[M].重庆:西南师范大学出版社,2014.
[2] 韩俊江,袁湘,杨兹涵.公共管理政策分析[M].长春:东北师范大学出版社,2012.
[3] 陈刚.公共政策学[M].武汉:武汉大学出版社,2011.
[4] 吴立明,傅慧芳.公共政策分析[M].厦门:厦门大学出版社,2006.
[5] 宁骚.公共政策学[M].2版.北京:高等教育出版社,2011.
[6] 谢明.公共政策分析概论[M].修订版.北京:中国人民大学出版社,2011.
[7] 李勇军,周惠萍.公共政策[M].杭州:浙江大学出版社,2013.
[8] 王曙光,李红星,刘西涛.公共政策学[M].北京:中国财富出版社,2019.
[9] 吴光芸.公共政策学[M].天津:天津人民出版社,2015.
[10] 朱春奎.公共政策学[M].北京:清华大学出版社,2016.
[11] 陶学荣.公共政策学[M].4版.大连:东北财经大学出版社,2016.
[12] 冯封,李庆均.公共政策分析:理论与方法[M].合肥:中国科学技术大学出版社,2008.
[13] 李志军.重大公共政策评估理论与实践[M].2版.北京:中国发展出版社,2016.
[14] 杨志荣.公共政策评估:标准与过程——兼议北京市拟征收"交通拥堵费"[J].行政科学论坛,2015,2(6):29-34.
[15] 周海燕.广东省科技人才政策效果评估及优化研究[D].广西大学,2018.
[16] 杨红良.制定公共政策评估标准的原则[J].党政论坛,2009(5):30-31.
[17] 崔义中,白佳泠.我国政策评估存在的问题及对策[J].价值工程,2013,32(9):311-312.
[18] 陈何南.公共政策评估标准的应用路径分析[J].商业时代,2014(6):106-107.

第十章

政策周期与政策终结

引例

我国合作医疗政策的变迁

合作医疗是我国农村地区实施的一项医疗卫生政策,也是我国社会政策体系的重要组成部分。我国合作医疗政策是如何演变的呢?

(一)动员推动阶段(20世纪50年代中期—70年代末80年代初)

20世纪50年代中期,山西、河南、河北等地农村出现了一些由生产合作社保健站实施的合作医疗实践,引起了中央决策者的注意。1965年6月26日,毛泽东作出了"把医疗卫生工作的重点放到农村去"的重要指示,并于次日亲自批示了关于湖北省长阳县乐园公社办合作医疗经验的文件。此后,合作医疗成为国家最高政策,举办合作医疗成为"政治任务",因此很快得到了推广和执行。

(二)放任自流阶段(20世纪80年代)

80年代开始实行农村经济体制改革,使大多数地区的合作医疗失去了赖以支撑的经济基础,农民重新选择了自费医疗形式。该时期中央决策者对于农村问题的认识集中于家庭联产承包责任制对于"一大二公"的替代,忽视了集体经济解体后合作医疗发展面临的困境。面对合作医疗大面积解体的局面,当时并未及时推动政策变迁(或实施新的政策供给)以保证合作医疗制度得以延续。

(三)谋求恢复阶段(20世纪90年代—21世纪初)

进入90年代,中央决策层开始重新关注农村医疗卫生工作。1991年,卫生部等部门向国务院提出"改革和加强农村合作医疗卫生工作的请示",以此为开端谋求恢复改革前的农村合作医疗制度。1993年由卫生部组织进行了首次国家卫生服务调查,开始收集农村医疗卫生发展信息。该时期的合作医疗问题虽然被提到了议事日程中,但是并没有在决策阶段被给予实质性的支持政策(主要指财政支持),由此导致合作医疗覆盖率尽管屡有反复,但总体仍处于较低的发展水平。中央先后于1994年与1997年两次提出重建合作医疗的任务,最后均未达成。

(四)"医改不成功"阶段(2002—2005年)

2002年中共中央、国务院发布了《关于进一步加强农村卫生工作的决定》,提出建设新型农村合作医疗制度。2004年,卫生部公布的《国家卫生服务调查报告》显示我国内地城市没有任何医疗保险的人口占44.8%,农村为79.1%。老百姓"看病贵、看病难"等现实矛盾日渐突出,有专家对医改的指导思路提出质疑。2005年7月,国务院发展研究中心发布的关于医改的研究报告称:"中国医改总体上不成功,其症结是近二十年来医疗服务逐渐市场化、商品化。"11月,哈尔滨爆出"550万元天价医疗费事件"也再次印证了"医改不成功"的事实。

(五)全力重建阶段(2006—2009年)

2006年9月,由发改委、卫生部牵头的14个部委组织的"医改协调领导小组"成立,并在同年的10月份,正式在发改委的网站上公开向全社会征集医改的意见和建议。一时间,各种意见和建议从全国四面八方汇聚到北京。2009年,新医放方案终稿公布,国务院通过《关于深化医药卫生体制改革的意见》和《2009—2011年深化医药卫生体制改革实施方案》,明确规定"要进一步理顺医疗服务比价关系",新一轮医疗改革不断推进。随后,《关于建立全科医生制度的指导意见》《关于社会资本举办医疗机构经营性质的通知》等系列配套措施出台。

(六)完善发展阶段(2010年至今)

2010年,医改覆盖面取得了巨大进步,提前一年在全国范围内推开城镇居民医保,将在校大学生纳入城镇居民医保范围,保障范围也从重点保大病逐步向门诊小病延伸。2012年"十二五"医改规划确立了三项重点:加快健全全民医保体制,巩固完善基本药物制度,全面推进公立医院改革。2015年是"十二五"医改规划的收官之年,印发了《关于全面推开县级公立医院综合改革的实施意见》《关于城市公立医院综合改革试点的指导意见》等,全面推开县级公立医院综合改革,在100个地级以上城市推进城市公立医院综合改革试点,提出7方面27项重点改革任务。2017年,《"十三五"深化医药卫生体制改革规划》指出,自2009年新医改以来,围绕群众看病就医问题开展的一系列工作,"保基本、强基层、建机制"取得阶段性成效,城乡居民基本医疗有了保障,医疗需求快速释放,过去的"看病难、看病贵"得到了缓解,而又呈现出新的形式,即"大医院挂专家号难""患者自付费用比例较高""大医院人满为患,超负荷运转,基层就诊量相对较少"。针对这种情况,"十三五"医改规划又提出将分级诊疗置于改革重点任务之首。2021年"十四五"医疗卫生事业规划中,提高应对突发公共卫生事件能力,加快优质医疗资源扩容和区域均衡布局成为"关键词"。

(资料来源:张海柱.农村合作医疗政策变迁分析:一种政策过程视角[J].甘肃理论学刊,2012(03):93-97.)

第一节 政策周期概述

公共政策本身是一个运动的过程,一方面,从某项特定的政策来看,总会经历一个从政策制定、执行、评估到终结的过程;另一方面,从整个公共政策体系来看,旧的公共政策体系渐趋终结,新的公共政策不断产生,形成公共政策循环往复、生生不息的周期现象。公共政策周期的研究,将有助于防止公共政策僵化,促进新的、充满活力的公共政策的产生。

一、政策周期的内涵及影响因素

(一)政策周期的内涵

政策周期的研究可以追溯到拉斯韦尔(Lasswell),他在 1956 年的《决策过程》中将政策过程划分为如下七个阶段:(1)情报,即引起决策者注意的与政策事务相关的信息是怎样被收集并处理的;(2)建议,即处理某一问题的那些建议(或可供选择的方案)是怎样形成和被提出来的;(3)规定,即普遍的规则是由谁颁布的;(4)行使,由谁决定特定的行为违反规则或法律,并要求对规则和法律进行遵守;(5)运用,规则和法律是怎样被运用和实施的;(6)评价,政策是如何被实施的以及怎样评价政策的成功和失败;(7)终止,最初的规则和法律是怎样终止的,或经修改以改变了的形式继续存在。在拉斯维尔看来,这七个阶段不仅描述了公共政策是如何制定的,而且描述了应该怎样制定公共政策。学术界普遍认为,拉斯维尔对政策过程的分析主要是关注政府内部的决策过程,而没有考虑外部环境对政府行为的影响;同时拉斯维尔把政策评估放在政策运用之后也与现实不符,因为不仅要在政策执行之后对政策进行评估,在政策执行之前也要对政策进行评估。但是应当看到,这个模型对政策科学发展影响很大,它通过把政策阶段独立起来从而减少了公共政策研究的复杂性,从而为以后的政策研究者开辟了一条道路。

20 世纪 70 年代中期,布瑞沃(Garry D. Brever)提出了政策过程六阶段论:(1)发起,指的是确认问题并提出备选解决方案;(2)估计,指的是对每个备选方案的风险、成本与收益进行计算,其目的是排除不可行的方案,缩小可选择的范围,并根据方案的优势进行排序;(3)选择,选择阶段是从剩余的方案中选择一个或者综合剩余方案成为一个新方案,或者不选择任何方案;(4)执行,指的是对政策方案的科学认真地执行;(5)评估,指的是对整个过程进行评估;(6)终止,指的是根据政策评估的结果对政策进行终止。布瑞沃不仅对拉斯维尔提出的七阶段论进行了修正,而且认为应当在讨论问题确认阶段时把政策过程扩展到政府之外。此外,布瑞沃还把政策过程看作是一个不间断的周期,即大多数政策并不是一个从生到死的有限的生命周期,而是会以不同的形式不断重现。此后,不断有学者对政策周期的阶段提出自己的见解,其中广为学界接受的是琼斯。

美国政策学家 C. O. 琼斯(Charles O. Jones)提出的政策周期理论最被广泛接受。琼斯在分析政策过程时,提出一种旨在合理系统地考察公共政策的制定与实施的分析框架,这个政策过程分析框架便构成了政策周期理论的雏形。琼斯认为,政策过程架构的基本要素有:感知或定义、界定、汇集或累加、组织、确立议程、方案形成、合法化、预算、执行、评估和终结。他根据系统分析的概念,将政策分析过程分成五个阶段:(1)问题认定,即从问题到政府的阶段;(2)政策发展,包括方案规划以及合法化等功能活动,即政府为解决公共问题而采取行动的阶段;(3)政策执行,即政府解决问题的阶段;(4)政策评估,即由政府回到政府的阶段;(5)政策终结,即问题解决或变更阶段。

结合我国政策实践,我们认为,一个完整的政策周期应包括"制定—执行—评估—监控—终结"这五个阶段。政策制定是核心,包括了问题的认定和政策的发展;政策执行是关键,包括了资源的整合和人力的有效运用;政策评估是对政策方案合理性最具权威的检验;政策监控能够及时发现并纠正政策偏差,是政策运行中不可缺少的一个环节,贯穿于政策过程的始终;政策终结则意味着一个旧周期的结束和一个新周期的开始,如图 10-1 所示。

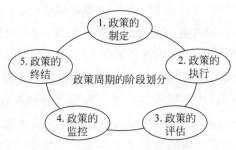

图 10-1 公共政策运行周期

(资料来源:黄顺康. 公共政策学[M]. 北京:北京大学出版社,2013)

不同的政策持续的时间长度是不一样的。影响政策周期长短的主要因素有:(1)目标。目标越大,周期越长,如一个时期以来计划生育政策的目标是控制人口数量、提高人口素质;目标越小,周期越短,如大中专院校毕业生分配制度改革。(2)环境。环境变量越大,政策周期越长;反之,环境变量越小,政策周期越短。(3)难度。政策实施的难易程度与政策周期成正比。如"三农"政策与三峡移民政策,"三农"问题牵涉的面太广,实施的难度太大,推进速度较慢;而三峡移民政策则目标明确、措施具体、资金到位,实施起来虽有难度,但解决得相当迅速而令各方满意。政策周期的长短还与具体政策的情况相关:一项错误的政策,人们大都希望它的周期短一些,尽快结束;而一项经试点证明是正确、有效的政策,人们希望将其推广,延续更长的时间。

(二) 政策周期性变动的影响因素

政策的周期性变动是指公共政策在一定的时间范围内,同样或相似的政策现象有规律地反复出现。政策周期性变动的影响因素众多,具体来说有以下四个方面。

第一,政策主体的周期性更迭。就像亚瑟·施莱辛格在他的周期型政策变动模型中所指出的那样,政府的政策往往随着执政党的轮换更替而呈现明显的周期波动。如果左翼政党上台,一般要推动国有化、提高税收、增加福利;而一旦右翼政党重新掌权又要反其道而行之,搞私有化、降低税收并削减福利开支。

第二,客体的周期性变化。这指的是公共政策所指向的问题具有周期性。比如,某些自然灾害的出现具有周期性。我国的自然灾害发生得比较频繁,特别是每年的夏天由雨季带来的洪涝灾害危害极大,一旦灾害出现,党和政府都要成立相应的领导小组,配置一定的政策工具来统一指挥全国的抗洪救灾工程。

第三,经济等外部环境的周期性波动。宏观经济条件的变化是影响政策系统的重要外部因素,经济研究和实践都表明,经济发展会产生周期性波动,经济繁荣和衰退常常交替性存在。其结果是导致公共政策,尤其是经济方面的政策发生相应的变化。经济与政策构成一个矛盾统一体,其中经济决定政策,政策引导经济。经济与政策之间的作用与反作用力始终贯穿于整个国民经济的运行之中。政策的制定直接取决于经济发展的状况,而经济的发展只有经过不断的政策调控才能保证正确的方向。经济在发展中时快时慢,时冷时热,不断变化;政策在调控中时紧时松,时强时弱,不断变换。这在客观上就出现了经济周期性波动和政策周期性转变,而经济与政策之间的辩证关系决定了经济周期与政策周期之间的互动关系,即经济周期决定着政策周期,而政策周期反过来又引导着经济周期的运行。

第四,人类的认识规律。一方面,由于受到认识的主体和客体及其相互作用的限制,人们对客观世界的认识是一个曲折、复杂的过程。即使是对某一具体事物或过程的正确认识,往往也不是经过一次从实践到认识、从认识到实践的过程就能实现的,而是需要经过实践、认识、再实践、再认识多次反复才能完成。因此,一项政策从不完善到完善的螺旋式发展过程是必然的。另一方面,人类社会是多元的社会,人们的利益存在着差异,因此,受自身利益和意识形态的驱动,人们的政策偏好会左右摇摆,从而导致政策的周期性变更。

二、政策周期的研究意义

政策周期的研究不论在理论上还是实践上都具有重大意义,具体来说,有以下几个方面。

第一,政策周期研究是完善政策科学学科理论体系的需要。政策周期是政策科学研究的重要组成部分,引入政策周期的概念有助于我们理解公共政策的动态过程,理解政策运行的客观规律。改革开放以来,我国的政策科学研究已经取得了可喜的成就,初步建立了适合中国国情的政策科学学科体系。但是也应当看到,在现有的研究成果中,有关政策周期的研究屈指可数。在专著或教材中,要么语焉不详,要么干脆没有。因此,加强对政策周期的研究将填补我国政策科学研究中的一个理论空白,对于政策科学的发展和完善将起到积极的作用。

第二,政策周期研究是促进公共决策科学化的需要。政策周期反映的是人们认识发展的规律和政策本身的发展规律。公共政策的环境系统和政策问题是在不断发展变化的,而人们对政策问题、政策环境以及政策方案等的认识也是在逐步深化的,这就决定了人们总是要不断地重新认识、界定政策问题,制定政策目标和政策方案,以使政策真正达到解决社会问题的目的。对于政策本身来说,它的发展是符合"否定之否定"规律的,而重复性、周期性以及上升性、前进性都是否定之否定过程的一个重要特征。政策经过扬弃,克服了前一阶段过时的、消极的、无效的东西,吸收、保留了前一阶段的发展所取得的积极成果,并增添了为过去阶段所不能容纳的新的因素,从而把公共政策推向新的更高的发展阶段。

第三,政策周期研究是保持政策的连贯性和稳定性的需要。公共政策的持续稳定是公共政策有效地调节社会行为的基础,而政策的稳定性和连续性正是建立在对政策周期的研究之上的。这是因为:①通过对政策周期的研究,政策制定者可以了解政策是否实现了预期的目标,政策执行是否产生了偏差,以及随着条件的变化,是否需要进行追踪决策。②通过对政策周期的研究,政策制定者可以依据研究的结论,决定是否坚持原政策,是否修改原政策,抑或终止原政策、制定新政策。③通过对政策周期的研究,政策制定者可以根据原政策成功或失败的经验教训,使建立在原政策基础上的新政策在新一轮的周期中扬长避短,提高政策的功效。如果没有对政策周期进行有效的研究,保持政策的连续性和稳定性就失去了依据。中华人民共和国成立以来,我国政策领域中出现失误的原因固然是多方面的,但与缺乏对政策周期的必要研究有很大的关系,以至于政策缺乏稳定性,有政策之间互不配套、互相矛盾、政出多门的现象,前后政策之间缺乏连贯和衔接,出现"撞车"现象。如果我们对政策周期进行相应的研究和分析,许多失误是可以避免的。

第四,政策周期研究是保障改革开放顺利进行的需要。改革开放是我国走向繁荣富强的必由之路,而改革开放的实现主要是通过一系列的公共政策来完成的。我们的改革是一场渐进性的革命。说它是革命,是因为它要终结和淘汰许多旧的政策,同时创立和推行大量新的政策。说它是渐进性的,是因为新情况、新问题层出不穷,改革的经验是在"摸着石头过河"当中不断积累的;同时改革的过程要兼顾稳定和发展,政策的变动还是以渐进型调整为主。这些都离不开对政策周期的研究。如果我们的研究跟不上,不能及时、有效地回答改革过程中不断提出的政策问题,改革开放就不能顺利进行。应该说,改革开放以来,我国政府在政治、经济、文化、教育、科技等领域都颁布了一系列根本性的改革政策,取得了相当大的成绩,积累了丰富的经验,但是,我们也走了不少弯路,有过不少失误,这与忽视对政策周期的研究不无关系。缺乏对改革的整体思考,忽视政策过程的逻辑顺序,缺少相应环节,特别是评估和监控阶段,没能选准调整或终结的时期,缺乏政策的协调配套等,这些都可能造成严重的后果,带来不必要的损失。

综上所述,政策周期是政策运行中的一种基本现象,它反映了经济发展和社会发展周期性循环对政府公共政策的影响,也与政府权力的周期性更迭密切相关,反映着不同的政府领导人管理社会事务的不同思路。对政策稳定、政策变动以及政策周期的科学考察,是辩证地把握政策运行过程中各种因素相互依存、相互作用的统一关系,因而也是准确地理解政策运行规律、提高政府政策能力和政策绩效的基础。

三、中国的政策周期

与已经发生和正在发生的各国公共政策改革与建设相比,改革开放以来我国公共政策的变革,无论是其所处的国内背景还是直接影响其变迁的因素,都表现出异常的复杂性。这种复杂性,一方面表现在国内、国际的背景十分复杂:从国内来看,我国在20世纪80年代前后进入经济改革、对外开放与社会转型时期,思想解放运动在"左"与"右"的激烈碰撞中前行,高度集中的计划经济体制与活力四射的市场机制在彼此的较量中此消彼长,社会逐步分化,城乡之间产生一种新的格局;从国际上来看,全球化迅猛发展,世界政治朝多极化方向迈进,另一方面,表现在我国公共政策的发展和变革是在经济制度尚未定型的情况下发生的,这种情形下,我国公共政策的发展缺乏独立的空间,公共政策的实践往往受制于诸多外在因素。

基于环境的复杂性,我国公共政策的周期表现出的第一个显著特征就是,在政策制定和政策执行两个环节之间,多了一个"试点"环节,政策发展阶段被拉长。通常我国的公共政策周期表现为"政策制定—政策试点—政策推广执行—政策评估—政策监控—政策终结"六个环节。我国公共政策一般采取渐进式的发展策略,一项政策出台后,中央一般会要求"试点先行、缓慢推进",先制定有关改革方案,选择个别或者少数地区进行试验,通过试点发现问题,经过修正后再逐步推广至全国,其好处在于可以避免政策失误而导致大的危机的发生。并且,一项政策经过改革后,并不是立即以新制度取代旧制度,而是新旧制度同时并存,形成双轨甚至多轨并存的政策格局,待到新政策具有了一定的发展势能以后,再取消旧的政策,旧的政策的消亡有一个较长的缓冲期,留有相当长的时间让各方做好准备工作,有利于社会的稳定。我国的医疗保险的改革、农业税的取消、价格体制的改革都采取这种策略。如我国在实行价格体制改革中,为了让改革能够平稳地进行,在一段时期内实行了价格双轨制,当价格实现平稳的目标后,才终止了双轨制。

我国政策周期的第二个明显特征是早期政策周期较短,政策与政策之间的更替较快,后期逐步正常。不少学者对这个特征做出过探讨。克拉克(Christopher M. Clarke)认为,中国领导人的政策框架时间是不断变小的。在20世纪80年代初,一个计划还有2—3年的时间,然后做适当的调整和改进;在80年代中期,则缩减到一年时间;到了80年代末,就变成一个季度了。郑竹圆分析了1953—1981年我国的经济策略,发现在这30年的时间里,几乎没有一个经济增长战略能够延续6年以上。有不少事例可以证明这一点,如1991年3月七届人大四次会议通过的"十年规划"目标是,在2000年GNP比1980年翻两番,平均每年经济增长率指标为6%左右,明确提出"坚定不移地保持国民经济持续稳定协调发展"。而到1992年的十四大和1993年的八届人大一次会议上,要求重新修改"八五计划"和十年规划,发展目标又改为提前到1995年实现GNP翻两番,经济增长率指标提高到8%—9%,经济发展指导方针改为"加快改革开放和现代化建设步伐"。当然,随着我国的基本经济体制的定性,政策周期逐步趋于正常,如全面建设小康社会的各项指标已经经过了近十年的实践。

我国政策周期的第三个特征是政策周期链条时有断裂,一些公共政策环节时有缺失。理想的政策过程包括从问题界定到政策终结的各个环节。我国目前的公共政策实践中,一些功能环节(如问题界定、结果预测追踪评价和政策终结)往往没有受到重视或被忽视,科学、合理的政策程序并未完全确立起来。存在没有经过长期的调研及理论探讨,没有经过专家的详细论证,没有经过多次代表大会的充分讨论,少数领导凭借经验,甚至按照主观设想"一锤子拍板"的情形。此外,对政策运行效果进行科学、公正的追踪评估有待加强,公共政策运行应有始有终,清简冗余之策,理顺各策边界,保证政策顺利执行。

我国正处于实现中华民族伟大复兴的关键时期,社会要稳步快速发展,人民群众的生活水平要持续提高,还有待于遵循政策周期发展规律,脚踏实地地求发展,避免政策波动,提高政策理性。

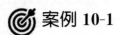 案例10-1

我国人口计划生育政策变迁史

从1971年的"一个不少,两个正好,三个多了",到提倡"一对夫妇只生育一个孩子",到"单独两孩"政策顺利落地,到全面实施一对夫妇可生育两个孩子政策,再到全面实施一对夫妻可以生育三个子女政策,我国人口政策是如何演变的?

(一)"晚、稀、少"

1971年,国务院批转《关于做好计划生育工作的报告》,强调"要有计划生育"。在当年制定"四五"计划中,提出"一个不少,两个正好,三个多了"。1973年12月,第一次全国计划生育汇报会提出"晚、稀、少"的政策。"晚"指男25周岁、女23周岁以后结婚,女24周岁以后生育;"稀"指生育间隔为3年以上;"少"指一对夫妇生育不超过两个孩子。

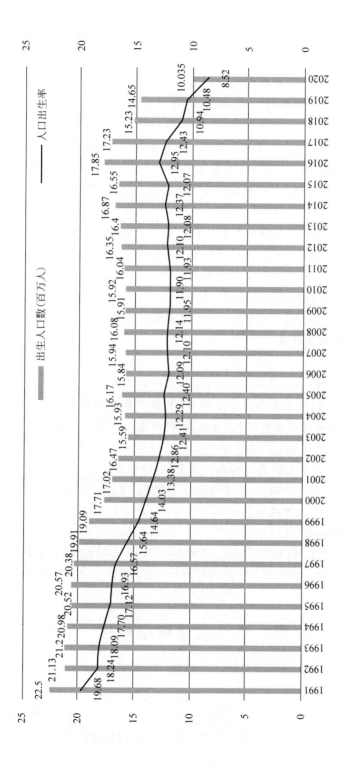

图 10-2 不同政策下我国历年出生人口情况图

政策：一孩政策（1978年）→双独二孩（2002年）→单独二孩（2013年）→全面二孩（2015年）→全面三孩（2021年）

(二)"一对夫妇只生育一个孩子"

1978年3月,第五届全国人民代表大会第一次会议通过的《中华人民共和国宪法》第五十三条规定"国家提倡和推行计划生育"。计划生育第一次以法律形式载入我国宪法。1984年,中央批转国家计生委党组《关于计划生育工作情况的汇报》,提出"对农村继续有控制地把口子开得稍大一些,按照规定的条件,经过批准,可以生二胎;坚决制止大口子,即严禁生育超计划的二胎和多胎",即"开小口、堵大口"。

(三)双独二孩

2002年9月施行的《中华人民共和国人口与计划生育法》明确规定,国家稳定现行生育政策,鼓励公民晚婚晚育,提倡一对夫妻生育一个子女;符合法律、法规规定条件的,可以要求安排生育第二个子女。"双独二孩"政策由此在全国推开。

(四)单独二孩

进入21世纪后,我国人口形势发生了重大变化。劳动力持续问题、老龄化问题、人口结构性问题等开始显现。2013年11月,十八届三中全会审议通过《中共中央关于全面深化改革若干重大问题的决定》。决定提出,坚持计划生育的基本国策,启动实施一方是独生子女的夫妇可生育两个孩子的政策,逐步调整完善生育政策,促进人口长期均衡发展。同年12月,中共中央、国务院印发《关于调整完善生育政策的意见》,明确了生育政策调整的重要意义和总体思路。

(五)全面二孩

2015年10月29日,十八届五中全会决定,坚持计划生育的基本国策,完善人口发展战略,全面实施一对夫妇可生育两个孩子政策,积极开展应对人口老龄化行动。这是继2013年十八届三中全会决定启动实施"单独二孩"政策之后的又一次人口政策调整。

(六)全面三孩

2021年5月31日,中共中央政治局召开会议,审议《关于优化生育政策促进人口长期均衡发展的决定》。会议指出,进一步优化生育政策,实施一对夫妻可以生育三个子女政策及配套支持措施,有利于改善我国人口结构、落实积极应对人口老龄化国家战略、保持我国人力资源禀赋优势。

(资料来源:中央政府门户网站.关于"生孩子"的那些政策——中国人口政策演变编年史[EB/OL].(2015-2-9)[2022-11-4].http://www.gov.cn/zhengce/2015-02/09/content_2816919.htm.原文有改动。)

第二节 政策终结概述

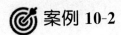 案例 10-2

"211工程""985工程"项目终结

现今我们已经步入知识经济时代,科教兴国和人才强国成为我国提升文化软实力和综合国力的必由之路,加快高等教育发展、建设世界一流大学和学科成为我国高等教育发展的重要目标。1993年,教育部、国家教育委员会向各部门和地区印发《关于重点建设一批高等学校和重点学科点的若干意见》(教重〔1993〕3号),决定开展"211工程"重点建设项目,自此"211工程"建设全面展。1995年11月,"211工程"重点建设项目正式启动。1999年3月18日,国务院批转了教育部发布在1998年12月24日制定的《面向21世纪教育振兴行动计划》(教究厅〔1999〕1号),表示应该在进一步加快推进"211工程"重点建设项目的同时,还应该把目标聚焦于建设世界一流和高水平的大学和学科。自此"985工程"项目,又称"世界一流大学"工程正式启动建设。

两大建设项目自此稳步推进,我国推出这两项政策的本意是"集中力量办大事",从具体实践效果来看对我国高等教育发展起到了历史性的推动作用,极大地提升了我国高等教育竞争力。但随着教育规模的不断扩大,网络上不断涌现出国家即将废除"985工程""211工程"的传闻,教育资源配置不均衡、高校同质化现象普遍、学生就业歧视现象严重等负面效应也在运行过程中日益凸显。

2015年10月24日,国务院印发全新的教育改革方案——《统筹推进世界一流大学和一流学科建设总体方案》,陈述了"985工程"和"211工程"在运行过程中的身份固化、竞争缺失等方面的弊端,2016年6月3日教育部宣布与"985工程""211工程"有关的一批规范性文件正式失效。这些文件的官方废止使得"985工程""211工程"概念逐渐被淡化。2019年11月28日,教育部在官网上再次对这两项政策的终结做出官方回应,"985工程""211工程"将被统筹为"双一流"高校建设项目,这也代表"985工程""211工程"政策正式终结。

(资料来源:赖君超.多源流理论视角下我国公共政策终结过程研究[D].南京大学,2020.)

思考:"985工程""211工程"政策最后为何被终结?

公共政策终结是决策者通过对政策的审慎评价后,终止那些错误的、过时的、多余的或无效的政策的一种行为。政策终结不仅是指取消原有的政策,而且还意味着制定新的政策。因此,政策终结既是公共政策过程的结束,也是公共政策过程的开始。在接下来的环节中,将对公共政策过程的最后一环——政策终结进行分析,讨论政策终止的含义、主要内容、面临的障碍及对策等。

一、政策终结研究的兴起

20世纪60年代,在美国兴起了一场公共政策运动,这场公共政策运动力求回应具有普遍性的、相互关联的社会问题或公共问题,并使公共政策本身构成政府及其行政人员的行为框架和规范,使政府行为能够行之有据。这在当时美国的时代背景下,有效地解决了前所未有的反战运动、种族歧视和快速工业化、都市化带来的贫困、犯罪等一系列社会问题。在这个历史阶段,如何科学而前瞻地创制政策并有效地运用被置于整个公共政策研究的核心。到了70年代,西方各国面临经济滞胀的危机,各国政府纷纷改变凯恩斯主义的政治策略,提倡以新自由主义的变革来激发市场力量,以此摆脱普遍存在的经济困境。以英国撒切尔夫人主导的自由主义经济改革和美国总统克林顿主张的政府改革为代表,西方国家开始进入了密集的政策调整阶段,大量原有政策面临转型或者终结。在这个过程中,如何对政策终结进行准确的认识,探求影响政策终结的关键因素并找到有效的策略,是国家政策转变紧迫需要厘清的问题。正是基于这样的现实需要,政策终结研究才逐渐得到重视。

西方国家的公共政策终结研究大致可划分为三个阶段:第一个发展阶段是20世纪50年代末,拉斯韦尔等一批公共政策学的创立者最早对政策过程进行论述和阐释,并将政策终结作为政策过程的一个主要步骤纳入考察范围,这一阶段确立了政策的研究范围与主题,明确了政策终结研究的基本对象,解决了政策终结研究的"身份问题",但这个阶段的公共政策研究具有倾前趋向,更多的是关注政策制定的问题,不仅政策执行的研究成为"错失的环节",对政策终结的研究也并未引起足够的重视。第二个发展阶段是20世纪70年代中后期,随着政策环境的变化和政策方向的转变,大量政策面临转型及终结,这个时期涌现了巴尔达克、狄龙、考夫曼、本恩等一批政策终结研究专家,他们对政策终结的概念、所包含的内容和影响因素都有了较全面的阐述。这一阶段为政策终结研究的发展奠定了基础。第三个发展阶段是20世纪90年代以后,以丹尼尔斯和哈里斯等一批学者为代表,着力将政策终结的基础理论运用到现实案例的分析之中,并不断丰富现有的解释框架,使政策终结的分析进入更精细化的阶段,例如弗兰茨和佐藤分别就美国和日本的麻风病隔离政策的终结过程进行了跟踪观察,在后续的对比研究中深化了对不同文化背景下政策终结过程差异的认识。

相较于西方,我国的政策终结研究仍处在起步阶段,主要的研究任务还聚焦在基础理论的开拓以及对西方相关研究的引进,近年来也出现了一些案例研究。但总的来说,我国的政策终结研究与实际需求还不相符合,在引进西方的研究理论中显得力度不够,一些奠基性书籍尚未被翻译出版,而学术界针对我国政策终结问题公开发表的著作和论文数量有限,在理论构建上也缺乏系统深入的设计。总之,无论是在西方还是在我国,公共政策终结长期被忽视的状况仍有待改变,特别是当前我国处于社会转型阶段,大批政策只有进行调整或适时终结才能适应环境的变化。如何对此进行有针对性的研究,无疑是十分紧迫的任务。

二、政策终结的含义

"终结"一词,人们在生活中常常会用到,它一般是指某一个活动或者某一事物在时间和空间上的终止或结束。世上万物都有其生命过程,都会经历从无到有、从小到大、从兴盛到衰亡、从开始到结束这样一个发展过程。没有一劳永逸的事情,终结现象的产生是一种必然,它符合事物运动和发展的规律。但是,政策终结不是自然而然的现象,而是人主动为之,是人在政策实施过程中发现问题后主动予以纠正来提高政策绩效的行为。从政策过程来看,政策终结往往发生在政策检测评估后,具体包括四种情况:一是已经实现了政策的既定目标;二是既有的政策完全背离初衷;三是政策无效或多余;四是政策实施后发生了严重的问题。

那么,什么是政策终结?学者们有不同的界定。最早提出政策终结概念的是拉斯韦尔(Lasswell),他将政策终结定义为废止有关方案,并妥善处理两种人的价值诉求:方案有效时的忠诚支持者和方案终结时的利益受损者。终结行动包括法定和其他方案的废除,以及对补偿和重新安置等相应解决方案的调整,但是拉斯韦尔并未对政策终结进行具体研究。

到20世纪70年代中期,拉斯韦尔的学生布鲁尔(Brewer)提出了政策过程六阶段论,认为政策终结是政府对那些已经存在的功能障碍,并且是多余、过时以及不必要的政策和项目的调整。具体来说,政策终结是特定政府功能、项目、政策或组织的关闭或缩减;不过现实生活中还存在大量的部分终结现象,即特定的政府功能、项目、政策或组织为了使自己持续存在而做出相应调整。

与布鲁尔的观点相似,林水波和张世贤也认为政策终结隐含了一套期望、规则和惯例的终止,政策活动的停止,机关组织的裁撤,同时也是新期望的提出,新规则、惯例的建立,崭新活动的开展,机关组织的更新与发展。张金马认为政策终结与一般意义上的终结最根本的区别在于:政策终结不是一种自然现象,而是人们在政策过程中主动进行的旨在提高绩效的一种政治行为;是决策者通过对政策进行慎重的评估后,发现修改政策已经是多余、不必要或不发挥作用时采取必要的措施予以终止的行为。总体而言,政策终结是指组织的裁并、政策的转向或修正,其目的在于适应变迁所导致的政治经济环境改变,以满足社会大众的需求并维持施政的稳定。政策终结不仅是指取消原有的政策,而且还意味着制定新的政策。政策终结既是公共政策过程的结束,也是公共政策过程的开始。

综合中西方学者的上述观点,我们将公共政策终结的概念界定为:政策终结是指政策制定者经过政策评估后,采取一定的措施,将过时的、无效的或多余的政策、计划、功能或组织予以终止或结束。这一定义主要有以下几方面的内涵:

第一,公共政策终结的主体应是政府中政策的决定者或制定者,其他组织或个人无权终结公共政策。

第二,公共政策终结的客体(对象)除过时的、无效的或多余的政策外,还包括过时的、无效的或多余的计划、功能和组织。

第三,公共政策终结的依据是公共政策评估。因为判断政策是否有效、过时和多余的标准就是公共政策评估的结果,所以从某种意义上来说,没有科学有效的公共政策评估,也就没有科学有效的公共政策终结。

政策终结具有强制性、更替性、灵活性三个特征。其中,强制性是指一项政策的终结总是会损害一些相关的人、团体和机构的利益,遭到强烈的反抗,因此往往靠强制力来进行;更替性指政策终结意味着新旧政策的更替,是政策连续性的特殊表现;灵活性是指政策终结是一个复杂而又困难的工作,必须采取审慎而灵活的态度,处理好各种动因和关系。

三、政策终结的地位及作用

(一) 政策终结的地位

政策终结在政策过程中的地位主要表现在两个方面:一是宣告了旧政策的结束。旧政策的结束意味着原有政策活动的停止、相关期望和利益的转移、规则和措施的取消、有关机构的裁剪或撤销、相关人员的分配与安置等。二是预示着新政策的启动。新政策的启动意味着新的期望和利益的建立、新规则和措施的实施、机构组织的更新与创新、相关人员的选择与安排等。

政策终结既是结束,同时也是开始,在政策的周期循环中担负着承上启下、开拓未来的关键任务,是政策过程中不可或缺的一个环节。一项政策退出历史舞台并不代表它要解决的问题也随之云消雾散,临时的政策真空会形成一定的管理盲区。

(二) 政策终结的作用

公共政策是实施国家职能和进行社会管理的基本手段,直接关系国家和社会的稳定和发展。因此,及时地终结一项错误的或已经失灵的或已完成历史使命的政策就显得极为重要。从政策终结的结果上看,政策终结的作用突出地表现在以下三个方面。

1. 政策终结有利于节省政策资源

政策的运行必须支付一定的成本,即要耗费一定的政策资源。对任何一个国家来说,政府的财政负担和可支配的社会资源都是有限的。如果一项错误、过时或无效的政策没有得到及时的终结,反而让它继续存在并处于运行状态,那样非但不能取得效益,而且会给社会带来危害,造成社会资源的极大浪费和财政负担的不断加重。相反,及时的政策终结不仅可以减少人力、物力、财力的无效消耗,而且可以把有限的政策资源配置到必要的领域,使其发挥最大的效用。

2. 政策终结有利于提高政策绩效

面对复杂多变的环境,政府必须不断调整自己的政策行为,以充分运用有限的资源,取得最大的政策绩效。政策终结,既标志着旧的政策过程的结束,又象征着新的政策过程的开始。政策创新不仅可以将绩效变得低下的旧政策适时地淘汰,避免走向僵化,而且可以发挥新政策的效能,促进新陈代谢,从而大大提高政策绩效。

3. 政策终结有利于促进政策优化

这表现在两个方面:一是政策人员优化。政策人员不仅包括政策制定者,也包括政策执行者以及参与政策过程的其他人员。由于政策终结意味着人员的裁减与更新,因此终结旧政策有利于优化政策人员,促进政策向更高层次发展。二是政策组织优化。政策终结伴随着组织机构的裁撤、更新和发展,与组织人员的优化组合相结合,形成最佳的总体效应,建立更为合理的多层次、多领域的政策机构。

第三节 政策终结的基本内容

一、政策终结的原因

一项公共政策没有达到预期目标或对它要解决的社会问题没有发挥作用,其原因是多方面的。可能是由于公共政策的投入不足,或者是由于该公共政策在实施的过程中遇到目标群体的不配合甚至抵制,都会导致公共政策失效。另外,如果某项政策所造成的负面影响过大,或者是由于一些社会问题非常复杂,解决的难度很大,或者政策问题变化较快,而该政策制定和执行的环境因素也处在不断的变动当中,都会导致公共政策不能发挥其预期中的效力。总的来说,导致公共政策终结的原因大致有五种:

(一)政策系统本身的要求

政策系统是一个不断进行新陈代谢的开放系统,随着社会经济发展以及国际形势的变化,无论是政策系统可利用的资源,还是政策所要解决的问题,都处于一种不确定的变动中,政策系统只有保持其开放性,不断地与周围环境互动,修正自身的不足,才能可持续发展。我们常常发现,一项政策的制定花费了大量的时间,经过了严格的调查和科学的论证,经过一段时间的运行后,由于主客观环境发生了变化,政策效力开始逐步递减,进而失效或产生负效应。所以,政策系统只有不断地推陈出新,随着环境的变化废除旧的政策、制定新的政策,才能保证政策的科学与理性。

(二)政治观念或者价值取向的转换

一般来讲,我们认为政策终结的原因是因为政策的无效或者过时。德利翁(P. Deleon)和卡梅伦(Cameron)却提出了另外的观点,他们认为相对于政策评估结果,政治价值观念和意识形态的变化在政策终结中更能起到核心作用。德利翁引用了很多里根政府的例子,他指出:"是价值立场而不是严密的分析或评估引发了政策终结的活动。"卡梅伦进一步指出,在当局做出政策终结的决策以后,与决策者思想不一致的数据将被忽略或者搪塞过去,对价值信条的绝对忠诚比对政策终结潜在风险的研究调查要重要得多。综观世界各国经验,德利翁和卡梅伦的理论具有相当的解释力,即一旦政治观念或者当局的价值取向发生变化,公共政策的相关内容必然也要变化。

(三) 财政困难、财政赤字、税收减少而导致政策或者项目的终结

政策资源是政策持续的保证,当出现财政方面的问题,某些政策就可能面临终结。如20世纪80年代,英美废除了相当一部分福利政策,采取这种措施最主要的原因是这些福利政策给政府财政带来极大的负担,英美等国的福利支出占GDP的比重一路上扬,新上台的保守党政府为了减轻财政负担,保证自由市场经济的快速发展,终止了一部分福利政策。

(四) 政策目标已经实现

当一项政策的目标已经实现,问题已经解决,政策持续下去就没有必要了。过期的政策不仅不能有效地解决社会问题,反而会导致社会治理成本的增加、资源的浪费、政府信任关系的消解等问题,及时地终结政策有助于减少或缓和政策冲突和政策矛盾,也能大大地提高公共政策的效率。

(五) 政策自身消极作用大于其积极作用或局限性大于其有效性

任何一项政策都不同程度地存在着副作用,当政策出现不能在其适用范围内发挥作用或者发挥的作用极为有限时,可以通过政策调整使其继续发挥作用,或是终止该项政策,实行政策更替。

二、政策终结的类型

政策终结作为政治实践,在现实操作中具有复杂的表现形式。对政策终结类型的划分可以依据终结的对象、终结的方式、终结的时间进行不同层面的分类。

(一) 根据终结的对象划分

由于公共政策意味着社会利益的分配,公共政策的终结往往会导致一定现状的改变,使得某些与政策有关的组织和个人的利益受到影响,特别是那些政策受益者、政策制定者和政策执行机构的负责人,更是与之有着切身的利害关系。如果处理不当就会阻碍政策的终结。因此,为了顺利实现政策的终结,首先必须明确政策终结的对象。一般来说,政策终结的对象有功能、组织、政策、工具四种类型。

1. 功能的终结

功能是政府为了满足民众的需要而提供的能够产生一定作用的服务,它代表着政府活动的基本方向,政策的效果就是通过具体的功能来体现的。所谓功能的终结,就是终止由政策执行而带来的某种或某些服务。在政策终结的所有对象中以功能的终结最难,一方面是因为功能的履行或承担是政府满足一定人群需要的结果,若予以取消,势必引起抵制;另一方面,某项功能往往不是由某项政策单独承担的,而是由许多不同的政策和机构共同承担的,要予以终止往往需要做大量的组织准备工作和协调工作。例如,中华人民共和国成立后,我国长期实行福利分房制度。私有房产收归国有,国家兴建福利住房,建立城镇职工住房福利分配制度。这种福利住房政策以产权公有、实物分配、低租金使用为核心。20世纪70年代末,因知青返城、城市人口倍增等原因,导致住房供应紧张、居住环境恶劣和住房产权纠纷的问题激化,住房改革提上议程。我国先后进行了出售公房、补贴售房等试点改革,1986年开始进行租金改革试点。1994年7月,国务院下发了《关于深化城镇住房制度改革的决定》,提出实现住房商品化、社会化。从1995年起,政府开始关注城市困难家庭的住房问题,推出"安居工程"。1998年6月,中央政府宣布废除国家供应住房的实物分配制度,实行市场化供应为主的住房货币化改革。

2. 组织(机构)的终结

任何一项政策活动都是通过组织来推动的,因此,政策的终结通常也伴随着组织的缩减或撤销,这就是组织的终结。有些组织是专为制定或执行某项政策而设立的,随着政策的终止,组织也随之撤销;有些组织同时承担着多项政策或功能,某项政策的终止不足以导致组织的撤销,往往采取缩小规模、减少经费等方式对组织进行缩减。组织的终结通常比较难,因为它影响到组织中人员的切身利益,在实施时有可能遭到他们的抵制。2013年,国务院出台了大部制改革方案,在政府的部门设置中,按政府综合管理职能,将职能相近、业务范围趋同的事项相对集中、整合,合并至一个政府部门管理。例如,原有的铁道部业务一分为二,不再保留铁道部。拟定铁路发展规划和政策的行政职责划入交通运输部,组建国家铁路局,接受交通运输部的管理,其职责是承担铁道部的其他行政职责,负责拟定铁路技术标准、监督管理铁路安全生产、运输服务质量和铁路工程质量等,组建中国铁路总公司,承担铁道部的企业职责。铁路总公司内部的改制大致分三步:第一步是拆分路局,配合拆分铁道部的改革,实现政企分开;第二步是18个铁路局按区域重组整合,将重组7—8个区域公司,而与铁路局平级的高铁公司资产也会进行重组,形成高铁线路、城际轨道以及国铁全面启动重组的格局;第三步则进一步将铁路资产重组,包括推进客货运的分离以及网运分离。

3. 政策本身的终结

这里的政策终结,指的是政策本身的终结,即承担政策活动的机构依然存在,而政策担负的功能则由新的政策来担负。与前两种终结相比,政策本身的终结所遇到的阻力较小。这是因为,就某项具体政策而言,其目标一般比较单纯,容易进行评估并决定取舍。同时,政策更改的代价比起功能转变、组织整顿要小得多,因而容易得到相关部门的认可。再者,政策的可选择性较大,政策本身的终结在操作上比较容易实现,不像组织那样受到多方面的牵制和约束,实行起来步履维艰。例如,2005年12月1日开始实行的《北京市烟花爆竹安全管理规定》将北京市划分为禁放点、限放区、准放区进行分类控制,并允许在春节期间有限制地燃放烟花爆竹,这项政策代替了1993年开始实施的旧规定,后者将北京市8个核心区全部列为禁放区。

4. 工具的终结

工具的终结指的是执行政策的具体措施和手段的终结。在所有终结对象中,工具的终结是最常见也是最容易达成的。这是因为执行政策的措施和手段,一方面与实际问题最为接近,成败与否大家有目共睹,容易达成共识;另一方面,这些措施和手段的影响面比较有限,它们的终结不会引起太大的震动。2013年7月,在千逾名市民上街抗议于广东省江门鹤山市兴建核燃料加工厂后,市政府突然决定取消计划,中核集团不会兴建有关工业园,以示尊重民意。

在政策终结的四个对象中,功能是最难消失的,即使在组织被撤销以后,政策的功能也有可能由其他组织来承担。组织比政策更难终止,这是因为组织会牺牲某一项政策以求自保,在面临终止时能够找到更多的同盟。

(二) 根据终结的方式划分

🎯 案例 10-3

2022年4月7日,国务院总理李克强日前签署国务院令,公布《国务院关于修改和废止部分行政法规的决定》,自2022年5月1日起施行。为深化"证照分离"改革,进一步推进"放管服"改革,激发市场主体发展活力,维护国家法制统一、尊严和权威,国务院对"证照分离"改革涉及的行政法规,以及与民法典规定和原则不一致的行政法规进行了清理。同时,做好与《信访工作条例》出台的衔接。为此,国务院决定对14部行政法规的部分条款予以修改,对6部行政法规予以废止。

关于直接取消审批方面。修改《外商投资电信企业管理规定》等3部行政法规,取消外商投资经营电信业务审定意见书核发;取消部分医疗机构设置审批;取消进出口商品检验鉴定机构的检验许可。同时,修改完善有关监管措施和法律责任条款。

关于审批改为备案方面。修改《医疗机构管理条例》等7部行政法规,将诊所执业登记由审批改为备案;取消保安培训许可证核发,改为备案管理;取消国际道路货物运输、道路货物运输站(场)和机动车驾驶员培训许可,改为备案管理;取消新农药登记试验审批,改为备案管理;将报关企业注册登记由审批改为备案等。同时,修改了相关表述,相应规定了备案程序及法律责任,并增加了相关监管措施。

关于实行告知承诺方面。修改《互联网上网服务营业场所管理条例》等 3 部行政法规,对互联网上网服务营业场所的信息网络安全审核实行告知承诺;对旅馆业许可核发实行告知承诺;对检验检测机构资质认定实行告知承诺。同时,明确了告知承诺的相关程序,并增加了相关监管措施。

关于优化审批服务方面。修改《中华人民共和国道路运输条例》等 3 部行政法规,将相应许可层级进行了调整,将有关审批权限进行了下放。

废止《国务院关于通用航空管理的暂行规定》等 6 部行政法规。这 6 部行政法规有的制定年代较为久远,与相关法律法规存在冲突;有的已经被上位法废止或者上位法依据已被废止;有的已被其他法律法规所取代。

国务院修改和废止行政法规这一行为即可理解为政策终结。

(资料来源:中央政府门户网站.李克强签署国务院令 公布《国务院关于修改和废止部分行政法规的决定》[EB/OL].（2022-04-07）[2022-11-04]. http://www.gov.cn/premier/2022/04/07/content_5683900.htm.)

思考:上述被终结的政策中,有的被新的法律法规代替,有的宣布失效,有的进行多项政策的合并,这些方式有什么区别和联系?

公共政策的终结应当由公共权力机关通过合法的程序做出决定,并以文件、公告等形式向社会宣布终结的指令。一般说来,政策终结的方式有政策废止、政策替代、政策分解、政策合并、政策缩减五种类型。

1. 政策废止

政策废止是政策终结的一种最直接、最彻底的方式。废止一项政策就是宣告该政策在规定的时间和范围内停止实施,不再对社会产生效力。政策废止一般针对那些经评估认定已经完全过时或完全失效的政策。这样有利于防止那些反对政策终结的组织和人员继续实施已失效的政策,做到令行禁止,避免给国家和社会造成损害。例如,为了适应 WTO 的相关要求,我国政府进行了审批制度改革,终止了 830 余项过时的、不符合 WTO 要求的审批项目。

2. 政策替代

政策替代是指用新政策取代旧政策,这种推陈出新的方式可以减少政策废止所带来的冲击。新政策出台以后,被替换的政策部分就自然终止了。但与政策废止不同,新旧政策所要解决的政策问题基本相同,但新政策一般在方法上和操作程序上变化较大,其目的是为了更好地解决旧政策所无法解决的问题,实现原先的政策目标。同时,两者之间要有一定的连续性,以利于更好地实现衔接。举例来说,备受北京市民关注的《北京市养犬管理规定》在广泛听取群众意见和进行认真分析讨论的基础上,经北京市第十二届人大常委会第六次会议表决通过,于2003年10月15日起施行。这个规定取代了1995年5月1日施行的《北京市严格限制养犬规定》,对市民普遍关心的养犬收费、携犬乘梯、限养范围、遛犬范围、管理处罚等问题都给出了明确的答案。

3. 政策分解

分解就是将旧政策的内容按照一定的规则分解成几部分,每一部分独自形成一项新的政策。分解作为政策终结的方式之一,虽然从形式上终结了原有的政策,但其实质性内容却通过各个新的政策的形成而保留了下来。当原有政策由于内容繁杂、目标众多而影响政策效果时,分解不失为一个有效的方式。例如,我国传统的社会保障是一种单一型的"就业保障"或称"单位保障",主要是通过单位办社会的形式来实现干部、职工的社会保险和福利。这种计划体制下的产物无法适应改革后的新形势。为此,国家有关部门按照保障内容的不同,将原有的政策按类分解,建立了养老保险、失业保险、人寿保险、医疗保险、生育保险等多项保障措施,从而能够较好地实现政策目标。

4. 政策合并

政策合并指的是有些政策虽然被终止了,但它们所担负的功能并没有被取消,因而通过一定的程序,将仍然可行的部分重新组合后以一项新政策的面貌出现。这样的合并通常有两种形式:一种是将被终止的政策的内容合并到一项已有的政策当中,另一种是把两项或两项以上被终止的政策合并为一项新的政策。例如,《北京市外地来京务工经商人员管理条例》2005年3月被废止,《条例》中尚需执行的户籍管理、租赁房屋治安管理、计划生育管理等方面的内容由《北京市外地来京人员户籍管理规定》《北京市外地来京人员租赁房屋治安管理规定》《北京市外地来京人员计划生育管理规定》加以解决。又如,教育部制定的《全国普通高等院校统一缴费上学的规定》就是原有的公费和自费上学的规定合并而成的。

5. 政策缩减

政策缩减指的是采用渐进的方式对政策进行终结,以缓冲终结所带来的巨大冲击,逐步协调好各方面的关系,减少损失。一般说来,政策缩减是通过逐步减少对政策的投入,缩小政策实施范围,放松对政策执行的控制等措施来达到最终完全终止政策的目的。比如,我国的物价改革政策,就是通过渐进的方式,逐步缩小国家定价的范围,以实现大多数商品价格由市场的供求关系决定的目标。

(三) 根据终结的时间划分

根据终结的时间划分,政策终结可以分为爆发型(big bang)和渐减型(long whimper)。

1. 爆发型政策终结

爆发型的终结是指政策的终结突然而来,完全没有任何征兆可寻,如同晴天霹雳一般。此种终结的方式通常来自于掌权者权威性的决定,因为来得突然,所以反对势力往往措手不及,无法提出反制之策。这种终结的方式经常是长时间政治角力的结果,因为反对终结者会使用各种方式来达成其诉求,并以时间换取空间的策略延宕政策终结的进行;同时也会积极动员群众或塑造舆论,对执政当局施压。当其聚集形成一股不容忽视的力量,甚至有可能导致政策逆转时,需要较积极或爆炸性的作为促使政策终结,以免夜长梦多。

2. 渐减型政策终结

渐减型的终结采取以时间换取空间的做法,逐步达到终结的目的。而其最主要的做达是逐步删减组织或政策所需的经费或资源,或缩小规模。虽然此种做法较前者缓和许多,也不致树敌过多,但由于终结的时间较长,故反对势力有时间集结并加以组织,以制定反终结的行动或策略,造成另外一种困扰,这是其主要缺点。

当政策无以为继,必须被终结时,应采取何种方式才能顺利完成任务,考验执政者的智慧与决心。因为无论是快刀斩乱麻或是以时间换取空间的做法都有其优缺点,但不论采取何种方式,主事者必须善于沟通,以真诚的态度化解疑虑,同时不可因外在的压力而有所动摇。秉持这样的精神,终结才有成功的可能。

案例 10-4

户籍制度是一项基本的国家行政制度。我国户籍制度改革的发展经历了三个阶段。

第一阶段:确立"农"与"非农"二元格局。1960年前后,公安部根据是否吃商品粮居民户口分为"农业户口"和"非农业户口"两种不同的种类,由此我国现行户籍管理制度的基本格局确定。1964年,国务院《公安部关于处理户口迁移的规定(草案)》的出台,进一步严格管控了城乡人口迁移的条件。1977年,公安部发布了户籍条例,第一次正式规定要严格控制农村居民向非农村居民的转变,城乡人口迁移限制达到顶峰。从此,城乡形成了"二元格局"壁垒。

第二阶段:实行居民身份证制度和逐步放宽小城镇户籍。1984年颁布了《国务院关于农民进入集镇落户问题的通知》,严格的户籍控制开始放松,允许农民进入集镇落户。1985年,作为人口管理现代化基础的居民身份证制度颁布实施。1992年,全国数十个省份先后推行了介于正式户口和暂住户口之间的第三种户口形式:蓝印户口。1998年,户籍制度进一步松动。2001年颁布的《国务院批转公安部关于推进小城镇户籍管理制度改革意见的通知》,标志着小城镇户籍制度改革的全面推进,对办理小城镇常住户口的人将不再执行计划指标管理。2012年,《国务院办公厅关于积极稳妥推进户籍管理制度改革的通知》指出,有必要引导非农产业和农业人口向城市转移,实现城乡要素自由流动、平等交换、城乡基本公共服务均等化等。

第三阶段:建立新型户籍制度改革目标。2013年加快了户籍制度改革,根据中央决定全面的放开建制镇和小城市落户限制,有序放开中等城市落户的限制,合理确定大城市落户条件,严格控制特大城市人口规模。2014年,国务院发布了《关于进一步推进户籍制度改革的意见》,指出要进一步调整户口迁移政策和户口登记制度,到2020年实现基本建立与全面建成小康社会相适应、有效支撑社会管理和公共服务、依法保障公民权利,以人为本、科学高效、规范有序的新型户籍制度,努力实现1亿左右农业转移人口和其他常住人口在城镇落户。2015年则加强了户口登记管理、解决无户口人员登记户口问题,保护了公民合法权益。

从户改的发展历程来看,采用渐进的方式在原有政策的基础上不断修改、调适,呈现出明显的政策调整的渐进性。

(资料来源:中央政府门户网站.中国户籍制度改革历史回眸[EB/OL](2014-07-30)[2022-11-04].http://www.gov.cn/xinwen/2014-07/30/content_2727331.htm.)

思考:户籍制度属于哪种类型的政策终结?

第四节　政策终结的力场分析与策略

一、政策终结的力场分析

一项公共政策在何时、何种程度上被终结,取决于维持与变更政策的两种力量的均衡格局,或者说是取决于终结这项政策所受的阻力和推力的对比情况。当终结政策的推力等于或小于终结政策的阻力时,政策维持原状;当主张终结政策的推力大于终结政策的阻力时,将产生强烈的终结政策需求,并在一定条件下导致政策终结的发生。终结政策的推动力超过终结政策的阻抑力越多,则政策终结的速度越快,政策就越早被终结。说到底,政策终结其实就是一个赞成终结和反对终结双方的博弈过程,是双方力量的较量比拼。政策主体欲使过时无效的政策得以顺利终结,就必须对现行政策安排下的各方力量的对比情况进行分析,使推力大于阻力。由此,我们可以建构出一个政策终结的动力学模型。

如图10-3所示,政策终结并不像人们想象的那样是自然而然的结束过程,而是既存在推动力,又存在阻抑力,需要变革者付出努力并积极采取行动,最终才能促成政策的终结。为了能够顺利地使那些过时、无效的政策得以终结,使得政策的驱动力得以顺利实现,分化和削弱终结政策的阻力是关键。

(一)政策终结的阻力

政策终结并不是像人们所想象的那样是自然而然的结束过程,而是一种需要采取行动的过程。由于政策终结涉及一系列的人员、机构和制度等复杂因素,因此,政策终结会

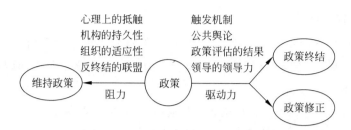

图 10-3 公共政策终结的动力学模型

(资料来源:黄顺康.公共政策学[M].北京:北京大学出版社,2013.)

碰到许多困难或障碍。

巴尔达克(Bardach)认为阻碍政策终结成功实施的因素主要有以下五个方面:一是政策设计者投入大量资金和资源来保证政策可以在不确定的未来持续发挥功效;二是反终结联盟力量强大,利益相关者被组织起来;三是人民反感由政府机构带来的人生或事业上的重大变故,宪法和行政程序法严禁政府专断擅权,谨慎的政治家会避开终结,选择延续策略;四是如果终结不能产生实在的好处,潜在支持者就不会出来破坏现状;五是政治体系倾向于奖励创新,终结缺乏有效的激励。

考夫曼(Kaufman)虽然认为政府组织的终结主要受运气和机会影响,但他也指出了影响组织终结的相对客观因素。组织终结一方面受到自身进化和适应能力的影响,如果在进化和适应新环境方面的能力不足,维持自身持续活动的能量和其他资源就会走向枯竭,组织系统就不能继续维持下去;另一方面组织终结也会受到自身组织弹性的影响,组织从由人、文化和能量组成的环境中生成,随着组织活动的增多,这一外部环境会变得"厚实"起来,并影响组织健康及其对终结的抵抗力。

狄龙(P. Deleon)则提出了一个关于政策终结障碍的理论框架,它包括六种障碍:(1)人们心理上的抵触;(2)机构的持久性;(3)组织和机构对环境具有自适能力;(4)反对政策终结的利益联盟;(5)法律程序上的纷繁复杂;(6)政策终结具有高昂的成本和代价。下面,我们借助狄龙的这一理论框架对政策终结的阻力加以分析。

1. 相关者的心理抵触

那些与政策相关的一些人员不愿意看到政策继续存在下去,却很少有人喜欢听到计划失败或计划改变。这种心理上的抵触往往在政策面临终结时会表现得尤为明显。对政策终结存在抵触心理的主要有三种人:政策受益者;政策制定者;政策执行者。政策制定者不愿意承认他们制定的政策不再有存在的必要,更不愿意承认在制定政策的过程中所犯的错误;政策执行者也同样不愿承认政策的失败,因为在政策活动中凝聚着他们的智慧和劳动;政策受益者不愿意既得利益受损。这三类人的心态,往往成为政策终结的首要障碍。这种心理障碍的存在,又使人们在解释政策失败时,常常倾向于从环境因素中去寻找原因,而不愿检讨政策本身的失误。

2. 现存机构的持续性

政策执行机构有如其他社会政治组织一样,都具有寻求生存和自我扩张的本性,哪怕它已经无事可做,没有再存在的必要。这就给政策终结带来了很大的困难。机构的持续性表现在以下三个方面。

(1) 机构的惯性。当不同的机构相互配合并开始执行某项政策时,一种惯性就油然而生了。机构的惯性使政策执行一旦开始就很难停止。如果要改变其方向或让其停下来,必须从外部施加很大的力量才能做到。这是因为机构所固有的惯性,使它本能地反对任何变化的要求。

(2) 机构的生命力。机构如同人一样,生存的能力很强,"某一机构存在的时间越长,它被终止的可能性就越小,经过一定的时间,会形成对它的继续存在的条件和支持"。当政策终结危及组织机构的生存时,它会千方百计地减轻所面临的压力,或改变策略,或调整结构,想方设法地延续政策终结的进程,给政策的及时终结带来消极影响。

(3) 机构的动态适应性。在评估者眼中,机构是相对静态的。但是,机构本身却有一种动态适应性,可以随着环境和需要的变化而产生变动,甚至能针对政策终结的各种措施来调整自己的方向,使终结计划夭折或破产。正如查尔斯·琼斯在《公共政策研究导论》中所指出的:"组织机构是动态而不是静态的,它会调整自己的方向以适应变化了的要求。"这就增加了终结的困难。

3. 行政机关的联盟

执行某项政策而获既得利益的行政机关,往往会在政策面临终结时联盟,共同反对政策终结。这些反对终结的行政机关,一方面会要求其内部成员齐心协力共同抵制终结,另一方面则互相团结、拉拢和接近政府内外有影响的人士抵制终结。这种政策既得利益的行政机关"一旦结成一个共同体,就能极为有效地威胁政策终结行为",使政策终结无法进行。这是因为行政机关比其他任何社会组织更有便利的条件进行政治活动,它们可以利用自身有利的地位影响公共政策。

4. 利益集团的阻碍

由于公共政策大多涉及利益与价值的分配,因而各利益集团必然千方百计地努力影响公共政策。当政策终结迫在眉睫时,反对政策终结的利益集团为维护既得利益,必然会采取各种合法或非法的途径如游说或行贿等以阻止政策终结。西方公共选择理论证明,利益集团的力量很大,他们总能左右公共政策,他们和政治家、政府官员互相利用,形成一个"铁三角"。利益集团的存在,使得公共政策终结更加困难。

5. 法律程序上的复杂性

任何政策的确定和组织机构的建立,都是通过一定的法律程序进行的,同样,政策的终止和组织的撤销,也必须经过一套法定的程序来办理。在法定程序的制度框架下,政策终结行为不仅耗时费力,而且操作起来也比较复杂,有时会延误终结的时机。另外,立法机关在考虑终止某项政策或法律时,往往顾虑重重,举棋不定。因此,许多政策终结行为受阻于法律的滞后性。

6. 社会舆论的压力

詹姆斯·E.安德森说过:"公共舆论确定了公共政策的基本范围和方向。"(狄龙)通过报纸、刊物、广播、电视等新闻媒介所形成的社会公共舆论,不能不对政策终结产生影响。在当代,随着新闻传播技术的日新月异,公共舆论借助于新闻传播媒介可以渗透到社会的方方面面和每一个角落,形成广泛的社会影响和巨大的社会冲击力。因此,西方国家称公共舆论为与立法、行政、司法并立的"第四种权力"。如果某一项需要终结的公共政策受到舆论的广泛支持,无疑会受到极强的阻力,正如詹姆斯·E.安德森所指出的,"当选的公共官员如果公然无视公共舆论,并且不把其作为他的决定准则中的一种,那么他简直是愚蠢透顶,而且可能会发现自己是民意测验中的不幸人物。"

7. 终结的高昂代价

政策终结的高昂成本也是影响政策终结实施的一个关键因素。政策终结的成本有两种:

一是现有政策的沉淀成本。现有政策的沉淀成本是指已投入决策、某个计划或某个项目的时间、资金或其他资源等无法弥补的花费。它限制了目前投入的选择范围。也就是说已经在政策上投入的资金、人力制约了决策者下一步的行动计划。这是错误政策终结的障碍。政策终结者总是进退维谷,进即追加投资,只会造成更大的损失;退即不追加投资,要面对的是已投入的资金由于政策终结无法收回的结果。现行的政策或组织机构已经投入了巨额成本但没有得到回报,政策决策者面对投入的沉淀成本,往往处于进退两难的境地;而政策投入的成本越高,终结者下决心终结的难度就越大。此外,终结有风险,对终结一项政策后的结果不确定。事实上,政策终结后采取的新政策并不能保证一定带来更好的结果。这也使终结者难以下政策终结的决心。

二是政策终结行为本身要付出的成本。有时,在短期内终结一项政策的花费要比继续这项政策的花费要多,比如终结执行者要为裁减下来的人员安排新的岗位和就业机会,或者对政策的受益者进行利益补偿。但是,就像中国的一句古话:"舍不得孩子套不住狼",为了以后的发展接受暂时的代价是值得的。

综上所述,政策终结的障碍可以归结为两类:一类是不可避免的障碍,包括人们害怕变革的心理,沉淀成本的存在,政策受益者的心理抵抗,机构的持久性,政策终结自身的成本和法律程序上的障碍。这或者基于人性,或者基于组织的特性,或者基于现代法治社会的要求。另一类则是政治上的障碍,包括政府决策者责任的缺失,利益集团的寻租,舆论的压力。这种障碍在事实上存在,但是可以通过提高行政者的素质和责任感,加强立法和权力监督的努力来降低其作用力。

案例 10-5

为何一次性发泡塑料餐具屡禁不止

一次性发泡塑料餐具在生产过程中产生的发泡剂会破坏大气臭氧层,高温下使用易产生对人体健康有害的物质,使用后随意丢弃会造成严重的环境污染,而且回收和处理难度相当大。

2017年6月5日世界环境日前夕,国家经贸委连续两次发出紧急通知,要求立即停止生产和使用一次性发泡塑料餐具。各行业协会也联合发出倡议要求:立即在餐饮经营和食品生产、流通各环节中停止使用一次性发泡塑料餐具;餐饮企业不用一次性发泡塑料餐盒送餐打包,生产、流通企业不用一次性发泡塑料餐具包装食品;不进不售一次性发泡塑料餐具包装的任何食品;各地要尽快使用符合国家标准的可降解的替代品;积极配合执法监督部门的检查工作,切实做到有令必行,有禁必止;各地相关协会要协助政府主管部门,进一步强化行业自律,加强宣传引导,做好新型替代品的推广工作。

尽管通知和倡议要求一再宣传,还是有一些企业仍在生产、使用一次性发泡塑料餐具,由此造成的污染仍在加重。看来,若想彻底解决这个问题,政府还须加大政策执行力度。

思考:根据上述材料,联系政策终结的有关知识,分析政策终结中会遇到的障碍,并针对本案例提出自己的解决办法。

(二) 政策终结的驱动力

一般认为,政策终结的推动力主要来自政策本身的缺陷,已经过时的、多余的或者效果极差的政策本身就为政策终结提供了理由。但是,我们发现,仅仅拥有这个前提,还不足以发起一场政策终结,政策终结还需要一些外在的推动力。而且,这些推动力对于政策终结的发起非常重要,没有它们,一项多余的政策也可能被忽略多年而不终止。下面我们探讨几种常见的政策终结动力机制。

1. 利益整合的推动

利益整合是引发政策终结的根源。利益因素既可以成为政策终结的阻碍因素,同时也可能成为政策终结的动力因素。利益整合是利益分化和聚合的统一,两者同时进行,相互促进。具体地说,当在原有体制和政策框架内的利益分化时,原有的利益结构便会动摇。某些个体为谋求更多的利益进行盘算,并将这种预期转变为利益表达。一旦这种利益表达使其获得了比原先体制和政策框架内更多的利益,具有这种相同利益要求的个体就会联合起来,以增强抗拒原有规则和政策、拥护新政策的产生。联合起来的个体便可以从形成的群体中获取更多的利益。当这种利益整合进行到一定程度时,就会形成较为稳固的利益集团,进而逐渐形成社会阶层。当新的利益集团和阶层出现时,必然通过各种行动影响政策过程,要求改变或废止不利于其利益的旧政策,从而促成了某些旧政策的终结。

2. 政策终结的触发机制

拉雷·N. 格斯顿(Larry. N. Geston)在《公共政策的制定:程序和原理》一书中阐述了政策制定的触发机制:"触发机制是指一个重要的事件(或整个事件),该事件把例行的日常问题转化为一种普遍共有的、消极的公众反应。公众反应反过来成为政策问题的基础,而政策问题随之引起触发事件。"按照这个理解,某个重要事件是政策制定的导火线,在政策制定的过程中起到了催化剂的作用,这个事件通过重组或者强化了公众及政策制定者对该社会问题的看法,引发了政策变革的需求,加速促成了公共政策的制定。事实上,在政策终结阶段同样存在着引致政策得以终结的触发机制。现实中,过时的、多余的、无效的政策长期充斥于社会,引发大量的社会问题,这些问题虽然已经是日常生活中需要政府解决的困难,但是,政府也未引起足够的重视,公众反应也是消极的。这时,某个事件的发生改变了这种局面,这个事件扮演了政策问题的感知和政策终结的行动之间联结点的角色,这使足够多的人认识到当前政策的不足,甚至引发了公众以担心或愤怒的形式关注,社会上有了强烈的变革要求,那么公共政策的制定者们很可能会对此事件予以足够的重视。他们就会考虑是废除过时的、无效的政策,还是部分修改,或制定一项全新的政策来取代旧的政策。

政策终结的触发机制受到三个相互作用的因素的影响:范围、强度和触发时间。范围是指一个重要事件影响到的公众的数量。强度指的是一个事件对公众刺激的程度。一个事件受到的关注越广泛,对公众的刺激越强烈,越有可能促进政策终结抉择的形成。触发时间指的是某事件发生时,政策终结的条件都已成熟,如资金条件、相应执政理念等。只有当这三个因素共同作用于事件本身,才有可能形成触发机制。即,当在一个恰当的时间内,如果一个事件引起公众的普遍关注和公众对变革的强烈要求,那么它就被认为是一种触发机制。政府决策者如能敏锐地抓住这一触发事件带来的契机,政策终结将能一蹴而就。

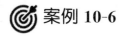

案例 10-6

重庆医疗服务价格改革

2014年5月,重庆市被列入我国新医改进程中第二批公立医院改革国家联系试点城市名单。此后,在作为上级政府指定试点城市的压力下,重庆市为执行国家医疗服务价格改革的总体要求和落实《全国医疗服务价格项目规范(2012年版)》,加快了公立医院改革步伐。2015年3月25日,重庆市正式出台医疗服务价格调整的创新政策《重庆市医疗服务项目价格(2014年版)》,执行新的医疗服务价格标准。政策执行后,部分患者尤其是肾功能衰竭患者代表首先向重庆市卫计委公开信箱发出名为《关注肾功能衰竭病人的生存现状》的政策意见表达信,以患者代表治疗前后费用负担对比数据为依据,论证政策出台后其医疗负担加重,拒绝政策实施,希望有关部门关注此特殊群体。2015年3月31日下午,有网友在微博上发布了当日众多尿毒症患者及家属对医疗调价后治疗费用飙升表达不满的照片,引起《新京报》等众多媒体和公众的广泛注意。2015年4月1日,执行新版价格标准引起部分患者及家属的强烈抵制,部分肾病患者及其家属上街示威,表达对此次医改的抗议。2015年4月1日下午3时,重庆市主政官员紧急召集相关部门召开全市电视电话会,通知宣布价格恢复到3月25日前的标准。4月2日至18日,各医疗机构退还新旧版本差价中患者多支付的费用;对调减项目少收的费用,由医院记账处理。最终,重庆市此次创新医改政策出台仅维持一周就暂停。民众强烈的反对作为一种触发机制,推动了重庆医疗服务价格改革政策的终结。

(资料来源:赖君超.多源流理论视角下我国公共政策终结过程研究[D].南京大学,2020.)

3. 政策评估的助推力

政策评估既是政策终结的前提和依据,同时也是政策终结的驱动力之一。科学的政策评估能够有效地检验公共政策在实际运作过程中出现的问题,评估结果可以作为决定政策是否继续、调整或重新制定的重要依据。当评估结果发现,有些公共政策所针对解决的矛盾已经化解或者因环境变化政策已经变得不适应,类似的评估结果就为政策的终结提供了强大的推动力。

作为为政策终结提供推动力的政策评估,应该注意两个问题:一是政策评估既可以是政府行为,也可以由非政府的第三方组织做出。随着社会的发展,要更加注重发挥第三方评估机构的评估作用,促进政策评估主体的多元化,以保证政策评估的公正、客观。二是评估结果应该公开化。经常出现的情况是,政策评估结果仅在政府内部低度使用,致使评估结果不能起到应有的反馈、沟通作用。实际上,评估结果的公开不仅是政府民主化、透明化的象征之一,而且可以有效提升公众对政策的客观认知。决策者在政策终结过程中如能及时地公开政策评估结果,将有利于争取社会大众的支持,形成推动政策终结的势能。

4. 公共舆论的号召力

由于公共舆论的独立性及其在政治社会生活中的重要地位,在西方国家,公共舆论其被誉为"第四种权利"。托马斯·R.戴伊将媒体制造出的公共舆论作为新政策制定和旧政策终结的必要条件。詹姆斯·D.安德森(James D. Anderson)认为"公共舆论确定了公共政策的基本范围和方向"。公共舆论扮演着"双刃剑"的角色,它既可以阻碍公共政策的终结,也可以加快公共政策终结的进程。当公共舆论对政策终结持积极态度时,政策终结就显得比较容易;相反,当公共舆论对政策终结持消极态度时,就会阻碍政策终结的进行。

既然公共舆论是公共政策得以终结的催化剂,其作用不可小视,那么,如何引导舆论走向?研究发现,公众的选择倾向受到两个方面的影响:一是受到政治精英中不同意见的实际状况的影响,二是受到传媒报道程度的影响。在第一点中,除了政治精英以外,专家学者在引导舆论中也扮演了十分重要的角色,甚至相较于政治精英,学者的"第三方"取向更能影响公众的态度。传媒的报道程度和报道方式同样也会影响公众的舆论导向。研究表明,传媒可以通过它们对问题的描述或"构造"来影响听众:"对于一系列事件中的具体的(一幕的)新闻报道,听众往往将之归因于个人责任;而提供广泛'主题',并且上下有联系的报告会促使听众将之归于社会因素。"这就要求媒体对某项政策问题的报道必须全面而广泛,能够引起公众的广泛关注和共鸣,以形成一种势能,迫使政府考虑政策的废止问题。因此,在政策终结的过程中,如能拥有一批政界和学界的支持者,对于一项政策的存废,通过媒体开展晓之以理的利害分析,可以大大增强社会公众对于政策终结的支持力度,从而营造政策终结的良好社会氛围。

5. 领导者的决断力

政治领导者的领导力是领导者知识、智慧、意志和决断力等内在素质的外在综合表现。政治领导者的人数虽少,但他们能量巨大,往往对于全社会甚至对于一个时代的世界格局发生重大影响。在公共政策方面,他们的影响也是举足轻重的,可以说直接影响,有时甚至决定政策的制定、执行、评估和终结全过程。政治领导者的领导力越强,意味着其对形势的判断能力、新事物新情况的分析能力以及创新能力越强,因而也就越有可能促成过时、无效的政策的终结。英明的政治领导者会倾听来自专家学者、普通民众等各方面的呼声,且能敏锐地觉察到过时无效的政策所带来的弊端和危害。据此,他们会向政策制定者施加强大压力,从而促使政策制定者不得不去真正评估那些有问题的政策,且把那些过时无效的政策及时地予以废止,同时,也将那些过时无效的、不必要的组织机构予以撤销。领导者在政策终结上的作用是无人可替代的,而政治领导者的这种作用归根于其自身的领导力,因此,政治领导者的领导力是引致政策终结的一个重要的外因,也是政策得以终结的保障。

政策终结的驱动力远不止上述五点,这里我们仅介绍了几个最常见的政策终结的推动力。这五个动力因素对政策终结发挥不同的功能,并且,它们是相互联系、相互作用、相互渗透的有机整体。在上述五个因素中,利益因素是政策终结的内因,其他因素是外因。利益整合从根本上要求过时、无效的政策不断地被淘汰;触发事件则是政策终结的导火索;公共舆论作为催化剂可以加速政策的终结;科学、客观的政策评估结果是政策终结的前提和依据;政治领导者的领导能力是政策终结的助推力。

二、政策终结的策略

作为一项困难的政策行为,政策终结要求政策决策者运用高度的智慧和技巧,采取灵活的策略,加以妥善处理。所以政策终结的策略是指在政策终止过程中智慧和艺术的运用,实质上也是一种政治过程。要顺利完成政策终结,常用的政策终结策略有以下几个方面:

(一)重视说理工作,积极争取支持力量

为确保政策终结的顺利进行,政策终结者首先应该重视做好说理工作,消除人们的抵触情绪,提高人们的思想认识。应该通过有效的说理工作,让人们明白:政策终结并不是某些机构或个人前途的丧失,而是改变劣势、寻求发展、迈向成功的新机会。

政策终结支持者的态度和人数的多寡,是决定政策终结成败的关键。政策终结的倡导者必须努力争取各种支持力量,求得政策机构内外的人们的理解,以推动政策终结的实现。特别是一些涉及面较广的政策,要扩大宣传,通过说理,消除人们的抵触情绪。一项旧政策的终止,总会影响一部分人的既得利益。为了减少阻碍,可以通过媒介广为宣传,说明理由,消除人们的疑虑。

吸引社会公众参加对政策的评估,适时地公开政策评估结果,是积极争取潜在支持者的最好方法。这样可以使人们充分认识到旧政策的弊端,从而转向支持政策的终结。但由于政策评估本身存在的困难和影响评估公正结论的诸多因素的存在,使得人们往往对评估结论产生怀疑。因此,政策终结者在采用这种方法促进政策终结时,必须使评估结论经得起实际的检验。可以采取争取第三方力量推动的策略。例如,争取上级政府、兄弟单位或中间力量的支持,以尽量减少反对力量。还可以利用个人威信,在一定的团体、机构中会有若干有较高威信的人,这些人具有较强的影响力,如果争取到这些人的支持,可以获取民众较高的信任,较为顺利推行政策的终结。可以利用群体的规则、规范、压力、归属感和目标等来争取支持力量(这里的群体包括正式的工作团体和非正式的人群组织)。群体对其成员具有强烈的制约作用,运用好群体的一致性,可以有效制约部分成员的抵触作用。注意利益补偿。对因政策终结利益上受到损失的群体给以一定的补偿和扶助,以减少组织、人员对政策终结的抵制。

做出必要的妥协。在遇到强大阻力时,例如反对力量结成了坚固的联盟,适当做些妥协、折中,以更好实行政策终结,换取目标的实现。这也是现代社会多元化、民主化的一种体现。但在妥协中要把握的是:做到有原则、有条件地退让,要把握底线。

(二)旧政策终结与新政策出台并举

人们一般都不愿意看到政策终结,然而人们一般很少会立刻反对一个新的、较佳政

策的出台。因此,为了缓和政策终结的压力,可以采用新政策出台与旧政策终结并举的方法,及时地采用新政策替代旧政策,使人们在丧失对旧政策期望的同时得到一个新的希望。这种做法往往可以大大减少关于政策终结的争议和阻力,削弱反对者的力量。

国外学者在研究了大量政策和组织终结的案例之后发现,终结更像是一个旅程而非目的所在,许多被终结的政策只是被继承或者替换了。也就是说,在旧政策终结后,及时出台新政策来替代,以免出现脱节,引起形势失控。一些具有重大影响或者关系到广大人民切身利益的政策常常是运用这种方式。例如,1997年我国废止了原来实行几十年的单位福利分房政策,为了尽量减少震荡,国务院又相继出台了商品房贷款政策及住房公积金贷款政策。

(三)选择有利的终结时机和焦点

考夫曼在《时间、机遇和组织》一书中认为,机遇对成功的政策终结至关重要。的确,选择恰当的时机是政策终结成功的一个重要因素。有时,政策终结成功与否完全依赖于时间和机遇。这种时机有:国家的重大政治事件的发生,战争的爆发,外交上的重要决议或因旧政策的执行所引发的重大事故等。在这种时机,民众往往会高度一致,支持政策的决策。这种策略的另一种形式是"转移公众注意焦点"的策略,即政策将公众注意力的焦点引到另外的事件,以降低公众对政策终结的关注,进而减少终结阻力。这也是一些西方政治家们常用的伎俩。

将注意力集中在政策的错误和危害上,为人们展示一个终结应该终结的政策后的美好前景。终结的执行者有必要为需要终结的政策列出一份"罪状",例如,在美国的田纳西州的医疗政策被终结时,负责这一工作的部门列出了它的几大问题:膨胀和不受控制;僵化;没有惠及贫穷者;滋长了人们对福利的依赖性;成本的增加大量需要税收的支持以至于不得不削减其他种类的公共服务;然后,指出了三条出路:增加税收,削减服务计划,从根本上加以改变。既然有这么多危害,结果这项医疗政策的终结很快得到了人们的支持。

(四)"力场分析",传播试探性信息与"闪电"策略

"力场分析"策略也叫作知己知彼策略。在政策终结前,必须斟酌政策终结的"政治情境",了解赞成或反对终结的团体的力量虚实、所持的立论基础、所获得的支持程度及可使用的资源等。这样就需要加强社会调研,及时获取反馈的信息以了解民众的心态,估测所涉及的地方和利益团体的影响、损失程度,从而做到心中有数,沉着应对,削弱反对势力,扩大支持基础,顺利实现政策终结。

所谓传播试探信息,就是政策主体在正式宣布终止某项政策之前,在一些非正式场合,流露出进行终结的信息,以测定公共舆论对这一行动所持的态度。这种试探性的政

策终结方法,有助于引起公众的广泛讨论,从而认清政策终结的必要性,减轻舆论给政策终结带来的困难。

保密或"闪电"策略。一些事关重大的政策,从国家、民族整体利益的长远角度出发,贻误了就会造成严重后果或错失良机,而预期该政策的终结会因各种因素影响,如放出试探信息、采取渐进措施反而可能遭到强大阻力时,政策主体就事先对有关信息保密,忽然宣布某项政策终结,运用政府强制力予以推行。过后,政策往往向群众强调要服从大局并极力予以安抚。

(五)正确处理政策终结与政策稳定、政策发展的相互关系

正确处理好政策终结与政策稳定、政策发展的关系,对于促进政策终结有重要意义。因为无论是政策决策者还是政策执行者,大都非常重视政策的稳定性,担心旧政策的终结与新政策的出台会使人们产生政策多变的错觉,往往难以做出决断;即使是做出了决断,在实施政策终结的过程中也顾虑重重。处理好政策的终结、稳定与发展的关系,具体的要求是:

1. 要处理好政策稳定和政策发展的关系。政策具有稳定性的特点,朝令夕改会令公众反感。它是与政治、经济、社会的稳定息息相关的。同时,政策是一个动态的过程。正如 E. R. 克鲁斯克和 R. M. 杰克逊在《公共政策辞典》中所指出的:它不仅仅是一项决议,而且包括目的、计划、规划以及实现它们的程序。因为政策问题和政策环境是时刻在改变的,政策应当适应形势的需要,所以政府的政策要因地、因时制宜。

2. 应同时处理好被终结的旧政策与其他相关的政策的调整。一项政策一般不是孤立的,而是与多项政策相关。而新政策的出台,也应做好各种辅助政策的制定。例如,我国政府实行国有企业改革,打破原来的职工铁饭碗制度;同时,为了保持社会稳定,各级政府出台了许多配套政策,对下岗工人实行各种优惠政策,鼓励再就业,最大限度地消除国企职工的抵触情绪,保持了社会稳定。

3. 注意保留原来政策中富有成效的、合理的部分,以尽可能地保持稳定,实现发展。事实上,大多数政策是在原有政策及其后果的基础上产生的。决策者通常是以现有的合法政策为主,在旧有的基础上把政策稍加修改。因为一种和以往政策越不同的方案,就越难预测其后果,越难获得一般人对这项政策的支持,其政治可行性就越低。

三、中国的公共政策终结

(一)中国政策终结的运行过程——以废除农业税为例

1. 取消农业税的背景

农业税自我国古代夏朝以来便已存在,最早的农业税称为"贡"。到了秦朝时期,租

与税逐渐分离,标志着中国农业税制诞生,并延续了几千年。中华人民共和国成立以后,农业税制得到保留,并于1958年颁布了《中华人民共和国农业税条例》,通过法律形式确立了农业税制度。改革开放以后,国家在农村实行家庭联产承包责任制,对农业税的征收以起征点为基准,对低于起征点的农民免征农业税。此外,为了平衡农村地区间各种农作物的税负,于1981年规定征收农业特产税,农业特产税的纳税对象是农业特产品,含烟叶收入、园艺收入、水产收入等六大类。牧区省份则根据授权开征牧业税。至此,中国农业税制包含了农业税、农业特产税和牧业税三种形式。另外,在此期间由村提留的包括公积金、公益金和管理费的"三项提留"和乡统筹用于安排乡村两级办学、计划生育、优抚、民兵训练、修建乡村道路等民办公共事业的"五项统筹"(简称"三提五统")在很大程度上加重了农民的负担。因此,针对农业税制度的改革包括了农业税和其他的行政性收费,是税费的综合改革。农村税费改革的主要目的是正税明费,杜绝乱摊派的情况,减轻农民的负担。

2. 农业税的终结过程

为了切实减轻农民的负担,于90年代始各地开展了形式各异的农业税费改革。这些改革主要包括以下几种模式:第一种是"税费合一"模式,将农业税与村提留合并,统一征收。第二种是"费改税"模式,将"三提五统"改为"农村公益事业建设税"。第三种是"大包干"模式框定税费项目,划定限额,项目分解,分户定额。这些地方性尝试虽然简化了农业税收的程序并将税费项目透明化,但由于其他改革制度并未有效配套,地方财政自我造血的功能还比较弱,实际上为农民减负的力度有限。另外,税费结合其实模糊了税与费各自的功能,难以达到征收税费的目的。在这个阶段的农业税费改革只有零星的尝试,进展并不显著。

尽管国民经济取得了长足的发展,但农民的税费负担并未得到明显的改善。从1990年到2000年,农民的税费负担从469亿元增长到1359亿元,农民每年承担的税外负担要远远大于所承担的农业税额。在这种背景下,中共中央、国务院于2000年下发《中共中央、国务院关于推进农村税费改革试点工作的通知》的文件,拉开中央指导试点进行税费改革的序幕。其中,农村税费改革试点的主要内容可概括为"三取消、两调整、一改革"。"三取消"是指取消乡统筹费、农村教育集资等专门面向农民征收的行政事业性收费和政府性基金、集资;取消屠宰税;取消统一规定的劳动积累工和义务工。"两调整"是指对农业税政策和农业特产税政策的调整。"一改革"是指改革现行村提留征收使用办法。在经历了三年的试点改革之后,中共中央于2014年以一号文件的形式在全国范围内改革,即提出农村税费改革,提出逐步取消农业税,切实减轻农民负担。2005年1月,随着湖南、青海、江西三省宣布免征农业税后,全国已有22个省份宣布全面停征农业税。2005年12月,第十届全国人民代表大会常务委员会第十九次会议决定于2006年1月1日起废止《中华人民共和国农业税条例》。自此,在中国农村社会中延续了几千年的"皇粮国税"退出了历史舞台。

3. 评价

在价值层面上，一项政策的终结体现了治理主体的价值取舍，现代治理形态强调"以人为本"的发展取向，"以人为本"意味着关注民生、尊重民众意愿、努力维护民众的合法权益、保障民众的发展权利。农业税的废除不仅意味着农民负担减轻了，更是政府迈向服务型治理的重要标志。农业税的废除不仅具有实际效用，并且具有象征性意义。这揭示出，一项政策或制度的终结，不仅要关注其功能和效用的终结，更要重视其标志性意义以及对于民众心理的影响。一项政策的终结如果具有正义的价值取向，往往对其实施有重要的感召意义，也是树立公共权威的最佳机会，因此，政策终结不仅要考虑实际功效，更要注重其价值传播的影响。

在制度层面上，政策终结的效果如何往往与一国的政策运作体系密切相关。在横向上，政策终结要考虑各部门之间的协作，在农业税的终结过程中，就牵涉税收部门、农业部门、水利部门和民政部门等部门的协作分工；在纵向上，则要考虑中央与地方之间的合作，可以看到，在中央推行农业税改革之前，地方上就已经有许多改革的尝试，当时机成熟以后，又通过中央层面来加以推进。中国的政策试点模式也对政策终结有着重要影响，中国的政策终结也是在地方试点的基础上逐渐展开的，这种试探性政策终结模式有助于减弱由于政策过于突然终结所造成的震荡，保证平稳过渡。另外，政治周期也是影响政策终结的重要因素，农业税的废除正是在当时新一届政府提倡民生建设、高度重视农村工作的施政背景下而开展的一项重大改革举措。

在工具层面上，政策工具是指将政策目标转化为现实的路径和机制。政策终结作为一项复杂的政策活动，要高度重视操作层面上的问题。首先，在政策终结过程中要注重相应改革措施的配套建设，农业税费实质上为农村基层政府提供了公共投入的财力，农业税收一旦取消，原本的财政来源需要另做打算，不然就容易引起基层财政拮据、公共服务供给匮乏的问题。其次，不同政策和项目的技术复杂性影响一项政策终结的效果，比如农业税的取消具有较明确的目标，农业税征收又是法定税收行为，有账可查，终结结果也较易考察，因此这类技术复杂性较低的政策终结能收到较好的效果。而比如废除中小学择校费，因为择校费的收取标准和方式一般较为隐蔽，过程不易监控，终结结果也不容易观测，并且在校方与择校方之间容易出现共谋现象，技术复杂性高，这也是择校费屡禁不止的原因，对待这类政策则需要开发更系统缜密的机制或手段。

（二）我国在实施政策终结过程中要注意的问题

我国在经济体制转轨的过程中，有大量的公共政策需要随着变化的经济社会环境而进行变革。20世纪90年代初，我国就开始梳理部分政策，对部分早已过时无用或与法律相违背的旧政策进行了修改或终结。如1992年国家物价局废除治理整顿期间的文件23份、废除行政法规13份，国家外经贸部连续发了3号公告，宣布废除了几百项具体政策规定。尽管政府部门在政策终结中已经做了大量的工作,但由于经济体制改革的进程加快和政策终结机制稍欠规范等原因,我国仍然有较多急需终结或修改的政策没有得到相应的处理。大量冗余过时政策的存在使得政策"打架"现象时有发生,严重破坏了我国政策法规规范化过程,影响了社会主义市场经济体制的建立。我国急需建立科学的政策终结机制。

第一,建立"终结的政策",促使政策终结常态化。建立一套政策终结制度即"终结的政策",改变我国目前政策终结随意化的现状,促使政策终结行为走向规范化,能够进一步优化我国的政策系统,从而推进我国社会主义市场经济体制的建设进程。具体地说,制度化的终结机制的建立需要从以下几个方面做起:首先,"终结的政策"应该明确规定政策终结的意义及必要性。在决策机构内部,应达成以下共识:政策终结是一个常态的过程,目的是为了促使保证政策的科学化,而不在于追究政策的制定与执行当事者的责任。明确了这一点,就便于消除政策制定者及政策执行者的抵触心理,争取政策终结支持的力量。其次,"终结的政策"应该具体规定什么样的政策应该终结。实践中,人们常常对于什么样的政策符合终结的条件而应进入终结的程序感到为难,因此,亟待出台相关的标准,具体说明应该终结的政策的范围。有几个原则必须参照:是否符合宪法与法律,是否经过合法化程序,是否符合实事求是原则。再次,"终结的政策"应该具体规定政策终结应遵循的程序。一项政策的终结最起码应该包括政策评估、相关部门认定、启动法律程序、宣布政策终结决策等几个程序。我国政策终结的不规范主要源于没有法定的程序,因此,应该着重建立相关的法定程序,保证"终结的政策"规范执行。最后,"终结的政策"应有必要的监督制度和机构。要对政策终结进行监督,建立健全相关的监督机制,尤其是强化法律监督,建立健全相关的监督制度,确立专门的政策终结的监督机构。此外,提高公众的民主政治意识,使公民积极主动地参与监督,形成良好的舆论监督,对于推进政策终结也是必要的。

第二,重视政策终结过程的民主参与。政策终结必须是采取民主方式,经过精心酝酿、几上几下,建立在广泛征求民意的基础上,由领导集体共同决定或立法机构民主表决。政策终结过程中的民主参与可以为政策终结提供科学的评估结果、舆论动力和推动政策终结的强大势能。政策终结过程中的民主参与主要是指应该征求

拓展案例

两个群体的意见:首要的是广泛征求政策客体的意见,政策主体在决定对有关政策进行终结前,应当让政策客体有广泛的知情权,鼓励人们对政策是否应当终结畅所欲言,这不仅是政策终结过程体现民主化的需要,也为新一轮政策的实施奠定民意基础。政策终结还应广泛征求参谋咨询人员、政策研究者、相关政策执行者的意见。政策参谋咨询人员、研究人员对政策过程有着专业的知识和技能,应当营造良好的民主氛围,鼓励智囊机构、研究学者对政策终结中可能出现的问题进行思想交锋,以对政策是否终结进行全面的考虑和权衡。

第三,促进公共政策终结的法制化。所谓公共政策终结的法制化,就是政策终结必须依照法律的相关程序进行,而不能是主观臆断的。在我国政治体制内,应当着力处理好党、人大、政府的关系,确保政策终结体现依法治国的基本理念。涉及宪法和法律公布的重大公共政策的终结,必须由全国人大集体通过,按照法律程序来进行。至于政府部门根据宪法和法律所制定的重大政策,在终结前也应该经过充分协商、广泛讨论。党和政府的各级组织,不能随便终结人大通过的各项公共政策。尽管可能由于政策环境的变化,人大通过的某些公共政策变得不合时宜,但也应当通过合法渠道,依法进行终结,而不能对这些政策自行处决,破坏了公共政策的严肃性。党和政府应当支持人大实行公共政策终结的权力。党和政府可以对人大进行公共政策终结提出建议和意见,但不能干扰人大通过政策终结的决议,人大对法律意义上的公共政策具有最终的决定权。

即练即测

 思考与练习题

1. 政策周期的内涵是什么?
2. 政策周期性变动的影响因素有哪些?
3. 我国的政策周期有哪些特征?
4. 试分析政策终结的含义、类型及作用。
5. 简要介绍政策终结的阻力与推动力。
6. 我国在实施政策终结过程中需要注意的问题有哪些?

参 考 文 献

[1] 黄顺康.公共政策学[M].北京:北京大学出版社,2012.
[2] 刘雪明,曹迎宾.公共政策终结的影响因素分析[J].理论探讨,2014(04):33-36.
[3] 刘祖华.公共政策终结的动力学分析——以取消农业税为考察对象[J].成都行政学院学报,2008(01):9-13.
[4] 马海韵.政策生命周期:决策中的前瞻性考量及其意义[J].安徽师范大学学报(人文社会科学版),2012,40(03):348-352.
[5] 宁骚.公共政策学[M].2版.北京:高等教育出版社,2011.
[6] 谭开翠.现代公共政策导论[M].北京:中古书籍出版社,2012.
[7] 王金营,赵贝宁.论计划生育政策的完善与调整——基于公共政策视角[J].人口学刊,2012(04):81-89.
[8] [美]威廉·E.安德森著.公共决策[M].唐亮译.北京:华夏出版社,1990.
[9] [美]威廉·N.邓恩著.公共政策分析导论[M].谢明等译.北京:中国人民大学出版社,2002.
[10] 王庆华.公共政策学[M].北京:高等教育出版社,2016.

[11] 吴桂韩.从公共选择理论视角透视非常态式的政策终结——兼论我国公共政策终结的科学化、民主化与法制化[J].广东工业大学学报(社会科学版),2007(03):21-23.
[12] 吴江,魏东,汪艳霞.公共政策学[M].北京:科学出版社,2016.
[13] 谢明.公共政策分析概论[M].中国人民大学出版社,2011.
[14] 徐彬,安建增.公共政策概论[M].芜湖:安徽师范大学出版社,2016.
[15] 徐俊.我国计划生育政策的反思与展望——由"单独二孩"引发的思考[J].人口与经济,2014(06):109-118.
[16] 张康之,范绍庆.从公共政策运动到公共政策终结问题研究[J].东南学术,2009(01):97-103.
[17] 张康之,范绍庆.政策终结:政策过程中的重要环节[J].福建行政学院学报,2009(02):5-9.
[18] 朱春奎.公共政策学[M].北京:清华大学出版社,2016.

教师服务

感谢您选用清华大学出版社的教材！为了更好地服务教学，我们为授课教师提供本书的教学辅助资源，以及本学科重点教材信息。请您扫码获取。

》 教辅获取

本书教辅资源，授课教师扫码获取

》 样书赠送

公共基础课类重点教材，教师扫码获取样书

 清华大学出版社

E-mail: tupfuwu@163.com
电话: 010-83470332 / 83470142
地址: 北京市海淀区双清路学研大厦 B 座 509

网址: http://www.tup.com.cn/
传真: 8610-83470107
邮编: 100084